公共素质教育系列教材

U0652236

大学生职业发展规划与就业指导

DAXUESHENG ZHIYE FAZHAN GUIHUA YU JIUYE ZHIDAO

主　编　秦小刚

副主编　化新向　刘　欣　刘亮军

京师职教
SingShit Vocational Education

zjfs.bnup.com | www.bnupg.com

北京师范大学出版集团
BEIJING NORMAL UNIVERSITY PUBLISHING GROUP
北京师范大学出版社

图书在版编目(CIP)数据

大学生职业发展规划与就业指导/秦小刚主编. —北京：北京师范大学出版社，2016.8(2024.8重印)
ISBN 978-7-303-21233-0

Ⅰ．①大…　Ⅱ．①秦…　Ⅲ．①大学生－职业选择－高等职业教育－教材　Ⅳ．①G647.38

中国版本图书馆 CIP 数据核字(2016)第 206582 号

图书意见反馈：zhijiao@bnupg.com
营销中心电话：010-58802755　58800035

出版发行：北京师范大学出版社　www.bnupg.com
　　　　　北京市西城区新街口外大街 12-3 号
　　　　　邮政编码：100088
印　　刷：鸿博睿特(天津)印刷科技有限公司
经　　销：全国新华书店
开　　本：787 mm×1092 mm　1/16
印　　张：21.5
字　　数：450 千字
版　　次：2016 年 8 月第 1 版
印　　次：2024 年 8 月第 13 次印刷
定　　价：38.50 元

策划编辑：庞海龙　　　　　责任编辑：庞海龙
美术编辑：高　霞　　　　　装帧设计：李　尘
责任校对：陈　民　　　　　责任印制：马　洁　赵　龙

版权所有　侵权必究

反盗版、侵权举报电话：010-58800697
北京读者服务部电话：010-58808104
外埠邮购电话：010-58808083
本书如有印装质量问题，请与印制管理部联系调换。
印制管理部电话：010-58800608

前　言

　　当你步入大学的殿堂，你的人生轨迹和生活环境也发生了较大的变化，无论从学习目的、学习方法，还是从人际交往、生理境况、心理境况和成长历程等方面都与以前有较大的不同。在经历了短暂的喜悦和好奇之后，许多人会感到彷徨和困惑，他们这样问自己：我来大学到底是为了什么？我想做什么？几年后，我能做什么？我将走向何方？大学生活对于我未来的职业发展意味着什么？易卜生说：社会犹如一条船，每个人都要有掌舵的准备。从这个意义上说，大学生活就是为将来在社会这条大船上能成为一名合格的舵手而积蓄知识和能力。那么，应该如何度过大学生活的每一天？大学里应该学习什么？怎样进行职业生涯规划？如何创业？怎样谋求职业？以及怎样实现自己的职业理想？本书将为你提供一些指导，为你提供职业生涯规划的新鲜理论以及创业、就业的基础知识和技巧，并结合案例帮你找到成功的秘诀。

　　职业生涯规划是个体在对自我的充分认识及对环境充分了解的基础上，对将要从事的职业及未来职业发展进行策划与设计，选择职业目标，制定合理的目标实现手段，通过不断调整与修订，帮助个体实现一定职业理想的动态过程。职业生涯规划贯穿于人生的某一个阶段甚至是人生的全过程，是一个周而复始的过程。一个人只有制订了合理的职业生涯规划后，心中才能有一盏"明灯"，才能将漫长的人生之路划分为不同的阶段，才能以积极的心态去面对人生之路上的挫折与困难，脚踏实地，一步一个脚印地去实现理想。无数例子证明，成功的人都是那些能够制订合理职业生涯规划，不断强化职业理想，并为实现职业理想而不懈奋斗的人。

　　党的二十大报告指出：实施就业优先战略，强化就业优先政策，健全就业公共服务体系，加强困难群体就业兜底帮扶，消除影响平等就业的不合理限制和就业歧视，使人人都有通过勤奋劳动实现自身发展的机会。当前我国高校的职业生涯教育已经引起极大的重视。然而从实践上看，职业生涯教育更多的则是侧重于就业指导教育，仅仅就职业谈职业，缺少系统职业生涯教育的就业指导和创业教育只能是无源之水、无本之木。所以要从根本上认识到职业生涯规划的重要性。那么，在实际操作中，不仅应当加强就业与创业技巧的指导，更应加强职业生涯教育，而且必须将职业生涯教育同没有多少职业经验的在校大学生的实际结合起来。同时，还有部分大学生具有创业的天赋，但缺乏对创业知识和技巧的把握，从而影响其创业的积极性。因此，本书在编写过程中，坚持以学生为主线，专注于大学生在校期间的学业规划、生活成长规划和职业生涯规划，树立正确的就业与创业观，在充分认识自己的前提下，自我设计，自我规划，有目的地提升自己的就业与创业能力，同时结合专业学习，选择好自己今后的发展方向。不仅使大学生在走上职业岗位之前，从观念、心态、知识、技能等方面做好应对职业挑战的全面准备，而且帮助大学生有效地谋求职业，较快地完成职业过渡和走上职业发展的良性轨道。

实现自己的职业理想，是每个大学生梦寐以求的心愿。但愿我们编撰的这本教材，能帮助大学毕业生们完成这个心愿，充分实现自己的人生价值，为国家和社会做出更大的贡献。

本书分三篇，共九章，每一章都具有相对的独立性，但又有必然的内在联系。第一章是就业形势与就业政策的介绍，帮助大学生正确认识我国当前的就业形势与就业政策；第二章是职业认知与职业道德，帮助大学生认识职业，在校期间就应学会养成良好的习惯，为从业后遵守职业道德打下坚实的基础；第三章为职业生涯规划的基础理论知识，对大学生认识职业生涯规划，做好职业生涯规划有重要的意义；第四章为职业生涯规划具体操作程序，帮助大学生认识自己与环境，规划未来，明确职业生涯目标和实现目标的步骤；第五章为职业素养提升部分；第六章为创业教育理论，帮助大学生了解创业成功的基本要素和一般过程；第七章为求职过程指导，帮助大学生了解求职过程中的心理调适和面试技巧等；第八章为了解就业手续的办理过程以及职业生活中保护自己权益的相关法律；第九章为职业适应和职业发展，帮助大学生了解进入新的岗位后需要注意的问题，以及如何较快适应职业，促进职业发展，实现个人成功！

本书由秦小刚担任主编，化新向、刘欣、刘亮军担任副主编。其中，秦小刚编写了第一章～第三章，化新向编写了第四章、第七章和第九章，刘欣编写了第八章和附论部分，刘亮军编写了第五章和第六章。化新向负责全书统稿工作。

在编写过程中，参考、引用了有关报纸杂志、网络的图片及部分教材资料等文献，在此谨向作者表示衷心的感谢！

因时间仓促及水平有限，本书可能存在缺点和不足之处，真诚欢迎各位专家、教师和学生提出宝贵的意见、批评与指导，以便修订和完善，在此一并谨致诚挚的谢意。

编　者

目 录

第三篇　就业指导篇

第一篇　　职业发展篇

第一章

就业形势与就业政策

近年来，我国的国民经济持续高速增长，以公有制为主体，多种所有制经济并存，各行业共同发展，对毕业生的需求量越来越大。高等教育发展迅速，实行扩招政策使毕业生人数大幅增加，大众化教育的现实和精英就业观念的反差，使毕业生就业竞争加剧。随着毕业生就业制度改革的不断深入，市场机制在毕业生资源配置中发挥着越来越重要的作用。在国际范围内，经济全球化进程日益加快，科学技术迅猛发展，知识经济浪潮汹涌，这些都给就业工作带来了机遇和挑战。本章对毕业生就业形势、就业环境的现状和影响因素进行分析，并对其发展趋势进行预测，使广大毕业生和毕业生就业工作者对当前的就业形势和就业环境及其发展趋势有一个全面的了解和认识。

第一节　就业形势及其影响

随着我国社会主义市场经济体制的确立、高等教育发展的大众化和人事制度改革、毕业生就业制度改革的不断深化，毕业生就业形势呈现新的发展趋势。如何正确认识当前的就业形势，对积极稳妥地推进毕业生就业制度改革和确保高校毕业生顺利就业具有十分重要的意义。

一、正确认识就业形势与就业工作的关系

在就业工作中，必须正确认识所面临的就业形势，认真分析其中的有利因素和客观存在的困难，以及其对就业工作产生的正面和负面影响，才能做到心中有数、有的放矢，遇到困难从容应对。

（一）就业形势对就业工作的影响

就业形势是由政治、经济、教育等多种因素综合作用形成的，其对就业工作的影响

也是全方位和全过程的。

1. 就业形势对国家就业政策的影响

毕业生就业制度改革与毕业生就业的整体工作都是在国家宏观政策的引导下开展的，国家必然依据就业形势来调整有关政策，以便有效地配置毕业生资源，缓解就业压力，使毕业生就业工作能够更好地为经济建设和社会发展服务，在计划经济时期，我国的高等教育力量相对薄弱，毕业生远不能满足需要，国家就采取统包统分的政策，将有限的毕业生资源分配到经济建设急需的岗位上去。在社会主义市场经济体制确立之后，市场已成为配置毕业生资源的最有效途径，国家就通过出台政策等手段千方百计建立和培育人才市场。近年来，我国的高等教育快速发展，高校毕业生数量大幅度增加，一些领域已经不能容纳更多的毕业生，部分专业就业已出现较为严重的困难。针对这种情况，国家及时出台政策，引导毕业生到基层去。例如，推行"三支一扶"计划、允许到农村工作的毕业生将户口留在大、中城市及对到西部边疆工作的毕业生给予鼓励等措施，都已经收到了较好的成效。

2. 就业形势对学校工作的影响

学校会根据就业形势调整招生数量、专业设置、就业政策和就业工作等的重点。例如，学校会尽力发展社会人才需求量大的专业，限制没有就业前景的专业，以减轻就业压力。在就业形势不好的情况下，学校会在需求信息的"量"上下工夫，努力取得更多的需求信息，使毕业生有较大的选择余地；在就业形势较好情况下，学校会在需求信息的"质"上下工夫，努力提高用人单位的量，使毕业生到较好的单位就业。

3. 就业形势对毕业生择业行为的影响

毕业生会根据就业形势调整自身的期望值，就业形势好，工作好找，就业期望值就相应会高一点，找工作时就会挑剔一些；就业形势差，工作不好找，期望值就会低一点。一般情况讲，就业形势好，毕业生容易找到合适的就业单位，毕业后即就业的人数就会增加；在就业形势差的情况下，毕业生不容易找到就业单位，一部分毕业生就会暂时躲避就业矛盾，推迟就业时间，考研人数就会相应增加。

4. 就业形势对用人单位的影响

用人单位会根据就业形势调整自己的用人政策。就业形势好的时候，社会对毕业生的需求量大，一些用人单位就会降低进入标准，或者通过提高待遇的方式吸引毕业生；就业形势差则直接表现为用人单位缩减进入计划，使毕业生供需矛盾加剧。一些用人单位会借机提高对毕业生的要求，降低毕业生就业后的待遇。但也有一些有眼光的用人单位会借助就业困难的机会多接受毕业生，以储备人才。

(二)就业工作对就业形势的影响

就业形势对就业工作具有重要的影响是毋庸置疑的，同时，就业工作也会对就业形势产生一定的影响。就业工作中的各方可以通过自身的行为对就业形势施加影响，甚至在一定程度上和一定范围内改变就业形势。就业工作对就业形势的影响具有正反两个方面，若各项工作从实际出发，措施得当，就会改善就业形势；若工作不切实际，措施不得当，无大局意识，就会使就业形势紧张。

在就业形势较差的情况下，各级政府、学校、企事业单位等方面采取有力措施，调动更多的社会资源为就业工作服务，从各个方面消除影响就业的不利因素，合理引导毕业生流向，将毕业生资源尽可能合理配置，就会在一定程度上缓解就业压力，改善就业形势。同时，毕业生对就业形势也具有重要的能动作用。从宏观上看，同时期的毕业生面临着相同的就业形势；从微观上看，对于毕业生个体来说，由于各个人的自身素质不一样，所拥有的社会资源不一样，所面临的环境不一样，所面临的就业形势也就不一样。毕业生积极调动相关有利因素去应对就业中遇到的困难，积极开拓就业渠道，就会缓解就业矛盾，在一定程度上影响就业形势。

二、我国目前的就业形势

(一)就业市场渐趋饱和状态

1. 扩招后毕业生就业进入高峰期

目前，高等教育在我国已开始由"精英教育"发展到"大众教育"，从而使更多的学子能受到高等教育，这一举措深受广大人民群众的欢迎，并取得重大成效。但是随之而来的是在近几年内高等学校毕业生数量迅速增加，给本来就竞争激烈的就业市场带来了前所未有的压力，高校毕业生就业难已成为当前我国的一个比较突出的社会问题，就业成为民生之本。面对高校毕业生就业日益严峻的形势，党中央、国务院及全社会都高度地重视。几年来，国务院每年召开专门会议，发出专门文件，进行统一部署。中央有关部门密切配合，采取有效措施，积极促进高校毕业生就业和创业。组织部门在毕业生到基层就业方面连续发出多个文件，明确分工、明确要求、明确责任；人事部门在做好毕业生接收工作、建立就业见习制度、完善人事代理等方面做了大量卓有成效的工作；劳动保障部门积极开展就业指导、创业培训、维护毕业生权益等工作；共青团系统积极组织实施"大学生志愿服务西部计划"；财政、公安、民政、工商、银行等部门也按照职责分工，多种形式积极促进高校毕业生就业；各高校也普遍实施了"一把手工程"，党政一把手负总责，一级抓一级，层层抓落实，从而使我国毕业生就业工作出现新的格局。

2. 高校毕业生就业形势依然严峻

2024年全国高校毕业生预计将达到1187万，就业形势严峻。

小张是某高校应届毕业生。她说，在工作过程中显得十分疲惫，这是因为心理压力非常大。"人家一看你高校应届毕业生，立刻就对你没什么兴趣了。"小张只好改变自己原先设计的策略，文笔非常好的她现在初步找到一家报社的校对工作，并已经开始实习。

王献也是某高校的应届毕业生，现在他几乎跑遍了郑州所有人才招聘市场。他说不愿意回落后的家乡工作，为了他读完大学，家里几乎花光了全部的积蓄，以为自己大学毕业后能在大中城市找到好工作，然后可以让家人有尊严。可现在却觉得没脸见面朝黄土背朝天的父母。王献显得痛苦和无奈："为什么会这样？郑州这么大，却容不下我一个人？"他去过无数人才招聘市场，却很难找到适合他的工作，主要是用人单位多数想招聘有工作经验的人。

高校毕业生刘晨的想法代表了一些人的想法，他说，如果现在找适合自己的工作很难，不行就先考研，充实自己，边学习，边进行社会实践，锻炼自己的实践经验，为更好就业做充分准备。

(二)就业形势现状分析

在当今的大学生就业市场，其现状主要有如下几个方面。

1. 需求不平衡

近年来，随着我国各项改革的不断深入，经济形势的逐步好转，以及"尊重知识、尊重人才"的观念的增强，社会对高校毕业生的需求量呈现出"行情看涨"的趋势，然而仍然存在着学科专业、学历层次、地区、院校及用人单位等方面的不平衡。(1)学科专业之间需求不平衡。随着高新技术产业的迅猛发展和国家对基础设施投资的加大，计算机、通信、电子、土建、机械、自动化等学科的毕业生需求旺盛，而哲学、社会学、法学、农学、林学等学科的社会需求时有波动。(2)学历层次之间需求不平衡。社会对毕业生学历层次的要求越来越高。对硕士、博士研究生的需求量越来越大，对高层次的复合型、外向型和开拓型人才需求日益迫切，出现了对人才结构、学历层次需求的"重心"上移。在毕业生就业中，形成了研究生需求旺盛，本科生供需基本持平，而专科毕业生供给大于需求的局面。这就形成了一方面高学历的毕业生争夺大战愈演愈烈，另一方面低学历的毕业生就业却较为困难，二者形成了鲜明的对比。(3)地区之间需求不平衡。东部沿海经济发达地区和中心城市社会需求比较旺盛，呈现出供需平衡或供不应求的局面。随着西部大开发、中部崛起战略的实施，中西部地区的需求也有所回升。而一些边远省区及经济欠发达的地区需求明显不足。(4)院校之间需求不平衡。重点院校、名牌院校、名牌专业的"名牌"效应呈现出优势，社会需求增长，其就业率也较高；而一般院校、一般专业的需求相对较弱。(5)用人单位之间需求不平衡。作为传统毕业生就业主渠道的国有大中型企业，引进毕业生的比例在逐年下降。政府机关及事业单位用人指标有限，难以接收大量的毕业生。而三资企业、民营企业及高新技术产业企业(尤其是信息产业)的需求数量连年增加。

2. 用人单位对毕业生的素质要求提高

目前毕业生就业形成了"买方市场"，就业竞争越强，用人单位对毕业生的素质要求标准就越高，选择毕业生也更加理性。不再单纯追求毕业生的数量，而是更加注重毕业生的综合素质。许多用人单位已将综合素质作为评价毕业生"实力"的主要依据和择人标准。例如，在大学生就业市场上出现了即使同一学校、同一专业，由于综合素质不同而就业差别较大的现象。综合素质高的毕业生受到青睐，他们就业面宽，就业机会多，选择余地大，常常是供不应求。相反，综合素质低的毕业生出现了"就业难，难就业"的现象。综合众多用人单位的招聘条件，可以看出具有下列素质和条件的毕业生受到用人单位的欢迎。(1)具有较高政治思想素质。从多年毕业生就业情况看，用人单位普遍欢迎政治思想素质好、品德高尚的毕业生，如优秀毕业生、优秀学生干部、三好学生、共产党员及诚实守信的毕业生在就业市场上大受用人单位的青睐。(2)具有强烈的事业心和责任感。用人单位特别欢迎事业心强、目光远大、心胸开阔、具有强烈使命感和社会责任感的人。而对那些最大的追求是实现个人价值或刚到就业单位稍不顺心就"跳槽"者则表示极大的不满。(3)具有吃苦耐劳的创业精神。现在的大学生在基础教育时，由于家长包办得过多，其最大的弱点是怕吃苦及缺乏实干的奋斗精神。因而，许多用人单位十分看重毕业生是否具有吃苦耐劳的创业精神。(4)具有扎实的基础知识和相应的实践技能。在就业市场上，学习成绩优良、知识面宽、动手能力较强的毕业生普遍受到欢迎。许多用人单位在招聘毕业生时，总希望毕业生动手能力强，并具有一定的工作能力和经历。例如，当过学生干部的毕业生之所以"走俏"，就是因为他们大多适应能力强，一上岗就能独当一面。在校期间有论文、作品、证书者之所以很"抢手"，也是因为他们用自己的"成果"证明了其实际能力。(5)具有团结协作的团队精神。现代社会越来越需要依靠集体智慧和力量，越来越需要发挥团队协作精神。因此，用人单位在招聘毕业生的过程中，十分注重考察了解毕业生是否具有团队协作精神。那些集体观念淡漠、自以为是、很难与他人合作的人是不受欢迎的。(6)身心健康。身心健康是现代企业对人才基本素质的要求。一些用人单位在招聘过程中，对毕业生进行心理测试、身体健康检查等，就是对身心素质要求的体现。

3.　就业竞争日益激烈

一方面，毕业生择业时间相对集中、选择职业时间较短；另一方面，近几年随着高等教育大众化的实施，毕业生的数量不断增多，而社会的有效需求却在短期内增加有限，就业压力增大。尤其是当前毕业生趋之若鹜的"热门"职业、"热门"岗位，求职毕业生多，就业竞争更为激烈。

除毕业生之间存在激烈的竞争外，学校之间、用人单位之间也存在着激烈的竞争。学校为了使自己的"产品"——毕业生顺利就业，提高学校就业率和就业质量，按市场需求调整学科专业招生，加强学生综合素质教育和实施宽口径培养的同时，也在千方百计采取各种措施加强就业指导，拓宽就业渠道，加强与用人单位之间的密切联系，为毕业生和用人单位提供优质的服务。另外，学校还建立就业"基地"，建立集管理、教育、指导、服务为一体的就业指导服务体系；就业指导的"重心"下移，从入学的新生开始，就为其提供就业指导和服务。作为用人单位，也在加大宣传自己的力度，树立企业形象，重视人才的使用和培养，不断提高人才的待遇。近年来，越来越多的用人单位为了在激烈的竞争中选拔到优秀的毕业生，已不再局限于参加校园招聘会，而是采用各种方法与学生接触，随时物色合适人选。

4. 就业管理进一步规范

以学校为基础的毕业生就业市场和就业指导服务体系已经建立，并为毕业生和用人单位提供了更规范的指导和服务。(1)各学校的就业指导正在向专业化方向迈进，即通过就业指导的专门化、专家化来进一步提高就业指导的水平。(2)市场机制在毕业生就业工作中的作用越来越明显。公平竞争、优胜劣汰得以充分体现，公开、公正、公平竞争的择业氛围正在逐步形成。(3)就业指导的手段正在向信息化、网络化迈进。各高校积极创造条件，依托全国或当地毕业生就业信息网站，为毕业生提供网上信息交流和服务。(4)就业关系合同化。无论企事业单位，还是国家机关、社会团体，只要录用毕业生，都必须签订就业协议，反映高校毕业生就业工作已进入规范化、法制化的轨道。

(三)就业市场的发展趋势

随着我国改革开放的不断深入和社会主义市场经济的不断完善，以及毕业生就业市场化的进一步规范，今后几年毕业生就业市场呈现以下发展趋势。

1. 供求形势将发生变化

随着高校学生的扩招，毕业生人数在短期内还会增加，然而社会的有效需求在短期内却增速有限。同时，随着我国加入WTO后，"人才国际化"步伐的加快，用人单位对毕业生的要求越来越高；许多企业下岗分流，机关事业单位的减员增效，使得就业竞争更加激烈，用人单位对毕业生越来越挑剔。这样一来，势必造成部分专业的少数毕业生供过于求，形成了"求职难"的状态，部分毕业生也会因此暂时待业。同时，农村、基层单位及边远地区将成为一些毕业生的自愿选择。

2. 无形市场快速发展

由于科学技术的飞速发展，人才争夺的加剧，计算机网络技术的广泛应用，择业自由度的增大，毕业生除利用有形市场直接洽谈外，更多地将通过无形市场即在不见面的远程情况下进行。网络、微博、电话等越来越显示出在择业方面的巨大活力。毕业生可以通过网络查询用人信息，并进行自我推销，也可以在远程情况下与用人单位进行交谈。学校将建立自己的就业信息网络，为毕业生与用人单位双向选择提供更加方便的条件。

3. 就业市场的功能更完善

毕业生就业市场目前虽已建立，但市场的功能还有待于进一步扩展、完善。

今后几年，随着毕业生就业市场的发展，未来毕业生就业市场不仅具有有效配置毕业生资源、交流供需信息的功能，而且还具有就业指导和服务功能，即包括就业指导、服务、咨询、推荐就业、就业培训及就业测试等功能。

4. 宏观调控进一步加强

通过市场机制实现毕业生的最佳配置是大势所趋，但要实现合理的人才流向控制，还离不开宏观调控手段，尤其是在向关系到国计民生的国有骨干企业、国防、军工及边远、艰苦地区输送优秀人才方面，今后国家将会加强以市场为导向的宏观调控的力度，积极地引导、吸引毕业生到这些地区和单位就业。

(四)目前用人单位需求情况

用人单位的需求信息，就如同就业的"晴雨表"，预示着就业环境的冷暖。

每到毕业生就业时，需要招聘应届毕业生的用人单位将通过到政府教育主管部门就业指导中心、高校就业指导中心登记的形式及时发布需求信息，并参加有关的毕业生双向见面活动，还有的用人单位到学校召开企业说明会。学校就业指导中心会通过网络、公告栏等方式将就业信息及时传递给学生。

用人单位对人才的需求是动态变化的。这与四个方面因素有关：一是用人单位自身发展(取决于国民经济发展整体形势、行业发展形势、企业自身经营状况及发展规划)对人才的需求；二是人才供给情况，如果毕业生供给多、质量高、提出的要求低，有的用人单位会提前对人才进行储备；三是用人单位人力资源观念的转变，对人力资源的重视、开发和利用，将很大程度影响用人单位人才需求的数量和结构；四是相关政策的制约或者促进，国家为推动毕业生就业，制定了一系列政策，有的政策是面向大学生的，有的政策则是面向用人单位，鼓励用人单位创造条件多接纳、使用大学毕业生。

毕业生要掌握整体的用人单位需求信息并不容易。原因主要有两个：一是用人单位的信息不是同时间到达的，不同用人单位的用人需求信息也许要间隔半年甚至更长时间；二是用人单位的需求信息有相当部分不具备明确的学校或专业针对性，可以在上海地区招收毕业生多少名，也可以在某高校招收具有专科学历以上的毕业生多少名。从这种没有学校或者专业限制的信息中，很难得到关于专业就业形势的准确判断。

目前，高校学生就业指导部门所做的一项工作就是跟踪、细分用人单位的需求信息，并及时分析向学生发布。这是毕业生了解自己"市场行情"的重要渠道。毕业生了解用人单位的需求情况的另一种渠道，就是分析行业的经济发展形势。一般而言，这类信息不难从报刊和网络上获取。

第二节　就业环境及其影响

一、就业环境含义与特征

(一)就业环境含义

所谓就业环境是指影响就业工作的各种客观因素的总和。这些因素有多个方面，就其重要性来说主要有政策环境、社会环境、学校工作及毕业生个体等。

(二)就业环境含义与特征

1. 客观性

社会中每一个体或群体都时刻处于一定环境中，并受环境的影响，同样又以自身的行为对环境产生反作用。作为就业工作行为主体的毕业生个人、学校和社会组织都时时刻刻处于特定的环境中，就业活动或就业工作只要开展就必须与自身所处的环境产生联系，就必然要受到所处环境的影响，这不会因人的意志而改变。并且，就业环境对就业工作的影响是长期且潜移默化的。

2. 动态性

就业环境同时也是处于不断变化的动态过程，就业工作同时要随就业环境不断变化。因而，就业工作是对就业环境不断适应的过程。

3. 复合性

就业环境的形成是多种因素共同作用的结果。就业环境的各要素有其内在的、必然的联系，这些因素既对就业工作产生影响，同时又相互作用相互影响。

4. 层次性

在一定时期或一定范围内，一种因素起主导作用，决定着其他因素的变化方向，而在新的条件下，主导因素就可能换成另外一种因素。例如，国家就业政策改变，规定毕业生的择业期延长为2年，学校的有关就业政策必然要随之进行变化，学校为做好2年择业期内的工作，必然要制定很多新的政策；用人单位也会考虑改变接收毕业生的政策，譬如，2年内允许毕业生改派新的单位等。

二、政策环境因素

所谓政策就是国家或有关部门为实现一定的目标而制定的行动准则。就业政策是国家、地方政府及有关部门为促进毕业生就业、调控毕业生流向、协调就业工作与其他方面工作关系，从而达到对就业工作顺利管理的目的而设立的一系列不同层次的行动准则。因此，就业政策具有非常重要的作用。要做好就业工作，实现顺利就业，就必须认真了解领会有关就业政策，学会把握政策、利用政策。在我国，党和国家十分重视就业工作，历年来针对毕业生就业工作出台了大量的政策。这些政策对指导和促进毕业生就业工作、规范就业工作各方面行为、维护就业秩序、调控毕业生流向等方面起了重要作用。国务院、教育部每年都要针对当年毕业生就业工作的具体情况制定相应的政策，规范和指导地方各级政府及高等院校的就业工作、毕业生求职择业，以及用人单位接收毕业生的工作。原国家教育委员会于1997年发布了《普通高等学校毕业生和毕业研究生就业工作暂行规定》，是对就业工作过程中的步骤进行了规范和总结而制定出的一套规章制度，对政府、高校、用人单位的工作起重要的指导作用。2001年，教育部出台政策，将毕业生的择业期延长为两年，各地方也出台许多相应措施，大大缓解了毕业生求职的时间压力。2003届毕业生就业出现一定困难，教育部很快制定政策，要求各个学校把就业工作作为"一把手"工程，党政一把手亲自抓这项工作，并且做到机构、人员和经费"三个到位"；教育部和团中央也及时制定了大学生志愿服务西部计划，积极引导毕业生到西部就业。

2005 年 4 月《教育部办公厅关于做好 2005 年普通高校毕业生就业重点工作的通知》基本确立了当前毕业生就业工作政策框架。2009 年，受国际金融危机冲击和影响，我国高校毕业生就业面临前所未有的压力和挑战。党中央、国务院高度重视高校毕业生就业工作，明确要求把高校毕业生就业放在当前就业工作的首位，并专门下发了《国务院办公厅关于加强普通高校毕业生就业工作的通知》（国办发〔2009〕3 号），制定了七方面重大政策，来指导高校毕业生就业工作的开展。具体包括：鼓励和引导高校毕业生到城乡基层就业；鼓励高校毕业生到中小企业和非公有制企业就业；鼓励骨干企业和科研项目单位积极吸纳和稳定高校毕业生就业；鼓励和支持高校毕业生自主创业；强化高校毕业生就业服务和就业指导；充分发挥人力资源市场配置资源的作用；强化对困难高校毕业生的就业援助等政策。按照中央的总体部署和要求，教育部、人力资源和社会保障部、财政部、科技部、解放军总参谋部等 18 个有关部门密切协作，积极采取措施，从 2008 年相继出台了配套文件，支持毕业生就业工作。如教育部关于当前形势下做好普通高等学校毕业生就业工作的通知（教学〔2008〕21 号）；2006 年，教育部、财政部、人事部、中央编办下发了《关于实施农村义务教育阶段学校教师特设岗位计划的通知》（教师〔2006〕2 号）等。这些政策都有力地促进了大学生顺利地就业。

同时也应当看到，我国的就业政策也需要进一步改革与完善。毕业生就业制度改革是一项复杂的系统工程，要从过去的计划经济体制下统包统分转变为市场经济条件下的双向选择和自主择业，最终建立起完善的就业市场体系，是一项很艰巨的任务，要克服很多困难，做大量工作。多年来，我国的经济体制和教育体制实行分口管理，条块分割，如高校根据隶属关系不同分为教育部所属院校、国务院各部委所属院校及地方所属院校，各类学校都有自己特定的服务范围，行业与行业之间及行业与地方之间互为壁垒问题比较突出，人员流动较困难，造成了行业性、地域性的人才不平衡，有的人才趋于饱和，有的人才稀缺，同时，地方保护主义仍然影响着毕业生就业工作，一些地方为本地区或本部门利益，采取一定的政策手段控制毕业生的流向，有用的进不去，没用的出不来。同时，与毕业生就业制度紧密联系的政治、经济、教育、企事业单位的人事、养老保险、城市流动人口等社会各项制度还不够健全，措施不够配套。政策上相互抵触，工作中相互制约的现象还时有发生，突出表现为政府管理部门职能转变行动迟缓，没有变成自觉行动，服务意识不强，协调不够。但这些问题都是发展中的不可避免的问题，会随着社会的发展不断得到改善。

三、社会环境因素

社会主义初级阶段是我国目前基本的国情，这个阶段担负着极其繁重的历史任务。中国要建成全面小康社会，要逐步实现现代化，从而实现中华民族伟大复兴这一全国人民都期盼的中国梦。这一特定阶段的发展具有以下基本特征。

（一）市场经济竞争激烈

在市场经济运行中，优胜劣汰，适者生存，竞争激烈。企业建立起新型的劳动就业制度，劳动者在就业过程中可以双向选择、合理流动和自主创业，劳动者素质的高低，要通过其对经济和社会的贡献来衡量。因此，经受市场经济激烈竞争的考验，成为每个人都不可回避的选择。

（二）多元经济共同发展

以公有制为主体、多种所有制经济共同发展，是我国社会主义初级阶段的一项基本经济制度。经济成分的多样性决定着劳动就业制度的多样性。

（三）知识经济初见端倪

知识经济的特点主要体现在以下两方面：（1）它是利用智力和知识创造财富的经济；（2）它是在知识化社会中发展起来的一种无形资产。知识经济对发达国家而言，是其生产力发展的自然结果。据专家们估计，世界将在 21 世纪下半叶全面进入知识经济时代。世界第三次经济转变，需要世界和平来维持，需要工业经济的继续发展，也需要社会机制的转变，更需要发展知识经济的青年一代。为此，大学生必须做好充分准备，以迎接知识经济时代的挑战。

四、经济环境因素

经济发展形势直接关系到毕业生的就业情况。国家总体的经济形势影响当年人才的总体需求，而区域的经济形势不但影响当地的人才需求、人才环境，而且也引起人才的流向不平衡。

我国地区之间经济发展还不够平衡，城乡之间还存在较大的差距，这就导致了人才需求不平衡及毕业生流向的不平衡。东部沿海地区和中心城市对人才的需求旺盛，成为人才流向集中的地方。在广泛宣传发动及政策支持下，流向中西部地区的人才逐年增多，但西部要构成对人才的强大吸引力，还有待西部开发的深入进行，经济发展了，对人才的需求自然就会增多。

对毕业生来说，分析、掌握国家总体的经济形势和各区域经济发展形势，可以帮助自己正确定位就业目标。经济发达的地区和中心城市，对毕业生需求较为旺盛，总体的人才环境较好、机遇较多，但与此同时，人才竞争十分激烈；经济欠发达地区毕业生的需求较大，工作环境、条件较为艰苦，这给毕业生施展才华、创造事业、实现人生价值提供了广阔的空间。

毕业生选择就业地域考虑的主要因素：实现个人价值（能否实现个人的理想和价值）；地区人才环境（包括对人才的重视和培训情况、人才的使用和发展机会情况）；地区经济环境（经济发展的现状与趋势、基本生活设施、消费水平、收入水平和生活环境状况）；行业发展情况（是否有自己感兴趣的行业、行业的社会地位、发展前景如何）；家庭环境因素（是否有因为家庭原因需要特别考虑的地域因素，如照顾家人等）。

五、家庭因素

家庭永远是影响毕业生的重要因素，也是影响就业环境的重要因素。

（一）家庭教育的影响

家庭教育是毕业生所接受教育的重要部分，家庭教育主要通过言传身教的方式，其作用是潜移默化的。一名毕业生从出生开始就要接受家庭环境的熏陶和教育，处世方式、性格、生活习惯等的形成很大程度上取决于家庭的影响；考入大学后虽然和家庭距离远了，但大多数还要接受家庭提供的学费和生活费，和家庭仍然保持紧密的经济联系。中国重视家庭关系的传统也使子女和家长保持着紧密联系。总之，在大学阶段，家庭的影响还会通过各种渠道传达到毕业生身上。

(二)毕业生择业要考虑家庭因素

一方面，大多数毕业生在选择工作时一般都要征求家庭的意见或要考虑照顾家庭的实际需要，有的要考虑离家近些可以照顾家庭，有些要考虑及早就业减轻家庭的经济负担等；另一方面，家长会在不同程度上参与到就业活动中来，发动社会关系为子女联系工作，为子女出谋划策，甚至直接包办子女的就业问题。

六、学校工作因素

学校担负着培养教育学生并引导其走向工作岗位的重任。毕业生就是学校的"产品"，"产品"质量的好坏，推销"产品"的手段如何，都直接关系着"产品"能否顺利到达用户手中。学校只有努力提高毕业生质量，重视毕业生就业工作，做好毕业生就业指导和服务，才能给就业工作创造一个优良的环境。

(一)学校在就业工作中居于重要地位

1. 学校影响学生素质的培养

学校担负着培养学生，提高毕业生全面素质的重要任务，而毕业生的素质正是就业竞争中的决定因素。对于一个毕业生来说，素质高，就容易顺利实现就业；对于一个学校来说，毕业生素质高，就可以赢得社会的承认，提高学校的知名度，就会吸引更多的社会需求，有利于更多的毕业生实现就业。学校的牌子就是毕业生就业中的无形资产。

2. 学校承担着对毕业生就业进行指导的任务

学校通过开设就业指导课、就业咨询、讲座等方式对毕业生进行指导，使毕业生能够全面了解就业政策，正确把握就业形势，在择业心理、择业技巧等方面得到提高，有助于毕业生把握机会，选择适合自己的就业单位，尽快实现就业。

3. 学校帮助毕业生完成择业过程

目前，绝大多数毕业生都是在毕业前后较短的时间内实现就业，学校在这期间可以给予毕业生大量的帮助，做了大量工作，与用人单位广泛联系，收集需求信息；组织洽谈会，把用人单位请进学校招聘毕业生；做毕业生与用人单位之间的桥梁，做好沟通和联络工作；为毕业生办理各个环节的手续等。可以说，整个就业工作都是在学校的主导下开展的。

(二)学校在就业工作中的不足

随着毕业生就业制度的改革，学校在就业工作中充当的角色也在逐渐变化。过去，毕业生就业是统招统分，学校的角色纯粹是管理者，只管培养，不管就业。现在，毕业生正在走向市场，学校既是管理者又是服务者。如果学校的角色能够很快转变，就能适应形势的需要，为毕业生做好指导和服务。可以说，近年来各个学校在转变角色，提高服务意识等方面做了大量的工作，取得了不小的成效，但是也存在着一定的不足，主要有以下几个方面。

1. 部分学校对就业工作重视不够

过去毕业生供不应求，学校不担心毕业生的就业问题；后来毕业生就业出现一定困难，但远没有威胁到学校的生存，学校只需把没有就业的毕业生直接退回生源地即可。因而，很多学校还保持着老观念，只重视招生、教育，不重视就业工作。

2. 部分学校职能未能及时转变

不少学校的就业部门未能及时转变思想和角色，仍以一个纯粹管理者的角色出现，忽视了指导和服务的职能，许多应做的工作尚未有效开展，即使开展的工作质量也很低，不能适应新形势的需要。就业指导机构不够健全，有部分学校还未成立就业指导服务中心，有些成立了也是有其名无其实，不能深入开展工作。

3. 部分学校投入不足

主要是工作人员和经费不足。在各个学校教育经费普遍紧张的情况下，就业工作若不受重视，投入则肯定不足，造成的直接后果是工作人员缺编，许多应该开展的工作无法深入开展，工作无法创新，处于简单维持状态。

(三)学校的就业工作日益得到重视

尽管学校在就业工作中还存在不少问题和困难，但是在新的形势下党和国家、各级政府已经越来越重视这项工作，毕业生就业状况也成为评判学校工作的重要依据，引起了学校的高度重视。

1. 党和国家高度重视就业工作

教育部于 2002 年年底专门下发了《关于进一步加强普通高等学校毕业生就业指导服务机构及队伍建设的几点意见》(教学〔2002〕18 号)，明确要求各个学校要把就业工作纳入学校工作的重要议事日程，作为高校领导的"一把手"工程；要建立一支高水平的指导教师和专职工作人员队伍，其人数与应届毕业生的比例不低于 1：500；要保证就业工作所需经费，要根据学生人数确定经费核拨标准并列入学校当年预算予以重点保证和落实。

2. 学校自身也更加重视就业工作

近年来，高校招生人数和毕业生人数大幅增加，招生矛盾有所缓解，就业压力持续增长，社会各界已经较多关心毕业生的就业状况，就业状况在一定程度上开始影响到学校的招生和学校的声誉；有关部门也计划定期公布各个学校的就业率，并且把就业率和学校的招生挂钩，学校因此感觉到了真正的压力。学校必然把压力转变成动力，努力做好就业工作。

七、毕业生自身因素

一个毕业生可以靠努力为自己创造一个有利的环境，一个学校的毕业生可以靠整体素质赢得社会的认可。可以说，毕业生自身因素是就业环境的重要因素之一。毕业生自身因素主要包括毕业生个人素质、就业期望值和个人信誉等方面。

（一）毕业生个人素质是影响就业的关键

毕业生个人素质往往是用人单位考虑的首要条件，只要素质过硬，即使没有特殊关系，用人单位照样接收。越是条件好的单位，竞争越激烈，因而对毕业生的要求也就高。近几年来，许多用人单位在选择毕业生时，对学生的政治面貌、外语水平、综合能力等方面都提出了明确的要求，而实际上能达到单位要求的却不多，突出体现在学生普遍存在重知识轻能力，重成绩轻品德的现象。学生党员、学生干部大受欢迎，这就充分说明了毕业生就业的竞争，最终是综合素质的竞争。所以，毕业生应把提高自身素质作为在校时努力的根本方向。事实上，许多毕业生在回过头谈择业体会时认为，经过求职过程的艰辛与无奈的磨炼，他们深刻体会到"竞争"不再是一个简单的口号，其要求竞争者具有丰富的"内涵"，单靠社会关系和走后门来联系工作单位不是一件轻松的事情。所以在校生要注重知识的学习和能力的培养，要树立公平竞争的思想，从自身做起，全面发展，不断完善自我，不断提高自身各项素质，才能克服各种不利因素，为自己赢得一片天空，才能在未来激烈的人才竞争中找到合适的位置。

（二）毕业生就业期望值与现实的矛盾

毕业生就业期望值是影响毕业生就业的重要因素。能够合适设定自己的期望值，面对各种择业机会就有利于做出正确的决策；如果就业期望值过高，往往会导致理想与现实的脱节，在择业过程中陷于被动局面。其主要表现在以下几个方面。

1. 就业观念陈旧

有一部分毕业生仍然停留在过去传统的就业观念上，仍然留恋终身制，追求"铁饭碗"，非国家干部不可，非国有单位不去，找不到合适单位也不调整就业期望值。

2. 重个人利益，轻国家需要

有些毕业生重个人利益轻国家需要，缺乏宏伟理想和远大抱负，缺乏到艰苦地区建功立业的信心和勇气，过分计较待遇，留恋大城市，向往经济发达地区。有不少毕业生已经把期望值简单量化为毕业后每个月的收入。经济收入固然是要考虑的重要因素，但是不能一叶障目，不见泰山，过分功利化会影响毕业生个人的全面成才。现实往往是工资高、待遇好的单位接收毕业生是有限的，最需要毕业生的恰恰是那些偏远地区、中小城市、艰苦行业、基层单位。

3. 过高估计自己

大多数毕业生在择业时能正确估计自身素质水平，并能根据专业特点谋求职业，发挥专业特长，实现应有价值。但也有部分学生过高估计自己的素质和各方面能力，盲目乐观，期望值过高，与真实的自我形成强烈反差，导致择业"高不成，低不就"。例如，盲目追求热门职业，而不考虑自身条件和所学专业，相互攀比，对自己适合哪种职业缺乏正确判断，一心要与他人看齐，以至于不能把握机会做出正确的决策等，而失去某些适合自己的职业。

（三）诚信意识和法律观念是毕业生顺利就业的重要因素

从根本上说，市场经济是法制经济和信用经济的统一体，大学生就业也必须纳入法制轨道，使之制度化、规范化。诚信是高校毕业生应必备的素质，但是在市场经济逐步建立的阶段，信用制度还没有建立起来，人们的素质还需进一步提高，整个社会还存在一定程度的信用缺失，这也不可避免地影响到毕业生的行为。一个很典型的例子就是，个别毕业生取得国家助学贷款而毕业后却不归还。目前，我国大学生就业市场尚处于不规范状态，人为的干扰因素比较突出，个别用人单位和某些毕业生无视法律和制度的约束，不惜损害对方利益，擅自毁约，不少大学生视诺言和就业协议为儿戏，认为双向选择和自主择业就是"自由择业"，无视双向选择过程的对等性和就业协议的制约作用，见异思迁，朝秦暮楚，引起用人单位的不满，造成各种纠纷，而影响到学校的信誉和自身的就业机会，严重破坏了就业市场，给以后的毕业生就业造成很大的困难。有些机构和个人利用大学生求职心切，法律意识淡薄，以帮助求职为名进行欺诈，损害毕业生的利益。因此，大学生在就业过程中只有做到知法、守法、用法，才能成为驾驭市场的主人，只有建立起自己的诚信，才能赢得社会的认可，才能自觉维护来之不易的就业环境。

知法就是勤奋学习，掌握有关法律内容、知识和技巧；守法就是要从择业开始就要重信用守合同，做不到的决不承诺，承诺的就要坚决做到；用法就是大学生要学会用法律来保护自身的合法利益；讲求诚信就是要加强自身品德修养，做到以诚为本，对社会负责、对自己负责。

第三节　就业政策及相关规定

一、我国大学生就业政策的演变过程

高等学校毕业生就业政策，是国家在一定的历史条件和历史阶段，为促进经济发展和社会进步，为高校毕业生创造就业条件、扩大就业机会，以及维护毕业生和用人单位的合法权益所制定的政策规定和行为准则，并根据国家政治形势的变化而不断调整。

我国的大学生就业政策，从计划经济时代到现在的社会主义市场经济时代，大致经历了三个主要阶段，即计划经济体制阶段、商品经济体制阶段和市场经济体制阶段。在不同阶段，毕业生就业政策有所不同，是不断改革发展的过程，每个阶段都与其时代特

各地也要因地制宜开展地方项目，鼓励和引导更多的高校毕业生报名参加。鼓励高校毕业生在项目结束后留在当地就业，今后相对应的自然减员空岗全部聘用服务期满的高校毕业生。对参加项目的高校毕业生给予生活补贴，所需资金按现行资金渠道解决，同时按规定参加有关社会保险。各专门项目相关待遇政策的衔接办法，由人力资源社会保障部、财政部、教育部、中央组织部、共青团中央等有关部门另行研究制定。

2. 鼓励高校毕业生到中小企业和非公有制企业就业

各类中小企业和非公有制企业是高校毕业生就业的主要渠道。要进一步清理影响高校毕业生就业的制度性障碍和限制，为他们提供档案管理、人事代理、社会保险办理和接续、职称评定及权益保障等方面的服务，形成有利于高校毕业生到企业就业的社会环境。对企业招用非本地户籍的普通高校专科以上毕业生，各地城市应取消落户限制（直辖市按有关规定执行）。企业招用符合条件的高校毕业生，可按规定享受相关就业扶持政策。劳动密集型小企业招用登记失业高校毕业生等城镇登记失业人员达到规定比例的，可按规定享受最高为 200 万元的小额担保贷款扶持。

3. 鼓励骨干企业和科研项目单位积极吸纳和稳定高校毕业生就业

鼓励国有大中型企业，特别是创新型企业创造条件，更多地吸纳有技术专长的高校毕业生就业。充分发挥高新技术开发区、经济技术开发区和高科技企业集中吸纳高校毕业生就业的作用，加强人才培养使用和储备。各地在实施支持困难企业稳定员工队伍的工作中，要引导企业不裁员或少裁员，更多地保留高校毕业生技术骨干，对符合条件的困难企业可按规定在 2009 年内给予 6 个月以内的社会保险补贴或岗位补贴，由失业保险基金支付；困难企业开展在岗培训的，按规定给予资金补助。承担国家和地方重大科研项目的单位要积极聘用优秀高校毕业生参与研究，其劳务性费用和有关社会保险费补助按规定从项目经费中列支，具体办法由科技、教育、财政等部门研究制定。高校毕业生参与项目研究期间，其户口、档案可存放在项目单位所在地或入学前家庭所在地人才交流中心。聘用期满，根据工作需要可以续聘或到其他岗位就业，就业后工龄与参与项目研究期间的工作时间合并计算，社会保险缴费年限连续计算。

4. 鼓励和支持高校毕业生自主创业

鼓励高校积极开展创业教育和实践活动。对高校毕业生从事个体经营符合条件的，免收行政事业性费用，落实鼓励残疾人就业、下岗失业人员再就业，以及中小企业、高新技术企业发展等现行税收优惠政策和创业经营场所安排等扶持政策。在当地公共就业服务机构登记失业的自主创业高校毕业生，自筹资金不足的，可申请不超过 5 万元的小额担保贷款；对合伙经营和组织起来就业的，可按规定适当扩大贷款规模；从事当地政府规定微利项目的，可按规定享受贴息扶持。有创业意愿的高校毕业生参加创业培训的，按规定给予职业培训补贴。强化高校毕业生创业指导服务，提供政策咨询、项目开发、创业培训、创业孵化、小额贷款、开业指导、跟踪辅导的"一条龙"服务。各地要建设完善一批投资小、见效快的大学生创业园和创业孵化基地，并给予相关政策扶持。鼓励支持高校毕业生通过多种形式灵活就业，并保障其合法权益，符合规定的可享受社会保险补贴政策。

5. 强化高校毕业生就业服务和就业指导

充分发挥人力资源市场配置资源的作用，强化公共就业服务的功能。人力资源社会保障、教育等部门及高校要加强协作，采取网络招聘、专场招聘、供求洽谈会和用人单位进校园等多种方式，大力开展面向高校毕业生的就业服务系列活动，为应届高校毕业生提供更多、更快、更好的免费就业信息和各类就业服务。高校要强化对大学生的就业指导，开设就业指导课并作为必修课程，重点帮助毕业生了解就业政策，提高求职技巧，调整就业预期。加强高校就业指导服务机构建设，落实人员、场地和经费。加强人力资源市场管理，严厉打击违法违规行为，加强招聘活动的安全保障，维护高校毕业生的就业权益。

6. 提升高校毕业生就业能力

大力组织以促进就业为目的的实习实践，确保高校毕业生在离校前都能参加实习实践活动。完善离校未就业高校毕业生见习制度，鼓励见习单位优先录用见习高校毕业生。见习期间由见习单位和地方政府提供基本生活补助。拓展一批社会责任感强、管理规范的用人单位作为高校毕业生实习见习基地。从2009年起，用3年时间组织100万未就业的高校毕业生参加见习。加强高等职业院校学生的技能培训，实施毕业证书和职业资格证书"双证书"制度，努力使相关专业符合条件的应届毕业生通过职业技能鉴定获得相应职业资格证书。人力资源社会保障部门根据高校毕业生需要，提供专场或其他形式的职业技能鉴定服务，教育部门及高校要给予积极配合。对符合就业困难人员条件的高校毕业生，按规定给予鉴定补贴。

7. 强化对困难高校毕业生的就业援助

对困难家庭的高校毕业生，高校可根据实际情况给予适当的求职补贴。各级机关考录公务员、事业单位招聘工作人员时，免收困难家庭高校毕业生的报名费和体检费。对离校后未就业回到原籍的高校毕业生，各地公共就业服务机构要摸清底数，免费提供政策咨询、职业指导、职业介绍和人事档案托管等服务，并组织他们参加就业见习、职业技能培训等促进就业的活动。对登记失业的高校毕业生，各地要将他们纳入当地失业人员扶持政策体系。对就业困难的高校毕业生和零就业家庭的高校毕业生，实施"一对一"职业指导、向用人单位重点推荐、公益性岗位安置等帮扶措施，按规定落实社会保险补贴、公益性岗位补贴等就业援助政策。

8. 加强领导，明确责任

各地要加强对高校毕业生就业工作的组织领导，将高校毕业生就业纳入当地就业总体规划，统筹安排，确定目标任务，实行目标责任制，加强工作考核和督查。各有关部门要切实发挥职能，落实工作责任。各级人力资源社会保障部门要牵头制定和实施高校毕业生就业政策，并做好高校毕业生离校后的就业指导和就业服务工作。教育部门要指导高校大力加强在校生的就业指导和服务工作，并继续深化高等教育改革。财政部门要根据高校毕业生就业形势和实际需要，统筹安排资金用于促进高校毕业生就业。其他有关部门要认真履行职责，加强协调配合，共同推动工作。要大力开展高校毕业生就业工作的宣传，引导高校毕业生树立正确的就业观和成才观，形成全社会共同促进高校毕业生多渠道就业的良好舆论环境。各地要按照本通知要求，结合本地实际，制定切实有效的政策措施，创造性地开展工作，千方百计促进高校毕业生就业。

(二)毕业生就业的系列配套政策

按照中央的总体部署和要求，教育部、人力资源和社会保障部、财政部、科技部、解放军总参谋部等18个有关部门密切协作，积极采取措施，相继出台了配套文件，支持毕业生就业工作。

1. 教育部关于当前形势下做好普通高等学校毕业生就业工作的通知(教学〔2008〕21号)

(1)各级领导要高度重视、靠前指挥、逐级落实责任。省级教育行政部门要抓紧研判就业形势，提出应对措施，及时向当地党委、政府汇报。要在当地党委、政府的统一领导下，迅速动员部署，明确工作责任。主要负责同志要狠抓工作落实，分片包点，深入高校，对就业工作薄弱环节和薄弱学校加强督促、指导。要大力加强并充分发挥省级高校毕业生就业指导服务机构的指导、协调和服务作用。高校要切实落实"一把手"工程，把毕业生就业纳入学校工作的重要议事日程，明确职能部门和院系的目标责任，加强人员配备和条件保障。书记、校长要深入职能部门和院系，加强指导；院系主要负责同志要深入班级，关心和帮助每一个学生的就业。

(2)广泛动员，主动出击，千方百计收集岗位信息。要把大力收集岗位信息作为当前就业工作的重中之重。要带着对学生深厚的感情，以对学生极端负责的态度，采取"走出去，请进来"等多种方式，调动全校力量特别是职能部门、院系及班主任、辅导员、专业导师积极为学生寻找就业岗位。要深入各行各业广开就业信息渠道，重点针对各类中小企业、民营企业和岗位需求潜力较大的行业、单位收集需求信息。要结合本地、本校实际，重点为受经济形势影响较大专业的毕业生提供岗位信息，引导他们扩大就业视野，调整就业预期。要采取更加积极的措施，广泛联系并吸引用人单位进校招聘，热情周到地为用人单位提供服务，确保招聘活动形式多样、内容丰富，场次和规模不少于往年。鼓励开展区域性、行业性联合招聘活动。

(3)以网络为依托，全面提高就业信息服务水平。各省级教育行政部门和高校要切实加强就业信息网络服务，并与教育部"全国大学生就业公共服务立体化平台"加强联合联动，采取网上网下相结合的办法，开展丰富多彩的招聘活动。要提高网上就业信息的真实性、时效性，加快实现区域间、高校间、校企间求职招聘信息共享，要依托网络开展政策咨询、企业推介、职业培训等多种服务。高校要根据毕业生和用人单位的需求，充分利用网络提供个性化、深度信息服务，要尽快建立远程面试室，使毕业生和用人单位能够依托网络实现远程交流和网上初选，努力降低毕业生求职成本。

(4)积极引导和鼓励毕业生面向基层就业。各级教育行政部门和高校要坚决贯彻落实党的十七届三中全会关于引导高校毕业生到村任职，实施"一村一名大学生计划"等战略部署，对学生加强教育引导，形成到基层就业光荣、在基层锻炼成长成才的校园风尚。积极配合有关部门做好"选聘高校毕业生到村任职"、"大学生志愿服务西部计划""三支一扶计划""农村教师特岗计划"及本地实施的各类项目招募工作；积极配合各级兵役部门落实好在高校毕业生中征兵工作，努力动员更多的毕业生为国防建设做贡献。省级教育行政部门要尽快制订地方助学贷款代偿资助办法，同时要因地制宜，出台更多优惠政策措施，鼓励高校毕业生面向基层和艰苦边远地区就业。各高校要在毕业生下基层的数量和服务范围上取得新的突破，特别是教育部直属高校要发挥示范带头作用。

(5)加大创业教育工作力度，实现高校毕业生自主创业人数明显增加。高等学校要整合学校教务、科研、就业、学生工作、学生社团等系统的优势，采取灵活多样的形式，普遍开展创业教育，培养学生的创新精神和创业能力。各地教育行政部门和高校要充分利用当地的经济技术开发区、高新技术开发区、工业园区和大学科技园区，为高校毕业生和在校学生构建创业孵化基地，组织创业实践。对有创业意愿的学生提供项目引导、技能培训、专家指导、法律援助等公益性服务。各地教育行政部门要加大投入，并积极争取人力资源社会保障、科技、财政等部门的支持，在政策、经费、项目等方面大力支持毕业生自主创业。

(6)增强就业指导服务的针对性，重点帮扶就业困难毕业生。各高等学校要根据行业需求和专业特点，加强分类指导，增强就业指导工作的针对性；要在切实摸清每一个毕业生具体情况的基础上，针对学生自身特点，开展个性化的就业指导和服务；要特别加大对就业困难毕业生的帮扶力度，通过专项培训、重点指导、优先推荐，实施"一对一"的就业服务，切实帮助他们解决经济上、心理上和求职过程中的实际问题，帮助他们顺利就业。

(7)积极调整教学内容，加强实习实践，切实提高毕业生就业竞争力。各高等学校要紧紧抓住毕业生离校前的教学环节，根据就业需要适当调整专业方向，调整教学内容；要大力组织以促进就业为目的的实习实践，确保毕业生在离校前都能参加实习实践活动，增强毕业生的岗位适应性。高职院校要普遍实行"订单式"培养，确保学生至少有半年时间的顶岗实习，加强职业技能培训，要基本实现相关专业应届毕业生都获得相应职业资格证书的工作目标。

(8)进一步加强就业工作中的思想政治教育，确保就业安全和高校稳定。高等学校要积极开展以当前就业形势教育为重点的就业教育活动，在就业教育过程中加强学生心理辅导和思想政治教育，引导学生客观、理性、辩证地认识就业形势，引导学生进一步转变就业观念，合理调整就业期望值，积极主动地就业；帮助学生树立"行行可建功、处处能立业、劳动最光荣"的就业观，积极鼓励和引导毕业生到西部、到基层、到祖国需要的地方建功立业。

2. 教育部、财政部、人力资源和社会保障部、中央编办关于继续组织实施"农村义务教育阶段学校教师特设岗位计划"的通知(教师〔2009〕1号)

(1)深入实施"特岗计划",鼓励引导高校毕业生到农村学校任教。2006年,教育部、财政部、人事部、中央编办下发了《关于实施农村义务教育阶段学校教师特设岗位计划的通知》(教师〔2006〕2号),并联合启动实施"特岗计划",公开招聘高校毕业生到"两基"攻坚县农村义务教育阶段学校任教。2006—2008年,共招聘特岗教师5.9万多人,覆盖400多个县、6000多所农村学校。"特岗计划"的实施有力地缓解了农村地区教师紧缺和结构性矛盾,促进了农村学校面貌的变化,受到各地的普遍欢迎。当前,高校毕业生就业形势严峻,就业压力加大;同时,部分农村学校特别是中西部边远贫困地区农村学校教师仍然紧缺。毕业生下不去,合格教师难以补充。为了进一步加强农村师资力量,并有效地促进高校毕业生就业,2009年继续实施"特岗计划",并将实施范围扩大到中西部地区国家扶贫开发工作重点县,国家计划的名额将视各地实施国家"特岗计划"的情况及是否实施地方"特岗计划"的情况进行分配。特岗教师招聘、培训、管理等政策按教师〔2006〕2号通知要求执行。各地要做好与其他引导和鼓励高校毕业生到农村基层服务项目的衔接。

(2)提前做好服务期满特岗教师的工作安排。教师〔2006〕2号通知要求,"鼓励特岗教师3年聘期结束后,继续扎根基层从事农村教育事业。对自愿留在本地学校的,要负责落实工作岗位,将其工资发放纳入当地财政统发范围,保证其享受当地教师同等待遇。"2006年起实施"特岗计划"的省(区、市)第一批特岗教师三年服务期于2009年期满,做好服务期满特岗教师工作岗位安排意义重大。相关省(区、市)要采取切实措施,鼓励服务期满考核合格的特岗教师继续留在当地从教。今后城市、县镇义务教育阶段学校教师空缺需补充人员时,同等条件下应优先聘用服务期满特岗教师。相关省(区、市)教育、人事、编办、财政部门要加强沟通协调,提前研究制订方案,确保服务期满考核合格且愿意留任的特岗教师全部落实工作岗位,做好人事、工资关系等接转工作。

(3)采取有力措施,创新教师补充机制,建设高素质教师队伍。各地要根据国家"特岗计划"的原则精神和促进高校毕业生就业工作的总体部署,全面推进地方"特岗计划",采取有力措施,吸引大批高校毕业生到农村学校任教,为中小学及时补充合格教师,着力解决教师队伍结构性矛盾,并有效地促进高校毕业生就业。各省级教育行政部门要统一掌握本地区中小学教师岗位需求情况,会同有关部门统筹安排全省中小学教师自然减员补充。从2009年开始,各地中学和小学教师补充应全部采取公开招聘的办法,同等条件下优先聘用高校毕业生(含引导和鼓励高校毕业生到农村基层服务期满人员),不得再以其他方式和途径自行聘用教师。

中小学教师补充要充分考虑教师队伍建设总体规划、人员编制情况和学科结构等因素,在核定的编制总额内,按需设岗,规范招聘程序,严格招聘条件,确保新教师的质量。要抓住贯彻落实《国务院办公厅转发人力资源和社会保障部 财政部 教育部关于义务教育学校实施绩效工资指导意见的通知》(国办发〔2008〕133号)的有利时机,加大教师用人制度改革力度,进一步完善并严格实施教师资格准入制度,严把教师入口关。要加强对拟聘教师的岗前培训，免费进行教师资格认定，确保持证上岗。

（4）认真履行职责、密切配合、相互支持，切实做好"特岗计划"实施工作。省级教育行政部门要结合本地实际，认真做好教师公开招聘、岗前培训、跟踪管理服务等各项工作，加强对实施县工作的指导和检查；省级财政部门要负责统筹协调特岗的经费保障，落实资金，规范管理；省级人力资源和社会保障部门要协同教育行政部门做好教师招聘工作；机构编制部门要加强中小学编制工作的监督、检查；设置特岗的县级有关部门，要为特岗教师提供周转宿舍及其他必要的生活条件。

要加强"特岗计划"实施工作的动态管理。对"特岗计划"实施情况进行督导检查。各实施省（区、市）要建立特岗教师数据库，及时掌握特岗教师的基本信息；要定期检查督促特岗教师工资待遇等各项政策落实情况，确保特岗教师在工资待遇、职称评聘、评优评先、年度考核等方面与当地公办学校教师同等对待，鼓励吸引大批优秀高校毕业生到农村从教。

（5）大力加强"特岗计划"宣传，形成良好的环境氛围。各地要采取多种方式，充分利用广播电视、报刊、互联网等各类媒体，广泛宣传"特岗计划"的方针政策和工作成效，将特岗教师招聘工作与引导和鼓励高校毕业生面向基层就业结合起来，吸引更多优秀高校毕业生报名应聘。要大力宣传各地推进"特岗计划"的好经验、好做法，不断创新教师补充机制。要采取切实措施，提高特岗教师教书育人的能力，帮助他们尽快成长为骨干教师，同时注意发现特岗教师中的优秀典型，加大特岗教师典型宣传力度，进一步营造良好的工作氛围。

3. 中共中央组织部、人力资源和社会保障部、教育部、财政部、共青团中央关于统筹实施引导高校毕业生到农村基层服务项目工作的通知（人社部发〔2009〕42号）

（1）各专门项目主要包括：中央组织部牵头组织的"选聘高校毕业生到村任职工作"、教育部牵头组织的"农村义务教育阶段学校教师特设岗位计划"、人力资源社会保障部组织的高校毕业生"三支一扶"计划、共青团中央组织的"大学生志愿服务西部计划"等项目。

（2）中央组织部、人力资源社会保障部、教育部、财政部和共青团中央在就业工作部际联席会框架下建立引导和鼓励高校毕业生面向基层就业部际协调机制。办事机构设在人力资源社会保障部，负责在研究确定计划、组织报名选聘、安排工作岗位、出台优惠政策等方面进行沟通协调。各专门项目主管部门不变，仍按现有方式管理。

各省、自治区、直辖市在就业工作联席会框架下也要相应建立由组织、人力资源社会保障、教育、财政、团委等部门组成的部门协调机制，并明确相关职责，在组织、人力资源社会保障部门指导下统筹组织实施工作。

（3）各专门项目高校毕业生的工作、生活补贴按照现在各专门项目毕业生所从事的岗位，可参照本地乡镇机关从高校毕业生中新录用公务员、事业单位从高校毕业生中新聘用工作人员试用期满后工资收入水平确定标准，按月发放。在艰苦边远地区工作的，按规定发放艰苦边远地区津贴。现有项目中高于此标准的，按现行标准执行。

（4）各专门项目高校毕业生在服务期间，未参加社会保险的，从2009年起，按照当地规定，参加相应社会保险。其中在建立补充医疗保险制度的地方，应在参加基本医疗保险的基础上，为其办理补充医疗保险。

社会保险的单位缴纳部分，由负责发放高校毕业生工作、生活补贴的部门缴纳，个人缴纳部分由负责发放高校毕业生工作、生活补贴的部门在个人补贴中代扣代缴，具体手续由县(市、区)负责发放高校毕业生工作、生活补贴的部门到当地社会保险经办机构办理。其中，按照《工伤保险条例》规定，应由用人单位支付的工伤待遇，由负责发放高校毕业生工作、生活补贴的部门发放。相关费用，纳入财政给予的工作、生活补贴范围。

(5)各省、自治区、直辖市地(市)级以上党政机关录用公务员，要坚持"凡进必考"，并明确录用具有2年以上基层工作经历的人员比例，县及乡镇机关要拿出一定职位，专门招考到村任职等专门项目的大学生。各专门项目毕业生服务期满考核合格，同等享受各省、自治区、直辖市地(市)级以上党政机关录用公务员优惠政策。在录用具有2年以上基层工作经历人员的比例范围内，符合规定条件的，同等具有报考资格。

(6)鼓励高校毕业生在项目结束后留在当地就业。今后，参加各专门项目的事业单位相对应的自然减员空岗，全部聘用服务期满的高校毕业生。从2009年起，到乡镇事业单位服务的高校毕业生服务满1年后，在现岗位空缺情况下，经考核合格，即可与所在单位签订不少于3年的聘用合同。

各有关部门要制定切实有效措施，充分挖掘本系统就业岗位，积极吸纳高校毕业生进入本系统工作。各省、自治区、直辖市县及县以上相关的事业单位公开招聘工作人员，应拿出不低于40%的比例，聘用各专门项目服务期满考核合格的高校毕业生。

(7)各专门项目服务期满考核合格的毕业生自主择业和自主创业的，享受国办发〔2009〕3号文件规定的各项优惠政策，由人力资源社会保障部门所属人才服务机构和公共就业服务机构提供免费就业指导、就业推荐、创业指导等公共服务。各主管部门要发挥本部门资源优势，积极推荐各专门项目服务期满考核合格毕业生就业。

各专门项目毕业生到农村基层服务2年以上，服务期满后3年内报考硕士研究生的，初试总分加10分，同等条件下优先录取。各专门项目高校毕业生期满考核合格的，按规定符合相应条件的，可按规定享受相应的学费补偿和助学贷款代偿政策。各专门项目高校毕业生到农村基层的服务年限计算工龄。服务期满到企业就业的，按照规定转移社会保险关系。

(8)中央财政和地方财政继续安排专项资金，用于参加各专门项目的高校毕业生的工作、生活补贴及参加社会保险等费用。各地可根据当地经济发展水平及物价水平，适当调整高校毕业生服务期间的工作、生活补贴标准。要加强资金管理，确保专款专用，切实保证高校毕业生工作、生活补贴按月足额发放，并按规定为其办理社会保险。

(9)各专门项目主管部门要明晰职责，密切配合，不断完善工作协调机制。各专门项目的选拔招募工作以省、自治区、直辖市为单位统筹组织实施。各省级组织、人力资源社会保障部门可根据各专门项目现行招募办法，统筹做好农村基层岗位需求统计，制订工作方案，分项目上报招募计划并分类组织实施。要注意总结、运用已有经验，解决突出问题，努力探索建立高校毕业生面向基层就业的长效机制，进一步拓宽高校毕业生就业渠道，为高校毕业生到农村基层就业服务提供有力保障。

4. 财政部、教育部关于印发《高等学校毕业生学费和国家助学贷款代偿暂行办法》的通知（财教〔2009〕15 号）

为引导和鼓励高校毕业生面向中西部地区和艰苦边远地区基层单位就业，根据《中共中央关于推进农村改革发展若干重大问题的决定》（中发〔2008〕16 号）和《国务院办公厅关于加强普通高等学校毕业生就业工作的通知》（国办发〔2009〕3 号）有关精神，财政部和教育部决定自 2009 年起，对中央部门所属全日制普通高等学校应届毕业生，自愿到中西部地区和艰苦边远地区县以下基层单位工作且服务期达到 3 年以上（含 3 年）的学生，实施相应的学费和助学贷款代偿。

每个高校毕业生每学年代偿学费和国家助学贷款的金额最高不超过 6000 元。毕业生在校学习期间每年实际缴纳的学费或获得的国家助学贷款低于 6000 元的，按照实际缴纳的学费或获得的国家助学贷款金额实行代偿。毕业生在校学习期间每年实际缴纳的学费或获得的国家助学贷款高于 6000 元的，按照每年 6000 元的金额实行代偿。

本科、专科（高职）、研究生和第二学士学位毕业生代偿学费和国家助学贷款的年限，分别按照国家规定的相应学制计算。

5. 教育部办公厅关于积极做好 2009 年普通高等学校应届毕业生入伍预征工作的通知（教学厅〔2009〕4 号）

为贯彻落实国家鼓励普通高等学校应届毕业生（以下简称高校毕业生）应征入伍服义务兵役的精神，总参谋部、总政治部、教育部、财政部印发了《关于做好普通高等学校应届毕业生征集工作的通知》（参动〔2009〕6 号），财政部、教育部、总参谋部印发了《应征入伍服义务兵役高等学校毕业生学费补偿国家助学贷款代偿暂行办法》（财教〔2009〕35 号），出台了多项优惠政策，鼓励高校毕业生应征入伍。针对高校毕业生就业工作的特点，国家决定在毕业生离校前的 5～6 月进行预征。地方各级教育行政部门和普通高校要按照文件的要求，结合实际，尽快部署，精心组织，与兵役部门密切配合，共同做好高校毕业生入伍预征工作。

6. 财政部、教育部、总参谋部关于印发《应征入伍服义务兵役高等学校毕业生学费补偿国家助学贷款代偿暂行办法》的通知（财教〔2009〕35 号）

为鼓励高等学校毕业生积极应征入伍服役，提高兵员征集质量，推进国防和军队现代化建设，根据《国务院办公厅关于加强普通高等学校毕业生就业工作的通知》（国办发〔2009〕3 号）和《总参谋部、总政治部、教育部、财政部关于做好普通高等学校应届毕业生征集工作的通知》（参动〔2009〕6 号）有关精神，财政部、教育部和总参谋部决定自 2009 年起，对应征入伍服义务兵役的全日制普通高等学校应届毕业生，实施相应的学费补偿和国家助学贷款代偿。

7. 关于开展高校毕业生就业推进行动的通知(人社部明电〔2009〕16 号)

(1)进一步加强对高校毕业生就业工作的组织领导。要把高校毕业生就业作为 2009 年下半年就业工作的重中之重,确保高校毕业生就业局势基本平稳。要在努力使更多的高校毕业生在离校前实现就业的前提下,对离校未就业高校毕业生的就业工作进行统筹安排,制订工作计划,确定目标任务,实施工作调度,加强工作督导。各级人力资源社会保障部门要积极会同教育、财政等相关部门和社会团体共同推动工作。要重点在第三季度集中所有力量开展工作。力争在 2009 年年底使大多数登记求职的高校毕业生实现就业,并确保家庭困难和就业困难的高校毕业生当年实现就业。

(2)加大高校毕业生就业政策落实力度。要完善高校毕业生就业政策的具体措施,全面推动政策落实,充分发挥政策促进就业的实效。要加快落实到城乡基层岗位就业的相关补贴、到中西部和艰苦边远地区县以下农村基层就业,以及应征入伍服义务兵役的学费补偿和助学贷款代偿、企业吸纳专科以上毕业生在城市落户、重大科研项目承担单位吸纳高校毕业生和高校毕业生自主创业等政策,着力拓宽高校毕业生到各类企业就业、到城乡基层就业的渠道,扶持更多的高校毕业生自主创业。要加强对本地区高校毕业生就业政策落实情况和工作进展情况的督促检查,对政策不落实、工作进展慢的地区要重点督导,及时研究并解决工作中存在的问题。

(3)统筹实施高校毕业生就业项目。要加快各类高校毕业生就业项目实施进度,组织更多的高校毕业生报名参加。各高校要配合有关部门抓紧实施基层就业项目和应届高校毕业生入伍预征工作,及时组织报名参加。承担重大科研项目的高校及科研单位,要根据自身情况,按有关规定积极聘用高校毕业生。要抓紧建立健全项目统筹实施工作协调机制,以省级为单位,在组织部门、人力资源社会保障部门指导下,加强项目岗位需求统计、报名选拔招募、服务岗位派遣等方面的协调工作。进一步细化各项政策,特别是在参加社会保险、调整工作生活补贴标准、服务期满就业服务工作等方面要采取有效措施,并做好与已有政策的衔接配套工作。

(4)积极做好离校未就业高校毕业生的登记管理工作。教育部门和高校要加强对档案和户口仍留在学校的高校毕业生的就业服务工作,人力资源社会保障部门也要积极协助做好就业服务等工作。对回到原籍的未就业高校毕业生,人力资源社会保障部门要以人才交流服务机构为主体,做好登记管理工作。要登记造册,摸清底数,建立专人联系制度,实施动态管理。尚未进行机构改革的地区,人事、劳动保障部门要统筹协调,全面掌握未就业高校毕业生情况,做好跟踪服务和就业政策落实工作。

(5)大力开展高校毕业生就业服务活动。各级人力资源社会保障、教育部门及高校要进一步加大合作力度,积极会同有关部门和单位,为应届毕业生免费提供就业服务。各级教育部门要会同高校进一步强化对家庭经济困难毕业生、零就业家庭毕业生、少数民族高校毕业生等各类困难群体的就业帮扶,通过优先推荐、给予求职补贴等方式,开展个性化就业帮扶,继续深入细致做好毕业生离校前的就业心理辅导和思想政治工作。

省级人力资源社会保障部门要积极会同有关部门,对高校毕业生就业服务系列活动进行具体部署。根据本地实际情况，在第三季度动员各类就业服务机构集中开展面向离校未就业高校毕业生的就业服务活动，加强就业指导，积极提供就业信息，落实相关就业扶持政策。要结合离校未就业高校毕业生所学专业和就业意向，组织其参加职业技能培训和创业培训，并按规定落实职业培训补贴、税费减免和小额担保贷款等政策。要将公共就业服务与开发基层社会管理和公共服务岗位紧密结合起来，参考基层社会管理和公共服务岗位目录，开发和推介一批城乡基层就业岗位。

(6)认真实施"三年百万高校毕业生就业见习计划"。人力资源社会保障部门要会同有关部门抓紧完善一批见习基地，采取有力措施，确保全年见习目标任务顺利完成。要积极组织开展高校毕业生就业见习基地的申报受理、审核认定、信息发布工作，帮助一部分尚未就业的高校毕业生进入见习基地。切实落实见习期间的基本生活补助政策，见习期间由见习单位和地方政府提供基本生活补助。对中西部财政困难地区应由当地政府所负担的高校毕业生就业见习基本生活补助，可从中央财政就业补助专项转移支付资金中给予适当支持。要指导和配合见习单位进一步完善见习管理制度，加强对见习过程的指导和管理，提高见习质量。要做好见习与就业工作的配套衔接，对见习期满仍未就业的人员及时提供相关服务。

(7)强化对困难高校毕业生的就业援助。各地要将家庭困难高校毕业生及长期失业、残疾人等就业困难高校毕业生列为重点帮扶对象，积极提供就业援助。要建立本地生源困难毕业生信息库，为困难毕业生提供"一对一"的就业帮扶。要落实促进困难毕业生就业的各项扶持政策，通过优先推荐就业和见习岗位、帮助自谋职业和自主创业、开发公益性岗位安置等方式，力争使所有困难毕业生在年底前实现就业。少数民族地区要高度重视少数民族高校毕业生的就业问题，制订专门工作计划，实施有针对性的政策措施，强化政策扶持，强化就业服务，加大就业援助力度。

(8)深入开展高校毕业生就业宣传工作。要继续大力开展高校毕业生就业政策宣传咨询活动，使各级相关工作人员运用和执行政策，广大高校毕业生和家长知晓和理解政策。要加强高校毕业生就业形势的宣传，引导高校毕业生树立正确的就业观念，克服困难，增强信心。要加强高校毕业生就业先进典型宣传，积极营造社会氛围，鼓励高校毕业生面向企业生产一线，面向城乡基层服务一线，面向西部边远地区建设一线，到祖国经济和社会建设最需要的地方去建功立业。

(9)加强高校毕业生就业情况统计。人力资源社会保障部门要及时掌握回原籍离校未就业高校毕业生的就业情况。要从2009年7月起，按月填报《离校未就业应届高校毕业生情况》统计表，并于次月3个工作日内报人力资源和社会保障部。高校毕业生就业工作中的其他有关重要情况也请及时上报。

8. "大学生志愿服务西部计划"（以下简称"西部计划"）

"西部计划"是由团中央、教育部、财政部、人事部根据国务院有关要求于2003年6月联合提出的，由团中央、教育部组织实施，财政部、人事部提供必要的资金、政策支持。它按照公开招募、自愿报名、组织选拔、集中派遣的方式，每年招募一定数量的普通高等院校应届毕业生，以志愿服务的方式到西部贫困县的乡镇从事为期1～2年的教育、卫生、农技、扶贫及青年中心建设和管理等方面的工作。志愿服务期满后，鼓励其扎根西部就业，也可以自主择业或流动就业。"西部计划"是配合国家西部大开发的战略部署和促进就业的政策而实施的长期的志愿服务项目，该计划管理严密，保障有力，可以使国家、志愿者本人和服务地区三方受益。

9. 中组部有关政策

中组部要求各级党委按照党管人才的要求进一步做好高校毕业生就业工作。明确规定各级党政机关录用公务员和机关工作人员"凡进必考"；国有企事业单位新增专业技术人员和管理人员，主要面向高校毕业生公开招聘、择优录用。在推进职业技术岗位的资格准入制度，鼓励中小企业和民营企事业单位聘用高校毕业生，鼓励和支持高校毕业生自主创业和灵活就业，打破高校毕业生跨地区、跨行业就业的限制和省会及省会以下城市就业落户限制，选调毕业生到基层从事共青团工作等方面给予政策支持。另外，提出了为未就业毕业生进行失业登记、主动提供免费就业培训、职业介绍及必要的社会救助等服务项目。

10. 财政部、国家发改委有关政策

财政部、国家发改委联合通知规定，高校毕业生从事个体经营的，除国家限制的行业(包括建筑业、娱乐业以及广告业、桑拿、按摩、网吧、氧吧等)外，自工商部门批准其经营之日起，一年内免交登记类和管理类的各项行政事业性收费。

11. 国家工商总局有关政策

国家工商总局对高等学校毕业生从事个体经营有关收费实施五项优惠政策。凡高校毕业生(含大学专科、大学本科、研究生)从事个体经营的，除国家限制的行业(包括建筑业、娱乐业以及广告业、桑拿、按摩、网吧、氧吧等)外，凭普通高等学校颁发的《毕业证书》、个人身份证，以及省级高校毕业生就业工作主管部门签发的《全国普通高等学校本专科毕业生就业报到证》或《全国毕业研究生就业报到证》进行登记、变更、补换营业执照及营业执照副本，免交个体工商户管理费、集贸市场管理费、经济合同鉴证费、经济合同示范文本工本费。

12. 全国工商联有关活动

全国工商联和劳动保障部培训就业司联合发出"开展民营企业为毕业生送岗位的活动"通知，并号召建立高校毕业生就业信息服务网络平台，在中国劳动力市场网站和全国工商联网站共同建立"民营企业为高校毕业生送岗位服务网页"。同时，中国劳动力市场网站与全国工商联网站相链接，共同享有空岗信息发布权。"民营企业为高校毕业生送岗位服务网页"的空岗信息来源主要由各地民营企业提供，各地级以上城市工商联应将收集到的民营企业空岗信息提供给当地劳动保障部门公共职业介绍机构，再由公共职业介绍

机构将空岗信息放在公益性劳动力市场网站专门制作的"民营企业为高校毕业生送岗位的网页"上。

(三)人事代理与毕业生就业

随着我国人事制度改革的不断深化,"人事代理"形式作为人事制度改革的产物逐渐出现,它为多年的人事管理带来了一股清风。以前,人才流动会受到多方面的限制,如人事关系、户口关系、粮食关系、档案等。这在一定程度上限制了人才的合理流动。与此同时,用人单位为了本单位员工的档案管理和职称评定要花费大量的人力、物力、财力,为了解决这种双方都痛苦的问题,人事代理应运而生,在制度上为人事制度改革开辟了一条新的途径。

人事代理是指各级人事行政部门所属的人才流动机构为"三资企业"、私营企业、股份制企业、民办科研机构等无主管单位及不具备人事管理权限的单位、要求委托人事代理的其他企事业单位、自费出国和以辞职等方式流动后尚未落实单位的专业技术人员和管理人员提供档案保管或有关人事方面的代理服务工作。

委托人事代理可分为单位委托人事代理和个人委托人事代理。单位委托人事代理,各级人才流动机构可提供人事政策咨询,人事档案保管,聘用(任)合同鉴证,代办养老保险、失业保险,代办户籍粮油关系迁移和档案工资定级(晋升)手续,代为申报专业技术职称资格等人事代理服务。

个人委托人事代理,各级人才流动机构可提供人事档案保管、代办养老保险、中共党员组织关系转接、为因私出国者提供档案材料证明等。

各级人才流动机构与委托人事代理对象不发生行政隶属关系,仅为其代理有关服务事宜。人事代理制度的建立是我国人事制度改革的一项重要内容。它的出现,对于拓宽毕业生就业渠道,改革传统的毕业生就业方式,保障毕业生和用人单位的合法权益有着重要的意义。

国务院制定的《国家中长期教育改革和发展规划纲要(2010—2020年)》对高等教育改革和发展提出了新的任务和奋斗目标,高等学校毕业生就业制度的改革和就业政策的不断完善是高等教育改革的重要组成部分。

此外,各地区、各部门、各行业根据本地区、本部门、本行业的需要,在不违背国家法律法规的前提下,也制定了一些适用于本地区、行业和部门的毕业生就业政策。

第四节　保持良好的就业心态,合理调整就业定位

面对就业,大学生的心理是复杂多变的。通过几年大学生活,同学们在知识、能力与人格方面有了积极的显著发展,有着强烈的就业意愿和积极的就业动机,为能实现自己的人生价值而感到由衷的欢欣;而就业岗位和就业方式的多样化也为大学生就业提供了更多的机遇和更大的自由度,许多大学生都摩拳擦掌,跃跃欲试,准备在所学专业领域一展身手。但是在就业过程中,又难免出现种种心理矛盾、心理误区和心理障碍。因此,大学生一定要保持良好的就业心态,合理调整就业定位。

一、大学生就业的一般心理问题

大学生群体是个体由青年期到成年期成长过程中一个特殊的群体。他们的心理健康状况比处于这一时期的其他群体明显要低。为了帮助广大毕业生同学更好地认识这些问题，为就业做好心理准备和心理调适，我们首先从以下几个方面来看看大学生就业时一般存在哪些心理问题。

(一)就业心理压力与焦虑

当前激烈的就业竞争环境使就业问题给大学生带来了较大的心理压力，而且这种压力在各年级学生中都存在。

(二)就业心理期望与失落感

许多大学生都有"十年寒窗，一举成名"的心理，因此对择业的期望相当高。大学生大多希望到生活条件好，福利待遇高的大城市、大机关、大公司工作，而不愿到急需人才但条件艰苦的中小城市和基层小单位，过分地考虑择业的地域、职位的高低和单位的经济效益。高期望驱使毕业生总是向往高薪水、高职位、高起点，渴求高收入、高物质回报率，并一厢情愿地对用人单位提出种种要求，将自己就业的目标定得很高，即使找不到合适的单位也不肯降低就业期望值。比如，有一些学生就说："非北京、上海、深圳不去。"可是现实就业岗位大多不像大学生所想象得那么美好，因此当发现现实与理想的差异较大时，就容易出现"高不成，低不就"的现象，并产生偏执、幻想、自卑和虚伪等心理问题，并可能导致择业行为的偏差。

(三)就业观念不合理

大学生的择业观念虽然在总体上是倾向于务实化与理性化，但由于处于择业观念的转型过程，因此各种不良观念也存在着，并影响了大学生的顺利就业。这些不良观念主要表现在以下几个方面。

1. 只顾眼前利益，忽视职业发展

一些大学生在择业标准中只有工作条件、收入等眼前实在利益，而对自我的职业兴趣、能力、职业的发展前景等因素不作考虑，因而极易选择并不适合自己的职业。

2. 职业标准过于功利化、等级化

一些毕业生过分强调职业的功利价值，甚至还将职业划分为不同等级，而不考虑国家与社会的需要，不愿意到条件比较艰苦的地区和行业去工作。

3. 求安稳，求职一次到位的传统观念根深蒂固

很多大学生仍然喜欢稳定、清闲、福利保障好的单位，希望以此就能选定理想的职业，而不愿意选择有风险、有挑战性的职业，更不敢去创业。

4. 过分强调专业对口，学以致用

在求职时，只要是与自己专业关系不密切的职业就不考虑，这样做只能是人为地增加了自己的就业难度。

5. 职业发展观念不强

许多大学生从观念上来说，还是仅仅把工作当做一种谋生的手段，没有充分认识到职业对个人发展、社会进步的重要意义。

(四)就业人格缺陷

1. 自我同一性混乱

许多同学对自己的职业目标、需要、价值观及自身特点等没有明确的认识；在就业时不能正视自己的能力、素质和择业的客观环境，不能对自己有一个客观、清醒、全面的评价。因此，他们在职业选择时往往是茫然、犹豫不决、反复无常、见异思迁、躁动不安，不能主动、独立地获取职业信息、筛选目标、规划职业生涯，也不能解决就业中的问题，做出正确的决策。自我同一性混乱在就业中的两个突出表现就是盲目从众与依赖。

2. 就业挫折承受力差

不少大学生在求职时只想成功，一旦遭受挫折就会像泄了气的皮球，一蹶不振，陷入苦闷、焦虑、失望的情绪之中不能自拔。他们对求职中的挫折既缺乏估计也缺乏承受能力，不能很好地调节自己的心态，也不会通过总结求职中的经验教训来获得下一次的成功。

自主择业给大学生提供了就业的自由及通过竞争获得理想职业的机会。应该说这也是大多数学生所期望与认可的。但当大学生真正面对激烈的竞争环境时，也有许多人表现出缺乏信心、缺乏勇气，求职时战战兢兢、顾虑重重、畏首畏尾，不敢大胆自荐。结果是有压力没勇气，不能真正向用人单位展现自己的竞争实力，错过机会，在竞争中陷入了不战自败的境地。特别是一些冷门专业或学习成绩不佳的同学及没有"关系"的同学就更容易出现不敢竞争、不敢尝试的问题。

3. 自卑与自大

一些毕业生在求职中常会产生自卑心理，对自己评价偏低。自卑的大学生不敢正视现实，对自己的长处估计不够，怀疑自己的能力，不善于发现适合自己的职业岗位，在对自己的抱怨、贬低中失去了求职的勇气。

自卑的反面是自大，而且两者有时会相互转化。一些专业较好、就业资本较雄厚的大学生容易从自信变为自负。还有一些大学生是脱离实际的自大，他们既缺乏对自己的客观认识，也对就业市场、职业生活缺乏了解，一切都凭自己的主观想象。在求职中自

觉高人一等、自命不凡、四处吹嘘，一旦出现变故则容易陷入自卑、自责、一蹶不振。

4. 偏执与人际交往障碍

大学生就业中的偏执心理有不同的表现。

（1）追求公平的偏执。大学生要求公平的竞争环境，对一些不良的社会风气感到气愤是正常的，但有一些大学生表现为对公平的过分偏执，将自己求职中的一切问题都归结于就业市场不公平，以致给自己的整个求职过程都笼罩上了心理阴影。

（2）高择业标准的偏执。大多数毕业生对求职有过高的期望，不过多数人能通过在就业市场的体验，客观地认识和接受当前的就业现状并调整自己的择业标准。但仍有大部分大学生固执己见，偏执地坚持自己原来的择业标准，甚至宁愿不就业也不改变。

（3）对专业对口的偏执。一些大学生在就业时过分追求专业对口，不顾社会需要，无视专业的伸缩性、适应性，只要是与专业有一定出入的工作就不问津，只要不能干本专业就不签约。这样就人为地减少了自己就业的机会。

有些大学生缺乏基本的人际交往能力。如有的在求职过程中过于怯懦和紧张，不敢在用人单位面前表现自己，甚至连面试也不敢去，常常一开口就面红耳赤、语无伦次。还有的在求职中不会察言观色，不懂得照顾别人的感受，不懂人际交往的礼貌礼仪等，这些都影响大学生顺利就业。

（五）就业心态问题

1. 过度焦虑与急躁

就业时许多大学生是既希望谋求到理想的职业，又担心被用人单位拒之门外，还担心自己在择业上的失误会造成终身遗憾，并对未来的职业生活感到心中无底。因此在就业过程中存在一定焦虑是正常的。但一些大学生的焦虑过了头，成天都充满了各种不必要的担心及造成精神上的紧张不安，行为上无所适从。

还有一些大学生在就业时显得过于急躁，整个就业期情绪始终处于亢奋状态，常常心急如焚，希望尽快找到合适的工作，但又缺乏对就业形势的冷静观察以及对自我求职的理性思考，做了许多劳而无功的事。因此常常都有一些毕业生在并不完全了解用人单位的情况下就匆匆签约，一旦发现实际情况与自己想象的不一样或发现了更好的工作时，又追悔莫及，甚至毁约，给自己带来许多不必要的麻烦与心理困扰。

2. 消极等待与"怀才不遇"心理

与就业时的急躁心理相反的是一些大学生在就业问题上表现得非常消极，平时也不参加招聘会，有单位来了就看看，如果不满意就等下去，满意时也不主动争取，抱着"你不要我是你的损失"的态度，期待着有单位会主动邀请。还有些人这山望着那山高，不肯轻易低就，明明已经找到工作，但拖着不肯签约，总希望有更好的单位出现。

另外有些大学生自恃条件很好，认为"满腹经纶"可以大有作为，但在择业时却常常要么碰壁要么找到的工作不满意，于是抱怨"世上无伯乐"，怨天尤人。

3. 攀比与嫉妒

在求职中，同学之间"追高比低"的现象时有发生，一些同学在求职中经常相互吹嘘自己的职业待遇好、收入高，导致职业期望越来越高，求职变成了自我炫耀。还有些同学看见或听说别人找到了条件优越、效益较好的单位心理上就不平衡，抱着"他能去，我更能去"的态度非要找一个条件更好的单位，而不考虑自身的条件、社会需要特点、职业发展及就业中的机遇因素。

一些毕业生对别人所找的工作心存嫉妒，特别是看到自认为条件不如自己的人也能找到很好的工作就更容易出现嫉妒心理，于是有些人故意对别人的工作冷嘲热讽、贬低、讽刺和挖苦企图打击别人，更有甚者抱着"我得不到，你也别想得到"的畸形心态在用人单位面前造谣中伤、打小报告。

4. 抑郁与逆反

在择业中受到挫折后，一些毕业生会感到无能为力、失去信心，表现为失落抑郁、不思进取、情绪低落、意志消沉，他们常常会放弃一切积极的求职努力、听天由命。严重时还会对外界的环境也漠然置之，减少人际交往，对一切都无所谓，并进而导致抑郁症。

而另外一部分毕业生，则对正面的职业教育、职业信息存在逆反心理。对来自辅导员、班主任、学校就业指导服务中心及同学和用人单位的正确信息、善意批评与建议，他们不相信、不听从，偏要对着干，要按自己的一厢情愿去求职。比如当别人为其推荐某工作单位时，总是抱有戒心，别人讲得越多他越不相信。当求职失败时，不总结自己的问题，甚至明明知道自己失败的原因也不改正，在以后的求职中依然我行我素，听不进任何批评与建议。

5. 说谎侥幸与懒散心理

有些同学认为用人单位不可能去查实每个人的自荐书是否真实，而且在面试时时间比较短、不可能对自己作全面的考察和了解，只要自己当时充分地表现一下，把工作骗到手，签好协议书就行了。于是，一些毕业生把别人的获奖证书、成果证明等偷梁换柱地复印在自己的自荐书里，而且自己明明没有当什么干部，也没有参加什么社会实践活动，也照着别人的写上，甚至胡编乱造一番，以致有时在用人单位收到的自荐书中一个班竟出现了五六个班长。还有的大学生在面试时把自己吹得天花乱坠、无所不能，结果经过现场实践考核或试用时就马上露出了原形。

有的毕业生签约比较早，往往在离毕业半年前或更长时间就落实了单位，这时就容易出现懒散心理，认为工作单位已定，没有什么可以担心了，应该松口气、歇歇脚了，于是学习没了动力，组织纪律散漫，考试仅仅追求及格，毕业论文只求通过，甚至长期旷课、上网、夜不归宿。还有极少数大学生因此受到学校的处分，严重的甚至被开除或勒令退学，找到的工作也因此丢了，悔之莫及。

6. 心理不满与行为、生理反应失常

由于就业市场中确实存在一些不公平现象，以及某些专业、学校不易找工作的客观现实，一些大学生在遇到就业挫折时就容易出现各种不满心理，比如有些同学认为"学习靠自己，就业靠关系"，还有些同学出现了对专业、学校的抱怨、贬低。在各种不满与不良就业心态的影响下，还会出现一些不良行为和生理反应。行为与生理反应的失常通常是比较严重的就业心理失常的表现，出现这些问题时要及时进行心理调节或寻求心理咨询专家的帮助。

二、大学生就业心理的自我调适

就业本身就是我们认识和适应社会的一个过程，在求职过程中遇到困难，甚至经过几次挫折最后才成功是正常的；在就业中遇到许多心理冲突、困惑，产生一些不良情绪也是正常的。遇到就业问题时，要学会调节自己的心态，使自己能从容、冷静地面对就业这一人生重大课题，并做出正确、理智的选择。如果你遇到了就业心理困扰，可以试着从以下几个方面来调节。

（一）接受客观现实，调整就业期望值

就业市场化、自主择业给大学生带来了机遇与实惠，但许多大学生对"市场"残酷的一面认识不足，对就业市场的客观实际了解不够。经过对就业市场、就业形势的客观了解与深刻体验后，我们必须明白现实情况就是如此，无论是抱怨还是气愤都没有用，这种就业情况不可能是马上就能改变的。与其成天怨天尤人，浪费了时间、影响了自己心情，还不如勇敢地承认和接受当前所面临的现实，彻底打破以往的美好想象，脚踏实地地寻求解决问题的好办法。

在就业市场上的用人单位招不到人、大量的毕业生无处去的"错位"现象普遍存在，这是因为大学生的就业期望普遍较高的缘故。因此，要顺利就业就必须首先根据自己的实际情况和就业形势，调整自己的就业期望值。调整就业期望值不是对单位没有选择，只要有单位就去，而是要在职业生涯规划和职业发展观念的基础上重新确定自己的人生轨迹。这就是说要树立长远的职业发展观念，放弃过去那种择业就是"一次到位"，要求绝对安稳的观念。要知道现在再好的单位，将来也有下岗的可能，因此，在择业时要看得长远一些，学会规划自己整个人生的职业生涯。在当前获得一个理想职业的时机还不成熟时，应采取"先就业，后择业，再创业"的办法。也就是说，在择业时不要期望太高，可以先选择一个职业，不断提高自己的社会生存能力、增加工作经验，然后再凭借自己的努力，通过正当的职业流动，来逐步实现自我价值。许多大学生不愿意去经济落后的地区工作，可是随着西部大开发的进行，西部地区将成为经济发展的热点，这也将给大学生们提供更多的发展机会，因此抢先到这样的地区去工作可能会更有利于自己的职业发展，有助于取得事业的成功。

（二）充分认识职业价值，树立合理的职业价值观

传统认为人们工作就是为了满足生存需要，但是对于现代社会的人来说，职业对个体的意义已经远不是如此简单，职业可以满足人们从低层次到高层次的多方面需要。如最近有人对职业价值结构进行了初步研究，发现了交往、义利、挑战、环境、权力、成就、创造、求新、归属、责任和自认 11 个类别的因子。因此，职业的价值是丰富的，我们要充分认识到职业对个体发展、社会进步所起到的重要作用。

在择业时不能只考虑工作的经济收入、工作条件、地点等因素，更要考虑职业对自我一生发展的影响与作用，应看重职业能否帮助实现自我价值。因此，要在考察社会需要的基础上，树立重自我职业发展、才能发挥、事业成功的职业价值观。对于那些虽然现在工作条件不怎么样，但发展空间大，能让自己充分发挥作用的单位要优先考虑；对于那些现在经济发展水平不太高，但发展潜力大、创业机会多的工作地点也要重视。总之，盲目到一些表面上看来不错，但不适合自己，自己才能不能得到有效发挥的单位去工作，是不会让自己满意的。与其将来后悔，不如现在就改变自己，建立适应我国当前市场经济发展、人才需求规律的合理的职业价值观，以指导自己正确择业。

（三）认识与接受职业自我，主动捕捉机遇

大学生就业中的许多心理困扰都与大学生不能正确认识和接受职业自我有关，因此，正确地认识自我的职业心理特点并接受自我，是调节就业心理的重要途径，并可以帮助自己找到合适自己的职业方向。要知道自己喜欢什么样的职业、需要什么样的职业、自己的择业标准以及依自己目前的能力能干什么样的工作，这样才能知道什么样的工作更适合自己。许多同学通过亲身的求职活动后就会发现自己的能力与水平并不像自己以前想象得那么高，并容易出现各种失望、悲观、不满情绪。因此，在认识自我特点后还要接受自我，对自我当前存在的问题不能一味抱怨，也没有必要自卑，因为自己当前的特点是客观现实，在毕业期间要有大的改变是不可能的，因此要承认自己的现状，学会扬长避短。另外，要用发展的观点来看待自己，要知道有些缺点并不可怕，可以先就业然后在工作岗位上不断发展自己。

大学生就业中的机遇因素也是非常重要的，因此，了解并接受了自我特点以后，还要学会抓住属于自己的机遇，这样才能保证以后的求职顺利。要抓住机遇首先必须要多收集有关的职业信息，多参加一些招聘会，并根据已定的择业标准进行选择。需要注意的是机遇并不是对任何人都适用的。一个工作的好与不好，是相对的，对别人合适的，对自己不一定合适，因此一定不能盲从；要时时记住，只有合适自己的才是最好的。最后要注意机遇的时效性，在发现就业机会时要主动出击，不能犹豫，也不要害怕失败，应有敢试敢闯的精神。

（四）坦然面对就业挫折，提高心理承受力

面对市场竞争、就业压力，大学生的求职总会遇到许多困难、挫折甚至是委屈，如一些专业"热门"，有些则"冷门"；又如女大学生找工作容易受到歧视等。面对这些问题仅抱怨是没有用的，更重要的是调整自我心态，提高自己对各种突发事件的心理承受能力。其实，就业的过程也是大学生重新认识自我、认识社会，并主动调整自我适应社会的过程。如果能通过求职而增强自我心理调节与承受能力，对大学生今后的职业生活都是非常有用的。

在求职中遇到挫折时，要用冷静和坦然的态度对待，客观地分析自己失败的原因，进行正确的归因。首先，在就业市场化、需求形势不佳、就业竞争激烈的条件下，出现求职失败是在所难免的，不能期望自己每次求职都能成功。要对可能出现的求职挫折有充分的心理准备。同时，应把就业看作一个很好的认识社会、认识职业生活、适应社会的机会，应通过求职活动来发展自己，促进自我成熟，因此"不以成败论英雄"。其次，自己求职失败并不一定就是因为自己的能力不足。出现求职失败有许多原因，可能是因为你选择求职单位的方向不对，也可能因为你的价值观与单位的企业文化不符合，还有可能是其他一些偶然因素。总之，要正确分析自己失败的原因，调整自己的求职策略，学会安慰自己，以便在下次的求职中获得成功。

(五)调整就业心态，促进人格完善

在求职时，自己或身边的同学出现一些不健康的心态是正常的，没有必要过度担心、害怕自己有心理障碍。当然对于这些不良心态也要学会主动调适，必要时还可以寻求有关心理专家的帮助。进行自我心理调适的方法有很多，首先，可以进行积极的自我心理暗示，鼓励自己、相信自己，帮助自己渡过难关。其次，可以向朋友、老师倾诉，寻求他们的安慰与支持。最后，还可以通过体育锻炼、听音乐、郊游等方式转移自己的注意力，排解心中的烦闷，放松自己的心情。

通过对自己在就业时出现的种种不良心态的分析，可以发现自己平时不容易察觉的一些人格缺陷。应该说这些人格缺陷是产生这种就业心理问题的根本原因，如果现在没有很好地完善自己的人格，那么这些问题还会在今后的工作、生活中继续带来困扰。因此，有关问题其实是暴露得越早越好，同时也不必为自己所存在的人格缺陷而懊恼，因为很少有人是绝对的人格健全的，关键是要在发现自己的问题基础上，积极改变自己、发展自己，使自己的人格更加成熟，使自己将来的人生道路更顺利。

(六)开拓进取，勇于创业

大学生是有理想、有抱负、有创新精神和敢做敢为的青年先锋。因此，大学生要有自主创业的打算，这既可以在毕业后马上实现也可以通过一定的社会积累后再实行。大学生们一定要有开拓自己事业的信心与勇气。当前的一些大学生创业公司虽然遇到了一些困难，但也有相当成功的案例。大学生创业肯定是值得鼓励的，关键是要有准确的观念与思路，要对自己有一个合理的规划与定位，要与有市场经验的人合作，要摆脱学生公司的意识，要进行科学化、职业化的管理。

案例精选

五月的一天早上，职介中心大厅内迎来了当天的第一位求职者，职业指导员小李接待了她。"您好，您是求职吗？""对，我想找一份工作。""好的，能不能简单地谈一下你的情况？"

"我叫小悦，今年应届大学毕业生，工商管理专业，并已通过大学英语四级考试，获得了证书。"

从初步交谈中，小李观察到，小悦是一个头脑清晰、思维敏捷的女孩子，而且外在形象也很出众。"你的求职意向是？"小李问道。

"实不相瞒，我四月份就从学校出来开始联系工作了，因为我的意向一直是外企或者知名企业的管理职位，也曾经联系过几家大公司去面试，我自我感觉条件都不错，而且

英语水平也通过了测试，可最终都没有被录取，其说词都是些像没有管理方面经验、社会阅历，不适合我们这里的职位要求等。"说到这儿，小悦深深地叹了口气。

"先别急着灰心，我来帮你分析出现的问题，并去解决它。"说到这儿，小李把小悦请到了职业指导室，进行一对一单独指导。"像你这样还有很多的大学毕业生们在第一次求职的时候，容易好高骛远，盲目地追求大公司、大企业，但往往没有过多的社会阅历、工作经验、有限的能力，而导致应聘的失败，这样容易产生强烈的挫败感，时间长了容易造成心理障碍。其实呢，找工作最关键的是找到适合自己的位置，脚踏实地，即使是在小规模的单位工作，但只要能够发挥出自己的专业特长、从一点一滴做起，树立起自信心，为自己的发展定下目标，那时候你会发现，成功离你并不遥远。"

经过两个小时的指导，小悦像是豁然开朗了，决定以新的视点来审视自己工作的起点。"正好，小悦，我这里有一家物业管理公司，正在招聘经理助理，工作范围主要是协助经理来完成目标任务及部分行政方面助理的工作。""对于没有工作经验但又是学管理的你来说这个职位你应该去试一试，可以从助理管理开始做起，学习一下一个团队是怎样管理和接受管理的，这样有助你从中吸取宝贵的管理经验，为你以后从事管理打下基础。""好的，通过这次指导，我会以新的自己去应聘，努力争取到这个工作机会，作为我工作起跑线的第一个开始。"

一周后，小悦再次来到职介大厅，这次看到的是一个充满自信的小悦。她对小李说："在一周内通过了初试和严格的复试，面试很成功，单位的人事经理和部门经理对我都很满意，我也很喜欢这份工作和这里的工作环境，虽然公司不是很大，但单位里像我这样的年轻人还有很多，工作环境富有竞争力也更富有朝气。我现在终于了解到'勿以善小而不为'的道理了。我要从一点一滴做起，分步树立自己的工作和学习目标，并努力去实现它。""恭喜你啊，因为你不仅用你的自信和能力争取到了这份工作，最重要的是你转变了就业观念，摆正了心态。不要骄傲，要继续加油哟！"

第二周，小悦通过电话告诉小李现在已经正式上班了，成为富有朝气的工作团队中的一员了。

第二章

职业认知与职业道德

职业认知

人的生活需要物质基础的支撑，物质基础的来源主要就是通过参与社会职业活动，承担社会义务、获得劳动报酬而来的。人的一生有一半的时间都是在职场中度过的，进行有效的职业相关知识的学习，对一个人来说，尤其是还没有进入社会的大学生来说是十分重要的，可以帮助树立正确的职业观，使其在求职的路上走得更顺利。

一、职业的含义与要素

(一)职业的含义

职业(Career)对每个人来说是十分重要的，也是每个人必须面临的。那么，究竟什么是职业呢？目前来说有很多的定义，都从不同的角度来分析职业，就理论而言：职业是有劳动能力的人利用一定的知识和技能，参与社会分工，获得相对稳定的经济收入，承担一定的社会责任和义务，拥有一定的社会权利的社会活动。

职业不同于工作(Job)，因此，职业问题不是简单的工作问题。在德语中，职业一词乃是"天职"之意。它意味着个人毕生应当为之而不懈奋斗的目标。因此，职业本身已经包含了职业精神和职业道德的内容，它是一种具有高尚性的事业。

职业一词的本义至少包含了两个方面的含义：

其一，职业体现了专业的分工，没有高度的分工，也就不会有现代意义上的职业观念，职业化意味着专门从事某项事务；

其二，它体现了一种精神追求，职业发展的过程也是个人价值不断实现的过程，职业要求个人对它的忠诚。

(二)职业的要素

《中华人民共和国职业分类大典》里明确规定,职业是由五个要素组成:

1. 职业名称

职业的符号特征,它一般是由社会通用称谓来命名。

2. 职业主体

从事一定社会分工的劳动者,必须具有承担该职业活动所需要的资格和能力。

3. 职业客体

职业活动的工作对象、内容、劳动方式和场所等。

4. 职业报酬

通过该职业活动取得的各种报酬。

5. 职业技术

劳动者所运用的自然技术、社会技术与思维技术的总和,它体现在人们从事职业活动时使用工具、材料工艺方法的发展和应用。

社会活动中每一个有劳动能力的人,都与职业有着密切的关系,这也体现了职业与个人的密切关系,因此要在社会上生存,就必须了解职业,认识职业。

二、职业的基本属性

我们从职业的含义中不难发现,职业有以下几个基本属性。

(一)职业的社会性

随着社会文明的进步,生产力的发展,社会分工开始细化,从而产生了职业。职业是个人与社会相结合的具体方式之一。职业的社会属性主要体现在一个人从事社会活动的关系,包括同事、领导、下级、供应商、关系群体成员等。我们社会上还有很多社会团体和民间组织都和社会分不开的,比如民间的戏剧团,他们的职业就是唱戏,整个戏剧团就是社会文化传播的平台,同时也是职业社会性的体现。不同的社会分工形成了不同的工作岗位,也给劳动者赋予了不同的责任和社会地位,所以每个劳动者都有自己专门工作角色,如教师、演员、农民、工人和商人等。

(二)职业的价值性

在社会主义市场经济条件下,职业活动已经是个人生存与整个社会中的必需活动,也是必须有利于他人的活动,两者密不可分。在社会主义的前提下,只对自己有利而对他人、对组织、对社会无利的活动不能称为职业活动,这样对他人、对组织、对社会无利的活动就不具有职业的价值性。那么,究竟什么样的情况下的社会活动才具有职业的价值性呢？职业的价值性是要为他人、社会服务，满足他人、社会需要，为他人、社会提供利益。不对他人、社会有益，不为他人、社会提供服务，该职业就不会存在。

(三)职业的经济性

职业活动是有偿的，可以从中获得一定的经济收入，是人们从事职业活动的基本动机之一。随着社会的发展，劳动已经是人们谋生的主要手段，只有通过劳动才能获得生存的必要条件。可以从两个方面看这个问题：第一，为了维持生计，劳动者付出劳动；第二，社会、企业和用人单位给予付出劳动的劳动者经济报酬。大学生从毕业到就业，就是独立生存的开始，是以一个"社会人"的身份进入社会开始，而选择职业、从事职业活动会为新的生活奠定必需的基础，也就是经济收入。

(四)职业的专业性

随着社会的发展，社会分工也越来越细。职业是社会分工的必然结果，是社会分工的具体体现。社会分工是根据劳动对象、劳动条件、劳动方式而相互区别的，职业也是如此。每一职业都有自己特定的活动目的、活动内容、活动方式。比如纺织劳动和服装制作的区别，前者是纺纱织布，后者是利用纺织品制作服装；比如商品批发和商品零售的区别，前者是批量购销商品，主要面对组织客户，后者是零星购销商品，主要面对个人和家庭消费者等。职业的专业性一方面形成了不同职业的专门技术和技艺，需要人们学习掌握；另一方面形成了不同职业的道德规范和行为规范，要求人们必须遵守。前者就是所谓职业技能，后者可统称职业规范。另外，职业的专门性也是高校设置专业的重要依据，所谓专业学习在很大程度上就是学习职业的相关知识和技能，因此必须重视专业学习。

(五)职业的稳定性

职业是社会分工的产物，它是建立在一定的专业技术和经营管理技术基础之上的，能满足一定的社会发展需要。职业形成之后，会有两种存在形式：一是永久性，比如教师、医生等；二是暂时性，比如 IT 业等。由于职业的稳定性，使人们完全有学习掌握职业知识和技能的可能，同时人们可以规划自己的职业生涯发展。

三、职业的特征

从社会整体的角度来分析，职业主要有以下几个特征。

(一)职业的时代性特征

社会在不断地发展，职业的产生与消失也在产生变化，旧的职业，不适应社会发展的职业逐渐被淘汰，而新的职业不断产生。在数量上，社会分工不断细化，目前职业的数量不再是过去的"三百六十行"所能概括，而是数以千计的。在结构上，一般人们按照产业结构来划分职业结构，分成第一、第二、第三产业。在不同的经济和社会发展阶段，职业的结构区分也很大。职业结构的变化越大，对大学生求职影响就越大，所以职业结构对大学生职业生涯规划有很大的影响和作用。在活动内容和方式上，同一职业在不同的时代或者社会发展的不同阶段，它们的活动内容和方式也会存在差异。比如大学任课教师，在过去多媒体还没有大力发展的时候，教师都是靠一支粉笔、一块黑板给学生传授知识，而现在教师则利用多媒体技术、投影仪、网络等现代化的手段传授知识。

（二）职业的多样性特征

职业多样性指的职业的数量和种类的特征。按照国际职业分类，职业共分为 8 个大类、83 个小类、284 个细类、1881 个职业；加拿大《职业岗位分类词典》把职业分为 23 个主类、81 个子类、489 个细类、7200 多个职业；我国 1999 年 5 月正式颁布的《中华人民共和国职业分类大典》将职业分为 8 个大类、66 个中类、413 个小类、1838 个职业。随着社会的不断进步，社会分工不断细化，会有更多新的职业活动产生，这些职业都将被国家劳动部门正式列入职业范畴。从这些数据来看，不难发现职业具有种类繁多，数量不断增加的特征。

（三）职业的层次特征

职业的层次特征主要体现在职业社会地位和社会声望，以及职业的成长通道。在现代社会里，不同职业之间的社会地位和社会声望是不尽相同的，也就是说职业在人们心目中具有不同的社会地位和社会声望，因而在一定程度上形成了职业之间的层次区别。还有就是在同一职业内部层次之间的对比比较明显，比如学校教师的职称等级，从助教到讲师、副教授直到教授；还有很多技术职称的等级都能反映出职业的层次特征。

（四）职业的地域性特征

不同地区的职业分布是不尽相同，都具有相对集中性。比如机械类的制造等重工业，主要集中在东北，老工业基地，而像河南郑州主要是以商业为主。职业的这个特征反映了地域经济与社会发展的不同特征，一般的，经济与社会发展水平越高、速度越快的地方，就越能够吸引和聚集相关的职业和从业人员。

四、职业的分类

（一）职业分类的含义

职业分类是指采用一定的标准和方法，依据一定的分类原则，对从业人员所从事的各种专门化的社会职业所进行的全面、系统的划分与归类。职业分类对社会各个行业的发展有着十分重要的意义。

（二）我国现行职业分类

我国职业分类的总体结构分为大类、中类、小类、细类（职业）四个层次，依次体现由粗到细的职业类别。细类作为我国职业结构中最基本的类别，即职业。根据我国国民经济发展现状，借鉴国际标准职业分类体系，我国职业分为八个大类。第一大类是国家机关、党群组织、企业、事业单位负责人，其中包括 5 个种类、16 个小类、25 个细类；第二大类是专业技术人员，其中包括 14 个中类、115 个小类、379 个细类；第三大类是办事人员和有关人员，其中包括 4 个种类、12 个小类、45 个细类；第四大类是商业、服务业人员，其中包括 8 个种类、43 个小类、147 个细类；第五大类是农、林、牧、渔、水利业生产人员，其中包括 6 个种类、30 个小类、121 个细类；第六大类是生产、运输设备操作人员及有关人员，其中包括 27 个种类、195 个小类、1119 个细类；第七大类是军人，其中包括 1 个种类、1 个小类、1 个细类；第八大类是不便分类的其他从业人员，其中包括 1 个种类、1 个小类、1 个细类。

五、职业的重要意义

大学生在还没有进入社会职业团体中，对职业了解甚少，一般情况下，大学生经历过职业生涯之后才能体会"职业"二字的真正含义。大学生通过自我评估和环境因素分析，结合职业理想与职业生涯的预期，并在学校相关部门和人员的帮助下，规划大学学习、生活、工作，提高综合素质与就业竞争力，为未来的就业奠定良好的基础。因此，职业对个体来说具有很大的意义。

(一)职业为个人发展自我个性、实现自我价值提供了空间

人生价值的实现，无论是从哪个方面看都离不开职业活动。职业规定了一个人的工作岗位及其奋斗目标，个人只有以工作岗位为起点，才能实现与社会整体的融合。一个人只有将丰富的知识，熟练的技能出色地运用于职业活动时，才会创造出一定的效益来回报社会，从而实现自己的人生价值。通过职业活动，一方面满足了个人对社会、集体与单位的归属感，并提供了个人为社会做贡献的场所；另一方面也满足了个人对归属、爱、尊敬与被尊敬的需要。

(二)职业是个人谋生的重要手段

"民以食为天"个人通过就业实现生存的需要、从而获得个人最基本的安全感，也能为未来的发展奠定基础。在谋生过程中，个人通过职业活动为社会创造着无尽的财富，为人类的繁衍发展提供了保障。

(三)职业使人获得社会地位

根据人们参加社会劳动的性质和形式，形成了不同的社会集团，即不同的社会层次。它区分人们在社会劳动中的具体劳动方式及承担的具体工作类型。一方面，由于各种职业主要的劳动方式、经济收入不同形成了不同的职业层次；另一方面，又于政治、经济、文化、历史等方面的差异，形成了特定的等级、地位和身份。

第二节　职业道德

一、职业道德的含义与本质

(一)职业道德的含义

道德是社会学意义上的一个基本概念。不同的社会制度，不同的社会阶层都有不同的道德标准。所谓道德，就是由一定社会的经济基础所决定，以善恶为评价标准，以法律为保障并依靠社会舆论和人们内心信念来维系的、调整人与人、人与社会及社会各成员之间关系的行为规范的总和。

职业道德是一般道德在职业行为中的反映，是社会分工的产物。所谓职业道德，就是人们在进行职业活动过程中，一切符合职业要求的心理意识、行为准则和行为规范的总和。它是一种内在的、非强制性的约束机制。是用来调整职业个人、职业主体和社会成员之间关系的行为准则和行为规范。

(二)职业道德的本质

1. 职业道德是生产发展和社会分工的产物

自从人类社会出现了农业和畜牧业、手工业的分离，以及商业的独立，社会分工就逐渐成为普遍的社会现象。由于社会分工，人类的生产就必须通过各行业的职业劳动来实现。随着生产发展的需要，随着科学技术的不断进步，社会分工越来越细。分工不仅没有把人们的活动分成彼此不相联系的独立活动，反而使人们的社会联系日益加强，人与人之间的关系越来越紧密。经过无数次的分化与组合，形成了今天社会生活中的各种各样的职业，并形成了人们之间错综复杂的职业关系。这种与职业相关联的特殊的社会关系，需要有与之相适应的特殊的道德规范来调整，职业道德就是作为适应并调整职业生活和职业关系的行为规范而产生的，可见，生产的发展和社会分工的出现是职业道德形成、发展的历史条件。

2. 职业道德是人们在职业实践活动中形成的规范

人们对自然、社会的认识，依赖于实践，正是由于人们在各种各样的职业活动实践中，逐渐地认识人与人之间、个人与社会之间的道德关系，从而形成了与职业实践活动相联系的特殊的道德心理、道德观念、道德标准。由此可见，职业道德是随着职业的出现及人们的职业生活实践形成和发展起来的，有了职业就有了职业道德，出现一种职业就随之会出现关于这种职业的道德。

3. 职业道德是职业活动的客观要求

职业活动是人们由于特定的社会分工而从事的具有专门业务和特定职责，并以此作为主要生活来源的社会活动。它集中地体现着社会关系的三大要素——责、权、利。

第一，每种职业都意味着承担一定的社会责任，即职责。如完成岗位任务的责任，承担责权范围内的社会后果的责任等。职业者的职业责任的完成，既需要通过具有一定权威的政令或规章制度来维持正常的职业活动和职业程序，强制人们按一定规定办事，也需要通过内在的职业信念、职业道德情感来操作。当人们以什么态度来对待和履行自己的职业责任时，就使职业责任具有了道德意义，成为职业道德责任。

第二，每种职业都意味着享有一定的社会权力，即职权。职权不论大小都来自社会，是社会整体和公共权力的一部分，如何承担和行使职业权力，必然联系着社会道德问题。

第三，每种职业都体现和处理着一定的利益关系，职业劳动既是为社会创造经济、文化效益的主渠道，也是个人一个主要的谋生手段，因此，职业是社会整体利益、职业服务对象的公众利益和从业者个人利益等多种利益的交汇点、结合部。如何处理好它们之间的关系，不仅是职业的责任和权力之所在，也是职业内在的道德内容。

总之，没有相应的道德规范，职业就不可能真正担负起它的社会职能。职业道德是职业活动自身的一种必要的生存与发展条件。

4. 职业道德是由社会经济关系决定的特殊社会意识形态

职业道德虽然是在特定的职业生活中形成的，但它作为一种社会意识形态，则深深根植于社会经济关系之中，决定于社会经济关系的性质，并随着社会经济关系的变化而变化着。

在人类历史上，社会的经济关系归根结底只有两种形式：一种是以生产资料私有制为基础的经济结构；另一种是以生产资料公有制为基础的经济结构。与这两种经济结构相适应也产生了两种不同类型的职业道德：一种是私有制社会的职业道德，包括奴隶社会、封建社会和资本主义社会的职业道德；另一种是公有制社会即社会主义社会的职业道德。以公有制为基础的社会主义的职业道德与私有制条件下的各种职业道德有着根本性的区别。

社会主义社会人与人之间的关系，不再是剥削与被剥削、雇佣与被雇佣的职业关系，从事不同的职业活动，只是社会分工不同，而没有高低贵贱的区别，每个职业工作者都是平等的劳动者，不同职业之间是相互服务的关系。每个职业活动都是社会主义事业的一个组成部分。各种职业的职业利益同整个社会的利益，从根本上说是一致的。因此，各行各业有可能形成共同的职业道德规范，这是以私有制为基础的社会的职业道德难以实现的。

二、职业道德的特征

（一）职业性

职业道德的内容与职业实践活动紧密相联，反映着特定职业活动对从业人员行为的道德要求。每一种职业道德都只能规范本行业从业人员的职业行为，在特定的职业范围内发挥作用。

（二）实践性

职业行为过程，就是职业实践过程，只有在实践过程中，才能体现出职业道德的水准。职业道德的作用是调整职业关系，对从业人员职业活动的具体行为进行规范，解决现实生活中的具体道德冲突。

（三）继承性

在长期实践过程中形成的，会被作为经验和传统继承下来。即使在不同的社会经济发展阶段，同样一种职业因服务对象、服务手段、职业利益、职业责任和义务相对稳定，职业行为的道德要求的核心内容将被继承和发扬，从而形成了被不同社会发展阶段普遍认同的职业道德规范。

(四)多样性

不同的行业和不同的职业，就有不同的职业道德标准。

三、职业道德的基本要求

中共中央于 2001 年颁布并实施的《中华人民共和国公民道德建设实施纲要》中明确指出："要大力倡导以爱岗敬业、诚实守信、办事公道、服务群众、奉献社会为主要内容的职业道德，鼓励人们在工作中做一个好建设者。"因此，我国现阶段各行各业普遍适用的职业道德的基本内容，即"爱岗敬业、诚实守信、办事公道、服务群众、奉献社会"。

(一)爱岗敬业

爱岗敬业通俗地讲就是"干一行，爱一行"，它是人类社会所有职业道德的一条核心规范。它要求从业者既要热爱自己所从事的职业，又要以恭敬的态度对待自己的工作岗位，爱岗敬业是职责，也是成才的内在要求。

所谓爱岗，就是热爱自己的本职工作，并为做好本职工作尽心竭力。爱岗是对人们工作态度的一种普遍要求，即要求职业工作者以正确的态度对待各种职业劳动，努力培养热爱自己所从事工作的幸福感、荣誉感。

所谓敬业，就是用一种恭敬严肃的态度来对待自己的职业。任何时候用人单位只会倾向于选择那些既有真才实学又踏踏实实工作、持良好态度工作的人。这就要求从业者只有养成干一行、爱一行、钻一行的职业精神，专心致志搞好工作，才能实现敬业的深层次含义，并在平凡的岗位上创造出奇迹。一个人如果看不起本职岗位，心浮气躁，好高骛远，不仅违背了职业道德规范，而且会失去自身发展的机遇。虽然社会职业在外部表现上存在差异性，但只要从业者热爱自己的本职工作，并能在自己的工作岗位上兢兢业业工作，终会有机会创出一流的业绩。

爱岗敬业是职业道德的基础，是社会主义职业道德所倡导的首要规范。爱岗就是热爱自己的本职工作，忠于职守，对本职工作尽心尽力；敬业是爱岗的升华，就是以恭敬严肃的态度对待自己的职业，对本职工作一丝不苟。爱岗敬业，就是对自己的工作要专心、认真、负责任，为实现职业上的奋斗目标而努力。

(二)诚实守信

"诚实"就是实事求是地待人做事，不弄虚作假。在职业行为中最基本的体现就是诚实劳动。每一名从业者，只有为社会多工作、多创造物质或精神财富，并付出卓有成效的劳动，社会所给予的回报才会越多，即"多劳多得"。

"守信"要求讲求信誉，重信誉、信守诺言。要求每名从业者在工作中严格遵守国家的法律、法规和本职工作的条例、纪律；要求做到秉公办事，坚持原则，不以权谋私；要求做到实事求是、信守诺言，对工作精益求精，注重产品质量和服务质量，并同弄虚作假，坑害人民的行为进行坚决的斗争。

(三)办事公道

所谓办事公道是指从业人员在办事情处理问题时，要站在公正的立场上，按照同一标准和同一原则办事的职业道德规范。即处理各种职业事务要公道正派、不偏不倚、客观公正、公平公开。对不同的服务对象一视同仁、秉公办事，不因职位高低、贫富亲疏的差别而区别对待。

如一个服务员接待顾客不以貌取人，无论对于那些衣着华贵的老板还是对那些衣着普通的农民，对不同国籍、不同肤色、不同民族的宾客能一视同仁，同样热情服务，这就是办事公道。无论是对于那些一次购买上万元商品的大主顾，还是对于一次只买几元钱小物品的人，同样周到接待，这就是办事公道。

(四)服务群众

服务群众是指听取群众意见，了解群众需要，为群众着想，端正服务态度，改进服务措施，提高服务质量。做好本职工作是服务人民最直接的体现。要有效地履职尽责，必须坚持工作的高标准。工作的高标准是单位建设的客观需要，是强烈的事业心和责任感的具体体现，也是履行岗位责任的必然要求。

(五)奉献社会

奉献社会是社会主义职业道德的最高境界和最终目的。奉献社会是职业道德的出发点和归宿。奉献社会就是要履行对社会、对他人的义务，自觉地、努力地为社会、为他人做出贡献。当社会利益与局部利益、个人利益发生冲突时，要求每一个从业人员把社会利益放在首位。

奉献社会是一种对事业忘我的全身心投入，这不仅需要有明确的信念，更需要有崇高的行动。当一个人任劳任怨，不计较个人得失，甚至不惜献出自己的生命从事某种事业时，他关注的其实是这一事业对人类、对社会的意义。

第三章

职业生涯与职业生涯规划

第一节　　**职业生涯**

一、职业生涯的基本概念

职业生涯是一个很宽泛的主题，有着极大的相对性，我们可以从广义和狭义上来理解。广义上所谓职业生涯，也成为事业生涯，是指人的一生所连续担负的工作职务的发展道路，是一种与工作有关的连续经历。狭义上，即我们选择好一份职业后的工作历程。

目前，国内外诸多学者从不同的角度对职业生涯有不同的认识，如职业生涯是个体的行为经历，而非群体或组织的行为经历；职业生涯是一个人一生中的工作任职经历或历程；职业生涯是一个时间概念，是指职业生涯期；职业生涯蕴含着具体的职业内容，它是一个动态的、发展的概念等。结合上述观点，对职业生涯可定义为职业生涯是人生历程的一部分，是与工作相关的整个人生历程，它反映了人生中所经历的一系列工作、职位和角色，是个人接受培训教育及职业发展所形成的结果。

职业生涯是一个人一生中所有与职业相联系的行为与活动，以及相关的态度、价值观、愿望等的连续性经历的过程，也是一个人一生中职业、职位的变迁及工作理想的实现过程。简单说，职业生涯就是一个人终生的工作经历。

二、职业生涯的特点

(一)时效性

职业生涯是一个人在一生中连续的工作过程，并且在不同的时代职业生涯也是不同的，他是根据社会的发展在不断变化，所以具有时效性。

(二)多样性

人的一生是以职业、事业为主线的，不同时期，人有不同的职业，随之就有多种职业，一个人的职业生涯也就具有多样性了。

(三)独特性

不同的人职业生涯发展是不一样的，都具有个体的独特性，即使两个人在一个同一岗位工作，可能会因为各人的工作能力、兴趣爱好不同，职业发展的也就不会相同，因此职业生涯具有独特性。

(四)发展性

职业生涯是一个动态的发展过程。一方面，个体自身通过持续不断的努力来提高个人能力和职业水平，通过实现职业追求来提升个人价值，从而承担着越来越重要的社会角色；另一方面，个体在与他人、环境和社会的互动中，根据自己不断丰富的社会职业信息、个人职业能力、职业决策技术，做出与该阶段相符合的职业规划。

三、职业生涯的阶段划分与职业生涯的分类

(一)职业生涯的阶段划分

职业生涯一般划分为五个阶段。

第一阶段：成长阶段(0~14周岁)，以幻想、兴趣为中心，对自己所理解的职业进行评价和选择。

第二阶段：探索阶段(15~24周岁)，逐步对自己的兴趣、能力及职业的社会价值、就业机会进行考虑，开始尝试进入职场进行锻炼或者正式从事某种职业。

第三阶段：确立阶段(25~44周岁)，对选定的职业进行尝试、磨合、变换到逐步稳定。

第四阶段：维持阶段(45~60周岁)，个人在相对稳定的工作中取得一定的成绩，维持现状，逐步提高自己在社会上的地位。

第五阶段：衰退阶段(60周岁以上)，职业生涯接近尾声或退出工作领域。

(二)职业生涯的分类

职业生涯可分为内职业生涯与外职业生涯。

1. 内职业生涯

内职业生涯是指从事一种职业时的知识、观念、经验、能力、心理素质、内心感受等因素的组合及其变化过程。它是别人无法替代和窃取的人生财富。

2. 外职业生涯

外职业生涯是指从事职业时的工作单位、工作时间、工作地点、工作内容、工作职务与职称、工作环境、工资待遇等因素的组合及其变化过程。它是依赖于内职业生涯的

发展而增长的。

(三)职业生涯的过程形式

职业生涯的过程有以下两种形式。

1. 职务的升迁与下降

职务的升迁与下降,是在同一职业甚至同一单位中,一个人职位的不断晋升或者下降。

2. 职业的改变

职业的改变是指一个人所从事工作内容的改变。这种改变,并不一定是工作或者单位的变动,也可以是在一个单位中从事不同的工作,这都属于职业生涯的良性发展。

四、职业生涯的形态

每个人都有独特的职业生涯形态,这对人的发展影响极大。好的职业生涯形态促使事业成功,反之事业则一塌糊涂。职业生涯形态常见的有以下七种类型。

(一)步步高升型

这类人常常在一个组织内认真经营,尽管有时工作地点或工作内容会因单位需要有所改变,但是因为工作业绩突出而受重用,仕途发展会步步高升。

(二)阅历丰富型

这类人经常变换工作,工作内容差异性较大,但是他们勇于创新,敢于尝试,且自主学习能力强,认真钻研,能自如应对各种突发事件。

(三)稳扎稳打型

这类人在工作初期处于探索阶段,工作的转换较为频繁,经过一连串的尝试与努力以后,终于进入自己向往的机构,该机构的升迁与发展有限,但是非常稳定,如教育院校、国家机关、邮局和银行等。

(四)越战越勇型

这类人有明确的职业生涯发展方向,但是会因为其他原因受到打击或重挫,受挫以后,他们可以凭借自己的毅力与能力,继续创造机会以更加成熟的态度面对新的挑战。最后会在工作中取得更大的成就。

(五)得天独厚型

这类人对自己的职业和工作并没有花费太多的精力,也不积极进行探索与尝试,反而因为特定的原因很早就确定了方向。经过刻意地栽培与巧妙地安排,他们进入单位的决策核心层,并将组织发展与个人职业生涯密切结合。

(六)职业生涯因故中断型

职业生涯因故中断型是指连续性的职业生涯发展因为某些原因而停顿,处于静止或衰退的状态。导致职业生涯因故中断的原因很多，如身体由于疾病导致劳动能力丧失。

（七）一心多用型

这类人不愿意专注于一份工作，在工作之余常会给自己安排一些感兴趣的事情，在稳定与创新之间寻找平衡点。

第二节　职业生涯规划

一、职业生涯规划的基本概念

（一）职业生涯规划的含义

职业生涯规划（career planning）简称生涯规划，又叫职业生涯设计，是指个人与组织相结合，在对一个人职业生涯的主客观条件进行测定、分析、总结的基础上，对自己的兴趣、爱好、能力、特点进行综合分析与权衡，结合时代特点，根据自己的职业倾向，确定其最佳的职业奋斗目标，并为实现这一目标做出行之有效的安排。生涯设计的目的绝不仅是帮助个人按照自己的资历条件找到一份合适的工作，实现个人目标，更重要的是帮助个人真正了解自己，为自己定下事业大计，筹划未来，拟订一生的发展方向，根据主客观条件设计出合理且可行的职业生涯发展方向。最新意义上的职业生涯规划，实际上已经包含人生规划的概念，即包括工作、学习、休闲和家庭四个方面的规划。

（二）职业生涯规划的特征

一般说来，职业生涯规划具有以下四大基本特征。

1. 可行性

职业生涯规划必须依据个人及其所处环境的现实来制定，才能成为能够实现和落实的计划方案，而不是没有依据或不着边际的幻想。比如大学生进行职业生涯规划，要考虑所学的专业或今后从事的职业需要的知识和能力。如果所学非所用，或者不具备理想职业所要求的能力，职业生涯规划就不可行。现实中，所学非所用的现象比比皆是，那都是没有进行职业生涯规划或者职业生涯规划失败的结果。

2. 适时性

职业生涯规划是对未来的职业生涯目标和未来职业行动的预测。因此，各项活动的实施及完成时间，都应该有时间和顺序上的安排，以便作为检查行动的依据。

3. 灵活性

规划未来的职业生涯目标与行动，涉及很多不确定因素，因此，规划应有弹性。随着外界环境和自身条件的变化，个人应及时调整自己的职业生涯规划方案，以增加其适应性。

4. 持续性

职业生涯目标是人生追求的重要目标，职业生涯规划应贯穿人生发展的每个阶段，通过不断的调整和持续的职业活动安排，最终实现职业生涯目标。

二、职业生涯规划的依据

(一)择己所爱

从事一项自己所喜欢的工作，工作本身就能给自己一种满足感，自己的职业生涯也会从此变得有价值。兴趣是最好的老师，是成功之母。调查表明：兴趣与成功概率有着明显的正相关性。在设计自己的职业生涯时，务必注意：考虑自己的特点，珍惜自己的兴趣，择己所爱，选择自己所喜欢的职业。

(二)择己所长

任何职业都要求从业者掌握一定的技能，具备一定的能力条件。而一个人一生中不能将所有技能都全部掌握。所以自己必须在进行职业选择时择己所长，从而有利于发挥自己的优势。运用比较优势原理充分分析别人与自己，尽量选择冲突较少的优势行业。

(三)择世所需

社会的需求不断演化着，旧的需求不断消失，新的需求不断产生。新的职业也不断产生。所以在设计你自己的职业生涯时，一定要分析社会需求，择世所需。最重要的是，目光要长远，能够准确预测未来行业或者职业发展方向，再做出选择。不仅仅是有社会需求，并且这个需求要长久。

(四)择己所利

职业是个人谋生的手段，其目的在于追求个人幸福。所以你在择业时，首先考虑的是自己的预期收益——个人幸福最大化。明智的选择是在由收入、社会地位、成就感和工作付出等变量组成的函数中找出一个最大值。这就是选择职业生涯中的收益最大化原则。

三、树立职业生涯规划与职业危机意识

每个美好的职业生涯，往往都是有心人策划出来并锲而不舍地为之努力，才能成就的。然而，能从一开始就有很明确职业规划的人，毕竟是少数，很多人的职业规划是在工作 3~5 年慢慢建立起来的，甚至还有一部分人一辈子也没有明确的职业规划。

很多人都憧憬过美好的职业发展之路，最终都没能一直走到底。除了自身条件、能力和机遇等因素，更多是因为其实这条路并不像想象的那么好走，经常需要"削足适履"才能艰难地把脚穿进鞋里，再用滴血的脚在崎岖的路上一步一步蹬出来的。削掉的部分，也许是尊严，也许是家庭，也许是爱情，也许是信任等。而被人在前进途中削掉的这许多"也许"，可能正是日后危及职业发展的关键，变成不堪一击的"死穴"。

其实我们在职业规划和发展的路上也会遇到同样的境况。为了和同事竞争，牺牲了

友谊；为了迎合老板，牺牲了尊严；为了彰显业绩加班加点，牺牲了健康；为了自己的名誉，还会牺牲了家庭等。在职业生涯攀登的过程中，甩掉这些所谓累赘轻装上阵，的确有助于加快攀升的速度，可一旦雪崩、滑坡等危机出现，轻装上阵的人也将是抵御能力最薄弱的。

危机来了诚然可以采用公关手段去摆平它，但是无法保证那个引发危机的病根不再复发，只有找到自己职业危机中的原因，并从根本上去改善它，才是我们防御职业危机的最好办法。

无论有规划还是没有规划的人，都会遇到职业中的种种危机。而职业危机是无法预料的，即使是再善于规划的人，也无法做一个完美的危机预案，并能在危机发生的第一时刻就启动它。

但有些危机，则是有因果关系，我们是可以选择性避免的。在职场也是一样，危机难以预测，但是可以选择性地避免最常见的一些危机。最常见的职场危机，就是经常有人喜欢抱怨不被赏识和重用，没有负责重要项目的机会，在升职加薪的关键时刻也没有老板帮忙说话，这无疑是职场危机中最为常见的"软刀子杀人"状态，不少人都在软刀子的拉锯中丧失了工作的动力，却忘了问"为什么"和"怎么解决"？综上所述，每个进入或即将进入职场的人都要有职业生涯规划的意识与职业危机意识，只有这样，才能居安思危，确保个人的职业发展的稳定。

四、职业生涯规划的重要意义

大学生首先要认识到职业生涯规划的重要意义，职业生涯活动将伴随我们的大半生，拥有成功的职业生涯才能实现完美人生。因此，职业生涯规划具有十分重要的意义。

(一)职业生涯规划可以发掘自我潜能，增强个人实力

一份行之有效的职业生涯规划将会：引导你正确认识自身的个性特质、现有与潜在的资源优势，帮助你重新对自己的价值进行定位并使其持续增值；引导你对自己的综合优势与劣势进行对比分析；使你树立明确的职业发展目标与职业理想；引导你评估个人目标与现实之间的差距；引导你前瞻与实际相结合的职业定位，搜索或发现新的或有潜力的职业机会；使你学会如何运用科学的方法采取可行的步骤与措施，不断增强你的职业竞争力，实现自己的职业目标与理想。

(二)职业生涯规划可以增强发展的目的性与计划性，提升成功的机会

生涯发展要有计划、有目的，不可盲目地"撞大运"，很多时候我们的职业生涯受挫就是由于生涯规划没有做好。好的计划是成功的开始，古语讲，"凡事预则立，不预则废"就是这个道理。

(三)职业生涯规划可以提升应对竞争的能力

当今社会处在变革的时代，到处充满着激烈的竞争，物竞天择，适者生存，职业活动的竞争非常突出。要想在这场激烈的竞争中脱颖而出并保持立于不败之地，必须设计好自己的职业生涯规划。这样才能做到心中有数，不打无准备之仗。而不少应届大学毕业生不是首先坐下来做好自己的职业生涯规划，而是拿着简历与求职书到处乱跑，总想会撞到好运气找到好工作。结果是浪费了大量的时间、精力与资金，到头来感叹招聘单位是有眼无珠，不能"慧眼识英雄"，叹息自己英雄无用武之地。这部分大学毕业生没有充分认识到职业生涯规划的意义与重要性，认为找到理想的工作取决于学识、业绩、耐心、关系、口才等条件，认为职业生涯规划纯属纸上谈兵，简直是耽误时间，有那时间还不如多跑两家招聘单位。这是一种错误的理念，实际上未雨绸缪，先做好职业生涯规划，磨刀不误砍柴工，有了清晰的认识与明确的目标之后再把求职活动付诸实践，这样的效果要好得多，也更经济、更科学。

第三节　影响职业生涯规划的因素

职业生涯规划是人生的一件大事，规划得合理则有助于个人职业选择与发展，反之则可能导致个人职业发展遭到挫折与坎坷。影响大学生职业生涯规划相关的因素众多，从总体上来看，可以分为内部因素和外部因素，这些因素之间是相互作用、相互联系的，对个人职业生涯规划定位、选择与发展均会产生影响。主要表现在以下几个方面。

一、内部因素

（一）自我因素

1. 身心健康

身心健康包含了两个方面的内容：

一是身体健康。身体是革命的本钱，干任何工作都必须要有一个健康的身体。基本上是每个单位招聘员工的首要条件，也是最具影响力的因素，健康对于职业选择尤为重要。如果没有一个好的身体，就不可能坚持工作，也就不可能有好的职位。为保持健康的体魄，工作、学习之余应当注重体育锻炼。

二是心理健康。随着生活节奏的加快和社会压力的增大，现代人的心理健康问题日益突出，也越来越受到人们的重视。没有一个健康的心理，根本无法适应社会，更谈不上正常工作。为了拥有心理健康，要不断加强正确的人生观、价值观与世界观的学习，主动缓解工作、生活的压力，积极建立融洽的人际关系，加强自我心理调节。自我调节心理健康的核心内容包括调整认识结构、情绪状态，锻炼意志品质，改善适应能力等。大学生处于青年期阶段，青年期的突出特点是人的性生理在经历了从萌发到成熟的过渡之后，逐渐进入活跃状态。从心理发展的意义上说，这个阶段是人生的多事之秋。这是因为，经验的不足和知识的短缺决定了这个时期人的心理发展的某些方面落后于生理机能的成长速度。因而，在其发展过程中难免会发生许多尴尬、困惑、烦恼和苦闷。另一方面，我国正处在建立社会主义市场经济和实现社会主义现代化战略目标的关键时期。社会情况正在发生复杂和深刻的变化，社会竞争日趋激烈，生活节奏日益加快，科学技术迅猛发展。这种情况也会早晚进入社会的青年学生中引发这样或那样的心理矛盾和心理冲突，例如父母下岗、家庭生活发生变故、学习成绩不佳、交友失败、失恋等。这些心理问题如果总是挥之不去，日积月累，就有可能成为心理障碍而影响学习和生活。因此，大学生应正视现实，学会自我调节，充分发挥主观能动性去改造环境，努力实现自己的理想目标。只有这样，大学生才能做到心理健康，适应校园和社会的发展。

2. 人格魅力

人作为"万物之灵"，既是自然的人，又是社会的人。作为社会的人，无论在什么样的社会形态里，都不是孤立存在的，离开社会、离开人与人之间的交往，人也将不成其为人。人在社会交往中，认识自我，在认识和改造主客观世界中发展自己，壮大自己。在社会生活中，人际关系常常表现为一种感情上的联系和心理上的相互吸引。无论是谁，在社会交往中建立起来的人际关系越好，朋友就越多，就越能使自己得到温暖、勇气，增加自己的智能和力量。不同的人有不同的人格魅力，在职业生涯中，人格魅力是影响职业发展的另一个重要因素。

3. 兴趣爱好

兴趣是一种强大的精神力量，它可以使人集中精力去获得知识，并创造性地开展工作。兴趣是职业发展的重要保障。一个人对他的职业感兴趣了，才会投入精力，哪怕是一个很枯燥的工作，也会乐在其中。据调查，有80%以上的人，如果对工作比较感兴趣，就算是长时间干这个工作，也不会感到疲倦；如果对工作不感兴趣，就会很快感觉到疲倦，不易坚持。所以，兴趣是职业发展的精神食粮，是推进事业发展的动力。

4. 自信心

自信心是相信自己成功、成才的心理素质，是对自身能力的科学评价。自信才能有主见，才能做他人未做之事。缺乏自信心，就会产成心理上的自我鄙视、自我否定、自我挫败。因此说自信是人生的关键。每个青年都应强化自信，受挫不气馁，失败不灰心，顺利不自负。适应社会，努力奋斗，实现自身价值。顺利的环境为事业发展提供了广阔的空间，而逆境为开拓和创新提供了信心和勇气，有挑战才有成功。只要有了自信心，在职业生涯中就能走得一帆风顺。没有自信心的人会变得平庸、怯懦、顺从，就不可能走在职业生涯的前端。

5. 性别与年龄

现今社会虽然提倡男女平等，但在很多用人单位在招聘的时候还是存在性别上的差异，部分单位还是有歧视女性的现象。其实，最主要的原因是女性在工作中有很多的国家规定的假期，如产假等，会给企业带来一定的经济损失。

中国人民大学"中国大学生就业问题研究"课题组调查数据显示，从员工职业分类来看，用人单位对男女性别有如下评价：

(1)"办公室秘书"中女性大学生员工的业绩评价远高于男性，选"女比男强"与"男比女强"的比例为 8∶1；

(2)"技术人员"中，选"女比男强"与"男比女强"的比例为 1∶46；

(3)"销售人员"中，选"女比男强"与"男比女强"的比例 1∶9.33；

(4)"管理人员"中，选"女比男强"与"男比女强"的比例 1∶3.71；

(5)"生产工人"中，没有一家用人单位选择"女比男强"。

根据以上性别差异分析，对男女大学生业绩的总体评价为 5.8∶1。

同时，婚姻对男女大学生的工作业绩影响更为明显。用人单位选择婚姻会导致女大学毕业生业绩下降与上升的比例为 5.67∶1；选择会导致男大学生业绩下降与上升的比例为 1∶15。可见，用人单位普遍认为婚姻会导致女生业绩下降，男生在婚后业绩反而会上升。

女性进行职业生涯规划的作用是很大的。首先可以让工作、休闲和家庭相和谐。不同的阶段应该有不同的重点。刚开始工作时，应以事业为重；30 岁左右可以开始侧重家庭；40 岁以后应当注重休闲。有这样一个咨询案例：一位女记者在一家稳定的大媒体工作，上进心强的她希望跳槽到另一家媒体担任主要栏目的工作，可是她又面临着结婚与生育的问题。咨询师认为，28 岁的她，面对着这种家庭与工作的矛盾，如果跳槽到新单位后接着结婚、生育，显然是不合适的，建议她再在老单位工作两年，解决了这个问题后，再考虑跳槽的事情，而这两年的工作依然有助于她增强自己的核心竞争力。因此，这样选择是比较合适的。

(二)教育因素

教育是塑造个人人格、增进知识和技能及影响人的思想的社会活动。人的素质的基本养成是通过教育实现的，因此教育与职业生涯有着密切的关系。一个人所受到的教育程度和水平，直接影响他的职业选择方向和获取他喜欢的职业的概率。一个人通过接受教育与培训，形成了自己特有的知识结构、能力结构和职业素质结构，对个人的职业生涯会产生巨大的影响。

1. 技能对职业发展的影响

技能是在能力和知识的基础上，经过反复练习而形成的相对稳定的行为方式。技能是做事或工作是有效运用天资和知识的力量。技能分为三种：专业知识技能、自我管理技能和可迁移技能。

专业知识技能常常与我们的专业学习或工作内容直接相关，是不能够迁移的，需要经过有意识的、专门的培训。自我管理技能经常被看做个性品质，被用来描述或说明人具有的某些特征，如自省、自信、自律、主动性、耐心、意志力等。可迁移技能是我们通常意义上所说的能力，如人际交往能力、沟通能力、解决问题能力、团队合作能力、领导力、适应能力等。

材料分析

从招聘启事中了解职位所需要的技能

招聘职位：发行部区域经理　　　　工作地点：上海

岗位职责：

(1)负责图书宣传、推广、品牌经营；

(2)针对书刊发行进行市场营销(包括前期宣传、推广预热、市场调研和售后反馈等)；

(3)开拓区域市场，分析区域销售数据，提出市场营销推广的建议。

任职资格：

(1)市场营销、出版发行、管理类等相关专业；

(2)3年以上图书销售业务经验，熟悉图书销售、发行等运作流程；

(3)对图书市场的动向有深入独到的见解，能够独立开发新渠道；

(4)有较强的市场营销意识及产品推广能力，对全国图书市场情况较为熟悉；

(5)有较强的口头表达能力，善于沟通；

(6)做事严谨认真，勤奋进取；

(7)具有强烈的责任心、进取心和良好的团队精神。

启示：

从这个招聘启事中，我们可以看到职位对毕业生的技能要求。专业知识的要求：市场营销、出版发行、管理类相关专业；有较强的表达能力；做事严谨认真，勤奋进取。

2. 受教育程度对职业选择的影响

一般来说，获得教育程度不同的人，在进行个人职业选择时，选择职业的目标高低也是不同的。接受过较高水平教育的人，通过受教育的过程，积累了丰富的专业知识和综合技能，他们的发展潜力远远大于低层次学历的人；在职业生涯不如意时，通过对智力技能的锻炼，再次进行职业选择的能力和竞争力也较强。职业的进展深受正规教育或专业培训的影响，所以受教育程度是事业成功中不可缺少的因素。

3. 不同层次教育对职业选择的影响

人们接受不同层次的教育，所学的不同学科门类内容，所在的不同院校及其不同的教育思想，都会对受教育者产生不同的影响，形成不同的思维模式，从而会采取不同的态度对待自己、对待社会、对待职业生涯的发展。比如一般的本科学校的学生选择职业时，没有太多的挑剔，如果是重点大学的学生，选择职业时就会考虑很多，对职业的要求也很高。

普通高等教育以培养社会职业需要的高级应用型人才为目标，定位十分明确，就是介于一般操作层面和研究之间的一种应用型人才；而高职高专定位更是明确，就是培养实用技能型人才及技术操作层面的银领阶层。所以一定要重视职业技能的培养，珍惜专业学习机会，把专业技能学懂、学实、学透，同时还要注重一专多能的培养，以求得到更多的职业发展机会，争取在职业生涯发展中获得主动权。

二、外部因素

(一)环境因素

世间万事万物都是在变化的，个人职业发展也是同样如此，所以在选择职业的同时也要考虑职业环境需求和变化趋势。分析职业环境，就要认清所选职业在社会大环境中的发展状况、技术含量、社会地位和未来发展趋势等。

大学生应当通过环境因素分析，弄清社会热点职业和职业环境发展趋势，选择职业生涯目标。

1. 社会环境

社会环境主要是指社会的政治、经济体制、社会文化习俗、职业的社会评价、人才市场的管理体制等。社会环境因素不仅决定社会职业岗位的数量、结构、层次等方面，还决定人们对不同职业岗位的接受、赞誉或贬低的程度，因而决定了个人步入职业生涯的基本方式、开始职业生涯后的基本态度及由此引起的个人职业生涯的变化。

比较典型的职业演变就是现在文艺职业，在新中国成立前文艺表演职业是人们所瞧不起的一个九流职业，一般的人不到万不得已是不会从事这个职业的。新中国成立后，文艺工作者的地位发生了巨大变化，从事文艺工作成为人们能正常接受的职业选择。改革开放后，社会经济体制的变革带来的社会分配的变化，影视技术的发展使得演艺界特别是一些名人、明星成为很多青少年追捧的偶像，文化表演艺术职业因此也成为许多年轻人向往的职业。

2. 组织环境

组织环境包括行业环境和企业环境。由于科学技术的飞速发展，有些行业飞速发展，蒸蒸日上，逐步繁荣，有些行业如同夕阳坠地，日趋萎缩，逐步消亡。人们在选择职业时，自然不会考虑后者。企业文化氛围、发展空间也是人们在选择职业时要考虑的因素。学生在学校学习期间要关注国家政策导向，了解国家对某一行业是支持、鼓励和引导，还是限制、控制和制约，尽可能选择那些发展前景较好、发展空间较大的行业。

在选择企业时有必要通过个人可能获得的一切渠道了解企业的经济状况、企业文化、发展空间、用人机制等情况，确定自己的职业生涯在该企业中有没有足够的发展空间，衡量自己的目标能够在该企业获得实现的可能性。

(二)家庭因素

家庭是个人成长的第一所学校，是造就个人素质、影响人生发展的重要因素之一。人从幼年起，就受到家庭深刻的潜移默化的影响，形成一定的价值观和一定的行为模式。有的人还从家庭中自觉或不自觉地习得某种职业知识和技能。此外，家庭成员在个人择业和就业后的流动中，往往会产生一定的干预或影响，也会对人的职业生涯产生很大影响。

1. 对职业选择的影响

目前中国的职业歧视现象还比较严重，尤其是在农村，不正确的家族教育在某种程度上助长了职业歧视。很多家长不希望孩子从事艰苦的工作，他们在教育孩子时常常会说："你不好好学习，长大以后扫马路。"这样的教育引导会让孩子轻视保洁工作，长大后自然不会选择这个行业。

很多家长在帮助孩子填报志愿时，第一考虑的不是自己的孩子最适合从事什么工作，而是希望孩子将来从事环境好、工作轻松、社会地位高的职业。那么是不是所有孩子都适合上大学？孩子考上大学后，是否就能找到好工作、过上好生活？这几年，大学毕业生一路走低的就业率就是一个非常危险的信号，每个家庭只有一个孩子，孩子付出了相当大的努力，家长投入了大量的金钱，可经过 3～4 年的学习后却找不到理想的工作，这对家庭的压力很大，也会影响社会稳定。

每个人爱好不同、兴趣不同，能力不同、特长不同。对于一部分孩子来说，可能更适合做技师、技工。据报道，目前我国高级技工缺乏，高级技工的薪水已经超过白领，当工人也有前途。然而家长对这方面的关注太少。职业选择的观念需要转变，家长也应当认识到，对每个孩子来说适合他自己的职业才是最好的职业。

2. 对专业选择的影响

许多孩子深受父母或亲戚的影响，他们从亲人的教育或态度中形成对某些职业的看法和认识，从而影响到对专业的选择。在选择专业时，学生应当有更加广泛自由的选择权。父母的强制、包办会令学生一开始就厌烦被迫选择的专业，再好的专业也提不起他们的兴趣，这势必会影响孩子的学业和就业。学生在选择专业时，要结合自己的兴趣、爱好，参考父母、老师等年长者丰富的社会经验做出客观的选择。但是也不能一味追求爱好，不客观地考虑就业形势和社会需求。

3. 对职业变动的影响

父母、亲人在孩子就业后的职业流动上往往扮演重要角色，对子女择业施加影响或给予直接帮助，这种情况在中国表现尤其突出。有些人变动工作可能不是对目前从事的职业不满意，而是因为家庭原因。但在职业变动前，你要明确为什么而改变，避免因他人因素影响过大，限制了个人兴趣和自我能力的发展。

不可否认，一个人的职业生涯决策的决定因素中也有称之为机遇的随机性成分，但完全让命运摆布的人毕竟是少数，多数人对自己未来发展能够从内外因素进行理性分析，从而有效地进行职业生涯的选择。

(三)职业生涯规划中存在的困扰

学生在职业生涯规划中常见的困扰有以下几个方面。

1. 缺乏积极的职业生涯规划意识

缺乏积极的职业生涯规划意识，容易产生依赖、从众和"临时抱佛脚"等不良心理。据调查，有相当一部分高校大学生缺乏积极的职业生涯规划意识，抱着"车到山前必有路"的思想，认为自己迟早会找到工作的；有的甚至认为反正有学校的推荐和家长的努力，依赖心理很强烈。

2. 不能正确认识社会

由于不能正确认识社会，有的学生对社会人才市场的激烈竞争抱有"恐惧"心理，对自己的学历、性别、技能、经验等缺乏自省，产生紧张、焦虑、抑郁等心理困扰，有的学生由于这种心理困惑持续时间较长，直接影响到正常的学习、生活和心理健康。

3. 不能正确认识自己

不能正确认识自己，容易产生自傲、自卑、保守和攀比等心理困扰。主要表现为：有的高职高专学生过高地估价自己，把自己与已经成功就业的同学去比较，认为自己肯定能找到好工作，不必提前自寻烦恼；有的学生在就业竞争失败时，对自己的评价一落千丈，产生自卑心理；有的则是过低地评价自己，认为毕业后找到一份工作就满足了。

第四章

大学生职业生涯设计

一、帕森斯职业——人职匹配理论

该理论最早由美国波士顿大学的帕森斯教授提出，这是用于职业选择与职业指导的最经典的理论之一。帕森斯是职业指导理论的先驱，20世纪初，他的职业指导理论就已确立，并影响至今。1909年，帕森斯在其所著的《选择一个职业》一书中，明确阐明职业选择的三大要素和条件：应该清楚地了解自己的态度、能力、兴趣、智谋、局限和其他特征，清楚地了解职业选择成功的条件，所需知识，在不同职业工作岗位上所占有的优势、不利和补偿、机会和前途；上述两个条件的平衡。该理论的内涵就是在清楚认识、了解个人的主观条件和社会职业岗位需求的基础上，将主客观条件与社会职业岗位相对照、相匹配，最后选择一种职业需求与个人特长匹配相当的职业。该理论的前提是：每个人都有一系列独有的特征，并且可以测量；为了成功，不同职业需要不同特性的人员；人职匹配是可能的；个人特性与工作要求之间配合得越紧密，职业成功的可能性就越大。

职业—人职匹配分为两种类型：(1)条件匹配，即岗位所需的专业技术和专业知识和择业者所掌握的技能、知识相匹配；(2)特长匹配，即职业所需要的一定的特长，如具有敏感、易动感情、独创性、理想主义的人，适合从事艺术创作类型的职业。

"职业—人职匹配"理论产生以来经久不衰。三因素模式被认为是职业规划的"经典原则"，并得到不断发展，形成职业选择和职业指导过程的三个步骤：进行人员分析，评价个体的生理与心理特征；分析职业对人的要求，并向求职者提供有关的信息；人职匹配，个人在了解自己的特点和职业要求的基础上，借助职业指导者的帮助，选择一项既适合自己特点又有可能获得的职业。

总体上看，"职业—人职匹配"理论提供了职业规划的基本原则，并且有较强的可操作性。但是，该理论试图找到个体特征与职业要求间的——对应关系，没有充分考虑个体特征中的可变因素，而且工作要求也会随时间而改变。因而，这种人职匹配过于静态的观点和现代社会的职业变动规律不相吻合，它也忽视了社会因素对职业规划的影响和制约作用。

二、霍兰德职业兴趣理论

目前在国外职业兴趣研究中影响最大的是美国霍兰德教授的职业兴趣理论。约翰·霍普金斯大学心理学教授约翰·霍兰德(John Holland)于1971年提出了职业兴趣理论(Career Orientation)，从整个人格角度考察职业的选择问题。霍兰德将人们的工作环境划分为六种，并将不同的职业归属到其中的一种工作环境之中。这六种环境分别是现实的、调查研究性的、艺术性的、社会性的、开拓性的和常规性的，相应的霍兰德按个性及择业倾向将劳动者大致分为六种类型：实际型、研究型、艺术型、社会型、企业型和常规型。该理论认为职业兴趣与职业类型相匹配是决定成功的最重要的因素之一。(见图3-1-1)

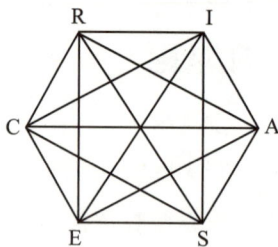

图 **3-1-1** 职业兴趣理论示意图

R(Realisic)实际型   I(Investigate)研究型   A(Artistic)艺术型
S(Social)社会型   E(Enterprise)企业型   C(Conventional)常规型

用六边形的六个角分别代表六种职业类型和劳动者的六种个性特征。图中连线间的距离代表职业类型和劳动者的个性特征间的相关性。两点间连线距离越短，表明两种类型的人与职业的相关系数就越大，其相适应程度就越高。此外，六种类型的定位是以其相似性程度为依据的。图形还显示，每种类型与其他类型之间的连线共有三种，分别代表着三种关系：相近、中性和相斥。

1. 实际型(R)

共同特征：愿意使用工具从事操作性工作，动手能力强，做事手脚灵活，动作协调。偏好于具体任务，不善言辞，做事保守，较为谦虚。缺乏社交能力，通常喜欢独立做事。

典型职业：喜欢使用工具、机器，需要基本操作技能的工作。对要求具备机械方面才能、体力或从事与物件、机器、工具、运动器材、植物、动物相关的职业有兴趣，并具备相应能力。如技术性职业(计算机硬件人员、摄影师、制图员、机械装配工)和技能性职业(木匠、厨师、技工、修理工、农民、一般劳动)。

2. 研究型（I）

共同特征：思想家而非实干家，抽象思维能力强，求知欲强，肯动脑，善思考，不愿动手。喜欢独立的和富有创造性的工作。知识渊博，有学识才能，不善于领导他人。考虑问题理性，做事喜欢精确，喜欢逻辑分析和推理，不断探讨未知的领域。

典型职业：喜欢智力的、抽象的、分析的、独立的定向任务，要求具备智力或分析才能，并将其用于观察、估测、衡量、形成理论、最终解决问题的工作，并具备相应的能力。如科学研究人员、教师、工程师、电脑编程人员、医生、系统分析员。

3. 艺术型（A）

共同特征：有创造力，乐于创造新颖、与众不同的成果，渴望表现自己的个性，实现自身的价值。做事理想化，追求完美，不重实际。具有一定的艺术才能和个性。善于表达、怀旧、心态较为复杂。

典型职业：喜欢的工作要求具备艺术修养、创造力、表达能力和直觉，并将其用于语言、行为、声音、颜色和形式的审美、思索和感受，具备相应的能力。不善于从事事务性工作。如艺术方面（演员、导演、艺术设计师、雕刻家、建筑师、摄影家、广告制作人）、音乐方面（歌唱家、作曲家、乐队指挥）、文学方面（小说家、诗人、剧作家）。

霍兰德认为，劳动者个性与职业匹配也存在着三种基本情况：一是人职协调，即劳动者个体找到与其个性类型重合的职业类型，充分发挥自己的才能且获得较高的工作满意度；二是人职次协调，即劳动者个体找到与其个性类型相邻的职业类型，需经过个人的努力和自我调整来适应职业情境；三是人职不协调，即劳动者个体找到与其个性类型相斥的职业类型。在此情境下，劳动者个体很难充分发挥自身才能，工作满意度和成熟感较低。

此外，霍兰德还设计了职业兴趣测试 VPI（Vocational Preference Inventory）和自我导向搜寻量表（Self-Directed Search，SDS）两种测量工具，使其理论具有高度的可操作性，成为职业选择理论中较有影响的理论之一。

4. 社会型（S）

共同特征：喜欢与人交往，不断结交新的朋友，善言谈，愿意教导别人。关心社会问题，渴望发挥自己的社会作用。寻求广泛的人际关系，比较看重社会义务和社会道德。

典型职业：喜欢要求与人打交道的工作，能够不断结交新的朋友，从事提供信息、启迪、帮助、培训、开发或治疗等事务，并具备相应能力。如教育工作者（教师、教育行政人员）和社会工作者（咨询人员、公关人员）。

5. 企业型（E）

共同特征：追求权力、权威和物质财富，具有领导才能。喜欢竞争、敢冒风险、有野心、抱负。为人务实，习惯以利益得失、权力、地位、金钱等来衡量做事的价值，做事有较强的目的性。

典型职业：喜欢要求具备经营、管理、劝服、监督和领导才能，以实现机构、政治、社会和经济目标的工作，并具备相应的能力。如项目经理、销售人员，营销管理人员、政府官员、企业领导、法官、律师。

6. 常规型(C)

共同特征：尊重权威和规章制度，喜欢按计划办事，细心、有条理，习惯接受他人的指挥和领导，自己不谋求领导职务。喜欢关注实际和细节情况，通常较为谨慎和保守，缺乏创造性，不喜欢冒险和竞争，富有自我牺牲精神。

典型职业：喜欢要求注意细节、精确度、有系统、有条理，具有记录、归档、据特定要求或程序组织数据和文字信息的职业，并具备相应能力。如秘书、办公室人员、记事员、会计、行政助理、图书馆管理员、出纳员、打字员、投资分析员。

三、职业锚理论

职业锚理论产生于职业生涯规划领域知名的美国麻省理工大学斯隆商学院、美国著名的职业指导专家埃德加·H. 施恩(Edgar. H. Schein)教授领导的专门研究小组，是对该学院毕业生的职业生涯研究中演绎成的。所谓职业锚，又称职业系留点。锚是使船只停泊定位用的铁制器具。职业锚是指当一个人不得不做出选择的时候，他无论如何都不会放弃的职业中的那种至关重要的东西或价值观。实际就是人们选择和发展自己的职业时所围绕的中心。职业锚，也是自我意向的一个习得部分。个人进入早期工作情境后，由习得的实际工作经验所决定，与在经验中自省的动机、价值观、才干相符合，达到自我满足和补偿的一种稳定的职业定位。职业锚强调个人能力、动机和价值观三方面的相互作用与整合。职业锚是个人同工作环境互动作用的产物，在实际工作中是不断调整的。

因此，职业锚是一个比价值观和动机更加宽泛的概念，它整合了个体的能力、动机、需要、态度及价值观等各方面因素，是个体的一种整体自我观和自我职业价值观。

职业锚类型具体包括以下几类。

管理型职业锚的人多具有较强的分析能力、人际沟通能力等，认为自己比较适合成为一名管理者，因此，他们渴望能够独立地承担一部分工作，表现出希望成为管理者的强烈动机，他们的职业目标就是追求更高的管理工作职位。

技术型职业锚的人所有的心思都用在了自己技术或职能方面的发展、成长上，他们非常重视自己技术或职能的应用，希望有能促进自己技术进步和职能发展并能应用这些技术或职能的环境和机会。

自主型职业锚的人永远不会放弃自己对于自由、独立的追求，他们讨厌来自组织、制度或上级的限制，他们渴望能够按照自己的方式来安排学习、工作和生活，具有弹性的工作时间和方式是他们的最爱。

安全稳定型职业锚的人，工作的安全与稳定其重要性高于一切，同时，他们会以对组织的忠诚来回报这种稳定性。

生活型职业锚的人不会放弃的是自己整体生活质量的提高，这类人总是希望能够平衡学习、工作和生活的各个方面，从而达到整体的和谐。

服务型职业锚的人一直所追求的核心价值是服务，对他们来说，能够帮助他人、保护人们的安全、提高人们生活水平、对他人有益的活动，才是真正有价值的事情。

挑战型职业锚的人眼里通常只有一个字眼：成功。越是看起来不容易解决的事情，越能够激发他们的斗志，对手越是厉害，困难越大，成功以后的高峰体验才越明显。

创新型职业锚的人常常能够刻苦努力地学习，一旦时机成熟，他们就会摆脱外界的束缚。去开拓自己的事业，向世人展示自己的生存价值。

职业锚的确认需要一个过程，要经过早期几年的工作实践，并不断地加深对自己的能力、动机、态度及价值观等的认识以后才能够达到，因此，很难在进入职业领域前就通过直接测试获得。大学生进行职业规划时，可根据职业锚理论进行自我分析和自我定位，通过校园文化活动或社会实践活动的开展获得对职业锚的认定。

四、舒伯生涯发展理论

从 1957 年到 1990 年，英国著名职业生涯规划大师舒伯(Donald E. Super)拓宽和修改了他的终身职业生涯发展理论，这期间他最主要的贡献是"生涯彩虹图"。舒伯根据自己"生涯发展刑态研究"的结果，参照布勒(bueller)的分类，也将生涯发展阶段划分为成长、探索、建立、维持与衰退五个阶段，其中有三个阶段与金斯伯格的分类相近，只是年龄与内容稍有不同，舒伯增加了就业及退休阶段的生涯发展，具体分述如下。

成长阶段：由出生至 14 岁，该阶段孩童开始发展自我概念，开始以各种不同的方式来表达自己的需要，且经过对现实世界不断的尝试，修饰他自己的角色。

这个阶段发展的任务是：发展自我形象，发展对工作世界的正确态度，并了解工作的意义。这个阶段共包括三个时期：一是幻想期(4～10 岁)，它以"需要"为主要考虑因素，在这个时期幻想中的角色扮演很重要；二是兴趣期(11～12 岁)，它以"喜好"为主要考虑因素，喜好是个体抱负与活动的主要决定因素；三是能力期(13～14 岁)，它以"能力"为主要考虑因素，能力逐渐具有重要作用。

探索阶段：15～24 岁，该阶段的青少年，通过学校的活动、社团休闲活动、打零工等机会，对自我能力及角色、职业作了一番探索，因此选择职业时有较大弹性。

这个阶段发展的任务是：使职业偏好逐渐具体化、特定化并实现职业偏好。这阶段共包括三个时期：一是试探期(15～17 岁)，考虑需要、兴趣、能力及机会，作暂时的决定，并在幻想、讨论、课业及工作中加以尝试；二是过渡期(18～21 岁)，进入就业市场或专业训练，更重视现实，并力图实现自我观念，将一般性的选择转为特定的选择；三是试验并稍作承诺期(22～24 岁)，生涯初步确定并试验其成为长期职业生活的可能性，若不适合则可能再经历上述各时期以确定方向。

建立阶段：25～44 岁，由于经过上一阶段的尝试，合适者会谋求变迁或作其他探索，因此该阶段较能确定在整个事业生涯中属于自己的"位子"，并在 31～40 岁，开始考虑如何保住这个"位子"，并固定下来。

这个阶段发展的任务是统整、稳固并求上进。

这个阶段细分又可包括两个时期：一是试验—承诺稳定期（25～30 岁），个体寻求安定，也可能因生活或工作上若干变动而尚未感到满意；二是建立期（31～44 岁），个体致力于工作上的稳固，大部分人处于最具创意时期，由于资深往往业绩优良。

维持阶段：45～65 岁，个体仍希望继续维持属于他的工作"位子"，同时不得不面对新的人员的挑战。

这一阶段发展的任务是维持既有成就与地位。

衰退阶段：65 岁以上，由于生理及心理机能日渐衰退，个体不得不面对现实，从积极参与到隐退。这一阶段往往注重发展新的角色，寻求不同方式以替代和满足需求。

1976—1979 年，舒伯在英国进行了为期四年的跨文化研究，之后他提出了一个更为广阔的新观念——生活广度、生活空间的生涯发展观（1981）。这个生涯发展观，除了原有的发展阶段理论之外，较为特殊的是舒伯加入了角色理论，并将生涯发展阶段与角色彼此间交互影响的状况，描绘出一个多重角色生涯发展的综合图形。这个生活广度、生活空间的生涯发展图形，舒伯将它命名为"一生生涯的彩虹图"（见图 3-1-2）。

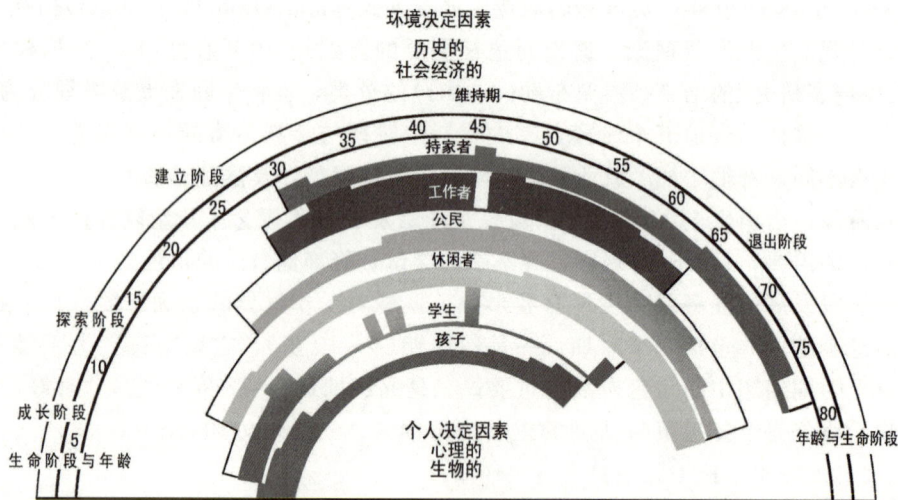

图 3-1-2 一生生涯的彩虹图

综上，舒伯的理论优点如下。

第一，舒伯是生涯辅导理论的大师，其生涯发展论综合了差异心理学、发展心理学、自我心理学及有关职业行为发展方向的长期研究结果，舒伯本人比较喜欢将其理论命名为"差异—发展—社会—现象的心理学"，舒伯汲取了这四大学术领域中有关生涯发展的精华，建构了一套完整的生涯发展理论。其理论观点是现今生涯辅导重要的理论基础，指导了目前生涯辅导的具体实施，得到了各国生涯辅导界的普遍支持。

第二，在当时的生涯辅导理论中，多数人关心的焦点都集中在"职业选择"上，只有少数理论工作者对生涯发展的问题发生兴趣，如金斯伯格是少数学者中最突出的一位。

第三，舒伯不断地发展与完善自己的理论。以往舒伯理论大多局限于他的发展阶段和对职业的自我观念论上，这些可以解释个体一生的生涯发展，其涵盖范围很广，但深度略显不够，随着"生活广度与生活空间的生涯发展即一生生涯彩虹图"的提出，正好弥补了原有的不足。

在实际应用方面，其横向的发展阶段、发展任务（即生活广度的部分）和纵向的生涯角色的发展（即生活空间的部分），交织成一个具体的生涯发展结构，这对辅导时促进个体的自我了解、自我实现，有很大裨益。但是也有局限性：第一，由于社会的快速变迁，终身学习观念的提出及人的寿命的增加，生涯发展理论中关于中年期、老年期的角色与任务，有待进一步地研究，否则理论会欠完整；第二，生涯发展论似乎较忽略经济、社会因素对生涯发展方向的影响，且学习的因素与职业发展历程的关系也须进一步深入研究。

第二节　大学生职业生涯设计

一、大学生职业生涯规划设计的原则

大学生职业生涯规划是大学生在大学阶段客观认识自己的能力、兴趣、个性和价值观，深入了解各种职业、行业、环境的需求趋势，以及关键成功因素，有效提升职业生涯发展所需的应变和决策技能，发展完整而适当的个人职业生涯理论，以及制订可行的实施方案。大学职业生涯其主要目标是内职业生涯的发展，是职业知识、观念、经验、能力、心理素质等的培养和提高。

(一)根据所学专业规划职业生涯

大学生都经过一定的专业训练，具有某一专业的知识和技能，这是每个人的优势所在。大学生都有自己的专业，每个专业都有一定培养目标和就业方向，这就是大学生职业生涯规划的基本依据。用人单位对毕业生的需求，一般首先选择的是大学生某专业方面的特长，大学生迈入社会后的贡献，主要靠运用所学的专业知识来实现。如果职业生涯规划离开了所学专业，无形当中增加了许多"补课"负担，个人的价值就难以实现。需要强调的是，大学生对所学的专业知识要精深、广博，除了要掌握宽厚的基础知识和精深的专业知识外，还要拓宽专业知识面，掌握或了解与本专业相关、相近的若干专业知识和技术。

(二)根据个人兴趣与能力特长规划职业生涯

职业生涯规划要与自己的个人性格、气质、兴趣、能力特长等方面相结合，充分发挥自己的优势，扬长避短，体现人尽其才、才尽其用的要求。这里重点谈谈个人兴趣、能力特长与职业生涯规划的关系。大学生职业生涯规划时应适当考虑自己的兴趣与爱好。兴趣是个体积极探究事物的认识倾向，这种倾向常有稳定、主动、持久等特征。如果一个人对某种工作产生兴趣，他在工作中就会具有高度的自觉性和积极性，在工作中往往

就容易做出成绩。反之，一个人对工作没有兴趣，就不可能将自己的精力都投入到工作中去，往往也就很难取得工作上的成功。一个人对某项工作感兴趣时，即便工作本身可能是枯燥无味的，他也会感到兴致勃勃，兴趣盎然。一些专家通过调查研究发现：如果一个人对自己的职业感兴趣，则能发挥他的全部才能的80％～90％，并且长时间保持高效率而不感到疲劳。如果对所从事的工作没有兴趣，那么只能发挥其全部才能的20％～30％，且容易疲倦。众多的调查研究结果一再表明，兴趣与成功概率有着明显的正相关性。在规划职业生涯时务必注意：考虑自己的性格、气质、能力等特征，珍惜自己的兴趣，择己所爱，选择自己喜欢的职业。

能力特长是人们成功地完成某种活动所必须具备的个性特征，是人们在社会实践中所表现出来的身心力量。按照自己的能力特长进行职业生涯规划是大学生应特别注意的问题。因为任何一种职业都需要一定的能力，不同职业有不同的能力要求。能力特长对职业的选择起着筛选作用，是求职择业以及事业成功的重要保证。当然，知识多、学历高不一定能力强，大学生切不可把学习成绩作为评价能力高低的唯一标准。大学生应在对自己的能力特长有一个正确的自我认识和评价的基础上，根据自己的真才实学和能力特长进行职业生涯规划。

案 例

第二学位学什么

韩梦，大二学生。高中时听到类似"21世纪是生命科学的世纪"的说法，于是选择生命科学学院。但两年过去了，她对所学专业仍然不感兴趣。大二时有机会选修双学位，打算修经济学，但仍有顾虑，于是进行职业咨询。

咨询师为她做了职业测评和性格测试，职业测评结果显示她的职业兴趣为常规型，研究型的表征比较低；性格测试显示她喜欢做一些琐细的事情，创造性低一些。韩梦平时做事总是井井有条，计划性很强，这便是常规型人的典型特征。因此，这就可以解释她为什么不喜欢现在的专业。咨询师进一步了解韩梦的兴趣爱好，她表示自己平日里喜欢翻一些财务方面的书籍，觉得很有意思，并打算将来从事财务类的工作，这也比较符合她的职业兴趣和性格类型。

接下来咨询师引导她对财务类职业进行分析，发现财务类的工作有两种：一种是审计工作；另一类就是公司里的财务工作。韩梦认为审计类的工作比较累，经常加班，不太喜欢。而公司里的财务工作一般不需要加班，工作和生活之间比较平衡。后者更适合自己。在具体考虑选择哪种公司时，咨询师进一步引导："那你喜欢什么样的公司？如果是IT类、商业类等专业性较强的公司，他们需要既懂得财务又知晓业务的人你怎么办呢？"最后韩梦决定找一些与生命科学或生物医药科学有关的公司。这就是所谓"专业优势"的嫁接与扩展。

分析：专业选择的背后是职业选择问题，因此，一旦确定了职业方向，专业选择就不再是个问题。当今社会，就业能够专业对口固然很好，但专业也不是绝对的，可以将特定专业与不同岗位进行嫁接，实现人尽其才。

(三)根据用人单位需求规划职业生涯

一个时常困扰大学生的问题是：我要进入怎样的用人单位？但却有人从对方的角度去考虑：用人单位为什么要聘用我？我怎样才能符合用人单位的要求？

从营销学的角度看，大学生要找到工作，必须满足用人单位的需求。用人单位需求何在？有一点是很明确的，它不是教育机构，旨在让你进去继续进修然后成为"全面发展的人"；它也不是慈善机构，因为悲怜你找不到工作而履行神圣的社会职责。它是什么呢？是劳动机构，是雇用你进去"干活"的，因为你付出了它所需要的劳动从而以工资作为交换的形式。

遗憾的是，不少大学生却不明白这个道理，一厢情愿地把用人单位当做是配合自己实现个人职业生涯目标的工具，喜欢就进去待着，不喜欢就一走了之。

例如，在职业规划大赛中，常常听到有大学生选手高谈阔论，一副指点江山激扬文字的样子，如果顺便问了他一个问题："当你的雄伟蓝图不能在单位里顺利实现时你怎么办？"他的可能回答很干脆："改造他们！"或者回答："不能改造就选择离开！"其实，与这些大学生持有相似看法的人还真不少。根据国家劳动部的"第一次就业调查"报告显示，三分之一以上的大学生把第一份工作当成职业的跳板，而16％的人"没有太多考虑"就选择了第一份工作，结果是大学生就业后一年内流失率高达50％，两年内的流失率接近四分之三。

应该说，大学生开始重视个人职业规划是社会进步的表现，因为毕竟懂得要对自己的生命和前途负责了。但同时我们也留意到一种新的苗头的滋长，那就是太过于关注个人发展而忽视了社会和用人单位的需求，以用人单位是否迎合或符合自己的职业规划来作为选择用人单位和继续服务用人单位的标准。这种以个人为中心、追求自我价值最大化的"职业规划"，不是社会发展所倡导的真正的职业规划！真正的职业规划，应是将个人职业目标和用人单位需求相结合的规划，是在满足用人单位需求的前提下实现个人职业目标的规划。

那么，大学生在做职业规划时应如何结合用人单位的需求呢？

1. 大学生要清楚用人单位的员工招聘需求

在作出应聘选择前，大学生要认真分析一下：用人单位为什么要招聘员工，希望通过招聘这些员工达到什么目的，有哪些具体的招聘条件，用人单位的这些信息与自己的职业发展方向和战略是否吻合。千万不要抱着"随便做一做、大不了再换"的心态，那样受伤的是用人单位，浪费宝贵光阴的是你自己。

2. 大学生要了解用人单位的阶段发展需求

用人单位在不同的发展时期有不同的重点需求，大学生要做的是思考并找出满足这些重点需求的方法，并努力身体力行。如果你能为满足这些重点需求而做出相应成果的话，你就有机会得到用人单位的赏识和重用。同时，在不同发展阶段，用人单位对员工的期望也是不同的，在创始期更多的是需要员工多干少说，在迅速发展期需要员工边干边思考，在成熟期需要员工思考了再干。

3. 大学生要研究用人单位的战略发展需求

如果你希望在本单位有更好的发展，那就需要对用人单位的战略发展需求进行研究，对用人单位的未来业务重点和岗位要求作出预测，并据此制订自己的中长期规划。

总之，大学生要认识到用人单位绝非成就自我的工具，而是提供有价值劳动的重要平台，要踏踏实实地在满足用人单位发展需求的前提下考虑如何实现自己的职业规划目标。

(四)根据大学教育的阶段性规划职业生涯

相对于我们国家来说，国外职业生涯规划起步较早的国家，在职业生涯规划的教育与指导方面积累了许多成功的经验。将职业生涯规划的教育与指导贯穿于大学教育的全过程就是我们值得借鉴学习的经验之一。具体做法表现为：针对不同年级，明确目标、突出重点、分步实施、各有侧重，逐渐形成比较完善的职业指导体系。使教育阶段既分出层次，又相互贯通有机连接。

一年级学生重在适应生活，初步进行生涯规划。为此要开展成才教育和职业意识培养，通过具体的问卷调查、职业兴趣测定、专场讲座等工作，系统介绍专业与职业之间的关系，以及职业性质对大学生的素质要求，以弥补中学阶段的缺陷，争取对大学四年的学习生活有一个初步的认识和合理设计大学生活，认清自己将来所要从事的工作和自己的不足，进而制定学习目标、确立职业目标。

二年级主要是职业道德和职业知识的教育，重在自我认知和做好从事职业前的心理准备。要通过回顾以往的人生、社会、生活，引发自己对生涯的自主性认识，进一步思考职业生涯规划的模式和学习目标。并通过与师长的交流和结合本专业的职业定位，努力建立扎实的基础知识和合理的知识结构，在参与实习、兼职、暑期工作或志愿者活动中获得一些工作经验。

三年级主要是进行职业适应，落实职业规划。通过参加人才市场招聘、收集求职信息、撰写简历、参加面试等实践活动进行职业分析、准备，有计划地学习一些职业技能技巧，培养创新能力、创新精神，以及独立思考和继续学习的能力，完善自己的知识结构，全面提升个人综合素质，为将来职业发展做好各项准备。

四年级进行就职前的培训以及转变角色，适应社会。这时是实施行动的阶段，通过某些岗前技能培训，教育学生要进一步认识自我，探讨工作选择和职业发展，为即将从事的工作积极收集信息和材料，搜索所有可能的机会，参加面试。同时，强化毕业生的角色意识，教育他们安心本职、虚心学习、勇挑重担、乐于奉献等，以便更快地适应社会，更好地实现由"校园人"到"社会人"的转变。

二、大学生职业生涯规划存在的问题

(一)职业生涯发展目标不明确

主要表现在有的大学生对自己的学业进行规划时发现不喜欢所学专业，但又没有找到自己喜欢的专业；希望将来能成就一番事业，但是找不到成就事业的专业方向。因此有很多学生会问："我到底喜欢什么?""我能做好什么?"这些现象的产生究其原因主要是大学生在入学前的自我探索不够，高中生在懵懂时被分为文科生和理科生，上大学选专业也很少考虑到其职业兴趣和能力倾向。以至于出现有些学生学习目的不够明确，学习动力不够强，甚至有的大学生沉迷于和学业无关的事情不能自拔，导致大学生因学习成绩不合格而被迫退学的现象时有发生。

(二)生涯发展目标相互冲突

有些大学生的专业兴趣不在被录取的专业上，而是喜欢其他专业。作为学生应该完成规定的学习任务才能够取得毕业资格，而兴趣与爱好则会使学生把很多精力放在和所学专业关系不大的学习上，在这种状态之下的学生会感到无所适从，甚至出现招生分数很高的学生因不喜欢该专业而要求退学的现象。

(三)生涯发展短期目标不明确

这主要表现在有些大学生不能分清主次，盲目模仿。如看到别人参加社团活动锻炼综合能力，自己在一入学就参加了几个社团，一学期下来，由于忙于参加各种社团活动，在学业考试时没能取得自己期望的成绩，后悔莫及；有的学生干部不能处理好学习和社团工作的关系；有的学生因为某一门成绩而严重影响了其他学科成绩等。问题的出现主要是大学生不能够将目标系统化、主次不清、没有一个逐步实现各种目标的计划，以至于出现了综合素质高、能力强的学生由于学业成绩不理想而影响生涯发展的现象。

(四)职业生涯知识和抉择能力缺乏

有些学生在进行具体的生涯抉择时容易迷茫和犹豫。一是表现为学生对自我认知和职业知识的缺乏，难以抉择；二是希望"鱼和熊掌兼得"的心态，不愿意放弃任何事情，而现实生活中有些事情必须做出选择，以至于有些学生出现严重的心理障碍。

(五)自我信念不合理

这主要表现为有些学生以自我为中心。在做各种规划时只想到自我的发展，没有合作意识和集体精神，做事情功利性很强。这样的学生容易出现人际关系紧张、敏感、多疑、为达目的不择手段等现象，严重影响将来的职业生涯发展。

(六)进取意识缺乏

主要表现在有些学生缺乏上进心，对外界事物缺乏足够的兴趣。凡事都需要别人帮助，依赖性很强，在问题面前裹足不前，把问题出现的原因都归结为外在环境，不能从自身寻找问题，常常怨天尤人，总认为社会对自己不公平。这样的学生生活没有目标，学习没有动力，生涯没有规划。

(七)对职业价值观的选择不合理

表现在部分学生没有树立正确的职业价值观，唯利是图。比如听说某个行业赚钱多，感觉某个公司待遇好，就随大流去选择一份职业、一个公司、一个老板，干着与自己性格、兴趣和天赋完全不适合的工作，当然也就无法在事业上取得成就，更不会从中获得快乐。其结果就是一次次跳槽，一次次被解雇。

案 例

分析一

张某是一名大二的男生，经济学专业，对他而言，大学生活是紧张无序的。"进大学快两年的时间，我的生活是丰富的，参加了三个社团，并担任了职务；我是学生会的宣传委员，每次举办活动都由我出海报；我很多朋友，时常约我一起出去玩。另外，我还在校外找了一份兼职，每星期周五、周日晚要去上班。刚开始时，我还觉得挺充实，总有事可以干，不怕没事闲得发慌。可时间一长，我发现有些不对劲，我根本就没真正属于自己的时间了，有时候好不容易完成了手头的工作，刚想轻松一下或干些别的重要的事，结果突然一个电话就会把我的计划打乱。例如，我周六上午想去自习室看看书，一出门不巧遇见朋友来找我，说谁谁今天请大家出去参加娱乐活动，盛情之下我只好放下书包跟他前去，结果大半天又搭了进去。

其实，有不少重要的事情等着我去做呢！我学的是经济，这方面的很多专业书我都想读读，可就是没有时间，我经常是把书从图书馆借了出来还没来得及读就已到期该还了。而且，打算读研的，早点着手准备，可一直没能真正开始。眼前的事情太多了，让我顾不上将来的事，我觉得有些乱，仿佛不是我做事，而是事逼着我去做。这学期专业课特别多，再过一个多月又要期末考试了，真不知道会考成什么样子。"

分析：在职业生涯规划与发展中要学会时间管理和目标管理，能处理好做事的优先顺序和轻重缓急，是行事次序的标准。"轻重"是指事情对个体的重要程度、价值大小，"缓急"则是指事情对个体而言的时间紧迫程度。这两个方面都很重要，同时不能相互取代，缺一不可。在实际运用中，许多人主要考虑的却只是事情的"缓急程度"，而较少虑及"轻重程度"。通常，我们将每日的事务区分为三个优先层次：第一优先——今天"必须"做的事（即最为紧迫的事）；第二优先——今天"应该"做的事（即较不紧迫的事）；第三优先——今天"可以"做的事（即不紧迫的事）。如果说最紧迫的事即为最重要的事，那么以上的优先层次尚且适用。但问题在于，很多情形下最紧迫的事未必是最重要的，而且重要的事也未必最紧迫。我们可以提出以下新的行事优先层次：第一优先——重要且紧迫的事；第二优先——重要但不紧迫的事；第三优先——紧迫但不重要的事；第四优先——无关紧要的事。

为了使自己的工作学习优先次序能够履行，学会说"不"是必要的保证。许多感到时间紧迫的人都有一种倾向，那就是经常勉强接受新的任务，由于害怕得罪人或碍于情面，结果打乱了自己的步调、浪费了自己的时间。只要我们在拒绝时做到委婉而坚定，把道理讲清，多数人都不会苛求。这是大学生应具备的职业素养。

分析二

培琪一直对自己很有信心，但毕业那一天，她觉得自己心情好乱。家人的意见通常都是自己做决定的基础，这一年来自己为了应付高考学得很辛苦。在会谈中，可以发现培琪自己的声音、看法不见了，说的都是哥、姐的建议。培琪原来以为，反正我就照他们的意思做，做错了，他们没有理由骂我(将错的责任推给别人)。依赖的培琪忽略了自己好动外向、积极突破的特质，一味地顺从，其实是对自己不负责任的表现。

小平念大三，听说找工作很难，不想毕业后马上就业，盲目地和同学一起上图书馆补习，准备参加研究生考试。"反正大学毕业也不知道能做什么，不如再读研究生三年，三年后年纪大一点，比较认识自己，再不然有张硕士文凭，别人也会比较看重自己。"

分析：小平和培琪的抉择过程是依赖同学的意见和目前追求高学历的潮流，对小平而言，在没有经济压力的情况下，多念三年书，将来在社会上立足只赚不赔，何乐而不为？他们抉择的潜在风险是：(1)培琪按照家人的意愿，如果自己不喜欢或者不适合家人选择的工作怎么办？(2)小平是否确定自己要读哪一个大学的研究生？如果研究生的学习与本人的兴趣相差过大，他该如何面对？(3)小平研究生毕业后，他真的就可以比较顺利地找到工作吗？如果不是，他该如何做好就业准备？(4)小平念研究生的原因，如果主要是逃避就业压力，这种长久的逃避模式，对他的发展会产生什么影响？

三、职业生涯设计的任务与作用

(一)职业生涯设计的任务

1. 正确认识自我

古人曰：知己知彼，百战不殆。大学生要在社会中寻找适合自己的位置，首先要正确认识自我，对自己的个性特征、职业兴趣、职业知识和技能等要有全面、客观的认识和评价。

2. 正确职业定位

在正确认识自我的基础上，初步确定自己的职业生涯目标，明确自己的职业定位，职业生涯目标在职业设计中有着十分重要的地位，如果目标不确定，经常改变目标或目标始终不明确，就必然导致职业生涯之路不规则，出现很多的重合和交叉，突出的表现就是频繁跳槽，各种工作之间缺乏紧密联系，职业生涯始终处于一个比较低的层次。

3. 择业培训

大学生职业生涯设计的一个重要任务是进行择业培训，培训内容包括择业动机分析、择业心理准备、行业分析和择业技巧等方面。

4. 角色转换

大学生生活在校园里，缺乏对社会职业的全面接触和了解，往往到临近毕业时，才感到主动融入社会职业的必要性。这通常会导致两种倾向：一是缺乏必要的职业素养，如职业道德观、职业礼仪、职业规范、就业诚信度等；二是固守学生角色，就业概率低。因此，积极参加各种形式的、规范的职业素养培训，尽早地实现角色转化是大学生进行职业设计的一项重要任务。

（二）职业生涯设计的作用

1. 帮助个人确定职业发展目标

通过分析，认识自己，了解自己，估计自己的能力、智慧，确认自己的性格，判断自己的情绪，找出自己的特点，发现自己的兴趣，明确自己的优势，衡量自己的差距，获取公司内部有关工作机会的信息，是职业生涯设计的重要内容。通过这些分析，确定符合自己兴趣与特长的职业生涯路线，正确确定自己的职业发展目标，并制订行动计划，使自己的才能得到充分发挥、恰当发展，从而实现自己的职业发展目标。

2. 鞭策个人努力学习和工作

进行职业生涯设计，能为我们指明奋斗的方向，通过实施规划，让我们始终朝着预先设计的目标不断奋勇前进。

3. 帮助个人抓住重点

进行职业生涯设计的一个最大的好处是有助于我们安排日常工作的轻重缓急，避免陷入同人生目标无关紧要的日常烦琐事务当中。

一个忘记最重要事情的人，会成琐事的奴隶。通过职业生涯设计，我们能紧紧抓住工作的重点，增加成功的可能性。

4. 引导个人发挥潜能

职业生涯设计能帮助我们集中精力，全神贯注于自己有优势并有高回报的方面，从而使自己发挥出尽可能大的潜能；而且只有当我们不停地在自己优势的方面努力，这些优势才会得到进一步的发展。

评估目前的学习或工作成绩。职业生涯设计的一个重要手段是自我评估。如果设计是具体的、可行的，我们就可以根据设计的进展情况评价目前取得的成绩。不明白自我评估的重要性，往往无法达到自己确定的目标。

四、职业生涯设计的步骤

大学生职业生涯规划一般分为七个步骤：

（一）自我评估

《孙子兵法》上讲："知己知彼，百战不殆。"这句话是军事名言，但不只适用于军事战争，也适用于大学生职业生涯规划。基于此，大学生职业生涯规划就可以简化为"知己＋

知彼＋抉择"的过程。"知己"也就是自我认识和自我了解。"知彼"就是熟悉周围的环境，特别是与职业生涯发展有关的职业环境。

1. 自我评估的含义与内容

毛泽东说过，"认识中国的国情，乃是认清一切革命问题的基本依据"。做好自我评估是个体职业生涯规划中最重要的一步，客观理性的自我认识与自我评估是保证职业生涯规划质量的关键因素。

自我评估就是对自己做全面的分析，通过自我分析，认识自己，了解自己。通过评估，可以充分了解自己的职业兴趣、能力结构、职业价值观、行为风格、自己的优势与劣势等。只有认识了自己，才能对自己的职业做出正确的选择，才能选定适合自己发展的职业生涯发展的路线，才能对自己的职业生涯目标做出最佳选择。

自我评估的过程是探求"5 个 W"的过程，即回答五个问题——"Who am I?""What do I want?""What can I do?""What can support me?"与"What can I be in the end?"的过程，所以自我评估的内容应当包括自己的兴趣、特长、性格、学识、技能、价值观、职业锚、组织能力、管理能力、协调能力等。从不同的角度分析这些要素，可以分为以下四类。

A. 我喜欢什么？（认识自己职业价值观、职业兴趣等）

B. 我适合做什么？（认识自己的职业性格、职业气质、已形成的智商和情商水平、自己的特殊才能等）

C. 我擅长做什么？（主要包括职业能力倾向，如分析综合能力、语言表达能力、逻辑推理能力、数学运算能力等）

D. 我能够做什么？（主要包括自己掌握的专业知识、技能和工作经验等）

通过以上因素综合分析，客观理性地认识自己，使自己认识到当前正处于职业生涯的哪个位置，根据对自己的认识，初步明确职业定位和发展方向。

自我评估的内容虽然纷繁复杂，但总体来看，可以分为四个不同方面。

（1）德。

拿破仑讲过，"德行之力，十倍于身体之力"。徐世昌曾说，"凡建功立业，以品德为始基。从来有学问而能担当大事业者，无不先从品行上立住脚"。古人云，"人无德无立，国无德无兴"，"德不孤，必有邻"。道德作为上层建筑可以调节和导向人们行为，从而维持社会生活的合理秩序。道德对国家和个人都有重要意义，所以，对个人道德的认识和评价自然应成为自我评估的首要的和最重要的内容。

对自我道德的评估应从四个方面入手：第一，《公民道德建设实施纲要》中提出的二十字道德规范：爱国守法、明礼诚信、团结友善、勤俭自强、敬业奉献；第二，社会公德，是指人们在公共生活中必须遵循的基本规范和要求，主要内容有：文明礼貌、助人为乐、爱护公物、保护环境、遵纪守法；第三，职业道德，是人们在职业生活中必须遵循的基本规范和要求，主要内容有爱岗敬业、诚实守信、办事公道、服务群众、奉献社会；第四，家庭美德：尊老爱幼、男女平等、夫妻和睦、勤俭持家、邻里团结。

（2）智。

在具备良好的道德素养的情况下，智育水平是实现个人职业生涯规划最直接、最重要的因素。自我评估中正确认识自己的智育水平，应当包括以下两个方面：第一，智力水平，即当前个体掌握的知识特点，这些知识属于哪个学科门类，基础知识是多少，专业知识多少，在未来可以预见的某段时间，可以掌握多少知识，可以达到什么水平；第二，获取知识的能力，即观察能力、记忆能力、思维能力、想象能力和实际操作能力。智力水平正常与否，可以通过智力测验来判断，若智商在60％以下就是低智商了。

（3）体。

毛泽东讲过，"身体是革命的本钱"。只有身体健康（包括生理健康和心理健康），生命才能延续。身体健康是个体存在和发展的前提条件，也是其他各种能力素质发展的基础。假设一个人有10 000 000万，前面的1代表身体素质，后面的0代表房子、车子、妻子、儿子、票子等。如果没有前面的1，后面的全部就等于0，有健康才能拥有一切。因此，自我评估中，身体素质的评估也应当包括在其中。

世界卫生组织给健康下的定义是：健康是一种身体上、心理上的完全平衡状态。一个人只是身强力壮，没有器质性疾病，还不完全健康，只有体格和心理方面都健康的人，才算是真正的健康。故自我评估中对身体素质的评估，既应包括体质方面的指标，如身高、体重、速度、耐力、承重力、味觉、触觉、嗅觉、血压、心跳、血液、皮肤、强壮性、柔韧性、协调性等，又应包括心理健康的指标：自我感觉、自我调节能力、工作生活的效率、幸福感、是否愉快、乐观、开朗、满意等积极情绪占主导地位，是否能适当表达和控制自己的情绪，在社会交往中是否能做到既不妄自尊大，又不畏缩恐惧等。

（4）美。

真善美是人类追求的目标。美即人的审美能力，审美是人们从事物现象中发现美的能力和享受美的过程。审美能对人的生理、心理、品德、情操、知识、智力的发展产生全面而积极的影响，有利于把德、智、体三个能力高效率地调动起来，可以启迪人们对社会、对人生的思考，有助于帮助人们树立正确的世界观、人生观和价值观。美能激发人们的兴趣去认识事物、现象，发现和掌握客观规律。著名物理学家、诺贝尔奖获得者李政道在工作之余的爱好是画画，而且造诣颇深。爱因斯坦的业余爱好是拉小提琴，普朗克的业余爱好是弹钢琴，哈恩的业余爱好是唱歌，三个人在一起的时候，可以组建一支水平很高的室内乐演奏小组。伽利略的业余爱好是写诗歌。这些科学家之所以能在做好主业的同时，在业余上都有所建树。是因为科学与艺术不仅不冲突，相反艺术可以为科学提供灵感。美无处不在，无处不有，它渗透于个人职业生涯的全过程。因此，在自我评估时也要正确认识自己的审美能力，包括欣赏能力、绘画能力、书法能力、唱歌能力等。

2. 自我评估的原则

自我评估的原则是自我评估过程中必须遵循的准则，也是个体自我评估中基本规律的体现，必须遵循，否则就不可能得到科学的结果。具体来说，自我评估中应当遵循以下几个原则。

（1）全面性原则。

个体自我评估是一个系统工程，内容纷繁复杂。为了正确全面理性认识自己，必须坚持全面性原则，既要认识自己的思想道德素质，又要认识自己的科学文化素质、身体素质和心理素质。每一个大类下又分为不同的小类，如科学文化素质方面，要认识自己目前已掌握了哪些知识，还未掌握哪些知识，这些知识构成是属于哪个学科的，这些知识在未来哪一个职业上使用，才会发挥最大的效益。还要认识到自己未来还需要掌握哪些知识，通过未来的努力又能掌握哪些知识，当前知识结构及未来通过自己的努力形成新的知识结构会不会更有利于你从事某个职业等。

从能力上说，应判断你现在对你的能力是否满意。综合各方面能力看，有逻辑推理能力、语言表达能力、阅读能力、组织能力等，这些能力哪些方面较强，哪些方面较弱，特别是哪些对你未来从事的职业构成了致命性的威胁，必须在短时间内提高，哪些需要继续保持和继续发扬提升。从性格上看，应弄清自己属于哪一种性格的人，这种性格适合什么职业，这种性格是否与自己的职业理想相匹配。

自我评估的全面性原则要求在自我评估过程中，不断将自己特性从大指标到小指标逐一认识，必须保证这些指标从不同层面、不同角度，展示一个全面的自我，而且要认识每一个指标的权重和相关性。

(2)客观性原则。

个体的存在并不是孤立的，而是相互联系的，每个人都与外界进行着信息的交流与物质的交换。这一状况决定了个体在自我评估时不仅受到个体心智因素的影响，而且受到外界因素的影响。个体在自我评估中由于自己的认识水平和认识能力有限而不能充分认识和掌握自我认识过程中的一些规律，而形成脱离实际的主观性认识，或在与外界、与他人的交流过程中，把反馈给自己的实际上是虚假错误的信息误以为是真实合理正确的信息，或是由于个体在某一特殊环境和极端情绪支配下，严重高估或低估自己某些方面的能力。比如，某同学的一篇作品在校报上发表了，受到了老师的赞扬和同学的羡慕，就骄傲起来，认为自己的写作水平已经很高了，可以出专著了。又如，某同学参加大学英语四六级考试，看到周围的同学一个个都考过了，自己经过努力仍没有通过，就变得消极起来，在郁闷中认为自己没有学习语言的能力和天赋，完全否定自己的学习能力。由于这些因素的影响，在自我评估中，客观认识让位于主观认识，从而形成了错误的认识，不能正确反映自己的状况。自我评估中，背离了客观性原则，就必然无法掌握全面科学的自我，从而导致自我评估的失败。

(3)适度性原则。

适度性原则要求个体在自我评估过程中，将自我评估内容与职业理想在一定情况下联系起来。人的个性特点是丰富多彩的，俗话说，"金无足赤，人无完人"。这句话说明每个人既有优点也有缺点，同时人的优点和缺点又不是绝对的，而是相对的。在一个情景下或相对一个职业来说是缺点，但可能在另外一个情景下，相对另一个职业来说就是优点了。这就要求在自我评估中将个人的特点与职业理想联系起来分析，结合自己的职业理想认识和评估自己。比如有的人认为自己在与人交往，与人共事时不积极热情，没能像有的人那样豪情万丈，雷厉风行，热火朝天、很快能融入一个新环境中，且能控制与人交往的节奏，把握交流的主动权，从而认为自己在这方面存在着很大的缺陷，自己太不强势、太小心翼翼、太懦弱，盲目对自己做出这样的认识就是没有坚持适度性原则的体现。一个人小心谨慎的特点到底是优点还是缺点，必须与他的职业理想联系起来进行考察。如果这个人的职业理想是政治家、外交家、演说家、律师、培训师、教师等，那么他的不善言辞，唯唯诺诺，这个特点可就真是他的缺点了。但如果这个人的职业理想是驾驶员、科学家、考古学家、作家、书法家、画家、会计师等，那小心谨慎则是他的优点。不同的职业对人的要求是不同的。坚持适度性原则，就可以发现那些真正能影响到自己实现职业理想的缺点，哪些虽是缺点，但不至于影响到职业理想的实现。在职业生涯发展中，绕过这些不致命的缺点仍然可以取得成功。比如历史学家吴晗考北京大学时，国文考了100分，数学为0分，著名作家钱锺书考清华大学时，数学才考了4分。这两个学者的共同点就是数学分数很低，让外人看来的确是一个缺点了，但如果联系他们的职业理想来看，就会得出不同的结论。因为数学考0分或4分基本不会影响他们进行历史研究和文学创作，并没有影响他们成为优秀的历史学家和作家。联系到他们的职业理想，这个特点虽不能看做是他们的优点，但也不至于是让人绝望的缺点了。

（4）发展性原则。

职业生涯规划是一个过程，它贯穿于人生的每个阶段，甚至贯穿于人生的全过程。人们在确定了终极的职业理想之后，必然会制定每一个发展阶段的奋斗目标。在实现职业生涯规划时，外界环境及个体心智也呈现出不断变化的特征，所以职业生涯规划的实践过程就是伴随着外界和个体的变化而变化的过程。这就要求职业生涯规划中必须坚持发展性原则，自我评估也应坚持发展性原则，用发展的眼光去分析环境和认识自己，不断认清环境的变化对个体提出的新要求。在自己知识、阅历和能力提高的情况下，重新认识自己的优点和缺点。弄清这些新要求与新的自我是否匹配，以及在多大程度上匹配，以此重新认识自我。环境与个体的发展性决定职业生涯的动态性，进而决定了自我评估的动态性与发展性。

（5）主次分明原则。

自我评估有多个指标，这些指标对不同的人、不同的职业理想有不同的权重要求，要通过自学，请教老师，与同学交流等形式弄清楚每一个指标的含义、范畴。结合自己的情况确定指标的权重，特别是要找到权重最大的指标。

通过自我评估，就会认识到自己的许多优点和缺点。应当将这些优点和缺点进一步整合，使优点能够相互促进、相得益彰，同时要确定诸多缺点中最突出的缺点，将此作为重点加以改进。因为木桶原理认为：一个木桶由许多块木板组成，如果组成木桶的这些木板长短不一，那么这个木桶的最大容量不是取决于长的木板，而是取决于最短的那块。在自我评估中，会发现许多与职业理想相关的缺点，这些缺点中必然有一个或两个与职业理想的实现与否有最显著联系，个人职业理想的成功与否在一定程度上取决于最突出的缺点。在自我评估中，发现自己的诸多缺点时，还必须找到最主要的缺点，尽快弥补。

（6）尽量使用多种方法的原则。

有人问哲学家弟奥根："世界上什么事最难办到？"他的回答是"认识自己"。我国也有俗语"人贵有自知之明"。贵也就是难能可贵的意思。可见自我评估是一件复杂困难的事情。自我评估的客体就是人自身,人是一个多层次多方面的个体,人是自然的,也是社会的。作为社会的人,人又承担着不同的角色,人既有外部行为的变化,又有内心世界的变化,人的某些特征既是恒定的,又是变化的。自我评估的主体也是人。作为高级动物的人的认识过程要受到客观环境的影响和制约,要受到每个人情绪的影响,受到个人的世界观、价值观和人生观的影响。这些主客观因素决定了人们在自我认识时可能会脱离客观,走向主观,形成对人的错误认识。同时在自我评估时,也会同其他社会成员交流,社会成员对自我评估者的认识必然会反馈给评估者本人,与个体的评估结果发生联系,也有可能使自我评估由客观走向主观。为了消除这些不利因素的影响,在自我评估中应尽量采用多种方法和评估量表,从不同角度,采用不同手段来认识自己,尽可能得到对自身的客观的、全面的认识。

(7)评改结合的原则。

自我评估只是手段,发现自己,提高自己,完善自己,实现职业理想是最终的目的。因此,在自我评估中,要坚持评估与改正相结合,针对在评估中暴露出来的诸多缺点,结合自己的职业理想,改正自己的缺点,变劣势为优势,以不断适应实现职业理想的要求。

3. 自我评估的方法

(1)自省法。

荀子说:"君子博学而日参省乎己,则知明则行无过矣。"意思是品德高尚的人好学并且每日都反省自己,就会更加聪明智慧,行为也就不会出错了。曾子说:"吾日三省吾身,为人谋而不忠乎?与朋友交而不信乎?传不习乎?"意思是"我每天多次反省自己——替人家谋略是否不够尽心?和朋友交往是否不够真诚?老师教给我的知识复习了吗?"这些都说明了日常生活中自我反省的重要性。自省法就是自我评估中个体将自身的状况结合职业理想,对照评估指标进行反复对比和思考,进而形成对自己状态特征等方面的客观认识的方法。

记个人日记是自省法的主要运用,因此,自省法比较适合经常性和及时性的评估。如果时间间隔太久,素材收集的难度较大,错误和缺点不能得到及时纠正,影响进步,也可能铸成大错。同时在实际操作中,应将这种方法与其他方法同时使用。

(2)比较法。

比较法也是人们较常用,较易操作的自我评估方法,具体又分为两种。

第一,通过自我比较进行自我评估。自我评估的主体和客体均是人自身,人又是不断发展变化的。所以人们可以把"过去的我""现在的我"及"将来的我"三个不同的我联系起来,找出"三个我"的相同点、不同点,特别是与职业理想相关的知识、经验、兴趣、能力等方面特征的变化。通过比较,以深刻地了解自我,认识自我,从而对自我做了客观地评估。

第二,通过与他人的比较来认识自我。个体对自己的认识常常需要通过与他人相比较才能实现。在与他人的比较中，个体才能认识到自己的知识水平、兴趣、道德品质、职业性格、气质、协调能力、管理能力等方面的状况。通过与他人的比较，才能帮助自己发现自身的相对优势，即与他人相比较时表现出来的较高的悟性、较强的能力、较高的本领和独具的特长优点；同时也会使个体发现自身的相对劣势，如较差的语言表达能力、较差的沟通能力和较差的组织能力等。在比较中认清自己的优势与劣势及长处与短处，形成对自我的全面认识，以便取长补短，缩小差距。在自我评估中，要树立竞争意识，不仅敢于同自己情况差不多的人相比，更要敢于同周围的强者比较。

自我评估时，对自己与他人的认识与比较要放在特殊情境下，结合具体环境分析，要克服主观倾向，坚持实事求是，不能自欺欺人。

(3)量表法。

自我评估就是要认识自己的兴趣、性格、气质、能力、价值观等。目前已形成了一些对这几个方面评价的专门评估工具。通过这些工具，可以实现对自我的评估。如橱窗分析法、卡特尔人格测度表、自我询问法、斯特朗兴趣问卷、明尼苏达多项人格测试法等。下面简介几种量表。

第一，橱窗分析法。橱窗分析法也是进行自我认知的一种常用方法。橱窗分析法是一种借助直角坐标不同象限来表示人的不同部分的分析方法，坐标的横轴正向表示别人知道，坐标横轴负向表示别人不知道；纵轴正向表示自己知道，负向表示自己不知道。心理学家把对个人的了解比作一个橱窗，由四个"我"组成："公开我""隐私我""潜在我"及"脊背我"(见图3-2-1)。在进行自我剖析时，重点要了解"潜在我"和"脊背我"两个部分：

橱窗1："公开我"。自己知道、别人也知道的部分，其特点是个人展现在外，无所隐藏。如身高、年龄、学历、婚姻状况等。

橱窗2："隐藏我"。自己知道、别人不知道的部分，其特点是属于个人私有秘密，不外显。如自私、嫉妒等平常自己不愿袒露的缺点，以及心中的愿望、雄心、优点等不敢告诉别人的部分。可以采取撰写自传或日记的方式来了解自我，可以了解我们自身成长的大致经历和自我计划情况等。

橱窗3："潜在我"。自己不知道、别人也不知道的部分，其特点是开发潜力巨大，但通常别人和自己都不容易发觉。我们可以通过人才测评来发现自己平时注意不到的潜力，也可以在学习和生活过程中，多做尝试来发现自己的潜力。著名心理学家奥托指出，一个人一生所发挥出来的能力，只占他全部能力的4%，也就是说一个人96%的能力还未开发。赫赫有名的控制论奠基人维纳说："每个人，即使他是做出了辉煌成就的人，在他的一生中利用他自己的大脑潜能还不到百亿分之一。"由此可见，认识、了解"潜在我"，是自我认识的重点之一，把个人潜能开发出来，也是职业生涯规划的重要前提。

橱窗4："背脊我"。自己不知道、别人知道的部分，其特点是自己看不到，别人却看得清清楚楚。我们可以采取同自己的家人、朋友等交流的方式，可以借助录音、录像设备，要做到尽量开诚布公，对别人提出的意见有则改之，无则加勉。否则，别人是不会说实话的。可以利用这一方法对自己的性格特征、知识与能力等方面进行分析。

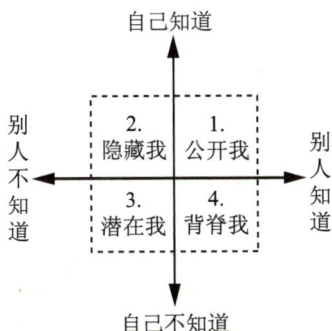

图 3-2-1　橱窗分析法示意图

第二，自我询问法。通过认真深刻地思考六个问题，实现对自我的认识。

A. 我究竟有什么才干和天赋？什么东西我能做得最出色？与我所认识的人相比，我的长处、胜人一筹的是什么？

B. 我的激情在哪一方面？有什么东西特别使我内心激动向往，使我分外有冲劲去完成，而且干起来不仅不觉得累，反而感到其乐无穷？

C. 我的经历，有什么与众不同之处？能给我什么特别的洞察力、经验和能力？动用它我能作出什么与众不同的事？

D. 我最明显的缺陷和劣势是什么？

E. 我与什么杰出人物有往来？他们有哪些杰出的才干，天赋与激情？与之合作（或跟随他们），能找到什么样的机遇？

F. 我有哪些具体的需求要得到满足？

在回答这些问题时，如果有的问题一时不好回答，可放一放，想好了再回答。由于不同的人阅历、兴趣、理想等各不相同，每个人的答案是不一样的，这也是正常的。因此，要经常反思，经常回答这些问题。

（二）职业环境分析

所谓职业环境分析，就是要认清所选职业在社会大环境中的发展状况、技术含量、社会地位、未来趋势等。当前热点职业有哪些？发展前景怎样？社会发展趋势对所选职业有什么要求？影响如何？这些问题都要仔细研究研究。进行全面的环境分析才是我们"知彼"的核心，也是选择适合自我职业目标的重要基础。

职业环境分析包括行业环境分析和企业环境分析。

1. 行业环境分析

行业环境分析包括对目前所从事行业和将来想从事的目标行业的环境分析。分析内容包括行业的发展状况、国际国内重大事件对该行业的影响，目前行业优势与问题何在、行业发展趋势如何等。行业与职业不同，行业是企业的集合。从事同类的产品生产销售的企业或提供类似服务的企业达到一定的数量才形成一个行业。例如，同样是家电行业，就包括生产电视机、洗衣机、空调、冰箱等不同类型具体产品的的若干家企业。在同一行业内，可以从事不同的职业。比如同样是从事教育业，有人憧憬大学教师职业，也有人选择办公室主任这样的行政管理职业；同在保险行业，可以做一名奔波于一线的保险业务员，也可以是人力资源部经理。分析行业环境的时候，一定要结合社会大环境发展趋势。例如，科学技术的飞速发展会使某些行业如同夕阳坠落，逐渐萎缩、消亡；更有许多极具发展前途的朝阳行业不断出现、发展起来。此外，还要注意国家政策的影响，看一看对某一行业，国家态度是扶持鼓励还是限制制约，尽量选择有前景、发展空间较大的行业。

2. 企业环境分析

企业是从业者直接生存和发展的土壤。每个企业都有自己的发展目标、运作模式，一方面，了解企业的基本情况是成为"圈里人"的基础，便于自己以后迅速适应新环境。另一方面，为了生存和发展，企业本身也要随时关注、适应社会大环境的变化，并采取相应的变革措施，这必将影响到其成员的个人职业生涯。

科学的职业生涯规划一定要把个人的发展与单位的发展结合起来考虑，才好顺风顺水。一方面，在求职前充分了解一个企业环境，是职业选择成功的关键，企业环境具体包括以下内容：(1)现状和发展前景；(2)企业在本行业中的地位；(3)企业文化、历史及背景；(4)公司的产品及产品在市场上的发展前景；(5)企业的行业特征及主要竞争对手；(6)企业的组织结构和部门设置；(7)企业是否有培训、提升的机会；(8)企业薪酬的基本状况；(9)企业招聘的职位及相关的要求等。另一方面，就业信息是毕业生求职择业的基础和必备条件，谁能及时获取信息，谁就获得了求职择业的主动权。因此，毕业生应当及时有效地全面掌握各种就业信息，并对这些信息进行认真的分析和筛选整理，最终做出正确选择。

佛罗里达大学的一个教授丹尼尔曼对新就业大学生的"入职冲击"进行观察，对即将毕业的大学生提出建议，他们将要进入的世界与将要离开的世界截然不同。表 3-2-2 详细阐述了这些观点。它比较了大学文化与工作文化、你的老师的态度和行为与你的老板的态度和行为、大学中学习过程的性质和工作中学习过程的性质。这些差别精确指出了为什么一些大学毕业生在适应自己的首份工作时困难重重。这些包括时间的使用，模糊的结构、组织文化，持久的努力和更复杂的人际关系。

大学环境与企业环境的比较分析见表 3-2-2。

表 3-2-2　大学环境与企业环境的比较

A. 大学文化	企业文化
1. 弹性的时间安排	1. 更固定的时间安排
2. 你能够迟到、早退甚至旷课	2. 不能迟到、早退与旷工
3. 更有规律性、个别的反馈	3. 无规律和不经常的反馈

续表

A. 大学文化	企业文化
4. 长假和自由的节假休息	4. 没有寒暑假，节假休息很少
5. 对问题有标准答案	5. 很少有问题的标准答案
6. 教学大纲提供清晰的任务	6. 任务模糊、不够清晰
7. 分数上的个人竞争	7. 按团队业绩进行评估
8. 工作循环周期较短，每学期为16～19周	8. 持续数月或数年的更长时间的工作循环
9. 奖励以客观性标准和优点为基础	9. 奖励更多是以主观性标准和个人判断为基础
B. 你的老师	你的老板
1. 鼓励讨论	1. 通常对讨论不感兴趣
2. 规定完成任务的交付时间	2. 分派紧急工作，交付周期很短
3. 期待公平	3. 有时很独断，并不总是公平
4. 知识导向	4. 结果（利益）导向
C. 大学的学习过程	工作的学习过程
1. 抽象性、理论性的原则	1. 具体的时间解决和决策制定
2. 正规的、结构性的和渐进性的学习	2. 以工作中发生的临时性事件和具体真实的生活为基础
3. 个人化的学习	3. 社会型、分享型的学习

（三）职业定向

通过自我评估、职业环境的分析，在此基础上就应对自己的职业或目标职业进行方向的定位。职业定向就是要为职业方向与自己的潜能以及主客观条件谋求最佳匹配。良好的职业定向是以自己的最佳才能、最优性格、最大兴趣、最有利的环境等信息为依据的。职业定向过程中要考虑性格与职业的匹配、兴趣与职业的匹配、特长与职业的匹配、专业与职业的匹配等。职业定向应注意：（1）依据客观现实，考虑个人与社会、单位的关系；（2）比较鉴别，比较职业的条件、要求、性质与自身条件的匹配情况，选择条件更合适、更符合自己特长、更感兴趣、经过努力能很快胜任、有发展前途的职业；（3）扬长避短，看主要方面，不要追求十全十美的职业；（4）审时度势，及时调整，要根据情况的变化及时调整择业方向，不能固执己见，一成不变。

案 例

撒哈拉沙漠中的比塞尔人（方向的重要性）

比塞尔是西撒哈拉沙漠中的一颗明珠，每年有数以万计的旅游者来到这儿。可是在探险家肯·莱文发现它之前，这里还是一个封闭而落后的地方。这儿的人没有一个走出过沙漠，据说不是他们不愿意离开这块贫瘠的土地，而是尝试过很多次都没有走出去。肯·莱文当然不相信这种说法。他用手语向这儿的人问原因，结果每个人的回答都一样：从这儿无论向哪个方向走，最后都还是转回出发的地方。为了证实这种说法，他做了一次试验，从比塞尔村向北走，结果三天半就走了出来。比塞尔人为什么走不出来呢？肯·莱文非常纳闷，最后他只得雇一个比塞尔人，让他带路，看看到底是为什么？他们带了半个月的水，牵了两头骆驼，肯·莱文收起指南针，只挂一根木棍跟在后面。十天过去了，他们走了大约八百英里的路程，第十一天的早晨，他们果然又回到了比塞尔。这一次肯·莱文终于明白了，比塞尔人之所以走不出大漠，是因为他们根本就不认识北斗星。

在一望无际的沙漠里，一个人如果凭着感觉往前走，他会走出许多大小不一的圆圈，最后的足迹十有八九是一把卷尺的形状。比塞尔村处在浩瀚的沙漠中间，方圆上千公里没有任何参照物，若不认识北斗星又没有指南针，想走出沙漠，确实是不可能的。

与肯·莱文一起合作的人叫阿吉特尔。在肯·莱文离开比塞尔时，他告诉这位年轻人，你只要白天休息，夜晚朝着北面那颗星走，就能走出沙漠。阿吉特尔照着去做，三天之后果然来到了大漠的边缘。阿吉特尔因此成为比塞尔的开拓者，他的铜像被竖在小城的中央。铜像的底座上刻着一行字：新生活是从选定方向开始的。

(四)职业生涯目标的确定

1. 职业生涯目标的含义与作用

在对个人进行全面的分析及对环境有了较为深入地了解并确定大的职业发展方向以后，结合个人职业理想确定自己的职业生涯发展目标。所谓目标，就是个人行动的方向，是个人在生产实践和社会实践中为实现预期目的而制定设立的，是在空间明确和在时间上预期的，它需用一定的时间才能实现的目的。因此，所谓目标，都具有时空特性，否则，失去了时空就不称其为目标。职业生涯目标是指一个人渴望获得的与职业相关的结果，也是指个人在选定的职业领域内未来时点上所要达到的具体目标，包括短期目标、中期目标和长期目标。这对个人人生价值的实现有决定性作用。

案 例

目标相同结果不同(目标的重要性)

曾有研究机构做过一个实验：组织了三组人，让他们分别向10公里以外的3个村子步行。

第一组的人不知道村庄的名字，也不知道路程有多远，只告诉他们跟着向导走就是。刚走了两三公里就有人叫苦，走了一半时有人几乎愤怒了，越往后走他们的情绪越低落。

第二组的人知道村庄的名字和路程，但路边没有里程碑，他们只能凭经验估计行程时间和距离。走到一半的时候，大多数人就想知道他们已经走了多远，比较有经验的人说："大概走了一半的路程。"于是大家又簇拥着向前走，当走到全程的四分之三时，大家情绪低落，觉得疲惫不堪，路程似乎还很长，当有人说："快到了！"大家又振作起来加快了步伐。

第三组的人不仅知道村子的名字、路程，而且每走一公里就有一块里程碑。人们边走边看里程碑，每缩短一公里大家便有一小阵的快乐。行程中他们情绪一直很高涨，很快就到达了目的地。

　　启示：当人们的行动有明确的目标，并且把自己的行动与目标不断加以对照，清楚地知道自己的行进速度与目标的距离时，行动的动机就会得到维持和加强，人就会自觉地克服一切困难，努力达到目标。

2. 目标的分类

　　目标的分类，一般是从空间定位，然后从时间上来划分，在时间上分为近期目标、中期目标、远期目标和长期目标，长期目标一般都是最终目标。虽然是根据时间的长短远近来分，但没有标准来固定时间期限，比如，近期标准时间固定是 3～5 年、中期标准时间固定是 5～10 年，长期标准时间固定在 10 年以上，具体不绝对是这样的。它的时间长短是根据某一具体任务来划分的。例如，一个学生职业目标定为教授，总计划从大学毕业需要 15 年左右实现。第一阶段（近期）目标为讲师，需要 4～5 年完成；第二阶段（中期）目标为副教授，需要 4～5 年完成；第三阶段（最终）目标为教授，目标计划 5～6 年完成。都是根据具体不同的职业目标，预测实现总任务的时间，然后将总任务分期来完成。总之，是根据总目标任务，来确定分段目标任务，划分时间段。

3. 确立职业发展目标的程序

　　确定职业发展目标的程序可以按以下步骤进行。（见图 3-2-3）

　　(1)分析论证：对自身和社会环境进行全面充分的论证，亦即认识自我和了解社会，主要包括自我人格测试、分析自己的优势和劣势、澄清自己的价值观、了解自己的潜质和不足等；

　　(2)合理定位：结合前一步的分析论证，认识了自我与环境。寻找自己适合的位置、寻找自己能力范围的目标；

　　(3)目标的制订：将目标分为人生目标、长期目标、中期目标、短期目标。围绕着长远目标，制订阶段性目标；

　　(4)目标实施：采取措施完成阶段性目标；

　　(5)检测修订目标：阶段性目标完成的过程中会不断出现新情况与新问题，通过对现实的把握，对自己的所有目标进行调整。

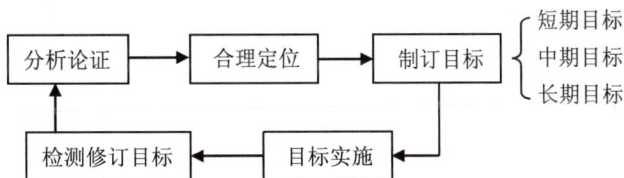

图 3-2-3　职业生涯目标的确定的流程图

4. 设定特定学期的职业生涯目标

　　学生通过学期自我评估、认识自己和分析环境，准确定位的基础上就需要进行目标设定。心理学家洛克教授提出了著名的目标设置理论。洛克认为，只要人们将目标上升为自觉目标，目标就会对人产生强烈的激励作用，它是完成工作的最直接的动机。职业生涯目标就是有关职业生涯发展的、可以预见的、具有一定实现可能性的最长远的目标，它的实现基于小目标的逐一实现。因此，它需要进行分解，分阶段逐步实现。为了实现人生的职业生涯目标，在校大学生需要设定特定学期的职业生涯目标。特定学期生涯目标的设定，是将学生的职业目标进行有效的分解（最佳才能、最优性格、最大兴趣和最有利的环境等条件为依据），制订阶段性的努力目标即学生的学期目标或事件目标。在大学生职业生涯规划过程中，将职业生涯规划目标进行目标分解，细化为有时间规定的学年、学期、月、周、日目标，直接将目标分解为某确定日期可以采取的具体步骤。学生围绕着具体任务，一步步实现自己的短期目标，增进自己的个人条件，减少职业目标与个人条件间的分离，逐渐实现个人的职业目标。目标确定后，通过目标激励，能使大学生科学地计划大学阶段实现自我价值的方式和途径。它有利于学生充分挖掘个人的潜力，有序从容地提高自己的能力，促进个人条件与职业要求的吻合。

（五）职业生涯路线的选择

1. 职业生涯路线的含义

发展方向不同，要求也不同。这就如登山，要达到山顶的目标，就要选择最佳的登山路线与方式。人们也常说条条大路通罗马，讲的是道路多、选择多、办法多的道理。可是那么多道路到底哪条是到罗马最近最好走的路呢？这就是实现目标中的路线选择问题，选择了捷径好路，就易于进入职业发展的快车道，否则，就会被耽搁在路上。而且没有一个职业发展的路线蓝图，就会走错路，走弯路，走回头路，这将直接影响个人的心情和成就，导致我们的努力、动力、能力不能直接作用于目标，就会产生资源、时间、精力的浪费，在无形中延长了我们成功的期限。因此，在职业目标确定之后，必须对职业生涯路线进行选择，以使今后的学习和工作沿着职业生涯路线和预定的方向发展。所谓职业生涯发展路线，是指一个人选定职业后选择从什么途径去实现自己的职业目标，比如是向专业技术方向发展，还是向行政管理方向发展？不同的发展路线对从业者的素质要求不同，影响到今后的发展阶梯也不同。

在发展路线抉择过程中，可以针对下面三个问题询问自己：第一，我想往哪一路线发展？第二，我能往哪一路线发展？第三，我可以往哪一路线发展？回答这三个问题，是对"知己""知彼"有关情况进行综合分析并加以利用的过程，以此确定自己的最佳职业生涯路线。第一个问题是通过对自己的价值、理想、成就动机和兴趣分析，确定自己的目标取向；第二个问题是通过对自己的性格、特长、经历、学历及专业的分析，确定自己的能力取向；第三个问题是通过对自己所处的社会、经济、政治、组织环境分析，确定自己的机会取向。

2. 职业生涯路线的种类

职业生涯发展路线包括一个个发展阶梯，我们可以由低阶至高阶步步一上升。例如，大学教师的职业生涯发展路线通常是：助教——讲师——副教授——教授；而在企业中，财务人员的职业生涯发展路线可以是会计员——主管会计师——财务部经理——公司财务总监。每个人的基础素质不同，适合的职业生涯发展路线也就不一样，有的人适合搞研究，能够在专攻领域求得突破；有的人适合做管理，可以成为一名优秀的管理人员。一般情况下有三种职业生涯发展路线可供大学生选择，即专业技术型路线、行政管理型路线和自我创业路线。

（1）专业技术型发展道路。

专业技术型发展道路是指工程、财会、销售、生产、法律等职能性专业方向。共同特点是：都要求有一定的专门技术性知识与能力，并需要有较好的分析能力，这些技能必须经过长期的培训与锻炼才能具备。如果你对专业技术内容及其活动本身感兴趣，并追求这方面提高和成就，喜欢独立思考，而不喜欢从事管理活动，专业技术型发展道路是你最好的选择。相应的发展阶梯是技术职称的晋升及技术性成就的认可，奖励等级的提高及物质待遇的改善。如果你虽然在开始时选择了专业技术方向，但仍然对管理有兴趣，并且希望在管理领域做出一番事业，也完全可以跨越发展。即一开始从事某种技术性专业，不断积累充实自己的专业知识，打下坚实的技术基础。然后，在适当的时候，转向专业技术部门的管理职位。事实上，现代社会中的很多地方都有这样的客观要求。

（2）行政管理型发展道路。

如果你很喜欢与人打交道，处理起人际关系问题总是感到得心应手，并且由衷地热爱管理，考虑问题比较理智，善于从宏观角度考虑问题，并善于影响、控制他人，追求权力，行政管理型发展道路就是你最恰当的选择。把管理这个职业本身视为自己的目标。相应的发展阶梯一般是从基层职能部门开始，然后向中级部门、高级部门，逐步提升，管理的权限越来越大，承担的责任越来越大。前提条件是你的才能与业绩不断地积累提高，达到了相应层次职位的要求。行政管理型发展路线对个人素质、人际关系技巧的要求很高。那些既有思维能力又善于处理人际关系的人，总是能够成为任职部门的主管干部，甚至做到组织分管技术工作的副总经理、总监、副院长、副厂长等高层职位；而那些虽然善于处理人际关系，却是欠缺思维分析力，以及感情耐受力较差的人，却只能停留在低层领导岗位上。可见不断地学习使自我提高是多么重要。

（3）自我创业路线。

现在，有很多人选择了自我创业的道路。创业自有快乐，但创业途中的艰难也不是常人能够想象的。客观上，要有良好的机会和适宜的土壤，主观上创业人不仅有强烈的创造与成就愿望，而且心理素质要高，能够承担风险，善于发现开拓新领域，新产品、新思维。

3. 职业生涯路线的选择

在职业确定后，向哪一路线发展，此时要作出选择。例如：是向行政管理路线发展，还是向专业技术路线发展；是先走技术路线，再转向行政管理路线……由于发展路线不同，对职业发展的要求也不相同。因此，在职业生涯规划中，需作出抉择，以便使自己的学习、工作及各种行动措施沿着你的职业生涯路线或预定的方向前进。

典型的职业生涯路线图是一个 V 形图（见图 3-2-4）。假如一个人 24 岁大学毕业参加工作，即 V 形图的起点是 24 岁。以起点向上发展，V 形图的左侧是行政管理路线，右侧是专业技术路线。将路线分成若干等分，每等分表示一个年龄段，并将专业技术的等级、行政职务的等级分别标在路线图上，作为自己的职业生涯目标。

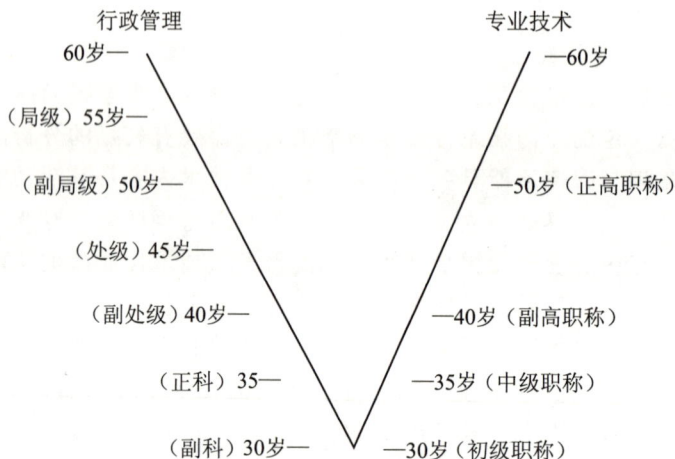

```
        行政管理                           专业技术
        60岁—                              —60岁

     （局级）55岁—

   （副局级）50岁—                          —50岁（正高职称）

     （处级）45岁—

   （副处级）40岁—                          —40岁（副高职称）

     （正科）35—                            —35岁（中级职称）

     （副科）30岁—            —30岁（初级职称）
```

图 3-2-4　职业生涯路线图

（六）制订实现目标的行动计划

制订学期行动计划就是落实特定学期的职业生涯短期目标的行动方案。围绕职业生涯目标，与自身条件比较，寻找其中的差距，制订行动计划，并据此严格执行。计划可包括：如何提高自身的综合能力、如何改进不良习惯、如何培养特长、如何完善人格、如何改正缺点、如何提高成绩、如何弥补差距等。学期的行动计划在学生的理想与现实间构建了通路，可以增强与理想职业相匹配的能力，使得学生的职业生涯目标的实现有了可能。制订学期行动计划必须围绕特定学期的职业目标，认真分析职业目标要素，实现行动的针对性。制订学期行动计划要具有可操作性和针对性，应当多方听取意见，尤其是学长和辅导员的建议。制订的计划应和自己的目标罗列在一起，经常对照落实情况，促进行动的执行。

（七）职业生涯规划的反馈调整

影响生涯规划的因素很多，有的变化因素是可以预测的，而有的变化因素难以预测。制定职业生涯规划时，由于对自身及外界的环境都不十分了解，最初确定的职业生涯目标往往都是模糊或抽象的，有时甚至是错误的。经过一段时间的学习与实践，有意识地回顾自己的行为，检验自己的目标，在实施过程中自觉地总结经验教训，评估自己的职业生涯规划。在此状况下，要使生涯规划行之有效，就须不断对生涯规划进行评估与反馈调整，及时纠正最终职业目标与分阶段目标的偏差。其修订的内容包括：职业的重新选择、生涯路线的选择、人生目标的修正、实施措施与计划的变更等。大学生在职业生涯过程中必须分阶段地将预期目标与现实状况进行比较，筛选出有效、可行的执行措施和合理适度的目标，对自己的职业生涯规划进行调整。

图 3-2-5 大学生职业生涯规划图

项 目	项目分解
个人信息	姓名、性别、学号、籍贯、政治面貌、联系方式、专业
环境分析	社会政治经济环境分析、行业环境、企业环境
职业分析	职业前景、职业能力要求、职业性质、任职资格
自我剖析	个性、气质、能力、兴趣、价值观以及专业情况
职业目标	未来理想的工作
学期目标	成绩目标、任职目标、能力提高目标、时间计划等
现实表现	学习、生活、工作状况的描述
学期总结	学期目标实现状况的检验
改进措施	对存在问题的反思与总结

第三节 职业规划实现的策略及职业发展技巧

职业规划的实现需要经过一系列过程，包括自我分析价值观、兴趣、技能，以及分析专业、职业选择、职业定位、行业与职业外部环境需求与机遇等问题。面对发生的事件的需要，知道自己需要做出一个选择及自己是怎么做出重要决策的，了解自己是如何思考决策的。扩大或者缩小自己的职业、学习项目或者工作选择列表，确定职定职业生涯发展目标，进行目标分解组合，制订实施策略与行动计划，包括职业生涯发展路线、教育培训、实践计划等方面的措施。在实施中要不断修正目标和选择，以完成职业生涯规划。

一、大学生职业定向决策

职业定向选择作为筹划未来的一种手段，与个人的价值观、人生观、世界观，以及个性特征、自我认识、职业理想和对社会的了解程度密切相关。职业定向信息的收集、职业社会需求、家庭社会环境因素，这三方面因素的有机协调，是实现职业匹配的关键。

面对已经收集到的各种职业信息，大学生如何有效地利用这些信息，在对未来职业的定向匹配中作出合理的决策？这是当前大学生面临的难题。

首先，考虑自身的职业个性因素和所学专业的匹配情况。大学生都有自己的个性特征和所学的专业，个性特征是影响人职匹配的相对稳定的主要因素，所学专业也是大学生职业定向时予以考虑的重要因素。如果自己的个性特征严重阻碍自己在本专业领域的发展，或者是未来该专业领域的工作职位趋于饱和，可以考虑跨专业作定向匹配。

就专业内的匹配而言，可以有两种情况予以考虑：同一（类）职业内和跨职业的匹配。

而同一（类）职业内的匹配，还可根据情况细分为同类岗位和非同类岗位的工作（职业）匹配。跨职业的职业匹配可根据情况有多种匹配情况，比如动物医学专业毕业的大学生可以选择不做动物医生，而做出专业内的跨职业选择——如政府行政部门公务员、兽医院校教师或兽药商人等职业。对于跨专业的职业匹配，可以有多种匹配情况。伴随专业调整，可以出现相应的职业匹配可能性。专业内的职业匹配调整，并没有改变所学专业的性质和背景，而专业外的职业匹配调整有几个方向：调学校或换专业；继续深造不同的专业（如跨专业考研，攻读第二学位等）；校内辅修其他专业；跨校选修相关专业和课程。专业外的职业匹配调整已在一定程度上改变了专业特性。不过，无论是专业内还是跨专业的职业匹配，应该注重职业定向信息的有效整合，这样才能做出合理的匹配决策。

职业定向信息的整合应立足于适合个性的基础之上，兼顾专业适应性来适应社会需求，适当考虑家庭、社会因素。在一定时期，可能出现表面上的人才的供大于求，社会需求暂时会成为重要的决定因素，此时大学生更应该根据自己的个性、专业特点，结合社会需求，作出有效的调整，努力实现人职定向匹配。

那么，如何对各类信息进行有效的整合呢？下面是某学生职业定向信息自我整合决策表（见表3-3-1）。大学生在职业匹配中，对不同的职业，可以根据各影响因素作用的大小，赋予不同的加权系数（如个性、专业、社会需求、家庭因素对应的加权系数分别为0.5、0.2、0.4、0.3），然后根据人职匹配的吻合度指数分别计算出各类职业的加权分数，最后再对各类职业的总分进行比较、分析。其中总分由低到高排序第一者，为相对优化的人职定向匹配方案。各因素的评价标准分别为：个性与职业的吻合度，以高、中、低三等级评价（表示"＋""0""－"）；专业适应性以"好""一般""差"三等级评价；家庭环境因素影响作用，以"大""中等""小"三等级评价；社会需求以"多""适中""少"三等级评价。在计分标准中，个性与职业的吻合度方面先以"＋"符号数减去"－"符号数（"0"符号不计数），再对得到的数值按大小排序；其余的专业适应性、家庭环境因素影响作用、社会需求三方面均按由高到低的等级大小排序，对应的评分标准"1""2""3"，有相同等级的排序相同。如下面职业定向信息自我整合决策表所示，我们根据某大学生的个性特征与3种备选职业的匹配情况，进行吻合度评价，将评价结果填入表中，然后按职业汇总计分并进行排序。接着再对该大学生在三种备选职业上的专业适应性、家庭因素的影响及该职业的社会需求情况进行评价，并将评价结果填入表中。最后按四种影响职业定向因素的权重计算总分，总分最少者可作为该大学生职业定向时的首选职业，总分第2名的职业可作为该大学生职业定向时的各选职业。

大学生在职业定向时，虽然受到诸多实际问题和不定因素的影响，有时很难作出较为有效的决策，但不能因此盲目从事，可以主动采取各种有效策略来帮助自己作出合理地选择。

表 3-3-1　职业定向信息自我整合决策表

某大学生的个性特征与社会家庭因素		社会职位满意度评价		
		机关工作人员	高校专业课教师	科研工作者
个性特征	社会型的职业兴趣	+	0	－
	比较外向的性格	0	+	0
	多血质为主，兼胆汁质	0	+	+
	语言表达能力强	+	+	0
	动手能力一般	0	0	0
	记忆能力强	+	+	+
	创造力一般	－	+	－
	逻辑推理能力一般	+	+	－
	管理能力一般	0	+	+
	人际协调能力一般	0	+	+
	知识面广	+	+	+
	总分 排序加权分(加权系数0.5)	5－1=4 2×0.5=1.0	9－0=9 1×0.5=0.5	5－3=2 3×0.5=1.5
专业适应性 排序加权分(加权系数0.2)		一般 2×0.2=0.4	好 1×0.2=0.2	一般 2×0.2=0.4
家庭因素影响作用 排序加权分(加权系数0.3)		中等 2×0.3=0.6	大 1×0.3=0.3	小 3×0.3=0.9
职业社会需求 排序加权分(加权系数0.4)		多 1×0.4=0.4	少 3×0.4=1.2	适中 2×0.4=0.8
排序加权总分 整合匹配决策(先后顺序)		2.4 2	2.2 1	3.6 3

(一)试探性策略

当大学生对未来的职业选择缺乏信心时，可以运用试探性策略，也就是试验的方法。即通过一段时间的社会实践，看这种职业工作是否适合自己，然后决定是否选择这项职业作为自己未来从事的工作。试探性策略只是帮助大学生在多种备选职业中选择一份较为理想的工作，它是一种暂时性的试探。大学生可以利用假期或空闲时间去打工或作兼职，或在某一段时间里临时从事某项工作。学校也会组织学生去见习或参加某些社会活动，这些都可以作为尝试。通过试探，大学生可以看看自己在某一领域或某些方面所能适应的情况和所能取得的功效。然后，根据自己的体验，作出更有远见、更确实可靠的决定——是否接受这种职业生活，是否还有更为有效的工作途径。

(二)弹性策略

大学生在进行职业定向时，应有相对灵活的余地，职业匹配不可能是绝对的。职业定向过程中，会有各种各样的变化因素，不能僵死地进行职业定向。如果抱着"一棵树上吊死"的心态，最终只会贻误良机，可能失去更多、更好的职业匹配机会。

(三)过程性策略

个人和社会是一个发展的过程，作为求职的大学生个人来说，对自己应有一个开发认识自己，再开发、再认识自己，不断的调适自己与适应工作和社会要求的过程。有时，对于目前的匹配职业，我们可以作为进一步发展的桥梁和更好发展的根基。其实，广义地说，我们一生的职业生涯就是一个不断匹配的过程。

(四)恒定性策略

职业定向是需要相对恒定的过程，总体目标和方向应保持相对的一致性。职业定向具有相对的稳定性，一旦经过恰当的评估和认真合理的匹配，就要恒定地去实践、调适，以实现自己的人职匹配，最终发挥自己的个人潜力，通过自己的职业活动，展示自己的才能，实现人生抱负，体现人生价值。

二、职业目标决策

(一)大学生目标选择与目标 SWOT 分析法

确定自己的目标。有效的生涯规划需要切实可行的目标，以便排除不必要的干扰，全心致力于目标的实现。如果没有切实可行的目标作驱动力的话，人们是很容易对现状态妥协的。

职业生涯目标包括人生目标、长期目标、中期目标和短期目标。相应于规划跨及时间的长短，短期目标一般为 1～2 年内的目标，中期目标为 2～5 年内的目标，长期目标为 5～10 年内的目标。人生目标是我们的最终理想。一个人能否成就一番事业，很大程度上取决于有无一个正确而适当的人生目标，没有人生目标，或者人生目标选偏了，很难成气候。因而，进行职业生涯规划应该首先确立下来你的人生目标。想一想：有生之年，你想做什么大事？想成为什么样的人？想取得什么样的成就？再结合自己和社会环境的实际情况，不难确定你的人生目标。

目标 SWOT 分析法：目标机会的评估。SWOT 是四个英语单词的缩写，即 Strength（优势）、Weakness（劣势）、Opportunity（机会）和 Threat（威胁）。

一般来说，优势和劣势从属于个人自身，而机会和威胁则来自外部环境（包括组织环境和社会环境）。可以画一个表格（见表 3-3-2），然后逐一分析、填写上自己的分析结果。

表 3-3-2　目标 SWOT 分析法

优势（S） 1. 2. 利用优势和机会的组合	机会（O） 1. 2. 改进劣势和机会的组合
劣势（W） 1. 2. 消除劣势和威胁的组合	威胁（T） 1. 2. 监视优势和威胁的组合

1. 优势分析——自己出色的地方，特别是比之于竞争对手的优势方面

你曾经做过什么。你已有的人生经历和体验，如在学校期间担当的职务，曾经参与或组织的实践活动，获得过的奖励等。这些可以从侧面反映山一个人的素质状况。在自我分析时，要善于利用过去的经验选择、推断未来的工作方向与机会。

你学习了什么。在学校期间，你从学习的专业课程中获得什么？接受过什么培训？自学过什么？有什么独到的想法和专长？专业也许在未米的工作中并不起多大作用，但在一定程度上决定你的职业方向。

最成功的是什么。你可能做过很多事情，但最成功的是什么？为何成功，是偶然还是必然？通过分析，可以发现自我性格优越的一面，如坚强、果断，以此作为个人深层次挖掘的动力。

1. 劣势分析——自己不足的地方

性格的弱点。人天生就都有弱点，这是我们与生俱来且无法避免的。坐下来，跟别人好好聊聊，看看别人眼中的你是什么样子的，与你的自我看法是否一样，指出其中的偏差并借鉴，这将有助于自我提高。

经验或经历中所欠缺的方面。欠缺并不可怕，怕的是自己还没有认识到或认识到了而一味地不懂装懂。正确的态度是认真对待，善于发现，努力克服和提高。

最失败的是什么。你做过事情中最失败的是什么？如何失败的？通过分析来避免在以后的职业中再次失败，防止在跌倒的地方再次跌倒。

3. 机遇分析——环境中有利于个人发展的条件和成功的机遇

近年来，社会的快速变化、科技的高速发展及市场的竞争加剧对个人的发展产生很大的影响。在这种情况下，个人如果能很好地利用外部环境，就会有助于个人发展的成功。否则，就会处处碰壁，寸步难行。同时，我们也面临各种各样的机遇，比如，经济快速发展为我们提供了发展空间，网络技术的发展使我们能了解更多的信息，出国深造

的途径多了，择业的双向选择给了自主选择权等。这些都是大学生面对的机遇。有人说，在机会面前有五种人：第一种人创造机会；第二种人寻找机会；第三种人等待机会；第四种人错过机会；第五种人漠视机会。我们如果做不了第一种人，至少也要主动去寻找机会。如果我不善于创造机会，那我们一定要善于抓住身边的机会，不可让机会从指尖流走。

4. 威胁分析——我们面对的各种挑战和威胁

这是我们无法控制的外部因素，但是我们却可以通过弱化它的影响，这些因素包括：就业还处于买方市场形势；所学专业过时或不符合社会的需要；来自同学的竞争；面对有更优的技能和更丰富的知识及更多的实践经验竞争者；公司不雇用你这个专业的人，等等。这都是你可能遇到的挑战。对于这些挑战，我们不能采取一味地回避的态度，或者自怨自艾，抱怨就更不好了，因为我们不能让社会适应你，只能改变自己，提高自己去适应社会的能力，通过努力把挑战转化为一种内在的动力。这样，我们才能避免不利的影响，在困境中脱颖而出，寻求发展和成功。

(二)制定职业生涯规划目标应注意的事项

1. 职业生涯规划目标定得具体

职业生涯规划目标定得具体、清晰，同时，还要详细列出实现目标的具体时间，达到什么程度。同时要做到互相配合、共同作用，促进个人的身心、生活和事业的全面发展。常常有一些人给自己定的目标太高了，怎么努力也够不着，结果一事无成。也有的人目标太低，不费什么力气就达到，自己也觉得没什么意思，结果一直也没什么长进，老是原地踏步。

2. 在制订目标时还要兼顾平衡

我们会有多种多样的目标，职业生涯目标要与生活目标结合考虑，兼顾平衡。人生除了事业目标外，还有财富、婚姻、健康等问题。这些问题都直接影响着人生事业的发展和生活质量。所以，我们在制订职业生涯目标时也应兼顾这些因素。希望到什么时间，财富收入达到多少？对个人生活有什么预期目标？达到什么标准？都应结合起来考虑。

3. 在确定了职业生涯目标后，行动便成了关键的环节

没有达成目标的行动，目标便难以实现，也就谈不上职业生涯的成功。没有具体的行动方案，目标只能是遥远的期望。个人职业生涯规划也需要一套具体可行的行动方案，才能一步一步走向成功，实现目标。落实目标的具体措施，包括工作、训练、教育、实习、自我学习等方面的措施。很多大学生不愿制订职业生涯规划，因为这涉及作出具体决定。选定一个目标，就意味着放弃追求其他目标的机会。还有些人不愿意制订目标，是因为他们害怕在环境发生变化时，自己无以应对，更害怕万一达不到，自己的理想会受到巨大打击。

(三)职业生涯目标分解

1. 职业生涯目标分解的重要性

职业生涯的实现可以用一系列的阶段来表示。为了顺利进入每一个新阶段,应根据新阶段的特点制定分目标。目标分解就是根据观念、知识、能力差距,将职业生涯长期的远大目标分解为有时间规定的长、中、短期分目标,直至将目标分解为某确定日期可以采取的具体步骤。实现一个远大的目标很少能够一气呵成,必须分解成若干个易于达到的阶段性目标。目标分解是将目标清晰化、具体化的过程,是将目标量化成可操作的实施方案的有效手段。目标分解帮助我们在现实环境和美好愿望之间建立起可以拾阶而上的途径。目标分解从最远、最高的目标开始,一直分解最近的目标。在现实中,我们做事之所以会半途而废,这其中的原因,往往不是因为难度较大,而是觉得成功离我们较远,确切地说,我们不是因为失败而放弃,而是因为倦怠而失败。

📘 案例分析

出乎意料的世界冠军

1984 年,在东京国际马拉松邀请赛中,名不见经传的日本选手山田本一,出人意料地夺得了世界冠军。两年后,山田本一代表日本参加比赛又获得了冠军,人们都觉得很奇怪。10 年后,这个谜终于被解开了。山田本一在他的自传中这么说:"每次比赛之前,我都要乘车把比赛的线路仔细地看一遍,并把沿途比较醒目的标志画下来,比如第一个标志是银行,第二个标志是一棵大树,第三个标志是一座红房子,这样一直到赛程的终点。开始后,我就奋力地向第一个目标冲去,等到达后又以同样的速度向第二个目标冲去。整个赛程,就被我分解成这么几个小目标轻松地跑完了。起初,我并不懂这样做的道理,我把我的目标锁定在赛程的终点线上,结果我跑到十几公里时就疲惫不堪了,我被前面那段遥远的路给吓倒了。"

马拉松全程是一个很大的目标,本来是很不容易实现的,可是山田本一把这个大的目标分解成为一个一个小的目标以后,在实现大目标的道路上先实现一个一个的小目标,最终实现了自己的大目标。对于我们年轻人来说,有很多人也有自己的目标,可是在实现目标的道路上却总是觉得目标很遥远,无法达到。实际上,很多时候目标不是遥不可及,而是由于我们没有进行目标分解。

2. 职业生涯目标分解的种类

职业生涯目标分解可以按两种途径来分解目标:按时间分解可分解为最终目标、长期目标、中期目标、短期目标;按性质可分解为外职业生涯目标、内职业生涯目标。

(1)按时间分解。

按时间分解是最常用的目标分解方法,也很容易掌握。首先,你应该区分最终目标与阶段目标。选择了职业路线,并确定了总体目标。这个总体目标是我们的最终目标、人生目标。最终目标取决于一个人的价值观、知识储备、能力水平,是对自身条件、社会环境、组织环境等主客观因素进行大量分析之后得到的结果。心理越成熟的人，越早地确定了自己的最终目标，并朝着这个目标前进。总体目标不清晰，就更别提分解更具体的长期、中期、短期目标了。最终目标只有与自己的价值观相符，才是有效的，并且最终目标一经确立就不要再频繁更改。其次，把最终目标分解为若干个长期目标，每一阶段都有一个具体的目的。

（2）按性质分解。

美国职业心理学家施恩教授最早把职业生涯分为外职业生涯和内职业生涯。他指出外职业生涯指经历一种职业（由教育开始，经工作期，直到退休）的通路，包括职业的各个阶段：招聘、培训、提拔、解雇、奖罚、退休等。内职业生涯更多地注重于所取得的成功或满足的主观感情及工作事务与家庭义务、个人消闲等其他需要的平衡。①外职业生涯是指从事职业时的工作单位、工作地点、工作内容、工作职务、工作环境、工资待遇等因素的组合及其变化过程。外职业生涯的构成因素通常是由别人给予的，也容易被别人收回。外职业生涯因素的取得往往与自己的付出不符，尤其是在职业生涯初期。有的人一生疲于追求外职业生涯的成功，但内心极为痛苦，因为他们往往不了解，外职业生涯发展是以内职业发展为基础的。②内职业生涯是指从事一项职业时所具备的知识、观念、心理素质、能力、内心感受等因素的组合及其变化过程。内职业生涯各项因素要靠自己的主观努力才能实现，别人帮助只是一个助力。而且，内职业生涯的各构成因素一旦取得，就成为别人拿不走、收不回的个人财富。内职业生涯的发展是外职业生涯发展的前提，内职业生涯发展了，外职业生涯自然提升。因此，我们应当充分重视内职业生涯的发展，认清它在个人职业生涯乃至整个人生发展中的关键性作用。在职业生涯的各个阶段，我们都应该重视内职业生涯的发展。尤其是在职业生涯早期和中前期，我们一定要把对内职业生涯各因素的追求看得比外职业生涯更重要。根据内、外职业生涯的内容，我们可以把长期目标、中期目标和短期目标分解出各自具体的内职业生涯目标和外职业生涯目标。

链接

外职业生涯目标和内职业生涯目标

外职业生涯目标。（1）职务目标。职务目标应当具体明确。（2）工作内容目标。在现实生活中，能够爬到高层职位的毕竟是少数。位置越高，留给我们可以选择的机会也就越少。而且，能不能晋升，很大程度上并不取决于我们自己。所以，不要只盯着职务目标的晋升，而把外职业生涯目标规划的重心移到工作内容目标上来。（3）经济目标。我们从事一项工作，获得经济收入是一大目的，毕竟我们谁也离不开生存的物质基础。在职业生涯规划中列入收入期望无可非议。你要注意的是切合实际和自己的能力素质，然后大胆地规划一个具体的数目，不要含糊不清，或者压根就不敢写。（4）工作地点目标和工作环境目标。如果你对工作地点和工作环境有特殊要求就要在规划中列出这两项内容。

内职业生涯目标。只追求外职业生涯目标会让人遭遇很强的挫折感，怀疑上级对自己不公，上班太远累得慌、辛苦半天没拿多少钱，评优晋级没我的份……越想越难受，越想越没干劲，每天都生活在抑郁之中。其实，我们还有一笔重要的财富不容忽略——丰富的知识经验积累，观念、能力的提高及由此带来的快乐感和成就感。内职业生涯修炼到位了，不愁机会不来找你。所以，我们在分解和组合自己的职业生涯目标时，外职业生涯目标与内职业生涯目标应该是同时进行的，而且内职业生涯目标是尤其应该重点把握的内容。

（1）工作能力目标。工作能力是对处理职业生涯中各种工作问题的能力的统称。如策划能力、管理能力、研究创新能力、与领导无障碍沟通的能力、与同事协调合作的能力等。

职业生涯发展并非一个直线上升的过程，简单地把职业生涯发展定义于职务和职称的晋升只能让自己堕入心灵煎熬的痛苦中。衡量一个人的职业生涯成功与否，不在于他是否赚到很多钱、当上很高的官这些外在表征，而在于他工作的过程中，是否创造完成了富有实际意义的成果。很多时候，我们的职业生涯发展是个横向伸展的过程，可能是工作内容范围的扩大，可能是专业领域的进深，这都需要我们不断地提高个人的工作能力，否则，你的职业生涯将真的停滞不前。

从另一个角度来说，必要的工作能力积累是达到职务目标和收入目标的前提。所以，我们在制订个人职业生涯规划时，工作能力目标应当优先于职务目标。职务能够获得晋升，很大程度上取决于我们自己，但在工作中能否增长知识、提高能力、提高工作效率却是我们可以独立把握的。现在，一些组织的管理者在人事管理中，已经把工作能力提高作为改善员工待遇的重要指标。工作能力目标应当切合实际，具有挑战性，并与该阶段的职务职称目标所要求具备的条件相应。

（2）工作成果目标。在很多组织里，工作成果都是进行绩效考核的一个重要指标，扎实的工作成果带给我们极大的荣誉感和成就感，也铺砌了通往晋升之途的阶梯。

（3）心理素质目标。心理素质在当今社会越来越受到人们的重视，如果心理素质高，在职业生涯途中，有人成功达到目标，有人半空而坠，区别其实不在机遇和外部条件，每个人的职业生涯发展过程中都会遇到这样那样的困难，只有心理素质合格的人才能正视现实，努力去克服困难，冲向卓越。而心理素质差的人只会怨天尤人、自暴自弃。为了你的职业生涯规划蓝图能够化为现实，千万别忘记不断提高你的心理素质。提高心理素质目标包括经受挫折、包容他议，也包括在暂时的成功面前保持清醒冷静。

（4）观念目标。观念是对人对事的态度、价值观。你留意过吗？今天是个强调观念的社会，外面各种各样的新观念层出不穷，你跟上了吗？认同吗？很多跨国大企业甚至形成了自己的观念文化，这些观念影响着我们的行动，也影响着组织、领导、同事、客户对我们的态度。随时更新自己的观念，让自己总是站在前沿地带，也是我们规划个人职业生涯的重要一着。

（四）职业生涯目标组合

职业生涯目标目标组合是处理不同目标相互关系的有效措施。如果只看到目标之间的排斥性，就只能在不同目标之间做出排他性选择；而如果能看到目标之间的因果关系与互补性，就能够积极进行不同目标的组合。

目标组合有三种方法：时间组合、功能组合和全方位组合。

1. 时间组合

职业生涯目标在时间上的组合可以分为并进和连续两种情况。

(1)并进。

所谓职业生涯目标的并进，指同时着手实现两个平行的工作目标或建立和实现与目前工作内容不相关的预备职业生涯目标。有时候，外部环境给予我们的机会很多，这让我们面临多个选择，于是会出现两个或多个不同方向的职业生涯目标。只要处理得好，在一定时期内，是可以做到鱼与熊掌兼得的，当然，前提条件是你有足够的精力和能力来应对，对普通年轻人，我们仍然建议你在一段时间内只定一个大目标。

这里所说的"同时着手实现两个平行的工作目标"，指的是短期内进行的不同性质的工作，一般多为中、高级管理层"双肩挑"的情况。而建立和实现与目前工作内容不相关的预备职业生涯目标，多发生在中、青年人身上，意在居安思危、未雨绸缪。例如，学校团支部书记为了今后获得更大的发展空间，在作好本职工作的同时，进修MBA课程。并进有利于我们开启潜能，在同样的时间内迎接更大的挑战，浓缩生命，发挥更大的价值。

(2)连续。

连续是指用时间坐标做结点，将各个目标前后连接起来，实现一个目标再进行下一个。一般来说，较短期目标是实现较长期目标的支持条件。目标的期限性是相对的：随着时间的推移，长期目标成为中期目标，中期目标成为短期目标，短期目标成为近期目标。只有完成好每一个近期目标和短期目标，最终目标才有可能实现。

职业生涯目标分为最终目标和阶段目标(长期目标、中期目标、短期目标、近期目标)，各个阶段目标的设定大体与最终目标一致，并互相关联。这里应该明确，阶段目标是在一段特定的时间内要达到的结果。如果将职业生涯的阶段目标转变为职业生涯最终目标，只需将各个阶段目标连接起来，加上一个时间表，再加上一个衡量目标达成结果的评估方式。

2. 功能组合

很多职业生涯目标在功能上可以存在因果关系或互补关系。

(1)因果关系。

有些目标之间存在着明显的因果关系，如前面提到的工作能力目标与职务目标和收入目标，前者是因，后者为果，表现为工作能力提高—职务提升—收入增加。通常情况下，内职业生涯目标是原因，外职业生涯目标是结果。

(2)互补关系。

一个管理人员希望在成为一个优秀的部门经理的同时取得MBA证书，这两个目标之间存在着直接的互补关系。实际管理工作为MBA学习提供实践的经验体会；而MBA学习又为实际的理论学习提供理论支持和方法指导。同样的，高校教师往往同时肩负着基础教学和科研两项任务，教学基础为进行科研工作提供了理论基础和方法指导，科研实践又促进了教学内容的丰富更新和质量的提高。

3. 全方位组合

全方位组合已超越出职业的范畴，它涵盖了人生全部活动。全方位组合指职业生涯、家庭和个人事务的均衡发展，相互促进。事业不是生活的全部，任何一个人都不能离开家庭和休闲娱乐，完美的职业生涯规划不应把生活中的其他内容排斥在外。目标组合可以超越狭隘的职业生涯范围，将全部的人生活动联系协调起来。

案例分析

某职业经理人的个人职业生涯规划

1. 基本资料

姓名：何生；　性别：男；　性向：领航兼增值型；　出生地：四川成都；　出生年月：1980年8月3日；　学历：本科；　年龄：30岁（2010年）；　死亡预测：70岁（2050年）；　尚余年限40年。

SWOT分析——

优势：(1)有较坚实的制造企业管理理论(但仍须不断吸收新观念、新知识)；(2)有3年工厂基层技术及管理经验和5年的工厂中层管理经验(但仍须充实这方面的经历和经验)；(3)善于沟通，善于与人相处，适应能力强；(4)分析问题时头脑冷静，善于发现和解决问题。

弱势：有时缺乏冲劲，做具体工作动作较慢。

机会与威胁：目前所处工厂属于稳定期，调薪较慢，升迁机会极小。应抓紧时间多学习，打下基础，为下一步突破蓄精养锐。

2. 规划目标

总体目标——成为一家中型制造型企业的总经理。

阶段目标：30~32岁，仍在现企业任职，争取调换职位，熟悉制造、品管、工程、物料等部门的运作：一边自学MBA的主干课程。33~35岁，跳槽应聘制造业企业管生产的副总经理等相关职务，从事工厂的全面管理工作，一边自学营销方面的课程。35~39岁，从事制造业的高层管理。40岁，应聘一家中型制造型企业的总经理。之后，一边从事管理工作，一边不断学习和实践，逐步成为一名优秀的职业经理人。

家庭目标：目前已婚。31岁开始以10年期供楼，32岁时育一子。

健康目标：人身保险至少50万元，注意身体健康，不要成为家庭与事业的负担。

收入目标：2010—2011年，年薪8万~10万元；2012—2013年，年薪10万~15万元；2015年，年薪30万元，之后每年以5%~10%增加。如果可能，自行创业(非绝对必须之目标)。

学习目标：2010—2012年，自学完MBA主干课程；2013—2015年，自学完营销管理主干课程；2015年以后每月至少看10本以上相关管理书籍，并将学到知识用于管理工作之中。

3. 2010—2015 年的生涯规划

一个成功人士，必须具备下列条件，而这就是我在这五年所必须养成的：(1)拥有更详细、更具有实效性的工厂全面管理的专业知识；(2)对重要事件细节保持敏锐度；(3)对问题刨根问底的追溯精神、全面分析、判断问题与解决问题的能力；(4)抓住机会，勇于行动；(5)保持对新事物的敏感、创新和创意力；(6)不断改进、追求完美；(7)均衡的学习技巧与习惯。

理念——人生不是每件事都安排好的，我必须信守下列理念：(1)机会是靠自己的努力和时刻准备着的意念创造出来的；(2)人生只有两种痛苦，一种是努力时的痛苦，一种是后悔时的痛苦；(3)有志者，事竟成。

行动目标——五年内应全力完成的目标如下：(1)在任职企业中完全胜任其职位工作，并争取换岗，熟悉各部门的运作规律；(2)在企业运作、实践、学习和掌握所有工业企业管理知识和实操能力；(3)自学完 12 门 MBA 主干课程；(4)每年至少参加 100 小时以上的相关管理培训课程；(5)每月至少读一本相关专业的书籍；(6)每周体育锻炼 3 小时；(7)在 2004 年年底之前跳槽成功，并从中层管理职位转变为高层管理职位。

4. 年度规划(2012 年的生涯规划)

(1)对自己的追求的不满足和追求卓越的能力；(2)工厂全面管理与操控能力；(3)培养自己的行动能力。理念——只要一想到，马上去做到。

行动目标——2012 年内应全力完成的目标如下：(1)上半年将所任职之制造部的工作理顺，培养出接班人；下半年争取转岗去工程部任主管；(2)积极参与全公司的 Q 9000 推行工作由此对品管工作有更深的认识；(3)自学完 5 门 MBA 主干课程，参加至少 100 小时的公司以外的培训。

三、职业生涯规划的实施策略

(一)职业生涯规划的评估与修正策略

进行生涯评估的根本目的就是让自己时刻保持最佳状态，主要循着优势和差距两条主线来进行。

世事多变，那些意外发生的变化常常令我们束手无策，并直接影响到个人职业生涯规划的执行过程和结果。先前计划得不完整、对自我和环境认识得不全面、未能坚持计划、策略方案的失误、没能调动起全部力量，所有这些失误都可能导致预期目标的流产。这就要求我们自觉地总结经验和教训，不断修正策略，甚至必要时修正目标。而在职业生规划过程中，经常进行再评估很容易使我们发现改善的途径，包括：(1)确定准确的位置，判断实际行为效果与期望值的偏差；(2)探究导致失败结果的根本原因；(3)采取及时、适当的纠正措施；(4)调整策略，改变行动。

有些问题，必须在探索途中才能找到答案，如你正在做的是最想做的事吗？你真的适合做这个职业吗？你能如期完成既定目标吗？是否将重心放在了最重要的地方？

经常自省是必要的。根据自己的短期规划，宜在每一个规划阶段进行一次系统全面的评估，如每年或每半年进行一次。即在学习工作努力一段时间之后，有意识地回顾得失，检查验证前期的策略措施执行效果，纠正分阶段目标中出现的偏差。

评估可以参照各类短期、中期预定目标和实际结果比照而行。一般来说，任何形式的评估都可以归结为自我素质和行为对现实环境的适应性判断，分析自己现值，特别是注意以下四项内容，找出偏差所在，并做出修正。

1. 抓住最重要的内容

在我们的评估过程中也不必面面俱到，而是抓住一两个关键的目标和最主要的策略方案进行追踪。在职业生涯的某一阶段，1年、2年内，或者3年、5年内，总有一个最重要的目标，其他目标都是指向这个核心的，你完全可以通过优先排序，重点评估那些可能达到这个核心目标的主要策略执行的效果。

2. 分离出最新的需求

针对变化了的内外环境，要善于发掘最新的趋势和影响。俗话说"跟上形势"，对于新的变化和需求，什么样的策略才是最有效而且最有新意的。

3. 找到突破方向

有时候，在某一点上取得突破性的进展将使整个局面发生意想不到的改变。想一想，先前规划中的策略方案，哪一条对于目标的达成应该有突破性的影响？达到了吗？为什么没达到？如何寻求新的突破？

4. 关注最弱点

管理学中有个著名的木桶理论，即一只沿口不齐的木桶，其容量的大小，不取决于最长的那块木板，而取决于最短的那块木板。在反馈评估过程中，当然要肯定自己取得的成绩与长处，但更重要的是切合变化的环境，发现自己的素质与策略的"短木板"，然后想办法修正，或者把这块短木板换掉，或者接补增长，唯有如此，你的职业生涯这只桶才能有更大的容量。

要根据评估的结果进行目标和策略方案的修订。修订的内容包括：职业的重新选择；职业生涯路线的选择；阶段目标的修正；实施措施与行动计划的变更等。

通过反馈评估和修正，应该达到下列目的：对自己的强项充满自信，我知道我的强项是什么；对自己的发展机会有一个清楚的了解，我知道自己什么地方还有待改进；找出关键的有待改进之处；为这些有待改进之处制订详细的行为改变计划；以合适的方式答复那些给予反馈的人，并表示感谢；实施你的行动计划，确保你能取得显著的进步和职业成就。

总之，职业生涯规划是一个持续动态的过程，有效的职业生涯规划需要不断地反省修正职业生涯目标，反省策略方案是否恰当，以能适应环境的改变，同时可以作为下一轮规划的参考依据。

(二)大学生职业生涯规划的成功标准

有的人对职业生涯成功的定义就是事业的成功，为了事业可以牺牲健康和家庭。有的人对职业生涯成功的定义是职业生涯成为个人事务和家庭生活保证的基础，即如果能起到基础的保证作用，就视为职业生涯的成功。有的人认为个人事务、职业生涯、家庭生活的协调发展，才是职业生涯真正的成功。

如何全面评价职业生涯？按照人际关系范围，将职业生涯是否成功的评价分为自我评价、家庭评价、组织评价和社会评价四类评价体系（见表 3-3-3）。如果一个人能在这四类体系中都得到肯定的评价，则其职业生涯成功无疑。

表 3-3-3　职业生涯成功的全面评价

评价方式	评价者	评价内容	评价标准
自我评价	本人	1. 自己的才能是否充分施展 2. 是否对自己的企业发展、社会进步中做的贡献满意 3. 是否对自己职称、职务、工资待遇的变化满意 4. 是否对处理职业生涯发展与其他人生活的关系的结果满意	根据个人的价值观念及个人知识能力水平
家庭评价	父母、配偶、子女、其他家庭重要成员	1. 是否能够理解 2. 是否能够给予支持和帮助	根据家庭文化
企业评价	上级、平级、下级	1. 是否有下级、平级同时的赞赏 2. 是否有上级的肯定和表彰 3. 是否有职称、职务提升或职务责权范围的扩大 4. 是否有工资待遇的提高	根据企业文化及企业总体经验结果
社会评价	社会舆论、社会组织	1. 是否有社会舆论的支持和好评 2. 是否有社会组织的承认和奖励	根据社会文明程度、根据社会历史进程

一个人职业生涯能否取得成功，需要有来自外部环境的机遇，但最根本的，还是个人素质与努力的结果。

高度概括和总结已有的实践经验，我们欲获取职业成功，个人必须具备的决定性的基本要素或条件是：信心、目标、行动。

1. 信心

要想做一个成功者，首先要一心想成为成功者，明白人生掌握在自己手中的道理，一定要有坚定的意识和信念，这是成功的先决条件。

2. 目标

确定总目标，又确定达到总目标的步步为营的具体目标。人生意义在于追求一个目标，人生就是不断打破现状，追求超越。一个人的职业人生尤其如此，必须瞄准顶峰目标，步步攀登，定可抵达巅峰。

3. 行动

这是获取职业成功的关键。如果不付诸行动，所谓信心、目标只是空谈。如下是争得职业成功的必要活动。

(1)积极主动，坚持不懈，保证旺盛激情。不能坐等成功，必须付出极大努力和汗水，始终充满信心和热情、锲而不舍、积极主动争取成功，脚踏实地采取可行步骤去发现，去把握，去争取，甚至去创造。

(2)适应形势与环境，不断有所创新。客观形势与环境，是个人职业成功重要的影响和制约因素。个人面对经济政治形势、政策制度等大环境自然无能为力，应当适应环境要求与变化，以自己的想法、新的生活、新的活动作为催化剂，继续个人的职业成长。与此同时，对自己周围的小环境，变不利为有利。

(3)把握机遇，有助于职业成功。在职业人生中，一般会出现几次转折关头或几次大的考验，这正是争取个人职业成功的机遇，要善于把握机遇，创造机遇，发现和挖掘机遇。

(4)有超前眼光。要有远见，有预见力，如果比别人早一步行动，就先占了主动。

(5)善于利用时间。学会时间管理，要使自己在限的时间内发挥更大的价值。

四、努力提高综合素质，更好实现职业目标

一个人综合素质的高低，将决定其求职择业的层次及职业目标实现的有效保证；而综合素质的提高，不是一蹴而就的，也不是靠毕业前的突击武装能解决的，它要求大学生要转变观念，增强就业意识，在整个大学期间，就得按照就业的要求有针对性、分阶段地不断充实自己、完善自己，逐步提高自身的综合素质，成为未来社会竞争中的强手。

(一)培养良好的个人品德和修养

大学生不仅要掌握科学技术、文化知识、专业技能，而且要加强思想道德修养，坚持正确的政治方向，树立正确的人生观、世界观和价值观，形成德才兼备的统一体。要树立新的道德观念，如信誉观念、效益观念、竞争观念、创新观念、时间观念等。大学生作为文化层次较高的人群，应该加强中国传统文化的学习，继承和弘扬优秀道德品质，继承中华民族的光荣传统，丢弃不正确的思想意识，逐步树立正确的世界观、人生观、价值观，塑造当代大学生新形象，努力使自己成为有理想、有道德、有文化、有纪律的一代新人。

(二)加强科学与人文素养

文化素质是知识和能力的总汇，它包括以下两个方面的内容。

1. 具有广泛的知识

在现代科学技术突飞猛进的今天，用人单位在考核、选择毕业生时，比以前更加重视大学生的科学文化知识水平。所以，毕业生要想在激烈的人才竞争中获胜，必须注重自己知识水平的提高。什么是知识分子的优势——坚实的基础知识、精深的专业知识、广博的社会知识。缺少这三个方面，就失去了自己的优势。需要指出的是当代大学生必须重视文理渗透。即学理、工、农、医的大学生也要具有人文科学和社会科学方面的知识素养，而学人文科学和社会科学的大学生也要具有一定的自然科学知识。

2. 具有不断掌握新知识、新技术、新技能的能力

这种能力，包括具有较强的观察问题、分析问题、归纳问题的能力和专业技能。这种能力的提高，具有很强的适应性和应用性，不仅可以给社会、企业带来丰硕的社会效益、经济效益，还可以在激烈的竞争中，不断地升华自己，更好地实现理想与自身价值的统一。大学生应加强以下几个方面的训练。

第一，立足于课堂教学的主阵地。现在高校在教学计划中普遍增加了人文社科课程的比重，且着重增加科学性、系统性和实践性都较强的人文社科课程，要处理好主要学科与相关学科知识的关系，有计划地学习一些跨学科知识，有精力的还可以学第二专业，以提高学生的社会适应能力。有了广博的知识，才能使自己眼界开阔、思想活跃、触类旁通。

第二，积极参加人文教育的讲座，接受中华民族优秀文化和外国优秀文化知识的学习，提高文化品位和人文素养。

第三，通过第二课堂和校园文化建设，如参加文化艺术节、读书报告会、演讲、辩论赛、摄影、艺术展览等校园文化活动景点建设等，扩大视野，增长知识，得到高尚的精神激励和文化熏陶，同时对培养自己的表达交流、组织能力和增强社会责任心也很有帮助。

第四，认识和培养自己的特长及兴趣，这就需要在大学学习期间有意识地培养自己，如果想从事开拓性的科技工作，就要在学习科技基础知识方面学得宽一些、牢固一些。如果想在管理组织能力上有特长，那就要学一些管理经济、政策法规方面的知识。

(三)加强身心素质训练

2001 年世界精神卫生日的主题是：健康体魄＋健康心理＝美好人生。拥有健康的人生是拥有成功人生的前提。唯有健康的人才有精力发展事业，也才有机会享受成功的果实。现在的健康理念包括：身体健康、心理健康、社会适应良好和道德健康。走向健康之路，要认识自己的体质，努力提高自己的健康水平。要养成良好的饮食起居习惯，注意均衡营养，积极参加各类体育健身活动，学会有规律地生活。与此同时，加强心理健康意识，强化自我心理调节，必要时可主动寻求心理援助，通过各种途径提供的锻炼和充实机会，主动适应变化的世界。保持积极向上、乐观进取的心态，热爱生活，享受生活。

第四节 职业能力测评

职业心理是指蕴含在职业活动中的个体心理倾向和心理特征，包括职业理想、职业兴趣、职业价值观、职业行为风格、职业能力等。现代职业测评是建立在心理学、管理学、测量学、考试学、系统学、行为科学与计算机科学相结合的一种科学的方法，它能对人的知识水平、能力结构、个性特征、职业倾向和发展潜能等素质进行综合测评，以帮助用人单位了解人才，同时加强人才对自身的了解，为科学用人和人尽其才提供可靠和有效的依据。

职业心理测验可以帮助大学生在职业规划中明确三个方面的问题：我是谁？我最想做什么？我最擅长什么？

一、我是谁——职业行为风格与职业性格测验

（一）MBTI 测验

MBTI 根据瑞士心理学家荣格的心理类型理论著成，目前已成为国际最为流行的职业人格评估工具。行为风格是指一个人的一般行为特点，是个体已经形成的较为稳定的行为方式和倾向。本测评通过对受测者的内向性、外向性、感觉性、知觉性、思考性、情感性、感知性、判断性进行全面测量，了解受测者在不同个性特点上的倾向水平，从而让受测者全面了解自己的总体个性特点、自身存在的盲点、在工作中的优势和劣势、可能适合的职业、适合的岗位特质等，并给出个人发展建议。

（二）16PF 人格测验

英国心理学家卡特尔的人格特质理论认为人有 16 种根源特质，分别是乐群性、聪慧性、稳定性、持强性、兴奋性、有恒性、敢为性、敏感性、怀疑性、幻想性、世故性、忧虑性、实验性、独立性、自律性、紧张性。该测验具有较好的信度、效度，并有广泛的应用，对于大学生了解自己性格的优点与缺点及对性格的调适有很好的作用。

二、我最想做什么——职业兴趣与职业价值观测验

（一）霍兰德中国职业兴趣量表

霍兰德认为，人的性格可以分为六种类型：实际型（R）、艺术型（A）、研究型（I）、社会型（S）、企业型（E）、常规型（C），每个人都是这六种类型的组合，只是某种类型会占主导地位。同样，每种职业的环境也是由六种不同的类型组成，其中一种占主导地位。人们总是寻找能够施展其能力与技能的、表现其态度价值观的职业。职业满意感、稳定性和职业成就取决于个人人格类型和职业环境的匹配与融合，职业行为是人格与环境相互作用的结果，并据此编制了霍兰德职业兴趣问卷。中科院心理研究所方俐洛等据此编制了霍兰德式的中国职业兴趣量表，简称 H—c 职业兴趣量表。该测验有活动、潜能、职业和自我评判四个分量表，共 138 个项目。该量表广泛应用于职业选择、职业规划、人才招聘等。

（二）职业价值观测验

人各有志，一个人选择职业时的志向就是他的职业价值观，职业价值观表明一个人通过职业追求的价值，如能充分发挥自己的才能、符合自己的兴趣爱好、高收入、能提供受教育的机会、工作环境机会均等公平竞争等。

此外，相关测验还有生涯评估量表、升学就业指导测验等。

三、我最擅长做什么——职业能力倾向测验

能力倾向也叫"性向"，即构成某种知识、技能和一定行为模式的各种个人特质的状态和组合，它包括一般能力倾向测验和特殊能力倾向测验。

（一）一般能力倾向成套测验（GATB）

一般能力倾向测验实际上是一种笼统的智力测验。这套测验是美国劳工部就业服务局编制的，由 15 种测验构成，其中 11 种是纸笔测验，其余 4 种是器具测验，可以测定 9 种能力倾向。15 个测验项目包括：工具匹配、名词比较、画线、计算、平面图判断、打点速度测验、立体图测验、算术测验、语义、打记号、形状匹配、插入、调换、组装、分解。可测验的能力包括：智能、言语能力、数理能力、书写的知觉、空间判断能力、形状知觉、运动协调、手指灵巧度、手腕灵巧度。

（二）特殊能力倾向测验

有感知觉和心理运动能力测验、机械能力测验、文书能力测验、艺术能力测验、专业能力测验（如会计能力测验）。相关测验还有瑞文标准智力测验、韦克斯勒成人智力量表等。

四、其他重要测验

综合的职业测验能较为全面地反映大学生的职业价值观、动机、兴趣、人格特质、职业能力等方面的素质，如人事部人事考试中心编制的"中国成人职业心理素质测评系统"、大学生职业规划系统测验。还有些测验可以对一些有特殊需要的大学生提供帮助。

（一）大学生职业规划系统测验

该测验是目前市场上由专业职业测评公司开发的，适于大中专学生实施职业规划和学校对学生的职业指导，其理论依据是基于荣格的 MBTI 人格理论、大五人格理论、情感理论，该测评系统提供 20 多页测评报告，有助于学生全面了解自己的职业优势、不足、适合工作的单位环境、性格动力及潜能等。

（二）职业锚测验

职业锚是在工作经验之中习得的，通过工作经验的积累产生并形成的，若一些大学生有相对强的社会实践工作经验的话，可以选择此测验。职业锚是指当一个人不得不做出选择时，无论如何都不会放弃的职业中的那种至关重要的东西或价值观。职业锚实际上就是人们选择和发展自己的职业时所围绕的中心。它是个人进行职业决策时的核心因

素，在职业生涯规划实施中具有战略地位。现已探明的八种职业锚为：专业技能型、管理型、独立自主型、服务型、创业型、生活型、安全稳定型、挑战型。

(三)求职能力测评

本测评通过对求职者在求职过程中各种行为表现、思想观念进行全方位的评估，了解求职者在求职观念和求职行为上的不足，从而找出求职不当的原因，并为进一步的职业咨询、职业定位提供有针对性的指导建议。

附：大学生职业生涯规划书(样本)

1. 封面

署上作品名称和年、月、日，可以在封面插入图片和警示格言。

2. 扉页

个人资料：真实姓名：××

性别：×　　　年龄：××岁　　　籍贯：××省××市/县

身份证号码：×××××××××××××××

所在学校及学院：××大学××学院

班级及专业：××级××专业

学号：×××××　　　　　联系地址：××××××

邮编：××××　　　　　　联系电话：×××××

E-mail：××××××××××××××

3. 目录

总论(引言)

第一章　认识自我

1. 个人基本情况　　　　　2. 职业兴趣

3. 职业能力及适应性　　　4. 个人特质

5. 职业价值观　　　　　　6. 胜任能力

7. 自我分析小结

第二章　职业生涯条件分析

1. 家庭环境分析　　　　　2. 学校环境分析

3. 社会环境分析　　　　　4. 职业环境分析

5. 职业生涯条件分析小结

第三章　职业目标定位及其分解组合

1. 职业目标的确定　　　　2. 职业目标的分解与组合

第四章　具体执行计划

第五章　评估调整

1. 评估的内容　　　　　　2. 评估的时间

3. 规划调整的原则

结束语

附：参考书目

4. 正文

总论（引言）

第一章　认识自我

结合相关的人才测评报告对自己进行全方位、多角度的分析。

1. 个人基本情况

2. 职业兴趣——喜欢干什么

在我的人才素质测评报告中，职业兴趣前三项是××型（×分）、××型（×分）和××型（×分）。我的具体情况是……

3. 职业能力及适应性——能够干什么

我的人才素质测评报告结果显示，××能力得分较高（×分），××能力得分较低（×分）。我的具体情况是……

4. 个人特质——适合干什么

我的人才素质测评报告结果显示……我的具体情况是……

5. 职业价值观——最看重什么

我的人才素质测评报告结果显示前三项是××取向（×分）、××取向（×分）和××取向（×分）。我的具体情况是……

6. 胜任能力——优劣势是什么

自我分析小结：

第二章　职业生涯条件分析

参考人才素质测评报告建议，我对影响职业选择的相关外部环境进行了较为系统的分析。

1. 家庭环境分析

如经济状况、家人期望、家族文化等及对本人的影响。

2. 学校环境分析

如学校特色、专业学习、实践经验等。

3. 社会环境分析

如就业形势、就业政策、竞争对手等。

4. 职业环境分析

（1）行业分析

如××行业现状及发展趋势，人业匹配分析。

（2）职业分析

如××职业的工作内容、工作要求、发展前景，人岗匹配分析。

（3）企业分析

如××单位类型、企业文化、发展前景、发展阶段、产品服务、员工素质、工作氛围等，人企匹配分析。

（4）地域分析

如××工作城市的发展前景、文化特点、气候水土、人际关系等，人城匹配分析。

职业生涯条件分析小结。

第三章 职业目标定位及其分解组合

1. 职业目标的确定

综合第一部分（自我分析）及第二部分（职业生涯条件分析）的主要内容得出本人职业定位：

职业目标——将来从事（××行业的）××职业

职业发展策略——进入××类型的组织（到××地区发展）

职业发展路径——走专家路线（管理路线等）

2. 职业目标的分解与组合

把职业目标分成三个规划期，即近期规划、中期规划和远期规划，并对各个规划期及其要实现的目标进行分解。

第四章 具体执行计划

1. 短期目标的具体实施计划

本人现正就读大学×年级，我的大学计划分为四个阶段。

2. 中期目标的具体实施计划

3. 长期目标的具体实施计划

4. 人生总目标的具体实施计划

第五章 评估调整

职业生涯规划是一个动态的过程，必须根据实施结果的情况及变化情况进行及时的评估与修正。

1. 评估的内容

（1）职业目标评估（是否需要重新选择职业）假如一直……那么我将……

（2）职业路径评估（是否需要调整发展方向）当出现……的时候，我就……

（3）实施策略评估（是否需要改变行动策略）如果……我就……

（4）其他因素评估（身体、家庭、经济状况及机遇、意外情况的及时评估）

2. 评估的时间

在一般情况下，我定期（半年或一年）评估规划；当出现特殊情况时，我会随时评估并进行相应的调整。

3. 规划调整的原则

结束语

第二篇　创业指导篇

第五章

职业素养提升与素质拓展

一、职业素养的概述

（一）职业素养的含义

职业素养是个很宽泛的概念，专业是第一位的，但是除了专业，敬业和道德是必备的，体现到职场上的就是职业素养；体现在生活中的就是个人素质或者道德修养。职业素养是指职业内在的规范和要求，是在职业过程中表现出来的综合品质，包含职业道德、职业技能、职业行为、职业作风和职业意识等方面。很多专家认为，职业素养至少包含两个重要因素：敬业精神及合作的态度。敬业精神就是在工作中要将自己作为单位的一部分，不管做什么工作一定要做到最好，发挥出实力，对于一些细小的错误一定要及时地更正，敬业不仅仅是吃苦耐劳，更重要的是"用心"去做好单位分配给的每一份工作。态度是职业素养的核心，好的态度比如负责、积极、自信、建设性、欣赏、乐于助人等态度是决定成败的关键因素。

总之，职业素养是人类在社会活动中需要遵守的行为规范，个体行为的总和构成了自身的职业素养，职业素养是内涵，个体行为是外在表象。职业素养是一个人职业生涯成败的关键因素。

（二）职业素养的内容

1. 职业心念

"职业心念"是职业素养的核心。那么良好的职业素养包含了哪些的职业心念呢？应

113

该包含了良好的职业道德，正面积极的职业心态和正确的职业价值观意识，是一个成功职业人必须具备的核心素养。良好的职业心念应该是由爱岗、敬业、忠诚、奉献、正面、乐观、用心、开放、合作及始终如一等这些关键词组成。

2. 职业知识技能

"职业知识技能"是做好一个职业应该具备的专业知识和能力。俗话说"三百六十行，行行出状元"。没有过硬的专业知识，没有精湛的职业技能，就无法把一件事情做好，就更不可能成为"状元"了。所以，要把一件事情做好，就必须坚持不断地关注行业的发展动态及未来的趋势走向；就要有良好的沟通协调能力，懂得上传下达，左右协调从而做到事半功倍；就要有高效的执行力，我们研究发现：一个企业的成功30％靠战略，60％靠企业各层的执行力，只有10％的其他因素。执行能力也是每个成功职场人必须修炼的一种基本职业技能。还有很多需要修炼的基本技能，如职场礼仪、时间管理及情绪管控等，这里就不一一罗列。总之学习提升职业知识技能是为了让我们把事情做得更好。

3. 职业行为习惯

职业素养就是在职场上通过长时间地学习—改变—形成而最后变成习惯的一种职场综合素质。

心态可以调整，技能可以提升。要让正确的心态、良好的技能发挥作用就需要不断地练习、练习、再练习，直到成为习惯。

（三）大学生职业素养的地位

《一生成就看职商》的作者吴甘霖回首自己从职场惨败者到走上成功之道的过程，再总结比尔·盖茨、李嘉诚、牛根生等著名人物的成功经历，并进一步分析所看到的众多职场人士的成功与失败，得到了一个宝贵的理念：一个人，能力和专业知识固然重要，但是，在职场要成功，最关键的并不在于他的能力与专业知识，而在于他所具有的职业素养。并提出，一个人在职场中能否成功取决于其"职商"，工作中需要知识，但更需要智慧，而最终起到关键作用的就是素养。缺少这些关键的素养，一个人将一生庸庸碌碌，与成功无缘。拥有这些素养，会少走很多弯路，以最快的速度通向成功。如四川成都大翰咨询公司在招聘新人时，要综合考察毕业生的五个方面：专业素质、职业素养、协作能力、心理素质和身体素质。其中，身体素质是最基本的，好身体是工作的物质基础；职业素养、协作能力和心理素质是最重要和必需的，而专业素质则是锦上添花的。职业素养可以通过个体在工作中的行为来表现，而这些行为以个体的知识、技能、价值观、态度、意志等为基础。良好的职业素养是企业必需的，是个人事业成功的"金钥匙"。

二、大学生职业素养的培养

近几年，大学毕业生的就业已经成为非常重要的社会问题，是民生之本。高校把毕业生的就业率作为考察学校教育效果的一大指标：毕业生就业率的高低直接影响到学校的声誉，同时也会影响到学校的招生及培养计划。而从社会的角度来看，很多用人单位又在叹息"招不到合适的人才"。很多事实表明，这种现象的存在与学生的职业素养难以满足用人单位的要求有关。"满足社会需要"是高等教育的目的之一，既然社会需要具有较高的职业素养的毕业生，那么，高校教育应该把培养大学生的职业素养作为其重要目标之一。同时，高校也不是关起门来办教育，社会、企业也应该尽力与高校合作，共同培养大学生的职业素养。作为职业素养培养主体的大学生，在大学期间应该学会自我培养。

（一）大学生职业素养的自我培养

1.　要培养职业意识

雷恩·吉尔森说："一个人花在影响自己未来命运的工作选择上的精力，竟比花在购买穿了一年就会扔掉的衣服上的心思要少得多，这是一件多么奇怪的事情，尤其是当他未来的幸福和富足要全部依赖于这份工作时。"很多高中毕业生在跨进大学校门之时就认为已经完成了学习任务，可以在大学里尽情地"放松享受"了。这正是他们在就业时感到压力的根源。清华大学的樊富珉教授认为，中国有69%～80%的大学生对未来职业没有规划、就业时容易感到压力。中国社会调查所最近完成的一项在校大学生心理健康状况调查显示，75%的大学生认为压力主要来源于社会就业。50%的大学生对于自己毕业后的发展前途感到迷茫，没有目标；41.7%的大学生表示目前没考虑太多；只有8.3%的人对自己的未来有明确的目标并且充满信心。培养职业意识就是要对自己的未来有规划。因此，大学期间，每个大学生应明确我是一个什么样的人？我将来想做什么？我能做什么？环境能支持我做什么？着重解决一个问题，就是认识自己的个性特征，包括自己的气质、性格和能力，以及自己的个性倾向，包括兴趣、动机、需要、价值观等。据此来确定自己的个性是否与理想的职业相符，从而对自己的优势和不足有一个比较客观的认识，结合环境如市场需要、社会资源等确定自己的发展方向和行业选择范围，明确职业发展目标。

2.　配合学校的培养任务，完成知识、技能等显性职业素养的培养

职业行为和职业技能等显性职业素养比较容易通过教育和培训获得。学校的教学及各专业的培养方案是针对社会需要和专业需要所制订的。旨在使学生获得系统化的基础知识及专业知识，加强学生对专业的认知和知识的运用，并使学生获得学习能力、培养学习习惯。因此，大学生应该积极配合学校的人才培养计划，认真完成学习任务，尽可能利用学校的教育资源，包括教师、图书馆等获得知识和技能，作为将来职业需要的储备。

3.　有意识地培养职业道德、职业态度、职业作风等方面的隐性素养

隐性职业素养是大学生职业素养的核心内容。核心职业素养体现在很多方面，如独立性、责任心、敬业精神、团队意识、职业操守等。事实表明，很多大学生在这些方面存在不足。有记者调查发现，缺乏独立性、会抢风头、不愿下基层吃苦等表现容易断送大学生的前程。如厦门博格管理咨询公司的郑甫弘在他所进行的一次招聘中，一位来自上海某名牌大学的女生在中文笔试和外语口试中都很优秀，但被最后一轮面试淘汰。他说："我最后不经意地问她，你可能被安排在大客户经理助理的岗位，但你的户口能否进深圳还需再争取，你愿意吗？"结果，她犹豫片刻回答说："先回去和父母商量再决定。"缺乏独立性使她失掉了工作机会。而喜欢抢风头的人被认为没有团队合作精神，用人单位也不喜欢。如今，很多大学生生长在"6＋1"的独生子女家庭，因此，在独立性、承担责任、与人分享等方面都比较欠缺，相反他们爱出风头、容易受伤。因此，大学生应该有意识地在学校的学习和生活中主动培养独立性、学会分享、感恩、勇于承担责任，不要把错误和责任都归咎于他人。自己摔倒了不能怪路不好，要先检讨自己，承认自己的错误和不足。

大学生职业素养的自我培养应该加强自我修养，在思想、情操、意志、体魄等方面进行自我锻炼。同时，还要培养良好的心理素质，增强应对压力和挫折的能力，善于从逆境中寻找转机。

(二)高校对大学生职业素养的培养

1. 将大学生职业素养的培养纳入大学生培养的系统工程

使高中毕业生在进入大学校门的那一天起，就明白高校与社会的关系、学习与职业的关系、自己与职业的关系。全面培养大学生的显性职业素养和隐性职业素养，并把隐性职业素养的培养作为重点。

2. 成立相关的职能部门协助大学生职业素养的培养

如以就业指导部门为基础成立大学生职业发展中心，并开设相应的课程，及时向大学生提供职业教育和实际的职业指导，最好是要配合提供相关的社会资源。

3. 深入了解学生需要，改进教学方法

提升大学生对专业学习的兴趣，满足学生对本专业各门课程的求知需求，尽可能向学生提供正确、新颖的学科信息。

(三)社会资源与大学生职业素养的培养

大学生职业素养的培养不能仅仅依靠学校和学生本身，社会资源的支持也很重要。很多企业都想把毕业生直接投入"使用"，但是却发现很困难。企业界也逐渐认识到，要想获得较好职业素养的大学毕业生，企业也应该参与到大学生的培养中来。可以通过以下方式来进行：

(1)企业与学校联合培养大学生，提供实习基地及科研实验基地；

(2)企业家、专业人士走进高校，直接提供实践知识、宣传企业文化；

(3)完善社会培训机制，并走入高校对大学生进行专业的入职培训及职业素质拓展训练等。

　　总之，大学生职业素养的培养是目前高等教育的重要任务之一，而这一任务的进行，需要大学生、高校及社会三方面的协同配合才能有效。

链接

员工必备的职业素养

像老板一样专注

作为一个一流的员工，不要只是停留在"为了工作而工作、单纯为了赚钱而工作"等层面上。而应该站在老板的立场上，用老板的标准来要求自己，像老板那样去专注工作，以实现自己的职场梦想与远大抱负！以老板的心态对待工作，不做雇员，要做就做企业的主人，第一时间维护企业的形象。

学会迅速适应环境

在就业形势越来越严峻、竞争越来越激烈的当今社会，不能够迅速去适应环境已经成了个人素质中的一块短板，这也是无法顺利工作的一种表现。相反，善于适应环境却是一种能力的象征，具备这种能力的人，手中也握有了一个可以纵横职场的筹码。不适应者将被淘汰出局，善于适应是一种能力，适应有时甚至是一场严峻的考验。

做职场中的"变色龙"

化工作压力为动力，压力是工作中的一种常态，对待压力，不可回避，要以积极的态度去疏导、去化解，并将压力转化为自己前进的动力。人们最出色的工作往往是在高压的情况下做出的，思想上的压力，甚至肉体上的痛苦都可能成为取得巨大成就的兴奋剂。别让压力毁了你，积极起来，还有什么压力不能化解。

善于表现自己

在职场中，默默无闻是一种缺乏竞争力的表现，而那些善于表现自己的员工，却能够获得更多的自我展示机会。那些善于表现自己的员工是最具竞争力的员工，他们往往能够迅速脱颖而出。善于表现的人才有竞争力，把握一切能够表现自己的机会，善于表现而非刻意表现。

低调做人，高调做事

工作中，学会低调做人，你将一次比一次稳健；善于高调做事，你将一次比一次优秀。在"低调做人"中修炼自己，在"高调做事"中展示自己，这种恰到好处的低调与高调，可以说是一种进可攻、退可守，看似平淡，实则高深的处世谋略。低调做人，赢得好人缘，做事要适当高调，将军必起于卒士。

设立工作目标，按计划执行

在工作中，首先应该明确地了解自己想要什么，然后再去致力追求。一个人如果没有明确的目标，就像船没有罗盘一样。每一份富有成效的工作，都需要明确的目标去指引。缺乏明确目标的人，其工作必将庸庸碌碌。坚定而明确的目标是专注工作的一个重要原则。目标是一道分水岭，工作前先把目标设定好，确立有效的工作目标，目标多了等于没有目标。

做一个时间管理高手

时间对每一个职场人士都是公平的，每个人都拥有相同的时间，但是在同样的时间内，有人表现平平，有人则取得了卓著的工作业绩，造成这种反差的根源在于每个人对时间的管理与使用效率上是存在着巨大差别的。因此，要想在职场中具备不凡的竞争能力，应该先将自己培养成一个时间管理高手。谁善于管理时间，谁就能赢，学会统筹安排，把你的手表调快10分钟。

自动自发，主动就是提高效率

自动自发的员工，善于随时准备去把握机会，永远保持率先主动的精神，并展现超乎他人要求的工作表现，他们头脑中时刻灌输着"主动就是效率，主动、主动、再主动"的工作理念，同时他们也拥有"为了完成任务，能够打破一切常规"的魄力与判断力。显然，这类员工才能在职场中笑到最后。要只做老板交代的事，工作中没有"分外事"，不是"要我做"，而是"我要做"，想做"毛遂"就得自荐。

服从第一

服从上级的指令是员工的天职，"无条件服从"是沃尔玛集团要求每一位员工都必须奉行的行为准则，强化员工对上司指派的任务都必须无条件地服从的意识，在企业组织中，没有服从就没有一切，所谓的创造性、主观能动性等都在服从的基础上才能够产生。否则公司再好的构想也无从得以推广。那些懂得无条件服从的员工，才能得到企业的认可与重用。像士兵那样去服从，不可擅自歪曲更改上级的决定，多从上级的角度去考虑问题。

勇于承担责任

德国大众汽车公司认为："没有人能够想当然地'保有'一份好工作，而要靠自己的责任感去争取一份好工作！"世界上也许没有哪个民族比得上德国人更有责任感了，而他们的企业首先强调的还是责任，他们认为没有比员工的责任心所产生的力量更能使企业具有竞争力的了。显然，那些具有强烈责任感的员工才能在职场中具备更强的竞争力！工作就是一种责任，企业青睐具备强烈责任心的员工！

第二节　情商修炼

智商和情商组成了一个人的综合素质，二者在职业生涯中都起着重要作用。由于智商较情商更易被人们觉察与检测，所以在自我评估中人们更易重视智商而忽视情商。但随着社会的发展，人们逐步认识到情商在职业生涯中不可低估的作用，所以，要实现自己的职业生涯规划，不仅要提高智商，而且要提高情商。

一、情商的概述

(一)情商的含义

情商，又称情绪智商或情绪商数(Emotional Quotient，EQ)，是相对智商而提出的与一个人成才、实现职业理想有关的一种全新的智力。情商这一概念最早是在1990年，由美国耶鲁大学心理学教授彼得·萨洛维(Petter Salovey)和新罕布什尔大学的心理学教授迈耶(Mayer)共同提出的。他们定义情商智力为个人监控自己及他人的情绪和情感，并识别和利用这些信号指导自己的思想和行为的能力。他们将情商定义为四种技能："比较基础的心理过程向较综合的心理过程依次是：准确地觉察、评估和表达情绪的能力；接近或产生情感以促进思维的能力；理解情绪及情绪知识的能力；调节情绪以助情绪和智力发展的能力。"

国内学者对情商定义也进行了探索，卢清华等认为情商可以分为内在的和外在的两个方面，内在的情商是指有能力去了解自己的天赋、才能，可以明确地觉察自己的情绪，以及面对困扰时具有高度的容忍力等；外在的情商是指有敏锐的观察力去判断他人的行事动机，解读他人的情绪反应，懂得如何与他人同心协力，共同合作，以达到团队的最终目标，能运用多种方法来圆满解决自我和人际间的困扰。王晓均认为情商的结构为自我情绪认知能力、他人情绪认知能力、情绪思维能力、情绪成熟监察能力。张晓燕等认为，情商是人们在学习、生活及工作中影响其成功与否的非认知性心理能力，包括情绪觉知能力、情绪评价能力、情绪适应能力、情绪调控能力和情绪表达能力五种因素，它们又分若干级因素成分。

目前为止，对情商的定义，国内外学者还没有形成统一的意见。但总的来说，情商是一个素质体系，应当包括人的心态、情绪、情感、信念、意志容忍力、耐挫力、协调力等。从具体规范来看，应当包括两个方面：一是能根据时空的变化，调节自身，使自身达到内外的平衡；二是能够根据时空的变化，正确处理个人同他人的关系，使个人同他人达到平衡协调。

(二)情商的要素

1995 年美国哈佛大学的心理学教授丹尼尔·戈尔曼出版了《情绪智商》一书，把情绪智商概括为五个方面的能力：认识自身情绪的能力；妥善管理自身情绪的能力；自我激励的能力；认识他人情绪的能力，处理人际关系的能力。

1. 认识自身情绪的能力

戈尔曼认为，认识自身的情绪是情商的基石。个人可以从自己的生理状况，情感体验和思想波动中认识自己的情绪。这是一个人发挥情商作用的前提，只有准确把握了自己的情绪，才能控制自己的情绪，才能成为人生的主宰，更好地把握自己的人生，否则，就可能被情绪控制，成为情绪的奴隶。

2. 妥善管理自身情绪的能力

自我情绪管理是建立在自我认识基础上的，摆脱焦虑、忧郁和消极的心态，以达到自我安慰。只有具备了妥善管理自我情绪的能力，才能在遇到人生挫折时迅速走出人生低谷，重新振奋起来，否则，人生则易被不良情绪左右或陷入低落情绪中。

3. 自我激励的能力

自我激励是一个人成才过程中非常重要的因素。人的情绪是随时波动的，这种波动会对人的事业成功起消极作用。所以，人们要取得成功，就必须排除这些消极因素，集中注意力，发挥创造力，保持高度的热忱，同时要树立远大的理想目标，使自己专一的积极情绪作用于实现目标的行动中，不断强化自己的意志，用自己取得的成就勉励自己，做到胜不骄，败不馁。

4. 认识他人情绪的能力

两千多年前，孔子就讲过，"己所不欲，勿施于人"。就是要求人际交往中，自己不喜欢或是不想要的东西，不要强加给别人，同时，应根据自己的喜好推断他人喜欢的东西或愿意接受的待遇，并尽量与他人分享这种事物与待遇。基督教的黄金法则说："你们愿意人们怎样对待你们，你们也要怎样对待他人。"这也要求在人际交往中更多重视他人的情绪。认识他人的情绪需要同理心。同理心就是一个人要真正了解别人，就要学会站在别人的角度来看问题，就是善于感受别人的感觉，这是人际交往的基本技巧。在人际交往中，只要能坚持设身处地为他人着想，将心比心，站在别人立场上分析问题，多了解别人的想法，就能比较容易找到双方均能接受的解决问题的方法，消除误会，实现求同存异。

5. 处理人际关系的能力

人际关系是一门管理他人情绪，并通过调节情绪，以形成个体同他人稳定的良性互动状态的艺术。良好的人际关系可以使自己与他人处于积极的情绪状态，并有利于双方在互相吸引，互相合作中高效率实现既定的目标。随着社会化程度的日益推进，丰富的人脉资源（良好的人际关系网）已经成为一个人成功的重要因素，在特殊情况下，甚至起着决定性作用。这就要求个体在同他人交往过程中，待人要真诚热情。因为态度热情真诚往往给人一种信赖感、亲近感，有助于交往的继续深入。要关心帮助别人，患难识知己，逆境见真情。当别人遇到困难，陷入困境时，如能伸出援助之手，就可以很快赢得他人信任，建立良好的人际关系。如果对别人漠不关心、麻木不仁，将可能导致双方关系疏远，交往也可能因此而终止，所以，正确处理好人际关系是成就职业生涯规划的重要因素。

(三)情商与智商的区别

情商和智商是人的两种不同的心理品质，是人的综合素质的两大支撑，两者的结合构成了人的完整的素质。它们的区别具体如下。

1. 情商和智商反映两种不同的心理品质

智商是反映人们智力水平的工具，反映人们在认识和实践过程中，观察能力、注意能力、思维能力、认知能力、判断能力、计算能力等的高低，是评价一个人智力优劣的重要指标。情商反映一个人的情感状况，主要由兴趣、动机、意志、性格这些非智力因素构成，是个体生存能力的体现，是一种挖掘情感潜能，运用情感能力影响生活的各层面和人生未来的品质要素，是一种领悟人生真谛，克服内心矛盾冲突，协调人际关系的技巧是一种人生智慧。

2. 情商和智商形成的基础不同

智商更易受到先天遗传因素的影响，情商更易受到后天环境因素的影响。据英国《简明不列颠百科全书·智力商数》词条记载："根据调查结果，70％～80％智力差距来源于遗传基因，20％～30％的智力差异系受到不同环境影响，而情商虽与人的先天遗传基因有一定的联系，但主要是后天环境的熏陶和主观培养习得而成的。"如当一个孩子从小所处家庭环境不好，由于父母经常发生争吵，家庭充满着紧张和对抗，这个孩子的情商可能表现为封闭自己，不喜欢与人交流，对任何人都缺乏足够的信任，情绪变化无常，甚至在遇到某个敏感问题时，采取对抗的心理，不能接受自己或攻击自己（自残）甚至攻击别人。同样，如果一个孩子生活的几代同堂的大家庭中，由于可能存在隔代溺爱或在孩子教育问题上看法不一致，孩子往往难以形成统一的是非评价标准，感到无所适从，可能会形成焦虑不安、恐惧等不良性格特征。

3. 情商和智商重要性不同

智商主要用于认识世界和改造世界。智商高的人，认识程度深，学习能力强，思维品质优，容易形成某一方面或某个领域的专家。情商是一种非理性因素，它通过影响人的兴趣、意志和能力，强化或弱化认识世界和改造世界的动力。

戈尔曼的研究表明，真正决定一个人能否成功的关键，是情商能力而不是智商能力。而在国外许多大公司也流传着这样一句话，"智商决定录用，情商决定提升"。心理学的研究指出，"100％成功＝20％IQ（智商）＋80％EQ（情商）"。可见，情商对人的成功起着80％的作用，智商仅有20％作用。故在职业生涯中，情商和智商发挥不同的作用，情商高于智商。

二、情商修炼的必要性

在制订职业生涯规划时，既要认识自己的智商，也要认识自己的情商。只有充分了解了自己的兴趣，了解了自己的协调能力，与人沟通能力，抵御挫折能力，才能全面认识自己，才有可能制订符合实际情况的职业生涯规划。

有的名牌大学的毕业生，在大学期间经常获得奖学金，是家长老师眼中的才子，为什么走上工作岗位则成绩平平，甚至会出现不适应工作环境而忧郁成疾的现象？这主要是因为这些人具有较高的智商而没有较高的情商，导致他们只能获得一时的成功。而要获得可持续的成功，既要有较高的智商，也要有较高的情商。

个人职业生涯规划实现的过程是一个长期的过程，情商就像智商一样渗透于这一过程的每一个环节。我国实行"双向选择"的就业机制后，一方面，给大学生提供了更多的施展才能的空间和职业岗位；另一方面，随着政治经济体制改革的推进，用人单位对劳动者提出了更高的要求，不仅要求劳动者有较高的智力水平，而且也应具有较高的情商水平。最近几年的公务员面试中有一个环节就是要测试应聘者在进入工作环境后，遇到非正常情况时，该如何处理这些问题的能力，这就是测试应聘者的情商水平。企业等用人单位在招聘选拔时也更注意对应聘者的情商水平的考察，考察应聘者工作热情、工作主动性、工作责任心、人际交往能力和协调能力等。

大学生转变为职业人后，既要适应工作岗位，又要适应工作环境。如果说适应工作岗位与人的智力水平有关的话，那么适应工作环境则与人的情商水平有关。较高的情商使个体能够较快地进入工作角色中，能正确认识自我，有效控制情绪，善于处理人际关系，更易受到上司和同事的尊敬和认可，工作效率高，拥有良好的社会关系，因而感到幸福与快乐。低情商的人，不能够认识自我，不能较好处理工作中的困难与挫折，自信心不足，不能很好处理好人际关系，不易得到上司与同事的尊重，工作效率低，事业难以取得成功，因此，不会感到人生的幸福和快乐。情商有助于个体妥善处理人际关系，适应新的工作氛围，从而迅速融入新的工作环境，满足团队对自己的角色期待，更快地实现个人的工作价值。所以，情商在个人职业生涯中对事业成败起着至关重要的作用。

一个人从事职业时，也要涉及多个因素，除了工作环境、工作性质、工作质量等外在要素之外，也与一个人的智商和情商等因素有关，所以，人们在工作中要受到两个因素的制约。一个是来自工作单位对个体从事岗位的具体要求，一个是个人要做好这项工作的内在目标的制约。为了实现这两个目标，就要求职业人运用所学的知识技能，发挥自己的聪明才智，开发自己的潜能，协调人际关系，搞好组织管理，坚持不懈，持之以恒地奋斗到底。实践证明，一个低智商的人是不可能取得大成绩的，一个高智商、低情商的人也不可能取得长久的成功。正如戈尔曼所说："情感潜能可以说是一种中介能力，决定了我们怎样才能充分而又完善地发挥我们所拥有的各种能力，包括我们的天赋智力。"

总之，情商已成为大学生能否成功实现自己职业生涯规划的关键要素。大学生要适应社会的发展，从一个普通的大学生成长为一个具有一定社会意义的社会人，就必须要学会学习，学会生存，学会适应，学会协调与合作，这些都属于情商因素，都要通过情商修炼完成。

三、大学生成就职业生涯规划需要具备的情商

情商对大学生职业生涯规划实现的重要性已经得到了广泛的认可。情商也是素质教育的重要组成部分。实践证明，先天的遗传因素对情商的影响和作用并不明显，情商主要通过后天的教育培养和熏陶逐步形成。大学生要成就职业生涯规划，要培养以下几个情商。

（一）认识自我和悦纳自我的能力

全面认识自我是形成正确的自我意识的基础。一个人能全面正确认识自我，客观准确地评价自我，就能量力而行，对自己的本来面目抱肯定认可的态度，保持积极的心态，从而保证事业的成功。只有培养自我认识和自我悦纳的能力，才能使个体在真诚接受自己、认可自己的基础上，正确认识自己的优点与缺点，才有利于个体在践行职业生涯规划中保持积极的态度，从而确立并实现客观的、有挑战性的、合理的职业目标。

由于自我认识的不同阶段有不同的期望，"主体我"和"客体我"及"理想自我"和"现实

自我"的矛盾冲突也开始加剧。如果个体对未来的期望过高，作为"主体我"的观察者会以较高的标准（超出个人实际能力的标准）去认识、考察、评价作为"客体我"的被观察者，必然会发现现实的我总是落后于理想的我，于是"主体我"和"客体我"存在多种矛盾冲突，必然会产生持续的内心痛苦和强烈的不安感，情绪出现了消极。反之，如果"主体我"能以一个客观标准认识、评价"客体我"，正确认识自己的优点与不足，则更容易接纳自己，进而形成积极的心态。另外，外界环境也会造成情绪波动。比如，参加考试竞赛的成与败，同学师生关系的好与坏，与他人相比协调沟通能力的差距等，都会引起不同的情绪反应，所以，各种情绪随时都可能产生，关键是认识到哪些情绪是应当保持的，哪些情绪是需要纠正的。积极向上的情绪可以给人的工作生活学习提供动力，自然是要保持的，消极悲观的情绪则易形成阻力，影响个体的生存与发展，自然是要摒弃的。针对自我认识过程中，"主体我"和"客体我"不一致所产生的消极情绪，一般可以通过两种方式解决，以实现"理想我"与"现实我"的统一。一是坚持理想自我，努力改造完善现实自我，使之逐步接近理想自我；二是修正理想自我中不切实际的过高标准，使之与现实自我潜能相符，并努力提高现实自我，通过这种方式及时疏导控制不良情绪的扩散，在认识自我同时悦纳自我，做到顺境时不骄傲，逆境时不气馁，始终保持良好的心态。

(二)培养团队协作精神

人具有社会性，人的一生不可能独立于人类社会之外，人与人之间必然会产生联系，这种联系就是人际关系。每个人在职业生涯中都必须处理好人际关系。人际交往中，如果心理压力过大，怯懦自卑，就会阻止与他人交往。战胜怯懦和自卑的关键是树立交往的信心，保持乐观情绪，不自寻烦恼，积极主动与他人交往。

生产力越发达，社会化程度越高，人和人之间的这种交往和合作也就越密切，在学习和工作中就更要注意培养团队协作精神。在人际交往中，自卑孤僻、独来独往、拉帮结派既影响同学之间的团结，也不利于身心的发展，更不利于将来适应社会。要学会与他人合作，欣赏他人，赞美他人，才可能获得他的真诚与尊重。没有团队合作精神的人，即使智商再高也是孤家寡人，也不可能取得成功。一是要有宽容合作的心态。宽容合作是一种美德，也是一个人的修养的体现，在人际交往中，要真正理解"己所不欲，勿施于人"的真正含义，一定要学会设身处地为他人着想，不能苛刻刁难别人。他人成功时，要真诚为他人祝贺，不能使坏，不能嫉妒；别人遇到困难时，也不能幸灾乐祸，落井下石，要关心他人，尊重他人，理解他人，与他人和谐相处。二是要以诚待人，人际交往中切忌虚情假意、言不由衷、表面应付、别有用心。在大学生交往中，真诚就是热爱他人、尊重他人，也希望得到他人热爱、他人尊重的情感，就是健康、积极、坦诚、光明磊落、乐观豁达、无私无畏、胸襟坦荡。只有这样，人际交往才能如沐春风，有个好人缘。

(三)培养较高的心理受挫能力

任何学业和工作的成功都不是一帆风顺，一蹴而就的，都会遇到各种困难。大学生成就职业生涯规划中，也必然会遇到各种挫折和困难，所以，这个过程也可以看作是遇到困难，克服困难，反馈目标，完善自我以实现目标的过程。同一情境下，不同的人会对相同强度的困难和挫折产生不同的反应。这不仅因为在经受挫折时，不同的人具有不同的心理状态，对挫折的认识、理解和评价不同，还在于他们面对挫折的态度和应对挫折的方法不同。成就职业生涯规划时，要以积极态度对待挫折和困难，要有对待挫折的大无畏的勇气和顽强的毅力，要百折不挠、坚持不懈地奋斗下去。只有那些有毅力、有勇气、能够正视挫折、应对挫折的人，才能超越自我，达到卓越境界。正如马克·吐温所说："勇气不是缺少恐惧心理，而是对恐惧心理的抵御和控制能力。"许多人都有远大的理想，但真正能够坚持到最后并实现自己理想的人却并不多。少数人之所以能够实现自己的理想，就是因为他们有吃苦耐劳的精神和顽强的毅力，而多数人在实现理想过程中，被困难所吓倒或受到外界因素的干扰，没有有效克服这些障碍而导致失败。大学生在成就职业生涯规划时就必须树立和培养较高的心理受挫能力。

以积极的态度面对挫折时，要正确认识挫折的两面性。一方面，挫折使人产生消极的情绪，心理失衡，行为失措，甚至悲观厌世，走向极端；另一方面，挫折又会对人产生积极作用，人们可以在挫折中总结经验教训，提高认识问题和解决问题的能力，使人变得更加聪明、睿智、坚强、成熟。要以积极心态面对挫折，坚持理性战胜感性，及时总结经验教训。

(四)培养竞争和诚信的品质

市场经济的本质是自由竞争，要成就大学生职业生涯规划，就必须要树立竞争意识，要敢于接受竞争，面对竞争，在竞中求生存，在竞争中求发展，在竞争中取胜。

诚实守信是中华民族传统美德。孔子曰："自古皆有死，民无信不立。"这句话是说自古以来谁也免不了一死，没有粮食不过是饿死罢了，但一个国家若得不到老百姓的信任，就会垮掉。孔子又曰："人而无信，不知其可也。"指的是人若无信用，在社会上就没有立足之地，什么事情也做不成了。可见，诚信对国家对个人的重要作用。

当前，我国已建立了市场经济体制，市场经济崇尚自由竞争，但市场经济也不是不讲规则、不讲道德、不讲信用的经济，市场经济也是诚信经济。在这个大背景下，要成就个人职业生涯规划，就必须有诚信品质。

(五)培养学习的能力

大学生成就职业生涯规划的过程，就是将自己的知识与能力应于实践，实现职业理想的过程，这个过程也是不断学习发展的过程。大学生在走向工作岗位后，更有许多新东西要学习。因此，学习能力是个人综合素质的基础，也是决定职业生涯规划能否顺利实现的重要因素。正如美国未来学家阿尔文·托夫勒指出："未来的文盲不再是不识字的人，而是没有学会怎样学习的人，而且是不会自学提高，不会自寻信息的人。"所以，大学生在成就职业生涯规划中也要提高学习的能力。

四、大学生情商的现状

传统应试教育中，人们过分追求分数，以分数高低作为衡量素质的主要指标，最终形成了重智商轻情商的做法，同样的，当代大学生在心理方面也出现了许多问题。有的同学因为一件小事而同宿舍其他同学断交，将自己孤立起来，产生消极烦恼的情绪，还有的同学因为学习成绩不理想而丧失了学习的信心，自我迷失，有的同学在与人交往中常常有一种莫名其妙的自卑感或优越感等，大学生情商方面的缺陷主要表现在以下几个方面。

(一)承受挫折能力差

现在大学生大多数是"90后"，而且绝大多数是独生子女。从小受到父母、祖父母等亲人的宠爱，成了家庭的小皇帝、小皇后，饭来张口，衣来伸手，一帆风顺，在成长中没有遇到过挫折，甚至一些人几乎不知道人生有挫折，应对挫折更是缺少应有的心理准备，所以，一旦进入大学或走上工作岗位。远离父母，真正遇到困难和挫折时，就显得无法应对，无所适从，容易受不良情绪的困扰而不能自拔。比如2010年5月，中国社会科学调查所对北京、上海、广州、南京、武汉等地的高校中的1000名在学生展开了一项针对"大学生心理问题"方面的问卷调查，结果显示超过15%的被访者曾经有过自杀的念头。最近几年也出现了由于心理上不能悦纳自己而走上极端的学生，这些学生中，也不乏有名校的学生。

人生不如意，十有八九。挫折普遍存在于人生的各个领域。人们在实现理想过程中，有的成功，有的失败。成功自然能够带来幸福感、满足感，失败自然带来失落感、挫折感。挫折会降临在每一个人身上。关键是以什么态度面对挫折，认识挫折，能否承受住挫折。比如有个各方面都非常优秀的高中生进入大学后，和其他同学一样也参加了大学英语四级考试。在考了几次后，他发现宿舍和班级里的许多同学都通过了四级考试，有的同学都通过了六级考试，而他仍没有通过四级考试，以前的优越感顿时就消失了，认为自己彻底完了，彻底落后了，因而意志消沉，出现了各种心理问题，没有承受漫长人生道路上的这个小小的挫折。

法国作家巴尔扎克根据自己的人生经验，把挫折看做是一块石头。石头本身是中性的，无所谓好与坏，但对不同的人就会产生不同的影响。对于强者，它可以成为垫脚石，让人们站得更高；对于弱者，它可以成为绊脚石，让人们一蹶不振，挫折承受能力差的人，可能因此产生心理上的痛苦，行为失态，甚至导致心理疾病。所以，我们应当用辩证的眼光对待挫折，既要看到挫折给人们带来的消极作用，更要看到孕育在挫折中的胜利的可能和成功的希望。心理学家把轻度的挫折比作"精神补品"，因为每战胜一次挫折，都强化了自身力量，为下一次战胜挫折提供了经验和力量。俗语说："你拒绝了失败，也就拒绝了成功。"我们应把挫折看成是一种考验，看成是成长过程中一次难得的机遇。只要认识了这一点，就能信心十足，变劣势为优势，有利于实现职业理想。

(二)人际交往能力和团队合作能力差

大学生人际交往能力差表现在许多方面。有的同学进入大学后，没有弄清大学生活与中学生活的区别，仍然停留在中学的学习生活模式中，认为在大学只要搞好学习，各门课都顺利通过考试，或是争取较高的分数，拿到奖学金，认为学习就是大学生活的全部。在大学期间，每天除了学习还是学习，很少参加或根本不参加学校和班级举办的各种活动，交往圈子很小，只限于几个同学或宿舍室友，使自己处于一种封闭和半封闭的状态。

某大学的一项调查显示：24％的学生感觉与同学相处时压力很大，12％的人认为自己在人与人之间的沟通交往上存在很大障碍。一些大学生来自独生子女家庭，从小被父母惯着、宠着，形成了以自我为中心的思想，忽视了他人的存在和感受，个人主义思想严重，认为自己都是对的，别人都必须听自己的。同他人出现分歧时，没有耐心听别人解释或给别人解释，不善于同他人合作，不能协调各方面关系，仅从个人角度考虑问题，难于融入集体中，进而形成我行我素的做法，自由主义严重，缺乏全局意识、集体主义观念和团队合作精神。

卡耐基的一项调查也显示：一个人事业上的成功，只有15％来自他的专业技术，另外85％靠人际关系和处世技巧。可见人际关系对人的成功起着决定性作用。人际交往能力差和缺乏团队合作精神，对自己所造成的影响，在大学期间可能不那么明显，走向工作岗位就会迅速显现出来。

（三）自我控制能力差

一方面，许多大学生进入大学后已经18岁了，在家长和周围人的期待中已经有了成人意识和自尊意识，自我表现感强烈，希望得到周围人的认可。喜欢自己设计和组织各种活动，向他人表现自主自立的意识。但是另一方面，这些同学在中学基本是在老师的关怀和家长的呵护中度过的，是在周围羡慕的眼光走进大学的，这些大学生的社会阅历浅，经验不足，是非感不强，情绪处于不稳定状况。一些大学生要求突出自我的主观期望与不具备突出自我的客观条件相冲突，许多人在遇到这些冲突时，自我调控能力差，自暴自弃，甚至会出现一些偏激的情绪和极端的行为，严重者会造成与他人的误会和矛盾，以伤害他人。一些大学生在进入大学后，由于自主能力和自控能力差，整天沉迷于网络而不能自拔，考试掉科，最后被勒令退学。一些大学生甚至因小事而自杀或杀人。比如震惊全国的"马加爵事件"，就是由于与室友打扑克时，别人不经意的一句话，刺伤了马加爵心理的伤疤，他因此失去理智而不能控制自己的情绪，将宿舍其他室友全部杀掉，毁了别人，也毁了自己。

（四）学习功利化色彩浓厚，学习积极性不高

市场经济体制的建立改变了人们的生活方式和思维方式，受市场经济的影响，在大学校园出现了功利化的思想和行为。比如"劳心者治人，劳力者治于人""赚钱者不累，累者不赚钱""考得好不如嫁得好""一手抓学业，一手抓找大款""60分万岁"等。在现行的以单一的分数评价学生优劣的情况下，认为进入大学就是镀金，学习积极性不高，动力不足，甚至没有学习的内驱力，更谈不上自信心、拼搏精神和毅力了。比如一些学生晚上到外面玩网络游戏，白天上课时却睡觉。

（五）道德伦理观念差

当代大学生绝大部分能够践行公民道德建设基本纲要，坚持爱国主义，集体主义，遵守社会公德，能够做到文明礼貌、助人为乐、爱护公物、保护环境、遵纪守法等。但

仍有一些同学大的方面不关心国际形势变化，不关心国家大事，小的方面随地吐痰，乱扔果皮纸屑，毁坏公物，说脏话，大学生情侣在公众场合过于亲密，排队加塞等现象。遵守社会公德是一个人最基本的要求，大学生更应如此。俗话说："一滴水能反射太阳的所有光芒。"伦理道理的缺失不仅是大学生缺乏责任的表现，而且也必然也会影响到大学生的成长与以后的择业。因此，大学生应当从现在做起，从小事做起，不断提高自己的道德素质。

(六)部分学生存在心理障碍

随着大学的改革和招生规模的扩大，越来越多的农村学生也进入到大学。由于农村学生的家庭经济状况、生活阅历等都与城市学生有较大区别。一些农村学生进入大学后与城市学生相比，心理抵抗力相对较差，适应能力相对较弱。或是在与来自城市学生相比较中，或是受到来自城市的学生嘲笑后，自我封闭，害怕交往，性格变得孤僻，最后产生自卑感、焦虑感，如不及时调节可能会产生心理疾病。从学科上讲，理工类学生容易单线思维，遇到问题容易钻牛角尖，再加上平时理工类学生学习任务比文史类学生学习任务重，所以，理工类学生发生心理障碍的概率和比例相对大。

自卑感就是由于对自我评价过低而产生的压抑、羞愧的感觉。对自己的评价过低，会使自己轻视自己，自己看不起自己，对自己没有信心，表现为胆怯、退缩，担心不被他人尊重，把自己封闭起来。一般说，大学女同学比男同学更易产生自卑感。

焦虑是面对未来即将发生的事情，由于一种或数种难以言表的主客观原因，而产生的不安或无根据的想象。焦虑表现为持续性精神紧张、担忧、不安全感，常伴有自主神经失调表现(口干、胸闷、心悸、出冷汗、便秘、厌食等)，焦虑也会给身心带来不良影响，如不及时觉察调整，严重时会导致严重的身心危害。

人们追求重要目标的失败，理想不能实现，不能解决某个持续问题，学习成绩不理想，找不到工作，被迫做自己不喜欢做的事，失恋、家庭变故等因素都会引起抑郁。抑郁就是在这些诱因作用下而产生的情绪低落、悲观、冷漠、失望、郁郁寡欢、状态不佳、心烦意乱、绝望等各种不良情绪的组合。抑郁也是一种消极情绪，抑郁可能会使人对自己、对家人、对生活、对外界都失去希望，严重的则会产生抑郁症。抑郁症的最坏结果是自杀。所以，当大学生意识到自己将要产生或已经产生抑郁情绪时，要将这些情绪消灭在萌芽状态，患上抑郁症时也要及时就医。一般说，性格内向，过于敏感，不爱交际，依赖性强，经常努力得不到报偿等情境更易使大学生陷入抑郁。

五、大学生提高情商的途径与方法

情商在大学生职业生涯中发挥着重要作用，也贯穿于职业生涯的全过程。因此，大学生成就职业生涯规划，就要重视情商，积极主动培养情商，从实践中吸取营养，丰富自我。大学生提高情商可以从以下几个方面入手。

(一)学习情商的理论知识

情商是一种非智力因素，是一种无形的力量，但无形胜有形。情商深深融入每一个人的性格、意志、情感和行动之中。具有智商难以匹敌的穿透力和耐久力，无影无踪却又无处不在，情商使人们面对磨难时能迎难而上，遭遇挫折而越挫越勇。理论界对情商的研究也越来越重视，而且也取得了许多有益的成果，这些成果是认识情商，把握情商规律，调节自我，助我成功的指针，也是个体进行情商修炼的重要理论前提。借助这些理论，人们可以认识自己在某一情境下产生的情绪状态，正确判断这种情绪的积极方面和消极方面，形成正确应对这种情绪的思路。用这些理论提供的方法处理情绪，从而不断提高自己的情商水平。所以，在大学期间，除了要通过职业生涯规划课、心理指导课学习情商理论外，还要自觉通过借阅有关方面的书籍等方式提高情商理论水平。总之，大学生一定要认识情商的重要性，要像对待智力知识一样对待情商知识。

(二)经常进行自我反思

自我反思就是个体在非正常的情绪体验之中或体验之后，结合情商理论或自己以往的经验或在别人帮助之下，对这一非正常情绪体验进行客观理智分析，采取正确的处理办法或是总结这个非正常情绪体验中自己做的正确的地方在哪里，错误的在什么地方，哪些是需要以后坚持的，哪些是需要改正的，以形成经验和教训，逐步提高自己情商的办法。个人反思又分单纯在内心反思和反思并形成文字的形式。形成文字的反思记录叫反思日记。这种方式对自己印象深些，而且以后出现类似的情绪时，可以拿出来对照，有利于提高情商水平。

自我反思必须是个体的自觉自愿的行为，要有反思的积极性，反思中必须对相应的情绪做出全面分析，得出客观经验教训，以达到提高自己的目的，而不应有其他功利性目的。

自我反思要同自我比较结合起来，特别是纵向的自我比较。自身素质的提高是一个日积月累的过程，每天都在变化。如果拿今天跟昨天比较，几乎不会发现有什么区别。如果长期坚持自我反思，以今天的我同两三年前的我相比较，就会使人大吃一惊，看到自己有了显著的进步。

(三)通过德育美育课提高情商水平

德育是教育者按照一定的社会或阶级要求，有目的、有计划、系统地对受教育者施加思想、政治和道德影响，通过受教育者积极地认识、体验和实践，以形成他们的品德和自我修养能力的教育活动。美育又称审美教育，是运用艺术美、自然美和社会生活美培养受教育者正确的审美观念和感受美、鉴赏美、创造美的能力的教育。

现实生活中，德育的内容也包含了情商教育的内容。通过道德教育，才能使人把握调节人们之间、个人与社会之间、个人与自然之间相互关系的行为规范及其对应的情感心理方式，人们才会用真善美去评价这些关系，并通过社会舆论、内心信念和传统习惯来调节人们的行为。比如通过德育，可以使人们掌握社会公德、职业道德、家庭美德的主要内容。而道德认识又是道德行为的基础，在这一认识指导下，个人才有可能做到文明礼貌，助人为乐，才有可能做到爱岗敬业，诚实守信，才有可能受到社会尊重，做到这些方面的人就是情商较高的人。

美育即审美教育，是与美的感受相结合的教育，是通过审美的认识活动和实践活动提高人的审美能力，形成正确审美观的活动。美育有利于形成高尚的情操，培育全面发展的人。大千世界的美无处不在，无时不有。不同的个体由于不同的认识和实践能力，有的人容易发现事物的美，有的人不易发现事物的美，有的人发现的美多些，有的人发现的美少些，有的人能够正确认识美，有的人则将不是美的、丑陋的东西看成美，所以，不同的人发现美的方式是不同的。通过美育可以帮助人们掌握发现美的规律，提高审美能力，美育可以使人们按美的规律去发现美塑造美。用美的心灵和美的言行去塑造自我社会形象，处理人和人之间的交往活动。实践证明，那些外貌美、语言美、气质美、形象美的人更容易融入社会。所以马克思说，"动物只是按照它所属的那个种的尺度和需要来建造，而人却懂得按照任何一个种的尺度去进行生产，并且懂得处处都把内在尺度运用到对象上去，因此，人是按照美的规律来建造的。"大学里的美育课有助于培养大学生的审美情感和提高他们的审美能力。

(四)通过各种实践活动提高情商水平

陆游说过，"纸上得来终觉浅，绝知此事要躬行。"通过自我评估，发现自己存在的问题及掌握了提高情商的理论之后，就要付诸实践，用这些理论指导自己解决问题。在社会实践和广泛的人际交往中提高自我，充实自我，改造自我，完善自我，以提高情商水平。所以，实践出真知，实践才是提高情商水平的根本途径。

大学的社会实践是一个体系，包括教学实验、生产实习、课程设计、毕业实习、科学研究等。虽然不同的实践活动侧重点不同，但这些实践活动都有助于提高情商水平。一方面，这些实践活动有利于大学生将自己在课堂所学的知识运用于实践，深化理解知识，检验了所学，找出了自己理论学习的不足，也有利于提高用理论改造实践的动手能力，这一层面的收获可以看做是提高智力水平的收获；另一方面，这些实践活动使大学生走出校门，深入基层和实际，接触社会，接触群众，接触基层，从最直接的角度体觉他们所处的环境，体察国情、社情、民情，从而激发爱国主义情感和民族自豪感，增进了对人民群众的感情，把自己的个人理想同民族伟大复兴的宏伟蓝图联系起来，以激励他们勤奋好学，早日成才，为国奉献。这些社会实践活动大多是团体活动，因此，在社会实践中也可以帮助大学生认识自己，理解他人，学会控制自己情绪和表达感情，学会替别人着想，合理地处理人际关系，提高情商水平。

大学里也存在着众多的学生社团。学生社团是按照兴趣、爱好、专业、特长等组成的由学生参与的功能性团体。通过参加学生社团的活动，既可以提高自己的知识水平，又能发挥自己的特长，展示自我，发现自己的长处与短处，提高自我，以获得自尊和自信。另外，学生社团在学生和社会之间搭建了一个平台，大学生走入社会后需要掌握很多能力，如为实现目标战胜困难，承受挫折，组织管理，人际交往，团结协作，情绪控制等能力。这些能力都可以在参加社团活动中得到培养和提高。

(五)通过参加体育锻炼提高情商

江泽民同志提出，"一个民族的新一代没有强健的体魄和良好的心理素质，这个民族就没有力量，就不可能屹立于世界民族之林。"可见拥有健康体魄的重要性。人的情商与身体素质也有一定的联系。如体弱多病的人会表现出情绪不稳定、易怒、烦躁、焦虑等特征，健康的体魄可以提高人的免疫力，不仅能使人保持良好的生理状态，还有助于形成良好的心理状态，提高情商水平，所以，参加体育锻炼也是提高情商的重要方法。

比如体育锻炼中篮球、足球、排球、乒乓球、网球、拳击等较剧烈的运动可以帮助人们改掉优柔寡断的性格，形成雷厉风行、坚定果断的性格。下棋、慢跑、散步、竞走、慢骑自行车、射击等缓慢持久的项目有利于克服急躁盲动的性格缺点，能集中注意力，稳定情绪，增强自我控制能力。拔河、接力赛、群体健美操、篮球、足球、排球等集体项目有助于人们克服孤立，自我封闭的心态，能够较快融入集体，提高社交能力和团队协作精神。游泳、跳马、平衡木、撑竿跳、单双杠等项目有利于克服人们胆怯心理，使人们变得勇敢坚强。

第三节　素质拓展

素质是人的行为习惯，它具有先天继承和后天养成的特征。素质拓展就是素质的开拓与扩展，是通过身心的实践和体验，激发、调整、升华、强化人的心理、身体、品德等素质和潜能，提升人格修养层次的有效途径。素质拓展训练对培养大学生的团队精神、创新能力，提高心理素质等非智力因素具有重要的意义，素质拓展也是践行大学生职业生涯规划的重要环节。

一、素质及素质拓展概述

（一）素质概述

素质是指人在先天生理的基础上，受后天环境以及教育的影响，通过个体自身的认识和实践活动而形成的比较稳定的身心品质的综合。一方面，素质是对人类社会的历史文化、科学技术和行为规范的继承；另一方面，又将这些知识内化和升华，使这些知识转化为自身的内在因素和特征，进而促进自己身心发展质量和水平的提高。

素质有以下几个特点。

1. 先天性和后天性

人生下来就具有一定的生理特征，如有发达的头脑、灵活的四肢等，这些特征是通过遗传获得的，也是人的素质表现和提高的条件和基础，所以人的素质受到先天因素的制约。同时，人的素质又是在后天环境和教育的影响下，通过自身的努力而获得的。孔子说："性相近，习相远。"即是说人们之间的先天素质相差不大，但后天素质表现之所以相差甚远，取决于环境与教育的影响及个体主观努力的程度。

2. 稳定性和变化性

素质表现为人们稳定的品质特征，所以，只有那些经常而稳定地表现出来的品质，才能称作素质；而那些不稳定的，只在某种特定条件下偶尔表现出来的品质就不能称作是素质。但这并不意味素质本身是永恒不变的。素质的稳定是相对的，人的素质可以通过环境和教育的影响加以改变。

3. 个体性和群体性

素质具有个体性，每一个都有自己独特的素质结构，表现为不同的素质特征。然而。素质不仅表现为个体性，还表现为群体性，即一个组织的所有成员共同表现出来的某些稳定的特征。个体素质和群体素质是密切联系的。个体素质是群体素质的单位，若没有较高的个体素质，就不可能有高的群体素质；群体素质为个体素质的提高提供了良好的环境，受到群体素质的影响，个体素质可能会提高。

素质可分为政治素质、道德素质、专业技能素质、文化素质、身心素质等。政治素质是对政治问题和政治现象进行分析和理解的能力；道德素质是指个人在社会生活中进行道德判断、行为选择、处理与他人利益、与集体利益关系的能力；专业技能素质是对专业知识和技能的理解和应用能力；文化素质是指社会的体验、知识的积累内化为个人修养的能力；身心素质是身体素质与心理素质的合称。身体素质是指大学生应具备的健康的体格，全面发展的身体耐力与适应性，合理的卫生习惯和生活规律等。心理素质是大学生应具备的稳定的情感力量，鲜明独特的人格力量。由此，当代的大学生应具备的素质就是：政治信念坚定、思想道德素质好、专业知识扎实、文化素质高、掌握多种技能、良好的心理素质和体能素质。

(二)素质拓展训练概述

1. 素质拓展的含义

素质拓展，又称拓展训练、外展训练(Outward Bound)，原意为一艘小船驶离平静的港湾，义无反顾地投向未知的旅程，去迎接一次次挑战，去战胜一个个困难。素质拓展暨外展训练在经历了20世纪40年代的创始、50年代的扩大规模、60年代的长足发展、70年代的稳固和80年代的国际化之后，到今天，已在全世界五大洲建立了许多所规范的训练学校，设在英国的总部是世界各地外展训练活动的中心，外展训练强调安全第一，提倡环境保护，其宣言是：激发自尊，关心他人，服务社会，放眼世界。

2. 拓展训练的由来

素质拓展训练是激发和增进个人及组织优秀品质的训练方式。通过这种训练能激发、提升、强化受训者的素质和潜能，以改进受训者的整体品质，使受训者达到心态开放稳定、敢于应对挑战、富有创新活力，促进团队形成的目的。

拓展训练来源于西方，指的是"Outdoor Management Development"，有的也英译为"Outward Bound"，又称"外展训练"。它起源于第二次世界大战期间，当时英国军舰遭到德国潜艇袭击后沉没了，大批船员落水。由于海水冰冷又远离大陆地，大部分船员都牺牲了，只有少数人活了下来。但活下来的这些人并不是体力最好的人，而是求生欲望最强的人。受到这种现象的启发，1942年KurtHahn先生发起成立一所"阿德伯威"海上训练学校，在这里利用自然条件和人工设施，训练年轻海员在海上的生存能力和船触礁后的生存技巧并通过心理挑战项目提高年轻海员的心理素质。第二次世界大战后，训练对象由海员扩大到军人、学生、工商业人员等群体。训练目标也由单纯体能、生存训练扩展到心理训练、人格训练、管理训练等。发展成为利用大自然和人工创设的特殊情境，通过精心设计的各种"挑战极限"性质的活动，以激发员工的潜能，增强团队活力、创造力和凝聚力，达到提升团队生产力、提高团队绩效的目的的一种活动。拓展训练在挖掘人的潜能、培养人的健康心理素质、进取精神和团队精神方面创意独特，收效明显，对个人发展及社会环境的改善起到了积极的推动作用。

1995年，素质拓展训练由日本等地传入中国，迅速在企业、高校中推广开来。1999年，清华大学首先将素质拓展训练引入MBA和EMBA的教学体系中，随后中山大学，浙江大学，暨南大学，中欧国际工商学院、中国工商管理学院也纷纷将素质拓展训练纳入MBA和EMAB的教学体系中。近几年来，素质拓展训练在国内的影响也越来越大，越来越多的人参与到素质拓展训练中，国内也已经出现了许多素质拓展训练的机构。

3. 素质拓展的理论基础

素质与先天的基础及后天的影响都有重要的联系，它既包含了生理潜能、天赋的一面，同时也包含着社会存在所带来的影响的一面。素质既有稳定的惯性的一面，又有可变和可培育的一面，这两面都是特定的文化、历史和社会变迁的产物。素质可分为两个层面：(1)基础层面：身体心理素质、政治思想素质、道德品质素质、科学文化素质、审美素质等；(2)特质层面：创新素质、社会实践素质和人文素质等。从另一个层面理解，素质把个别的方面、零散和游移不定的内容，引入对人自身所具备的那些内在的具有稳定性、长期性、整体性的东西的把握上。从以上意义来说，素质拓展既有挖掘自己特长、潜力、认识自己的一面，同时也有主动锻炼自己，开辟新的素质生长点的一面。

从心理学角度看，素质拓展训练是一个多因素组合的动态系统，即个体所表现的心理状态、心理结构和心理过程。素质拓展包括个体进行素质拓展的心理需要(个体对素质拓展的认识及在认识的基础上产生的心理需要)；由心理需要所指向的动机(个体的心理需要发展为对象性的心理状态时就成为动机)；心理动机引发下的行为方式(个体根据自己的需要——动机而采取的实际行动)；素质拓展训练的心理反馈(拓展训练始于体验，而终于个体的心理等综合改善，反馈于个体并形成一种观念)。总而言之，素质拓展是一个由个体的需要、动机、行为及相关心理反馈因素交互综合作用的动态系统(见图5-3-1)。

目前比较常见的素质拓展训练方案为"MBM素质拓展训练方案"。"MBM"是创新空前、激情贯注的三维素质拓展训练之英文简称。

"M"(Mind)代表"心理"：知、情、意协调发展的心理素质，最佳的心智、最高的情商、最坚强的意志，知、情、意并举。

"B"(Body)代表"身体"：强、健、敏集于一身的身体素质，最强的体魄、最健的身躯、最敏捷的身手，强、健、敏齐备。

素质拓展训练的心理过程

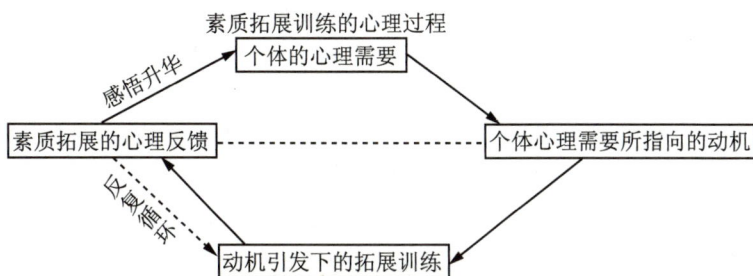

图 5-3-1　素质拓展训练的心理过程

"M"（Morality）代表"品德"：真、善、美融于一体的品德素质，最真的心灵、最善的言行、最美妙的情操，真、善、美共享。

MBM 素质拓展训练始于体验，而终于参训者的体能、心理和心智、情感方面的综合改善，整个过程及循环必须以参训者的"动心忍性"为中介。

二、素质拓展训练的内容与特点

(一)素质拓展训练的内容

素质拓展训练项目大致分为四类：一是高空项目，包括攀岩、巨人梯、山顶速降、滑翔、求生墙、小泰山、绳网、空中飞人、飞虎队、雪山飞狐及其他各种场地小项目；二是平地项目，多是以自我认知、创新思维、人际合作、情感陶冶、熔炼团队、提高学习或管理水平等为目的具有很强的研讨性的训练项目，包括蜘蛛网、电网、创新呼啦圈、有氧健身操、团队舞等；三是水上项目，主要包括游泳、跳水、扎筏、划艇、漂流等；四是野外项目，包括天然攀岩、速降、拉练、野外生存、露营、城区活动、自行车拉力赛、汽车越野等。

链接

部分素质拓展项目

1. 雷区取水

项目介绍：在一个直径5米的深潭中间有一盆水，你要在仅用一根绳子，不接触水面的情况下取到全体队员的救命宝物，想一想可能吗？团队的智慧可以把它变成事实。

项目目的：提高队员组织、沟通和协作的能力和技巧，团队的领导艺术和技巧，人力资源的合理分配和运用，行动之前的讨论和计划对于事情的成败起重要作用，培养人处理事情良好的计划性和条理性，培养队员集体荣誉感，为团队勇于奉献的精神。

2. 无敌风火轮

项目介绍：提供的只有报纸、剪刀、胶带。靠大家的智慧和团队的协作走完一段不容易的路程。

项目目的：合理配置资源，分工配合；检验组织成员工作主动性，建立团队自己的节奏，协调一致对组织的重要性，个人与团队的相互作用（个人的能量只有透过组织才能发挥出来），如果个人与团队目标不统一，个人能量越大，对组织的破坏性越大，个人发展必须跟上组织的节奏，以及对领导的认同、明确的团队目标和有效地沟通与合作。

3. 背摔

项目介绍：参加实施的队员，两手反交叉握拢弯曲贴紧胸前，两脚并拢，全身绷紧成一体；后倒时，头部内扣，身体不能弯曲，两手不得向外打开。参加保护的队员，两腿成弓步且相互抵紧，两手搭于对方肩上，掌心向上，上体和头部尽量后仰，当实施队员倒落时，全身协力将实施队员平稳接住。

项目目的：信任环境的营造，建立换位思考的意识，通过身体接触、实现情感的沟通信任与责任。

4. 断桥

项目介绍：参训队员爬越9米高的断桥立柱，站立于断桥桥面之上，两臂自然平伸，保持身体平衡，移步至桥面一侧边缘，以后脚的蹬力，使身体向前跃出，跨过断桥落于桥面另一测，平稳走到终点。

项目目的：成功与失败永远只差关键的一步，勇敢地跨出这一步，成功就属于你，克服紧张情绪，战胜恐惧心理，果敢的执行力，借助外势，建立突破自我、挑战困难的自信心与勇气。

5. 毕业墙

项目介绍：团队在不借助任何器材的情况下共同努力翻越4米高的墙壁。

项目目的：自我管理与定位、有甘为人梯的精神，团队的协作与激励，共建高效团队。

6. 钻电网

项目介绍：面对高压电网，参加者必须同心协力，尽量避免伤亡，以最小的代价换取最大的胜利。

培训目标：改变沟通方式，如何理解、倾听他人，如何让他人更能接受，如何分配合理的资源，资源的浪费与团队目标的关系；个人的利益与整个团队的利益关系将直接决定目标的达成。此培训项目强调整体协作与配合、资源的重要，好胜与莽撞都将遭遇淘汰，只有依靠团队的力量才能顺利完成任务。

(二)素质拓展训练的特点

1. 情境性

拓展训练是一种情境性的学习，在虚拟的情境中进行，学员通过在情境中亲身感受，运用多种感官去接触环境中的事物，体验到多种感官立体、强烈的刺激。对封闭在书本、课堂里的大学生来讲，情境学习无疑是一种全新的挑战。它不拘泥于课堂教学的形式化，也不同于德育教学的墨守成规，而是在一种真实的情境中使学员从外在的环境和内在的心境两方面去获得真实的体验，在拓展训练的场景中，学员面对即将发生的事情无法预料，但又必须马上运用所学知识进行思考，做出反应，加以解决，从而在这个过程中获得对知识更深刻的体验。换言之，这种虚拟的情境其实就是现实生活的缩影，而拓展训练就是"实战演练"。

2. 主动性

人的主观能动性对于调动人自身的潜能，提高人的学习积极性和学习能动性具有极其重要的作用。拓展训练的理念就在于要求学员发挥主观能动性，对自己的学习体验负主要责任，真正成为教学过程中的主体。与课堂教学中"老师问，同学答；老师讲，同学听；老师下结论，同学记笔记"的"灌输式"教学不同，体验式的学习方法强调学习者积极主动地参与进来，融入学习实践的整个环节中，学习者不是单纯被动地接受知识，而是积极主动地吸收知识。

3. 反思性

拓展训练是一个始终伴随着反思的过程，这种反思可以是某种情境中学员产生的联想，也可以是离开情境后学员的回味与反思，拓展训练的关键就在于这种心灵的震撼所带来的思索。所以，培训师的回顾与分析及学员的分享与反思都是一次重新体验的过程，这个过程会让拓展训练给学员带来的感受在心中生根、发芽、升华，使学员将培训的收获迁移到学习和工作中去。

4. 个体差异性

任何一个学习者不是一张白纸，他们带着自己的需要、价值取向、认知结构、情感结构和已有的经历等完整的"自我"去理解、去感受，从而形成自己对事物独特的体验和领悟。因此，拓展训练的结果总是因人而异的、个性化的，对同一个事物，不同的人形成不同的感受、体验。

5. 实用性

学以致用是教育的实质所在，也是现代教育体制下的一个死穴。很多毕业生在走出校门后埋怨课堂教学的内容偏离了社会的需要，不能做到学以致用。而拓展训练的优势则在于它为学员及时地提供了一个运用知识和能力的空间，使学员成功地进入真实的操作和切身的体会交流之中，真正做到学以致用。

通过素质拓展训练有利于改善人际关系，增强大学生团结协作能力，有利于启发大学生的想象力，培养创新精神和思考问题、解决问题的能力，有利于增强大学生的自我效能感等。总之，素质拓展训练能够提高大学生的智商水平和情商水平，从而为实现职业理想奠定坚实的基础。

第六章

创业指导

改革开放以来，随着中国特色社会主义市场经济体制的逐步确立，非公有制经济已成为我国经济体系中的重要组成部分。在国家政策支持和成功者示范效应的共同作用下，越来越多的人步入创业者的行列，创业开始成为一种潮流、一种趋势。在这支日益庞大的创业队伍中，大学生创业群体显得格外引人注目。一方面，在短短十年时间里，大学生创业就经历了从酝酿、热潮、实践到理性发展的多个阶段，表现出了强劲的生命力；另一方面，由于各种因素的影响，大学生创业成功率较低，在社会上颇受争议。

任何事情的成功都不是偶然的，创业也是如此。大学生创业能否成功，关键在于他们是否做好了创业准备，是否具备相应的素质和能力。在这样的形势下，创业教育应运而生。创业教育是培养人的创业意识、创业思维、创业技能等各种创业综合素质，并最终使被教育者具有一定创业能力的教育。它是知识经济时代对高等教育提出的要求，也是大学生自身主体性发展的需要，对于人才培养、科技创新、扩大就业、发展经济、增强国际竞争力具有重要意义。与美国等发达国家相比，我国高校创业教育的起步较晚，始于20世纪90年代初，但随着社会主义市场经济的快速发展、劳动力市场上就业压力的增加及创新型国家战略的提出，创业教育得到了各级政府的广泛重视，也激发了这一教育形式在各个高校的深入开展。

第一节　创业的内涵与意义

一、创业的内涵

(一)创业的含义

创业是什么？如何理解创业？这样的问题，看似简单，却让很多人困惑。实际上，对于创业的理解，学术界并未达成一致意见，可谓众说纷纭。

从词源学方面来看，"创业"一词，在中国文化里出现较早，如《孟子·惠王下》"君子创业垂统，为可继也"；诸葛亮《出师表》"先帝创业未半，而中道崩殂"。我国《辞海》对创业的定义是"创立基业"；《新华字典》对创业的定义是"开创事业"。由此看出，中国文化中的创业泛指一切开创性的社会活动，即"开拓、开创业绩和成就"，包括个人、集体、国家和社会的各项事业，与"守成"相对应。现代社会所讲的"创业"概念，则源于西方文化的 Entrepreneur(意为企业家、创业者)，多从经济学方面来理解。在此意义上，创业与创业者是密切联系的一对概念。

从经济学方面来看，创业是指发现和捕捉机会，并由此而创办企业提供新的产品或服务从而创造财富的过程，或者说创业是发现、创造和利用商业机会，组合生产要素以谋求获得商业成功的过程或活动。因此，创业可视为创造企业的过程，其意向集中在经营活动与财富增长方面。但就具体定义而言，不同的学者各有侧重。

斯蒂文森(Howard H. Stevenson，1989)认为："创业是一种管理方式，即对机会的追逐，与当时控制的资源无关。"并且进一步指出："创业可由以下六个方面的企业经营活动来理解：发现机会、战略导向、致力于机会、资源配置过程、资源控制、管理和回报。"

蒂蒙斯(Jeffry A. Timmons，1999)认为："创业是一种思考、推理和行为方式，这种行为方式是机会驱动的，注重方法和与领导相平衡，创业导致价值的产生、增加、实现和更新，不只是为所有者，也为所有的参与者和利益相关者。"

郁义鸿等学者在《创业学》一书指出："创业是一个发现和捕获机会并由此创造出新颖的产品、服务或实现其潜在价值的过程。"

精细管理工程创始人刘先明则认为：创业是指某个人发现某种信息、资源、机会或掌握某种技术，利用或借用相应的平台或载体，将其发现的信息、资源、机会或掌握的技术，以一定的方式，转化、创造成更多的财富、价值，并实现某种追求或目标的过程。

在当前的经济学领域，尽管各学者对创业的具体定义各有侧重，但出于理论研究和实践发展的需要，人们还是习惯性地把创业分为狭义的创业和广义的创业。

狭义的创业通常指自主创业。自助创业又称独立创业，是指创业者个人或创业团队白手起家进行创业，是指转变择业观念，以资源所有者的身份，利用知识、能力和社会资本，通过自筹资金、技术入股和寻求合作等方式创立新的社会经济单元。自主创业，简单地说就是对创业机会的发现、捕捉或创造并不断发展的过程。自主创业的主体是投资者和资产所有者，需要创业者拥有关键资源或者有整合资源的能力，因此，创业过程相对复杂艰难。

广义的创业不仅指自主创业，还包括岗位创业。岗位创业是指在现有岗位上顺应时代发展和岗位目标要求，创造性地发挥劳动者的聪明才智，通过全面提高自身能力和素质，在工作岗位上有所发展和建树，并为岗位提供者尽可能多地创造财富，实现开拓性的就业。因此，创业并不仅指当老板、办公司，直接就业去开创自己的事业天地，将工作平台作为自己学习成长的空间，以创业者的心态去对待工作和努力发展，进而实现自己的个人价值和社会价值，也是一种创业。

在本书中，"创业"主要指大学生自主创业。大学生自主创业是指一些有理想、有胆识的大学毕业生放弃通过传统的就业渠道谋取职业发展，而是为自己开辟一条择业新路，主动参与社会竞争。大学生自主创业实质上是利用自己的知识、才能和技术，以自筹资金、技术入股、寻求合作等方式创立新的就业岗位；不做现有就业岗位的竞争者，只做为自己、为社会更多的人创造就业机会的开拓者。目前，虽然真正走上自主创业道路的大学生还为数不多，但它代表了一个方向，引领了一种新的就业潮流。另外，大学生自主创业既不同于市场经济体制改革初期干部职工的"下海"，也不同于在校期间的专业性比赛或科研设计，它不仅要求学生能结合专业特长，根据市场前景和社会需求创造出新的产品和服务，并要求在此过程中充分体现其自我价值。

(二)创业的特点

创业作为人们发现机会创造财富的社会行为，主要有以下特点。

1. 创造性

创业是一个创造新事物的过程，即通过创造出一种新的产品或服务来满足社会某种需要的过程。因此，拥有或继承前人的事业，管理已有的企业都不是创业。创业对于任何创业者来说，都是一项前所未有的全新事业，也许这项事业别人已经尝试过，虽然他也可以借鉴、模仿前人的经验和方法，但他必须从头做起，这就充分体现了创业的开拓性和创造性。

2. 自主性

创业是运用自己的资本、知识与技能，自主进行产品开发、生产或提供服务的过程，是一种独立自主的行为。在这个活动中，创业者是自己命运的主人，他们独立自主，自力更生，靠自己力量开创完全属于自己的事业。另外，创业作为个性化的创造性行为，也是人们自立自强把人生理想转化为社会现实、实现自身价值一个复杂而艰难的过程。

3. 实践性

创业不是纸上谈兵，不能仅仅停留在研讨和描述的层面，实践性是创业活动的显著特征之一。只有理论联系实际，在科学理论指导下有条不紊地开展各项工作，才能有效推动创业活动向前发展。而创业的最终目标也只有通过实际的操作和实践才能实现。因此，动手能力和实践能力强的学生更易获得创业的成功。

4. 风险性

创业是一个发现、创造和利用商业机会，组合生产要素并创造价值以获得商业成功的过程，虽然可以借鉴、模仿和学习前人的经验、教训和方法，但对创业者来讲，仍然面临很多的风险。这些风险可能有多种形式和来源，例如：由于创业环境的不确定性，创业机会与创业企业的复杂性，创业者、创业团队与创业投资者的能力与实力的有限性会导致创业活动偏离预期目标，给企业经营带来风险。

5. 专业性

大学生自主创业，一般都是经营单一项目或产品，其专业性比较强。当创业者发现自己所经营的项目或产品在供求关系上达到饱和时，可以根据自己的专业特点和社会需求，及时调整营销策略，积极开发新产品、新项目，以保持在市场中的竞争力。

6. 求利性

创业是一个创造财富、积累财富的过程。创业者尽管会有各种不同的创业动机，但追求财富几乎是所有创业者的最原始、最直接动力。如果没有利益的追求，人们就不会甘冒风险去创业。无论创业者采取什么手段或方式创业，其目的只有一个——获取利润，这是创业的共性。

（三）创业的类型

创业按照不同标准，可以分成许多不同的类型。按照创业动机，创业可分为生存型创业、机会型创业、生存加机会型创业；按照创业主体的不同，创业可分为大学生创业、农民创业、失业者创业、退休者创业、残疾者创业、辞职者创业、兼职者创业；按照创业项目的性质分类，可以分为传统技能型、高新技术型、知识服务型和体力服务型；按创业风险的类型不同，创业可以分为依附型创业、尾随型创业、独创型创业和对抗型创业；按创业的周期划分，可分为初试创业、二次创业与连续创业；按新企业建立的渠道不同，可以分为独立创业、企业内创业和脱离母体创业。下面就简单介绍一下独立创业、企业内创业和脱离母体创业这几种常见创业类型。

1. 独立创业

独立创业可能出于多方面的原因，比如，发现了很好的商业机会，个人独立性不愿受别人管制，失去原有工作或找不到理想的工作，对组织内部的官僚作风或个人发展前途感到无望，受他人创业成功的影响和激励等。

独立创业的过程充满挑战和刺激。在创业的过程中，创业者的想象力和能力可以得到最大限度的发挥，不必忍受单位中官僚主义的压制；创业者可以自由地施展才能和实现抱负，不会有人指手画脚和发号施令；创业者可以从多个方面接触社会，同各种人物打交道，从事各类工作，经历各种感受，而不是日复一日地从事单调、乏味的工作；创业者还有可能在短时间内积累财富，奠定人生的物质基础，实现更高的人生目标。万事皆有两面性，独立创业具有吸引人的各种魅力的同时，其风险和难度也很大。比如，创业者往往缺乏足够的资源、经验和支持，这就需要创业者费尽周折去筹集所需资金，在成功与失败的实践中不断积累经验，还要竭尽全力寻求各方面的支持。

需要指出的是，独立创业本身还有多种形式，主要包括创新型创业、从属型创业和模仿型创业。

（1）创新型创业。创新型创业是指创业者通过提供有创造性的产品或服务，填补市场需求的空白。

（2）从属型创业。从属型创业大致分为两种情况：一是创办小型企业，与大型企业进行协作，在整个价值链中，作为一个环节或者承揽大企业的外包业务。这种方式能够降低交易成本，减少单打独斗的风险，提升市场竞争力，还有助于形成产业的整体竞争优势；二是加盟连锁、特许经营，利用品牌优势和成熟的经营管理模式，减少经营风险。

（3）模仿型创业。根据自身条件，选择一个合适的地点，或者进入壁垒低的行业，模仿别人成功的经营模式独立开办企业。这类企业往往投入较少，市场风险较小，在市场格局中拾遗补缺，但通过逐步的业务经验积累，也有可能寻找机会跻身于强者行列，创立自己有影响的品牌。

2. 企业内创业

企业内创业即在大企业内部创业，它是进入成熟阶段的企业为了获得持续增长和长久的竞争优势，并倡导创新以使其成果商品化，通过授权和资源保障等支持而进行的企业内部创业。现在的大企业已经不是创业热潮中的旁观者和被动的应对者，甚至非常知名的大公司也在积极寻找和追逐新的、有利可图的创意和商业机会，这就是内部创业者要完成的工作。企业内创业是动态的，正是通过二次创业、三次创业乃至连续不断地创业，企业的生命周期才能在循环中不断得到延伸。

3. 脱离母体创业

脱离母体创业是指公司内部的管理者、技术人员或职员从母公司中脱离出来，利用组织中的资源，新成立一个独立企业的创业活动。脱离母体的创业者往往拥有创业所需的专业知识、经验和关系网络，生产同原公司相近的产品或提供互补的服务。脱离母体也是一种常见的创业形式，这可能是因为创业者与管理层意见不合而分离出来，或者是创业者发现了商业机会而管理层不重视等原因促成；也有可能是在原公司一些管理人员的支持和鼓励下由创业者创建的新经济实体。脱离母体的频繁程度往往与产品所处的生命周期阶段和行业类型有关。当产品供不应求、竞争不激烈、市场空间很大时，即产品处于生命周期的早期或新兴行业，此时预示着巨大的商业机会，更容易发生脱离母体的创业行为。

脱离母体创业能否成功，关键在于创业者筹集资金和组建团队的能力。寻求资金支持是脱离母体的创业者面临的最大挑战之一，因为离开资金的支持，创业活动就难以起步和展开，所以创业者必须在筹集资金及运用资金方面具有创造力。同时因为脱离母体的创业者往往只是某一方面的专家，最常见的是技术专家或营销专家，他们欠缺其他方面的管理技能，这就需要组建一个高效的创业团队来各尽其职、各显其能地进行创业活动。

二、大学生创业的重要意义

大学生创业是适宜的创业环境和做好创业准备的大学生相结合的产物。一方面，现代知识经济的发展要求富有冒险和创新精神的年轻大学生担负起创业的历史重任；另一方面，大学生创业也是解决当前就业困难的客观要求。因此，大学生创业对国家经济发展和个人价值的实现都有着十分重要的意义。

(一)创业是促进科技进步和经济发展的原动力

科技是第一生产力，但要发挥出这一生产力的作用，一是要促进技术创新的发生；二是要促进科技成果快速顺利地转化为现实的生产力。创业在这两方面都发挥着重大作用。

有资料显示，第二次世界大战后，美国50％的创新、95％的根本性创新是由小型创业公司完成的。无论是高新技术产品(如计算机软件)，还是一般的民用产品，其新品种的三分之二是由个体企业发明的。日本的研究也表明，一半的企业创新是由小企业完成的。而且，新企业不仅创新效率高，创新商品化效率也高。如果把创业比作经济发展的发动机，创新就是发动机的气缸。

目前，我国的许多专利技术都停留在纸上，没有转化成产品，没有转化成社会财富。我国的企业管理水平和市场水平都还处在较低的阶段，需要有志之士努力创业，大力提升。我国还有许多不发达的农村地区，有的地方还处于贫穷落后状态，需要有人去带领他们走出困境、步入文明。这个过程需要大量的创业人士去帮助他们提高素质，为他们创造就业机会。

创业者不仅促使科技成果快速转化为现实的生产力，而且催生了大批的新企业，创建了许多杰出的公司，甚至领导全新的行业。这些新企业、新行业改变着整个经济结构，不断推动国民经济向前发展。

(二)创业是解决就业矛盾的最积极有效的方式

中国融入全球经济，进一步加快了工业现代化发展进程，同时也凸显出就业矛盾。再加上农村人口大量向城市转移需要就业，城市待业青年、下岗职工再就业等，我国的就业形势就显得不容乐观。

面对我国劳动力总量供大于求、就业压力巨大的现实，要实现我国充分、合理的就业，减少社会失业，除了继续保持较快的经济发展速度，提供更多的职业岗位，并大力发展职业教育与培训，向已有的职业岗位输送具备必需的职业资格的劳动者外，还应大力提倡自主创业，特别是大学生自己创业。这样才可更快地为社会创造更多的就业岗位，解决更多待业人员的就业难题。

创业是最积极的一种就业形式，是发挥劳动者自主性、能动性就业的重要途径。创业还具有带动更多就业的"倍增效应"，在我国劳动力供大于求矛盾长期存在、社会投资吸纳就业有限的情况下，弘扬劳动者的创业精神，依靠劳动者自主创业、自筹资金、自主经营，创造更多的就业机会，具有重大的现实意义。

首先，要加强创业观念教育和典型引路的做法，使更多劳动者通过建立自强自立、自主创业、敢于创新、不怕风险等理念，奠定创业的思想基础，并在社会上形成尊重创业、支持创业、宽容失败的氛围。其次，要落实好国家支持自主创业的政策，鼓励和帮助劳动者创业，例如建立健全从产业政策、所有制政策、税收政策、金融政策等方面构建的支持创业政策体系。最后，要健全和完善包括创业指导、创业培训、金融服务、信息服务、市场拓展服务、企业孵化等内容的支持创业的服务体系，支持劳动者自谋职业和自主创业，促进以创业带动就业的实现，形成全民创业的风气，使创业这一促进就业积极有效途径成为中国经济新的增长点。

(三)创业为社会培养了一大批创新型中坚力量

创业是非常艰难的，它使"天之骄子"的大学生们学会如何面对激烈的市场竞争，迎接经济全球化的挑战。对于年轻的大学生来说，一次创业的失败并不意味着什么，未来发展的机会还有的是，最为关键的是创业的挫折、困难、失败给学生的磨炼是在其他环境中难以得到的，而这恰是人生路上极为珍贵的财富。

创业活动是一个锻炼人、培养人的过程，能够有力提高学生的素质和能力。一个成功的创业者，至少应该拥有以下几个方面比较突出的能力和素质：管理领导能力，能够团结领导他人一同奋斗；开拓创新能力，在知识经济时代，科学技术的发展日新月异，创新是大学生立业之本；艰苦创业精神，创业是相当艰苦的，大学生创业几乎就是"白手起家"；责任心与风险意识，创业并不意味着成功，还要冒很大的失败风险。另外，在创业的摸爬滚打中，还能逐步积累大量的商业、法律、社会知识，提高文明素质。可以说，创业活动也是一种"学习"过程，是一个培养创新型人才的十分有力的素质教育过程，必定会为社会培养出一大批中坚力量。

(四)创业促进全新成才观和教育观的形成

在以前，许多大学生只希望毕业后找个安安稳稳、条件优越的工作，很少想到自己创业当老板。而现在，创业概念的出现，给传统的成才观以猛烈地冲击。在新的社会环境中，大学生对未来的选择呈现出多元化。创业可以作为未来的一种就业选择，势必对大学生的学习生活产生深远的影响。他们将重新设计自己的成才之路，并做好相应的准备。大学生在创业意识的推动下，将更加重视自身素质的完善和提高，而大学生群体整体素质的提高更有利于更优秀更成熟的创业者诞生。

同时，大学生创业的需要给当代教育也提出了挑战：一是大学生创业中出现的问题，暴露了传统教育存在的弊端；二是社会和学生对创业的需求，要求教育及时进行改革。因此，我们首先要转变教育观念，树立以创新为重点的教育思想，立足于培养学生的创新精神和创业能力。创新在未来人才的素质中居于重要地位，是 21 世纪素质教育的重要目标。实施创新教育是 21 世纪高等教育改革迈上一个新起点的重要标志。提倡创新教育，需要注重课程体系改革。我们要以培养学生的创造性思维、自学能力、人格品质、实践能力及个性发展为目标，从课程内容和课程结构两方面来进行改革。要实现"认同性"课程向"创造性"课程的发展、"专业化"课程向"综合化"课程的发展、"统一化"课程向"多样化"课程的发展。

(五)创业最能体现个人能力和人生价值

创业本领有助于人们更好地适应未来的生活及实现人生价值，创业是人的自身价值的最高体现。

人作为"意志实体"，表现在能不能按照自己的意志支配时间，生命是由时间构成的，支配时间就是支配生命。把生命作为自己独立意志所支配的对象，自己做自己生命活动的主人，为自己认定的价值目标去奋斗，是理解人生价值的根本点。从这一观点出发，可以把人的潜质外化为四个特点——自主、自律、自强、自立。自主是自己做主，把自己作为一个主体存在，按自己的意志行事，走自己的路，做自己愿意做的事，按照自己的意志支配时间；自律是自我约束，服从自己选择的人生目标，有计划、有步骤地付诸实施，吃苦耐劳不怕牺牲，求真务实追求效率，在对现存结论的怀疑中，在发现与探索中获得快乐与满足；自强是使自己强大，要把自己的事情做得最好，有挑战新目标的强烈愿望，愿望的背后是不满意现在的自我，要在转化人类智慧为自我力量中，去追求更强的自我；自立是人格的独立，崇尚靠自己的奋斗，靠真才实学独立于世，寻求发挥自己能力的广阔空间，不喜欢同情与恩惠，喜欢公平竞争。

创业过程是不断强化和发展自主、自律、自强和自立这四个特质的过程。由此可见，敢不敢创业，能不能创业，是对人特有本性的最有力挑战，是人生价值和个人能力的最佳体现。

第二节　创业应具备的基本素质

自主创业固然是实现自我价值的良好方式，但并非人人都能做老板，创业的道路上，有人成功，也有人失败，原因在于创业是一项充满挑战和风险的创造性活动，对人的素质有着较高的要求。因此，创业者只有具备良好的个人素质，才能取得创业的成功。

创业者要能够成功创业，首先必须有创业意识和创业精神。尽管成功的创业者所处环境、所拥有的条件、机遇和能力千差万别，但他们有一个共同的特点，那就是具备强烈的创业意识和敢为人先的创业精神。

一、创业意识

所谓创业意识，就是指创业实践活动中，对个体起作用的个性意识倾向，这是创业者内在的强烈需要和驱动力。它主要包括创业的需要、动机、理想、信念和世界观等心理成分。创业意识支配着人们对创业实践活动的态度和行为，规定着创业态度和创业行为的方向及强度，具有较强的能动性，是创业基本素质的重要组成部分。

创业需要是创业活动的最初诱因和最初动力，如果没有创业的需要，就绝不可能产生创业行为，也绝不可能形成更高层次的创业意识。但仅有创业需要，也不一定有创业行为，只有当创业需要上升为创业动机时，才能形成创业者竭力追求和获得最佳效果及优异成绩的心理动力。创业动机就是推动创业者从事创业实践活动所必需的积极心理状态和动力。有创业动机的人，当有一定的诱因时，他就会有所行动。

创业理想是创业意识的高级形式，是创业者对未来奋斗目标向往和追求的、较为稳定和持久的心理品质，是人生理想的有机组成部分。有了创业理想，创业意识就有了具体明确的指向，创业行为就会充满朝气和活力，它能帮助人们克服一切困难和挫折，向着既定目标前进。创业信念是指坚信创业理想能够实现的信心，它是创业者从事创业活动的精神支柱，能使人产生克服艰难险阻的大无畏精神，使人坚持不懈，勇往直前。创业理想能够促进创业信念的形成，有了创业信念，以创业信念为支撑的创业理想就具有稳定而坚实的精神基础。

创业世界观或创业指导思想，对创业主体的整个精神面貌具有极其重要的影响，它决定了创业主体个性和人格的总体面貌和发展方向，调节和引导着创业主体的思想方式和行为方式。创业是青年人，特别是当代大学生自立人生、实现理想的重要途径，强烈的创业需要是年青一代走向成熟的标志。今天的大学生必须从充满浪漫的生活幻想中走出来，有意识地用自己的双手去创造美好的生活。创业是艰辛的，市场竞争是十分激烈的，新一代的大学生应该未雨绸缪，在大学期间就开始培养自己强烈的创业意识。

首先，学好专业知识是培养创业意识的摇篮。学习的目标是拥有创业所需的大量知识，并能够学以致用。当你对自己的创业有一个明晰的意识的时候，就要特别强调围绕这个意识去掌握一门学科的内容，也就是说学到一个具体领域中特别的知识本领。通过专业学习，提高自己的创业本领，使创业兴趣更加浓厚，创业理想更加明确，创业信念更加坚定。

其次，正确认识社会，树立科学的世界观和发展观。人类的意识是由社会各种因素的影响所塑造而成的，对社会的深刻认识和改变现状的愿望，是诱发强烈创业动机的根源。取之于社会的经验智慧是属于我们的宝贵精神财富。当代大学生只有积极自觉地将所学知识与社会实践结合起来，正确认识社会，树立科学的世界观和发展观，才能培养顺应时代的创业动机和创业理想，才能让你终生为之奋斗，矢志不渝。

二、创业精神

创业精神，顾名思义就是敢于开创一番新事业，并且能够脚踏实地地为之奋斗的精神。创业精神和创业能力是大学生创业素质的核心，是创业活动中起关键作用的两大因素。创业精神是在创业实践活动中起动力和核心作用的意识倾向，它支配着创业者对创业实践活动的态度和行为，规定着行为的方向和强度。创业能力是一种社会性、实践性、综合性极强的创造力，直接影响和制约创业实践活动进行，是创业实践活动赖以启动和运转的操作因素。创业精神与创业能力是相互作用、互为条件的：创业精神是创业能力形成和发展的前提，创业精神的缺乏阻碍创业能力的形成和发展，创业能力的形成与发展又促进创业精神的焕发。创业精神主要包括以下内容。

（一）创业者要有充沛的精力和强烈的成就感

几乎所有的企业家都认为精力充沛是成功创业的第一前提。精力充沛包含两层含义：一是健康的体魄，能够支撑长时间的工作；二是拼搏的精神，在心理上能够承受外界的压力，能对环境的变化做出调整，能够以一种恰当的心态来面对工作和生活中的问题。特别是在企业初创阶段，每天工作时间可能高达 16 小时，工作时间长，加上巨大的风险与压力，没有过人的精力是很难出色高效地完成工作的。

心理学家认为，人们成就感的程度有所差别。具备低成就感的人对他们的现实状况似乎较为满足。而具备高成就感的人乐于与某种优秀的标准进行攀比，并且对他们自己从事的工作尽职尽责。心理学家研究发现，成就感与企业家行为之间存在正相关，成为企业家的人其成就感平均比一般大众要高。即为达到某一目的，能够坚持不懈，不屈不挠；不仅能够承受各种各样的挫折和失败，且善于在困境中发现机会，创造性解决困难，为达到事业的成就，具有坚韧不拔的意志。

(二)创业者要充满自信，敢于挑战风险

自主创业的一个重要的前提就是自信，即认为自己的企业比别人的企业强，具有产品性能或价格上的优势，能够提供更好的产品或服务。毫不夸张地说，一个人若没有自信就不会去创业。在经营企业过程中，最大的挑战就是市场的不确定性，如果创业者没有自信，往往不能承受市场波动或者暂时不利局面所带来的巨大压力。而自信的创业者在身处逆境的时候能够充满信心，坚定不移推行自己的方案，最终促使企业获得成功。

大家都知道，高收益往往是与高风险联系在一起的。但当一般的人考虑进行一次具有巨大风险的投资时，恐惧往往压倒一切。在这一点上，创业者却喜欢风险，善于接受不确定性，并愿意承担责任。那些无力承担风险的人，自然不会选择去创业。

(三)创业者要有坚韧不拔的敬业精神

坚韧不拔的毅力是成功的基石。伟大企业家的洛克菲勒说，世界上没有一样东西可以取代毅力。才干不可以，怀才不遇者比比皆是，一事无成的天才很普遍，只有毅力和决心无往而不胜。我们靠努力工作才能把握伟大的工作。任何一位推销经理都告诉你，每一个"不"的回答都使你越来越接近"是"的目标。只要你努力工作，发挥你的技巧与才能，成功的一天终会到来。

勤奋是坚韧不拔的具体体现，是创业的唯一途径。崇高的志向和远大的理想是实现幸福的前提，但绝不是幸福的实现；勤奋是崇高志向实现转化的根本途径，是远大理想向现实转化的根本条件。艰苦奋斗是创业的保证，要想创业成功，必须付出超人的辛苦和承受超常的精神压力。如果在这方面没有足够的心理准备，就有可能由于受不了艰苦而放弃，或承受不住压力而崩溃。创业的艰苦，不只是身体上的劳作和痛苦，更多的是精神上的煎熬，精神上的压力往往更令人痛苦。创业者还必须做好身体上吃苦的准备。创业者虽有独立支配时间的自由，但实际上往往是整日地没有休息地奔波劳顿。同时，由于条件简陋，创业者需要风里来雨里去，起早贪黑，顶严寒冒酷暑地劳作，甚至好长时间吃不上一顿像样的饭，睡不上一个完整的觉。

(四)创业者要有艰苦奋斗的进取精神

成功的创业者不仅要有理想、信念、抱负和符合主客观实际情况的奋斗目标，而且还要具有创业者的素质和胆识，具有知难而进的勇气，具有百折不挠和坚韧不拔的毅力，具有坚定的自信心。艰苦奋斗是中华民族的光辉传统，也是办好一切事业的基本原则，创业者对待创业这一新的事业，就要有这种精神，横下吃苦的心，不怕苦、不怕累，能在艰苦的环境中奋斗。

从某种意义上讲，创业是对高等院校毕业生的一种考验。任何一个创业者，在其创业的过程中都会遇到这样或那样的困难或挫折，如果没有应付困难或挫折的能力，获得创业这项事业的成功是不可能的。因此，在创业过程中，要培养自己对待困难和挫折的应变能力，保持艰苦创业作风。遇到困难或挫折时不退缩，不迟疑，知难而进，百折不挠，勇往直前。要学会从困难中看到希望，从失败中总结经验教训，转败为胜。在困难或挫折中经受考验，获得成功的喜悦，实现人生价值。

(五)创业者要有节俭守业的创业美德

市场竞争日趋激烈，市场经济从某种意义上来讲，就是买方市场经济，赚钱会越来越难，可以说我国现阶段已进入微利时代。微利时代需要经营者树立理性经营观念。作为一个企业，要想生存下来，不断发展，除了要做到价廉物美、服务优良外，还必须厉行节约，压缩不必要的支出，制止一切奢侈浪费的行为，创业初期尤应如此。节俭守业包括两方面的内容：一是在经营与管理中，要尽量压缩一切不必要的开支，严格控制成本；二是在利润分配中，要处理好积累与消费的关系，也就是挣了钱，有多少可以用于创业者个人消费，有多少应该用于扩大再生产。

三、创业能力

能力是个人从事社会实践活动的本领，创业者在创业过程中具备比较全面的能力，是创业事业稳定发展的基本保证。作为创业者应该具备以下方面的能力：综合知识的能力、创新与策划能力、计划与组织能力、管理能力、人际协调能力等。

(一)综合知识的能力

作为创业者，需要有良好的知识结构，既要懂得管理学的知识，又要了解相应行业的科学技术知识；既要懂市场，又要懂法律，还要了解人文和历史知识。在知识经济时代，创业者需要复合型的知识结构，这主要包括两个方面的内容：一是知识的广博性；二是知识的专业性。一方面，创业者需要广博的知识，能够吸收和借鉴任何时期、任何群体的经验和成果，培养敏锐的眼光和思维，在多种知识的综合上找到新的创业点，在多种机会的把握上获得优势；另一方面，为避免通而不专，创业者还应该是专才。"专"首先是指专业知识，没有专业知识，就不可能正确把握创业机遇与方案，作出正确决策；"专"其次是指管理知识，创业者的重要职责是把握创业方向、制订创业决策、对创业团队进行组织协调。管理知识既是团队管理所必需的，也是战略决策的基础。

在这些众多的知识领域中，任何人都不可能通晓一切，但创业者应根据自己的创业方向，设计自己的知识结构，同时具有综合知识的能力。

(二)创新与策划能力

创新是知识经济的主旋律，是企业化解外界风险和取得竞争优势的有效途径，创新能力是创业能力素质的重要组成部分。它包括两方面的含义，一是大脑活动的能力，即创造性思维、创造性想象、独立性思维和捕捉灵感的能力；二是创新实践的能力，即人在创新活动中完成创新任务的具体工作的能力。创新能力是一种综合能力，与人们的知识、技能、经验、心态等有着密切的关系。具有广博的知识、扎实的专业基础知识、熟练的专业技能、丰富的实践经验、良好的心态的人容易形成创新能力，它取决于创新意识、智力、创造性思维和创造性想象等。对于创业者而言，创业要成功，或者是你进入了一个新的市场，或者是你比别人提供了更好的产品与服务，或者你以更低的成本来提供同样好的产品与服务。这三者都需要创业者具有卓越的创新能力。

狭路相逢，智者胜，胜在策划。作为创新思维、创造市场竞争奇迹的技术手段，作为科学的思维方法，作为企业竞争中最有力的新武器——策划，对每一位创业者来说都是非常重要的，所以，根据外部环境和掌握的创业机会，进行富有创意的策划，对创建企业是至关重要的。因此，创业者要及早培养自己的策划能力。

（三）计划与组织能力

"凡事预则立，不预则废"，计划给个人和工作部门提供了在以后的活动中可以遵循的清晰图景。创业者根据外部经营环境和企业内部经营实际，在选定经营项目，确定企业发展方向和目标及企业发展战略等方面，预先决定采取恰当的行动来完成这些目标。它使得创业者能够对自己和雇员清晰描绘未来的图景。光有计划还不够，有了计划还需要把各种资源组合起来，以实现计划所确定的目标，这就是组织的任务，从企业经营的角度讲，组织要确定个人和部门的任务和权力，还要确定通过一种怎样的过程来利用资源以实现目标。从公司创业的历史看，往往是创业者的计划与组织才能使得一个小型的私营企业发展成为一个大型的公司。

（四）管理能力

在这个知识爆炸、环境复杂多变的时代里，许多事情仅靠个人的力量是很难完成的，因而管理能力就成为创业者必备的基本能力。首先，管理能力的主要表现是通过管理使整个团队更具有凝聚力和战斗力，能够有效地协调个人目标与团队目标，相互尊重、相互信任。对创业者来说，最重要的事情之一就是分散权力。随着业务的增长，不要试图让自己做所有事情，因为创业者不可能有足够的时间、知识和技能来应付每件工作。其次，使成员明确团队的目的，建立公认的限制条件和相互交流的习惯等。一个积极向上的工作环境，会培育团队的合作精神。当一个公司上下团结一致时，它建立和保持的发展动力就会变得比相反的情况更加容易。一个成功创业家的关键技巧，就是把投资人、分析师、合伙人、客户和员工等人的能量转化为积极向上的动力，通过能给出创造自信和向组织注入自豪感的目标，去激励你的团队把工作做得最好。

（五）人际协调能力

创业面临的是高度竞争的压力，成功与否的条件之一在于自身的人际协调能力。也就是说，本身的知识结构与人际协调能力是否符合社会的需求，而且是否有能力发现自身知识结构的优势与社会需求的结合点是关键因素。正是由于在自身力量的积累方面不具有优势，对于决心创业的人来说，如何获得广泛的社会支持，并在这种支持下充分利用各种有利于事业发展的因素，就成为取得成功的最重要的能力之一。从这个意义上讲，个人交际能力对于创业成功非常重要，这种能力实际上是善于获得和利用社会支持的能力，有时候这种支持的重要性甚至超过经济上的支持。这就是为什么许多招聘单位特别看重应聘者社会活动能力的原因所在。善于与别人进行互利互惠的合作，实际上也是公关交际能力强的表现，对于立志在商业上成功的人来说，有意识地培养这种能力非常重要。

四、培养创业素质，提高创业能力的途径

创业者需要一些天赋条件，但更多的是后天培养的。培养和提高创业者素质能力的办法有很多，就大学生而言，主要有以下途径。

(一)利用大学社团得到实践锻炼

学校社团的任何一项活动，从策划到最后实现是个综合过程。大学生积极参与全局，体验全局，可锻炼组织、协作、资源利用等能力。这是锻炼综合能力最基本的途径。

(二)利用假期参加工作进行实践锻炼

现在社会留给学生的工作机会很多，利用工作可充分锻炼自己的综合能力。如市场调研、销售、组织、人力资源管理、财务管理、物流管理等各方面能力都可以在工作的过程中或多或少地得到锻炼，加上相关书籍的对照学习，还可以积累相关经验。大学生工作中的实际工作往往都是烦琐的或者重复性强的工作，但不能小看这些工作。如做销售，在此过程中，大学生可以观察消费者的消费能力、消费观点、对公司产品及市场相关产品的评价等，掌握市场消息、预测市场需求、洞察市场空白，以市场指导生产。以后，若从事相关的项目创业，在市场方面便有了对照和参考。

(三)参与学校的科研项目获取实践经验

参与学校科研项目的同学，有更多接触项目导师的机会。项目导师跟社会的接触往往很紧密，在导师那里能学到很多实践经验。参与科研项目，能通过实验充分锻炼动手能力，找出创业金点子，锻炼策划能力。

(四)毕业后在企业实际锻炼

企业就是个实际创业团队。在这个团队里，能够锻炼能力积累经验。但要想独立创业，还需要善于发现全新的创业金点子，或从所在企业市场空白处找到创业契机，或自己组建的团队高于所在企业的团队，那么独立创业才会有成功的把握。"眼高手低、纸上谈兵"是一些急于创业的同学的特点，经验不足，缺乏从职业角度整合资源、实行管理的能力，是大学生创业失败的一个重要原因。因此，要做成一个项目，没有实践经验就没必要盲目尝试，没有在人生独立之初就体验重大失败的必要。

第三节　影响创业的因素

一、创业者的个人素质

有些创业者，由于不熟悉甚至根本不了解创业的相关知识就盲目"上路"，结果导致创业的失败。作为创业者，必须了解并熟练掌握创业的一些基本知识，如创业团队、商

业机会、商业计划、市场营销、财务管理、创业融资等，必须了解与创业有关的法律法规，要清楚国家关于创业的现行政策，这是创业者必须具备的最基本的创业素质。

创业是一个实践过程，在这一过程中，创业者必须培养自己独立思考、自主抉择、身体力行、富于创新，善于与客户、传媒、销售商、内部员工等进行沟通、交流、合作的心理品质；要敢于行动、敢冒风险、敢于拼搏、勇于承担行为后果，善于克制个人欲望，防止行为冲动，能够用积极的态度看待来自工作和生活的压力，进行自我调节，具有百折不挠、坚持不懈的意志品质，能够保持良好的心理适应性。

另外，创业者在创业实践中还要不断完善自己的创业能力。这些能力不仅包括前文提到的那些基本创业能力，还包括计划决策、人事管理、市场营销、生产运作、财务管理等传统的管理能力，另外，还包括建立独特创业文化的能力，如独特的领导能力、善于化解各种矛盾的能力、与众不同的管理风格、容易获得各方信任的能力等。这些能力既不是与生俱来的，也不可能在创业之前就完全拥有，需要创业者在创业的实践过程中去完善、去发展。

二、创业团队的管理

现代创业活动已非纯粹一种追求个人英雄表现的行为，相反，成功的创业个案大都与是否有效发挥团队运作密切相关。虽然每一位创始人可能都有完全掌控新企业发展的欲念，并希望所有成员都能在他的指挥下行事，不过许多调查显示，团队创业成功的概率要远远高于个人独自创业。虽然不乏个人创业成功的案例，不过一般而言，个人创业型的新企业成长较为缓慢，因此风险投资业者通常不愿意考虑这种个人创业类型的投资案例。当然也并非采取团队创业就一定会获得成功，但风险投资业者普遍相信，纵然团队创业成功的概率不一定高，但团队创业成功后所产生的回报价值一定相对较高，所以他们在投资新创企业的时候，都会将团队因素列为重要的评估指标。事实上，创业团队的素质才是影响创业成败的关键因素，因此风险投资业者在评估投资对象的时候，除了考虑创业团队成员的能力与经验外，也会对具有潜力的团队提供许多有助于提升团队运作水平的管理咨询服务。

一项针对创业家能力的研究报告也指出，组成团队与管理团队是成功创业家需要具备的主要能力之一。由于组成创业团队的基石在于创业远景与共同信念，因此创业家需要提出一套能够凝聚人心的远景与经营理念，形成共同目标、语言、文化，作为互信与利益分享的基础。组成创业团队是一种结合远景、理念、目标、文化、共同价值观的机制，使之成为一个生命与利益共同体的组织，因此创业家对于组成团队与奠定团队基石，承担着非常重要的责任。除此之外，一个成功的创业家还需要知道如何管理团队，并具备领导团队运作的能力。一般而言，成功的创业团队运作应该具备以下的特征。

1. 形成凝聚力与一体感

团队是一体的，成败是整体而非个人，成员能够同甘共苦，经营成果能够公开且合理地分享，团队就会形成坚强的凝聚力与一体感。

2. 团队利益第一

每一位成员都应将团队利益置于个人利益的前面，而且充分认识到，个人利益是建立在团队利益的基础上，因此团队中没有个人英雄主义，每一位成员的价值，表现为其对于团队整体价值的贡献。

3. 坚守基本经营原则

坚守顾客第一、质量至上、保障工作安全与员工福利、诚信无欺等基本经营与诚信原则，并作为组成团队的理念基础。

4. 对企业的长期承诺

对于企业经营成功给予长期的承诺，每一位成员均了解企业在成功之前将会面临一段艰苦的挑战，因此承诺不会因为一时利益或困难而退出，并同意将股票集中管理，如有特殊原因而提前退出团队者，必须以票面价值将股权出售给原公司团队。

5. 成员愿意牺牲短期利益来换取长期的成功果实

团队成员将不计较短期薪金、福利、津贴，而将创业目标放在成功后的利益分享。

6. 全心致力于创造新企业的价值

团队成员均应一致认为，创造新企业价值才是创业活动的主要目标，因此一致承诺致力于这样的目标，并认识到唯有新企业不断增值，所有参与者才有可能分享到其中的利益。

7. 合理的股权分配

平均主义并非合理，团队成员的股权分配不一定要均等，但需要合理、透明与公平。通常创始人与主要贡献者会拥有比较多的股权，但只要与他们所创造价值、贡献上能相配套，就是一种合理的股权分配。有一家创业公司的4位成员以平均方式各拥有25％的股权，但其中两位几乎对于新企业发展完全没有贡献，这样的创业团队其实是不健全的，也因为如此，几乎没有一家风险投资公司愿意投资在这家公司。

8. 公平弹性的利益分配机制

创业之初的股权分配与以后创业过程中的贡献往往并不一致，常会发生某些具有显著贡献的团队成员，拥有股权数较低，贡献与报酬不一致的不公平现象。因此好的创业团队需要有一套公平弹性的利益分配机制，来弥补上述不公平的现象。例如，新企业可以保留10％盈余或股权，用来奖赏以后有显著贡献的创业成员。

三、创业资金的筹措

对于创业者而言，影响创业成功的关键问题就是缺少创业的资金，没有创业资金就不可能创业。作为初创企业，创业者可以利用的资金来源主要有个人资金、银行贷款、政府资助、风险投资等。创业者在选择资金来源时不仅要考虑获得资金的难易程度，还必须考虑创业总体资本结构的构成及其比例。筹措创业资金一般有以下几个途径。

(一)充分利用个人资金

个人资金主要来自创业者的自有资金、亲朋好友的资助及其他个人投资。创业者的自有资金作为权益资本，是所有者地位的象征，是企业外部融资的基础，是获得外部投资者信任的保证。亲朋好友的资助是新创企业的重要资金来源，它能够增强创业的实力，但创业者必须与资助者签订协议，分清权利与责任，切忌感情化和随意性。其他投资是指来自一些高收入阶层的富有者，有人称之为"天使投资"，他们以个人或小团体形式将个人拥有的资金提供给新创企业，一般以权益资本参与投资，这也是初创企业的重要资金来源，有利于增强初创企业的融资能力。

(二)争取银行与政府支持

银行贷款是初创企业进行融资的主要来源，但往往要求新创企业或创业者以一定价值的资产作抵押或担保，这对于没有任何实物资产或资金的创业者来说是很困难的；同时，贷款的条件、创业者与银行信贷人之间的关系也不容忽视。当前，由于新创企业对经济增长、扩大就业等具有重要的促进作用，各级政府对创业都持鼓励态度，创业者要努力争取获得政府的资助。虽然，政府机构一般不会直接向新创企业投资，但政府可以提供担保由商业银行向新创企业贷款，这在企业的初创时期是十分必要的。

(三)赢得风险投资的青睐

风险投资是初创企业的又一个重要资金来源，它是由专业投资者投入到新兴的、迅速发展的、有巨大竞争潜力的企业的一种权益资本。风险投资通常投资于那些成功机会大、有高速发展潜力的企业，为此，对于初创企业而言，很难赢得风险投资的青睐。目前，国内有300家风险投资公司，管理资本总量近600亿元。创业者要努力寻找那些投资机会大、有巨大潜力的投资项目，以期赢得风险投资者的青睐，为创业奠定成功的基础。

四、创业机会的发现和把握

对创业有了理性的认识，具备了创业的素质，拥有了创业的资金，可以说是万事俱备，只欠"东风"，这个"东风"，就是创业的机会。许多创业者因为没有机会而不能创业，许多创业者因为失去机会而创业失败。

事实上，创业机会无时不有、无处不在。一般情况下，有变化就意味着有商机存在，变化中常常蕴藏着无限商机，它需要创业者凭着自己敏锐的嗅觉去发现、去创造。创业者的眼光不要总盯着高科技，要善于从运输、金融、保健、饮食、流通等所谓"低科技领域"中把握机会；要善于盯住某些特殊顾客的需要，并进行分类，认真研究他们的需求特点，就可能发现商机的存在；要善于从"负面"寻找机会，着眼于那些大家都"苦恼的事""困扰的事"，如果创业者找到了解决的办法，也就找到了创业的机会。

创业者首先要善于收集各种必要的信息并从中发现可能性，将别人看来仅仅是一片杂乱无章的事物联系起来，创造性地把握住那些有潜力的商机；其次，创业者要善于与人交流，洞察竞争者的计划、战略、生产、技术、产品、顾客等信息，从中发现并把握住有潜力的商机；最后，创业者要善于了解市场，市场是唯一决定能否带来一个有潜力的商机的重要因素。

五、创业项目的确定

调查显示，我国个人创业的成功率低于60％。如此多的创业项目归于失败，不但造成创业者个人财富的巨大损失，而且也浪费了一定的社会资源。究其原因，除了创业过程客观上具有的高风险以外，创业者选择创业项目失误也是一个重要原因。如果创业者在选择创业项目时采取科学的思路与方法，准确地识别和把握市场机会，做到有的放矢，不仅能够在很大程度上降低创业风险，而且可以有效提高创业成功率。创业项目的选择应遵循以下四大原则。

(一)知己知彼原则

知己，就是创业者在选择项目之前，应该首先对自己的状况有一个清楚的认识和判断。例如，自己可以提供多少创业资金，有哪些从业经验和技能专长，自己的兴趣和爱好是什么，社会关系状况如何，自己在性格上有哪些优势和弱点，家庭成员是否支持，等等。从创业者本人的角度看，"知己"越深入，越详尽，就越容易找到扬长避短并适合自己的项目，越能提高创业成功率。知彼，就是要了解创业所在地的社会经济环境。要认真分析当地的发展政策，包括产业结构政策、金融政策、税收政策、就业政策等；当地的消费环境，例如居民的购买力水平、购买力投向、购买习惯等；当地的自然和人文资源，包括具有市场开发价值的工业原料和农林渔牧产品、传统的生产加工技术、独特的自然和人文景观等；当地市场的竞争强度，包括选择项目所在行业的竞争者数量、规模、实力水平等。深入考察创业环境能够帮助创业者开阔视野，敏锐捕捉市场机会，增强项目选择的合理性。

(二)量入为出原则

在创业行动之前，不少创业者对未来充满激情，于是创业时必须考虑的财务问题往往被忽略掉，最终发展前景很好的项目因资金周转困难而中途夭折。所以量入为出是创业者必须切实遵循的一个原则。如项目启动资金量是否可以承受，后续资金投入能否跟上，还要考虑项目投入中固定部分和流动部分的合理比例，不能顾此失彼。

(三)自有资源优先原则

自有资源，就是创业者本人拥有的或自己可以直接控制的资源，包括专有技术、行业从业经验、经营管理能力、个人社会关系、私有物质资产等。相对于其他非自有资源，自有资源的取得和使用成本往往较低，同时这些物质资源在利用过程中也容易使项目获得标新立异的优势，在今后的市场竞争中占据主动地位。

(四)短平快原则

由于先天条件不足，创业者在创业之前普遍缺乏资金、客户等资源，因此为尽快脱离创业"初始危险期"，使项目的动作进入良性循环，在同等条件下，应优先考虑那些"短平快"项目。这样操作一方面可以迅速收回投资，降低投资风险；另一方面即便是项目后期成长性不好，创业者也可以选择维持经营或后期主动退出，利用掘到的"第一桶金"另寻出路。

在以上四个原则的指导下，创业者需要开动脑筋、睁大眼睛细致搜索创业项目。任何项目都有风险，不可能求全责备，但是事先的周密考察是极为重要的。对市场信息一定要重考察分析，没有实地考察和对现有用户经营情况的了解，千万不要轻易投资。

六、创业经验的积累

每一个成功的创业者在其个人档案中都有着十分丰富的经历，他们在自己创业之前都是在为他们的雇主打工，他们大都积累了十年甚至二十年的商业经验，建立了良好的人际关系，拥有大量的实践知识，并在某一行业、市场或技术方面做出了突出业绩。在多年的实践中，他们具有十分完整的有关顾客、销售渠道和市场方面的知识，能够识别各种商业行为，已经在多年的自我发展历程中获得了创造性的预见能力和捕捉商业机会的能力。成功的创业者一般年龄比较大，大多都已积累了足够的净资产可投资于创业企业，或者具有丰富的业绩纪录，能给投资者和债权人留下深刻的印象并取得他们的信任，这些都为他们的创业生涯奠定了很好的基础。

创业者具有某个特定行业的相关经验、实践知识、态度、行为和技巧，可以大大提高创业成功的机会。如果创业者不具备这些条件，那么他们就必须要在创业过程中学习这些东西。作为创业者，必须要知道创业要做哪些准备，从哪里获得相关的创业知识，如何进行预测，自己的创业企业定位在哪里，什么时候才能开始等。创业者必须要能够根据个人的背景、经验和动力来确定自己有希望成为一个什么样的创业领头人，直至成为创业企业家。

创业者有了这些经验的积累，创业成功的机会就比较大。即便有人说运气对于创业成功很重要，但是成功的创业者认为充分的准备才是创业成功的必要条件。创办企业只是创业过程中最简单的一部分，更困难的是新企业要能够生存下来，持久经营，并把这个新企业发展成为最终可以喜获丰收的企业。一个有经验的创业者能够预期风险，小心翼翼，在有选择的情况下，他们往往通过让别人一起分担风险、避免或最小化风险来左右成功优势的倾斜方向。他们常常把风险分割成可接受、可消化的小块，到那时，他们才肯付出时间和资源，看哪部分的风险与效益划得来。他们不会故意承担更多的风险，不会承担不必要的风险，这就是创业经验为创业者带来的好处。一个有才能有经验的创业者，他们会追逐有吸引力的商业机会，而且能够吸引到使企业顺利运作的合适人才和必要的资金及其他资源，他们往往能带领创业企业走向成功。有人说钱是创业成功最重要的因素，但是许多创业者有了足够的钱，但成功却没有随之而来。可以说钱是创业企业获得成功因素中最不重要的一项，它是没有生命的工具，只有被那些有经验的创业者所掌握才会创造奇迹。

大学生长期待在校园里，对社会缺乏了解，特别在市场开拓、企业运营上，很容易陷入眼高手低、纸上谈兵的误区。因此，大学生创业前要做好充分的准备。一方面，去企业打工或实习积累相关的管理经验；另一方面，积极参加创业培训，积累创业知识，接受专业指导，提高创业成功率。

七、创业环境的保障

能否创业成功，不仅与创业者的综合素质和个人奋斗有关，还与社会整个创业环境有关。对于政府而言，若鼓励全民创业，就必须在社会上营造一个良好的创业氛围，为创业者构建一个完善的创业环境。

（一）营造良好的创业氛围

创业氛围是"人"的氛围。良好的创业氛围要求创业有很旺的人气，对创业感兴趣、愿意参与创业的人越来越多，比例越来越大，其中尤其以高层次、高素质人才为主；每年新诞生的企业达到一定规模，新创企业所创造的就业机会占到相当比例；新创企业对经济增长的贡献呈上升趋势，对社会财富积累发挥的作用越来越大。为此，要在全社会特别是在青年中形成良好的创业氛围，帮助越来越多的大学毕业生直接创业或参与创业，使越来越多的人特别是青年人创业成功，促进社会经济的蓬勃发展。

（二）构建完善的创业环境

创业环境对于营造良好的创业氛围具有重要作用。创业环境主要包括政策环境和法律环境。党中央明确提出了公有制经济与其他经济成分共同存在和发展，这一政策的制定为创业者提供了广阔的舞台。近年来，国家出台的有关创业的法律法规越来越多，创业的法律环境日趋好转等，所有这些都为创业者的创业活动提供了宽松的外部环境。但中国的创业环境与发达国家相比还有差距，还需继续完善。目前，国家、政府出台的政策、法律等制度针对大学生就业的比较多，但针对在校大学生创业的尚处于空白。地方性法规就更少了。由于大学生创业在我国的历史比较短暂，各方面认识不够，与创业相关的政策、法律、金融等设施不完备。政府政策尚未到位，从行业归属角度讲，"创业"涉及劳动就业、科技创业、中小企业、非公有制、民营经济、投资融资等部门，许多地方都在热衷于设立上述管理机构，以便把"创业"这项工作管起来，结果造成各项手续审核过多，市场准入的成本和门槛太高，严重打击了创业者的积极性。

第四节　创业准备与一般创业过程

创业是一项深刻的创造性艺术，创业者的创业活动是一种创造性的实践过程，每个创业者走的是各不相同的创业道路。尽管创业的道路有千万条，但创业活动仍然受一定的规律支配。

一、把握创业机遇

机遇是指机会，有利的境遇。机遇稍纵即逝，目光敏锐、勇敢果决者常常能获得它。

另外，机遇对任何人都是平等的，能不能抓住它，主动权在每个人手里。机遇对于创业而言具有特别重要的意义。

(一)机遇的作用

机遇往往会对事情的发展起到催化剂的作用。当创业的基本条件已经具备时，机遇更是不可或缺的。只有及时、准确地把握住机遇，才能赢得成功。从一定角度讲，机遇是创业的动力，它把创业者推上社会舞台；机遇是创业的路标，它为创业者指明方向；机遇是创业的关键，使创业者走向成功。

(二)机遇的把握

首先，是发现和认识机遇。机遇的特征决定了机遇不会主动地、直接地出现在人们面前，人们只有注重知识的积累，掌握机遇的特征，用心观察细微事物，才能发现和认识机遇。

其次，是善于寻找机遇。我们说机遇无时不在，无处不在，是针对人类创业活动的整体而言，也是针对创业者的主动寻求而言的。古今中外的众多事实表明，能等来的机遇远远少于人们主动寻求到的机遇，这是由机遇的存在特征决定的。由此可以说，机遇是留给有准备的人的。

(三)当前创业机遇

当前中国经济发展面临着双重困难，一方面是传统工业化道路还没走完；另一方面是面临全球知识经济的挑战。经济发展的困境要求高科技创业的发展，而此过程必须依靠高层次的人才，所以中国更应该鼓励有知识的人才参与创业。中关村的发展模式就是让中青年教师、优秀的大学生、硕士、博士提出创业计划，通过引进风险投资金扶持他们创业。这是对人才、政策、资金等社会资源的有效整合。从国内的创业环境来说，创业氛围在逐步形成。国家也陆续出台了与创业这个大环境相配套的政策，比如大力推进素质教育、发展高新技术促进产业化等。国内的科技界、教育界都围绕创业进行相应的思考和行动，这是创业发展的战略机遇所在。

二、分析创业环境

环境是创业活动的时代背景，是创业者的舞台。任何创业活动都必须面对一定的创业环境，都要争取在有利的环境中进行。认识环境，分析环境，合理利用环境，巧妙适应环境，是大学生创业者必不可少的创业准备条件。

(一)宏观环境分析

宏观环境分析，即对社会文化环境、经济环境、政治环境、法律环境、技术环境和自然环境等因素进行分析。

社会文化环境因素，是指社会的宏观环境(如我国的宏观经济状况及指导政策等)和社会的文化风貌(如社会对于创业和大学生创业的主流价值观念等)的总括。目前，我国的社会文化环境总体上是有利于大学毕业生进行自主创业活动的。

经济环境因素，是指国家或地区经济发展的总体水平、经济结构和产业结构、社会成员收入状况和生活水平、生产原料和能源供应状况、人才及融资情况等。大学生创业者通过对经济环境的分析研究，可以预测经济环境将来的发展趋势，及时调整创业发展计划。

政治环境因素，主要指国家政治制度、管理体制及政局的稳定、社会的安定状况。政治环境对创业活动有重大影响，稳定的政局、安定的社会局面，有利于大学生的创业活动。反之，则会阻碍大学生的创业活动。

法律环境因素，是指国家有关经济等方面的法律保障因素。国家通过制定法律、法规、政策给创业者提供更多的机会和法律保障。但是有些法律法规，也会给创业者带来风险和约束。社会主义市场经济是法制经济，大学生创业活动应纳入法制轨道。

技术环境因素，是指技术的发展状态、国家的技术投资重点和技术倾斜政策、专利保护、技术转移及商品化速度、技术创新及因此带来的经济效益等因素。对于技术型创业企业，尤其要重视相关技术的环境因素。

自然环境因素，是指创业单位所在地区或与该企业相关联地区（如创业企业原料产地等）的地理位置、自然气候、资源状况、自然灾害等因素。该因素对创业者的影响也不可小视。

(二)微观环境分析

微观环境分析，即对企业竞争环境、市场需求环境和产品生命周期等状况进行分析。

"知彼知己，百战不殆"，在激烈的市场竞争中，大学生创立企业要认真分析企业将会面临的竞争环境和市场需求环境。企业竞争环境分析包括企业竞争对手的实力、企业规模、技术水平和市场占有率等状况的分析。进行企业竞争环境分析，以便发现自己的创业机会，为今后在激烈的市场竞争中站稳脚跟打下基础。市场需求环境分析包括全国或某一地区的总体市场和创立企业所生产的消费品及提供服务的各细分市场、市场需求现状及变化趋势、市场创新等状况分析。进行市场需求环境分析，可以为创业企业适应市场需要，调整企业的发展计划提供分析依据。

此外，任何产品都有其生产、发展到消亡的过程，这个过程是产品的生命周期。忽视对产品的生命周期的分析，有可能对创立企业带来致命的打击。因此，创业者在对创业环境进行分析时，必须考虑到产品的生命周期。

三、选择创业方向

选择什么行业作为自己的创业方向呢？这是创业者创业之初首先要考虑的问题。一般对初次创业者来说应考虑以下因素。

(一)选择资金周转期短的行业

创业起步阶段，由于资金有限，而且有限的资金还要用于办理各种手续、购置固定资产、购买原料等，因此，创业起步阶段选择的行业，其资金周转期要尽可能短一些。在确定创业项目之后，如果只有资本而无周转资金，创业经营就会困难重重，创业目标就难以实现。

(二)选择技术性要求不太高的行业

一般来说，在自主创业初期，可以选择技术要求不高、资本需要量不大的行业。因为技术性要求过高往往对创业资本要求也较高。

(三)选择成长性的行业

创业就是要使自己的事业不断发展壮大。一个成功的创业者所选择的创业行业应该是成长性的行业。企业经营业绩好，而且逐年增长，甚至有高速发展的前景，这才是最有前途的投资创业行业。有发展前途的行业，既是对创业者的挑战，也能够给创业者以更大的回报。所以，在选择创业行业的时候一定要考虑所选行业的发展前景。

(四)选择自己熟悉又专精的行业

对于自己熟悉的领域，可以充分发挥自己的专业特长，初期可以小本经营或找股东合作，按照创业计划逐步拓展。企业应先求生存再求发展，扎好根基。大学生自主创业应避免好高骛远，必须重视经营机制，步步为营以求创造利润。

四、确立创业方式

(一)开办自己的企业

开办自己的企业，从头干起。这是很多成就大业的创业者最常用的方法，从头开始虽然相对比较困难，但最大好处是便于决断、避免利益纠纷，易获成功。

(二)合作经营

合作经营是指两个或两个以上的合作者，通过协商签订合同，规定合作各方的权利和义务，据以开展经营活动的投资方式。合作经营可以利用原有企业的设备、技术、场地，合作生产、加工产品等。合作经营，可以节省大量的时间与精力，缩短创业周期，投入相对较低。

(三)加盟特许经营

特许经营是目前世界上较流行的经营模式。特许经营总部通常有标准的经营方式，如肯德基、麦当劳、佐丹奴专营专销，以及汽车、空调、彩电、摩托车等特约销售、维修等。虽然目前特许经营在中国还处于起步发展阶段，但经过近几年的普及和推广，发展速度很快，在一些知名品牌的特许经营体系中，网点规模增长很快，社会上越来越多的人正加入到特许经营的事业中。特许经营提供了一种低风险的双赢模式。

(四)自由职业者

自由职业者就是创业者通过设计、咨询、策划、电脑编程、写作、翻译等一些创造性的劳动或专业技术工作而获得报酬或利润。自由职业也是创业的一种形式。成功的自由职业者在很大程度上依赖个人在业界的声誉和地位。由于自由职业者管理企业就是管理自己，因此，良好的自我控制能力是创业的关键因素。

(五)风险投资创业

这种创业形式有两个主体：一是掌握商业构想、有能力而缺乏资金的创业者；二是有资金的风险投资家。风险投资创业，就是创业者出人、出智慧，风险投资家出钱，双方共同创建一个有市场前景的新企业。

五、编制创业计划书

当选定了创业目标与确定了创业的动机之后，而且在资金、人脉、市场等各方面的条件都已准备妥当或已经累积了相当实力，这时候，创业者就必须提出一份完整的创业计划书。

创业计划书是用以描述与拟创办企业相关的内外部环境条件和要素特点，为业务的发展提供指示图和衡量业务进展情况的标准。通常创业计划是结合了市场营销、财务、生产、人力资源等职能计划的综合。

创业计划书有相对固定的格式，对初创的风险企业来说，创业计划书的作用尤为重要。当选定了创业目标与确定创业的动机后，在资金、人脉、市场等各方面的条件都已准备妥当或已经累积了相当实力，这时候，就必须提供一份完整的创业计划书，创业计划书是整个创业过程的灵魂。

(一)创业计划书的作用

1. 创业计划书是减少风险的有效途径

做创业计划书，能够比较客观地帮助创业者分析创业的主要影响因素，能够使创业者保持清醒的头脑，对要创业的项目有更深刻的认识。同时，在对创业的理由进行正反两面的推敲时，创业者能对项目有更清楚的认识，这有助于降低创业的风险，增加创业者的创业决心。

2. 创业计划书是筹措资金的通行证

一项比较完善的创业计划，可以起到向风险投资家游说创业投资的作用。创业者创业要成功，离不开资金。一份好的创业计划书显示了企业经营的构想与策略，产品市场需求的规模与成长潜力，同时也证明了创业者对市场和财务的分析预测是有根据的。所以，从这个意义上讲，一份优秀的创业计划会成为创业者吸引资金的"敲门砖"和"通行证"。

(二)创业计划书的内容

创业计划书应具备的内容：计划摘要、企业描述及产品（或服务）介绍、市场分析、经营计划、财务计划、生产计划、组织结构、风险评估、附录九部分。

1. 计划摘要

计划摘要是创业计划书最前面的部分，是最浓缩、最精华的部分。它应当涵盖创业计划的主要内容，要说明本企业与其他企业的不同之处及企业获得成功的市场因素。它应当保证投资者能够一目了然地了解创业计划并利于评估。

计划摘要一般包括以下内容：公司介绍、管理者及其组织、主要产品和业务范围、市场概貌、营销策略、销售计划、生产管理计划、财务计划、资金需求状况等。摘要应尽量简明、生动，特别要说明本企业的特殊之处及企业获取成功的市场因素。

2. 企业描述及产品(或服务)介绍

企业描述，就是你的企业到底是什么。企业描述必须描述所要进入的是什么行业、是买卖业、制造业还是服务业？卖什么产品、还是提供什么服务？谁是主要的客户？还有进入产业目前的生命周期是处于萌芽、成长、成熟还是衰退阶段？是用独资的方式呢还是合伙？为何能获利、成长？打算何时开业？是否有季节性？等等。

同时对你所提供的产品或服务进行介绍，即：企业能提供的产品(服务)的内容，产品(服务)竞争对手分析，产品(服务)的研究开发过程，产品(服务)的市场前景分析，产品的技术支持和售后服务。在进行产品(服务)介绍时，要注意详细准确，通俗易懂，让不懂技术的人也能读懂这部分的内容。

3. 市场分析

创业者要进行详细的市场分析和预测，同时提高市场分析的可信度，以保证投资者的信心。市场分析这个部分包括三方面：第一，顾客的需求分析，包括目标市场顾客的描述和分析，市场容量和趋势的分析预测；第二，市场竞争分析，包括竞争分析和各自竞争优势，估计的市场份额和销售额，市场发展的趋势；第三，宏观环境的分析，包括企业所处的产业环境的发展、所处的行业环境，要明确企业所处的环境如何帮助实现或阻碍计划的实现。在进行市场分析时，要注意周密详细，客观真实。

4. 经营计划

经营计划主要是指企业如何开展产品和服务的营销活动，它是决定企业能否经营成功的最主要因素之一。经营计划主要包括：(1)产品的品牌策略、包装策略和营销策略；(2)产品的营销渠道的选择；(3)产品的促销策略的选择；(4)产品的定价策略的选择。

5. 财务计划

财务计划的目的是让投资者对企业可能的财务状况更有信心。财务计划主要解决的问题包括：企业是否有能力承担短期负债，企业能否利用资产产生足够的营业利润，企业是如何筹措资金的，企业的拥有者是否能得到收益或回报。财务计划一般包括的内容有：(1)财务假设的立足点；(2)预计的会计报表(包括资产负债表、损益表)；(3)财务分析(包括现金流、本量利、比率分析)。其中融资计划是创业计划的关键部分，是创业投资者十分关心的问题，其内容包括：资金需求量及资本结构；如何使用这些资金，说明投入资金的用途和使用计划；投资人可以得到的回报；预计未来3~5年平均每年净资产回报率，投资方以何种方式收回投资，具体方式和执行时间等。

企业的财务规划要保证与创业计划书一致。事实上，财务分析和企业的生产计划、经营计划和组织计划是紧密相联的。

6. 生产计划

生产计划应当包括以下内容：设备的购置、设备的更新、生产计划的制订、产品制造和技术水平、质量控制和改进计划等。生产计划要依据投资规模和销售计划而进行编写，只有这样才能使企业走上健康之路。

7. 组织结构

高素质的管理人员和良好的组织结构是管理好企业的良好保证。企业管理人员的素质高低直接决定了企业经营风险的大小，这也是风险投资者为什么特别关注企业的人员组织结构的原因。一个企业必须具备负责产品研究开发、营销、生产管理、财务方面的人才，这几类人才各司其职，要求工作能力强、能够独立开展工作。这些人才的基本情况、教育背景、工作经历都要在组织结构部分进行详细说明。企业的结构也要进行介绍，包括组织机构设置、人员设置构成、各部门的职能等。此外，企业文化即企业的价值观体系也可以在本部分进行介绍。

8. 风险评估

对于创业者来说，既有盈利的可能，也有亏损的风险，所以在编写创业计划书时，要客观理性地列出可能的风险因素，估计其发生的概率，对企业的影响，并积极寻求解决办法。

进行风险评估是为了确认进行风险投资可能会产生的风险。风险不是说有人竞争就是风险，风险可能是：当初选的地点旁有地铁，可是后来地铁不经过。还有进出口会有汇兑的风险、餐厅有火灾的风险。另外还要注意当风险来时如何应对。只有列出可能产生的风险，才能提醒经营者制订出有效的防范措施，维护投资者的利益。

9. 附录

一般来说，附录的主要作用是附上与创业有关的佐证材料，可分为附件、附图和附表三部分。(1)附件包括董事会名单及简历、公司章程、产品说明书、市场调查资料、专利证书、鉴定报告、注册商标；(2)附图包括企业的组织结构、工艺流程图、产品展示图、产品销售预测图、项目选址图；(3)附表包括主要产品目录、主要客户名单、主要供应商和经销商名单、主要设备清单、市场调查表、现金流量预测表、资产负债预测表、损益预测表。

链接

创业计划书格式

目录

摘要

1. 执行总结

1.1 项目背景

1.2 目标规划

1.3 市场前景

2. 市场分析

2.1 客户分析

2.2 需求分析

2.3 竞争分析

2.3.1 竞争优势

2.3.2 竞争对手

3. 公司概述

3.1 公司

3.2 总体战略

3.3 发展战略

3.3.1 初期战略

3.3.2 中期战略

3.3.3 终极战略

3.4 人力资源组织

3.5 财务管理制度

3.6 企业文化

3.7 服务概述

4. 组织管理体系

4.1 组织机构

4.2 部门职责

4.3 管理模式

5. 投资策略

5.1 股份募资

5.2 项目融资

6. 营销战略

6.1 营销目标

6.2 营销模式

6.3 产品流动模式

7. 财务分析

7.1 营业费用预算

7.2 销售预算

7.3 现金流量表

7.4 盈亏分析

8．风险分析

8.1 机遇

8.2 风险及策略

9．退出策略

附录：市场调查问卷

六、创造创业成功的条件

在创业计划制订后，即依据计划内容，为创业活动的开展做好在人员、关系、资金上的准备工作，以保证整个创业过程按计划顺利展开。

（一）可行性论证

在创办企业之前，必须充分了解市场，对市场做出预测，并做出资金投入概算、收益预算、风险分析等，要有详细的可行性论证。如果经过可行性论证证明项目是可行的，则可着手去创业。

（二）资金条件

在创业起步工作中，资金的筹措是最为关键和重要的。虽然《个人独资企业法》的出台，意味着1元就可以创办公司，但那只是对个人创办企业取消了资金限制，并不能说明1元钱就能办成公司。在创业实践中，白手起家的实例不少，但毕竟都不是真正意义上的白手，无非借助他人的资金实现起家罢了。创业者在开始创业时，往往是缺乏资金的，他们除了个人的积蓄外，大量的资金都需要设法筹措，"借鸡下蛋"几乎是每个创业者创业启动的重要捷径。

（三）人员条件

任何创业组织都是以一定人群在统一目标引导下，各自分工协作所构成的组织，任何创业活动都是以人为主体的活动，而创业所需的资金和物质设施等，不过是人群在其活动中所创造或带来的副产品。所以创业活动首要的和必要的条件是具有和创业活动相和谐、相适应的、具有特定素质和能力的人或群体。

1．创业者自身

创业者作为创业活动的发起者、组织者和决策者，其自身条件对创业的成败起着决定性作用。创业者应通过各种方式加强自身基本创业素质的训练，为创业活动做好个体素质的准备。

2．员工队伍

拥有一只高素质的员工队伍是办好企业的重要条件之一。为了保证企业按时开工，顺利进行生产经营，企业必须招聘各类管理人员、技术人员、生产人员、营销人员和其他辅助人员。同时要运筹好各类人员的配置，并要对各类骨干人员进行培训，以达到上岗要求。

(四)市场条件

企业的生产、经营和服务离不开市场。开办企业的根本目的在于使企业生产的商品或提供的服务占领市场，从市场获得最大收益。因此，市场所需是创办企业的前提，只有当市场对企业所生产的商品或提供的服务认可，有现实和潜在、近期和远期的需求的情况下，企业才有创办的必要性。未经缜密、科学、翔实的市场调查、研究和分析，不具备市场条件，草率上马，只会给投资者带来无可挽回的经济损失。市场分析内容包括下面几方面。

1. 产品概括与前景

重在其发展趋势、历史表现、预期增长和产业成熟几个方面。

2. 顾客及其对产品或服务的需求

包括谁会买此种产品或服务，主要有哪些顾客群。

3. 目标市场

主要着眼于哪些地理空间上、人口群体上的目标市场，人口规模与关键性的需求如何。

4. 竞争状态

主要从竞争优势和劣势两方面确认现有的和潜在的竞争对手，了解各自如何满足顾客的需要、如何渗入市场、历史记录、现有信誉、财力资源、关键人物等。即便表现不明显，各个企业都会面临竞争，因此要特别重视在没有本企业的产品或服务的情况下，顾客的需求目前是如何得到满足的。

5. 渗入市场的竞争谋略

策划本企业将如何在市场上进行竞争，特别是以价格、质量、产品或服务的系列性、进攻性、创造性、广告性、保护性等进行竞争；为什么顾客会买本企业的产品或服务，或放弃购买竞争对手的产品或服务。

6. 市场份额目标

以上面陈述的各种因素为基础，预测本企业 1～5 年内的市场份额，可以用销售额表达。

(五)建立各种关系

创业者要想使创业活动马到成功，旗开得胜，就必须在创业活动开始之前，建立起各方面的关系。这既是创业前的一项准备工作，又是对创业者公关能力的一种检验。创业者在创业之前，需要建立的关系主要有政府、新闻媒体、银行、相关行业、社会名流

大学生职业发展规划与就业指导

及竞争对手关系。通过建立各种关系为创业创造良好的人脉条件，储备创业资源。

七、一般创业过程

企业的成长是一个连续的过程，很难在时间上严格地区分各个阶段，也很难预测从创业到守业的转折点。为了便于理解，不妨将创业过程理解为企业从种子期向成熟期过渡的过程，以此可以划分为四个阶段：创业机会的识别、企业的创建、管理体系的形成和新创企业的发展。

(一)创业机会的识别

创业机会的识别是创业过程的起点。无论新创企业从事何种事业，对机会的识别都起着举足轻重的作用。国家产业政策的调整、新技术的出现、人口和家庭结构的变化、人的物质精神的需要变化、新兴潮流等都可能形成商业机会。作为创业者，应该具有敏感的嗅觉，能够及时准确地识别创业机会。

创业机会的识别可以分为两个层次，一方面，创业机会的把握离不开对宏观环境的分析；另一方面，创业机会的识别也需要对行业状况和已有资源进行分析。只有这样才能做到有的放矢，根据掌握的资源选择行业、确定项目和业务范围，这也是减少创业风险的需要。

(二)企业的创建

创业者在完成创业环境分析，发现创业机会、确定事业内容之后，就开始着手创建企业。企业的创建需要进行大量的准备工作，其中创业计划、创业融资和注册登记尤为关键。

一个别出心裁的创意、一个稍纵即逝的点子、一件意想不到的突发事件都有可能成为创业的契机，但创业的关键是看这些"创意""点子"和"事件"能否形成一个周密的创业计划。创业计划是对创建企业的基本思想的阐述及相关事项的总体安排，通常以商业计划书的形式出现。

创业计划不仅是创业者对创业思想及具体事宜的归纳和整理，而且能够成为风险投资者选择项目的依据，直接影响新创企业的融资。尽管可供选择的融资渠道和融资方式很多，但是获得资金上的支持绝不是一件容易的事情，资金往往成为新创企业的"瓶颈"。因此，创业融资在企业的创建过程中至关重要。

当创业者完成创业计划并获得融资之后，就可以按照法定的程序进行注册登记。该部分包括确定企业的组织形式、设计企业名称系统、向工商行政管理机关提出企业登记注册申请、领取《企业法人营业执照》等内容。

(三)管理体系的形成

完成注册登记意味着新创企业在法律上得到认可，也就宣告了企业法人的正式成立。通常，新创企业在创立之初受业务量、资金、场地、人员等客观条件的限制，不可能像大企业那样拥有系统的管理机构，各个部门的职能划分并不严格，创业团队的分工也不明确。但是，随着业务量的上升和人员的增加，形成系统的管理体系就成为当务之急。

164

管理体系的形成是企业成长的一个重要前提，尽管不同规模、不同行业的企业情况有所区别，但是管理体系均应该包括会计控制、营销管理、人力资源管理和技术管理等内容。

由于新创企业规模小、资金实力薄弱、营运资金周转量低，所以加强内部会计控制对新创企业的成长至关重要。会计控制不仅要求创业者具备基本的会计控制知识，还要求财务会计人员具有良好的业务素质与职业道德，并在企业内部建立严格规范的内部会计控制体系。新创企业的成长离不开市场对企业所提供产品或服务的许可。相对于老企业而言，新创企业在行业内属于后发者，因此能否在短期内通过营销管理在市场上占有一席之地直接关系到创业的成败。寻找目标市场、产品的研制开发确定价格和销售渠道、整合销售手段等构成其营销管理的主要目标。

在各类经营资源中，人是唯一具有能动性的资源，因此新创企业的成长离不开人力资源管理，其重点在于如何维持和发展创业团队。如果创业团队能够团结一致、锐意进取，就能够促进企业发展。如果企业团队成员各自为政、分道扬镳、严重者甚至反目成仇，这将阻碍创业的成功。

新创企业的一个重要特点在于技术创新，因此技术管理成为管理体系中不可缺少的环节，包括科研团队的形成、科研经费的取得、科学技术情报的获取等内容。

（四）新创企业的发展

新创企业在市场上的地位相对稳定后，可能会因为市场需求的变化或者竞争对手的超越，逐渐丧失在原有技术、服务、管理等方面的优势，难有更大的市场突破。于是，寻求新的发展空间就成为发展的必由之路。

新创企业的扩张既包括开拓新的市场（包括地区市场、国内市场和国际市场），也包括业务的多元化；既包括企业规模的扩大，也包括管理水平的提升。新创企业扩张的方式也是多种多样的，既可以通过企业内创业来实现，也可以通过并购获得技术和资源、突破市场壁垒来实现。

企业之间的竞争可以分为许多层次，如价格、产品、技术、品牌、知识及企业文化等。可以说，企业走向成熟的标志是能够形成一定的品牌，在品牌、知识和企业文化等方面形成竞争优势，而不是单纯依靠价格、产品和技术来赢得市场。

第五节　大学生创业过程中的常见问题及对策

近几年来，我国大学生的就业压力日渐增加，创业已经成为解决就业的重要途径。然而，绝大多数高校毕业生对自主创业的认识还比较模糊，创业知识、创业经验都显得十分缺乏，加之受应试教育的长期影响，知识的生成化水平比较低，严重地影响了他们自主创业的进程。如何提高大学生的创业成功率，是作为传道、授业、解惑的高等院校教师义不容辞的责任，也是摆在我们面前的一项紧迫而又现实的课题。

一、大学生创业过程中的常见问题

(一)创业激情有余，创业认识不足

很多想创业的大学生把创业等同于创办企业，这是狭义的理解。事实上，创业是一个广泛的概念，所有"创造新的事业的过程"都是创业。它既包括营利性组织，也包括非营利性组织；既包括官方设置的部门和机构，也不排斥非政府机构；既包括大型的事业，也包括小规模的事业甚至"家业""学业"。另外，对于高校毕业生创业的目的，不少大学生认同于赚钱，而很少认为是服务于社会。其实，当前大学生创业一个很重要的目的应该是自我价值的实现，但也不应排除经济效益和社会责任的因素。

许多大学生主要靠激情创业而看不到创业是踏踏实实做起来的，急于求成，最终只能草草收场。许多大学生的创业实际上是非理性的，尽管热情很高，但创业活动相对缺少，创新意识相对缺乏，创业经验不足。殊不知，创业成功来自理性，只有坚持理性创业，才能提高创业的成功率。另外，许多大学生创业缺乏风险知识、"风险意识"和承担创业风险的勇气，不能正确认识到风险的存在，也不懂得采取有效的防范措施，致使东拼西凑筹集到的一点创业资金，不但未能赢来事业的发展，反而弄得血本无归。

(二)创业经验缺乏，创业资金短缺

大学生缺少工作经历和社会阅历，缺乏创业所需要的开拓市场和管理企业的经验。在创办和经营企业的过程中，无法建立一套合理、有效率的制度，在生产、人事、财务及销售等方面的管理上极易出现漏洞和失误。另外，大学生在社会交往活动中，会遇到各种困难，容易心灰意冷，自暴自弃；当发现理想与现实相差甚远，又容易无所适从，不知所措。因此，大学生创业必须提前做好准备，积累相应的实践经验；在创业初期一定要做好市场调研，一些可行性研究可委托社会上一些专业机构进行，在了解市场的基础上，制订详细、周密的创业计划。同时还应具备一定的企业管理及市场营运知识和经验。即使是两三个人的"办公室"小企业，也必须有明确财务、人事制度。

大学生创业，启动资金往往来源于家庭的日常积累，或者通过银行贷款等途径获得，通常情况下，他们的资金总量相当有限。据《中国百姓创业调查报告》数据显示，相当部分大学生有合适创业的项目，却苦于找不到启动资金，无法开始创业之路；而创业的大学生中，有48%的人创业资金不到10万元，在创业失败原因中资金不足排在第一位。因此，大学生创业，必须努力攻克"创业资金不足"这个难题。

(三)项目选择盲目跟风，缺乏理性

这是许多大学生创业的"通病"。比尔·盖茨的神话，使IT业、高科技业成为大学生眼中的创业金矿，以至于不少学生不屑于从事服务业或技术含量较低的行业。其实，高科技创业项目往往需要一大笔启动资金，创业风险和压力都非常大，大学生期望值又过高，加上对行业缺乏深度审视，对市场缺乏深刻了解，很容易失败。另外，他们在确定经营方向时爱盲目跟风，哪行赚钱就做哪行，总觉得这样能减少投资风险，少走弯路。然而，市场运作有其自然周期，当市场过于饱和时，利润空间就会缩小，"一窝蜂"热潮

有时正意味着"恶性竞争"即将来临。

创业需要理智而不是冲动，需要冷静而不是狂热。选择创业项目是创业能否成功的关键。大学生创业者首先要调整好自己的心态，既要客观分析自身的创业条件，更要冷静地分析创业环境。切忌盲目跟风、过于自负，一定要选择自己最熟悉、最擅长、最有经验、资源最丰富的行业来做。对挑选出来的创业项目要多提问题，看看是否有市场发展价值、前期投资是否太多、何时可收回成本等，第一步走稳了再走第二步。

（四）创业过程贪大求全，灵活不足

企业在创建以后，很多创业者出现了过分追求成长速度的问题，尤其是当企业效益逐渐凸显后，创业者只看到了眼前的利益，缺乏严密的分析，付出全部成本（包括人力、物力和财力），希望靠一次出手就能获得成功。一味的扩大经营规模，而根本不考虑随之而来的资金吃紧、原材料供应不上、人员紧张、销售不畅等一系列致命的问题，这无异于拔苗助长。而一旦出现问题，又不会以退为进，及时调整、改变战略。实际上，以上无论哪一个环节处理不好，都有可能导致创业的失败。

没有长远的战略规划是短命的。对于小企业的发展来说，健康永远要比成长更重要，如果每年能有盈余的话，更要放眼长远，并妥善处理好资金预算、市场预测，以及材料、人员相关要素的协调等管理问题。出现问题，要善于总结和吸取教训，做出适当的调整和"退却"，为将来的"进攻"积蓄力量。要为自己明确一个可持续发展的创业计划，扎扎实实，按部就班，逐步把事业做大做强。

（五）日常决策感情用事，刚愎自用

由于创业团队的成员大多是自己熟悉的人，在创业初期，大学生的社会及人生经验不足，常感情用事，对于企业中出现的经营方向、用人问题、财务问题等大都以忍让、和解的方式处理，而忽视了必备的契约签订和严格的约束制度。同时，大学生又正值盛年，一般都有个性，自信心较强，在创业中又容易出现自以为是、刚愎自用的问题。随着企业的成长，这种工作关系引发的矛盾和问题会逐渐显露，不仅不利于企业的快速发展，有时甚至会导致企业步入破产境地，这些都影响了创业的成功率。

（六）公司管理混乱，安排失当

大学生因为第一次创业，没有工作经验，对企业运营知之不多，创业团体在一个很短的时间内组成，没有磨合，易出现时间观念不强，自我约束太差的状况。不懂得怎样合理地利用时间，工作少时自由散漫，一旦紧张起来又毫无头绪，一团糟，这就是管理混乱的表现。

创办企业就像居家过日子，必须精打细算，安排合理。要养成长时间工作的习惯，白天用来做销售业务、管理日常事务、拜访客户等必需的工作。而把整理账目、整理方案等工作留到夜晚来做，对每一天的工作情况、进度做出总结，对第二天的工作做出计划。这样工作起来才能井然有序。

在强调团队合作的今天，团队精神已经成为大学生创业者不可缺少的素质。因此，大学生创业者在创业过程中，要头脑清醒，既要明白创办企业不是搭一个草台班子，事

事要有章法，感情用事害死人；又要摆正自己在团队中的位置，虚心接受其他成员不同意见，取长补短，积聚创业实力，这样的企业才能步入正轨，健康发展。

（七）商业往来不讲信用，随意毁约

大学生一旦涉足创业领域，就要讲职业道德，而有的大学生失败的原因，就是缺乏商业信用，稍有不满就肆意毁约，造成两败俱伤。这种不负责任的后果，直接导致他上了企业的"黑名单"。企业要想维持下去，恐怕很难。

当今市场经济已进入诚信时代，作为一种特殊的资本形态，诚信日益成为企业立足之本与发展源泉。大学生既然选择了创业之路，就要遵守这一行的规范。正因为你刚入行，就更应把信用放在第一位，以此赢得客户的信赖，这样才能使自己的企业得到长久的发展。

（八）忽视技术创新，缺乏自我保护意识

据相关统计材料显示，大学生创业失败，一个重要原因就是忽视技术创新，拿不出有自主知识产权的创造发明，或是有了发明却缺乏自我保护意识，没有及时申请知识产权。因此，大学生创业应选择知识产权明确的项目，并根据市场的动态做好产品的创新工作，即产品的更新或换代。同时还应加强自我保护，及时申请专利，使企业有序、稳步地发展。

（九）心理素质脆弱，一触即溃

有的大学生心理承受能力差，对创业中的各种困难估计不足，一次营销决策失误、一次小型财务危机，或是一次上门推销失败，都会让他们感到创业的艰难，在心理上元气大伤，进而影响到他们的创业激情。

成功与失败往往只有一步之遥，创业过程中遇到问题与麻烦，这是十分正常的现象。大学生要正确看待，不要遇到挫折就放弃，要有良好的心理承受能力和坚强的创业毅力，经得起打击，吃一堑长一智，及时振作起来，分析失败的原因，找到自己的弱点与不足，并加以改正，企业自然就会焕发新的活力。

总之，大学生创业过程中应注意的问题还有很多，只要我们调整好心态，提高自身的综合组织，树立较强的市场观念，锻炼对市场的操作能力，就能规避创业中的风险。在社会各界的关心支持下，大学生创业一定会不断发展壮大，并成为创业市场上一道亮丽的风景。

二、大学生创业存在问题的对策

（一）政府方面

首先，国家和地方政府应结合大学生的个人需求和当地需求，适当放宽大学生创业的市场准入条件，为其开辟创业"绿色通道"。其次，全面落实有利于大学生创业的税收优惠、小额担保贷款、资金补贴、场地安排等扶持政策；加大对毕业生自主创业经费、政策、项目的支持。最后，为引导大学生投身社会主义新农村建设，切实解决"三农"问题，国家和地方政府应进一步制定针对下乡创业毕业生的优惠政策，充分发挥当地资源

优势，为毕业生提供创业启动资金，理顺融资渠道，建立完善的风险投资机制、融资机制、权益保障机制，以及咨询服务机构等。

(二)社会方面

社会各界要关心大学生就业创业问题。重视加强与高校的联系，积极探寻有效途径，多侧面、全方位地为准备创业的大学生提供便利条件，促进大学生通过自主创业解决就业问题。首先，争取利用当地的经济技术开发区、高新技术开发区、工业园区和大学科技园区，为大学生提供创业孵化基地，组织创业实践。其次，可建立一批层次较高的针对大学生创业者的创业培训机构，加强大学生进入社会后的培训与指导，帮助大学生早日步入良性的创业轨道。最后，媒体要营造积极、宽松的社会舆论环境，合理、客观地评价大学生创业现象，鼓励和支持有意愿的大学生自主创业。

(三)学校方面

高校对学生进行创业教育，是培养大学生创业素质、提高大学生创业成功率的关键。具体说来，高校应做好以下方面工作。

1. 树立正确的创业教育观念，全面开设创业课程

高校应树立正确的创业教育观念，创业教育也是一种素质教育。创业教育不是单纯的创业培训，不仅仅局限于教授学生怎样创业，还要实施以对学生创业综合素质的培养为基本目标，以培养人的创业意识、创业精神和创业能力为基本价值取向的教育，使学生在教育过程中获得成长与发展。

高校要全面开设创业教育课程，并将其纳入就业指导课程体系中。课程是学生直接获取知识和信息的重要途径，这就要求在课程教学中渗透创业理念，不断更新课程内容，使其与实际、市场相联系。在课堂教学中，可结合各专业的优势与特点，开展形式多样的创业教学与指导，采用案例剖析、知识讲座、企业家现身说法等多种教学方式，触动学生的创业意识与激情。另外，要有针对性地把各行业优惠政策、行业特点、行业前景分析等内容纳入课程教学，构建全方位的行业创业教育体系，使学生在创业前就能对将要从事的行业有客观而全面的认识，提高社会适应能力。

2. 重视创业教育的实践性，积极搭建创业平台

创业是一种操作性极强的实践活动，不仅要有正确的理论指导，还必须将创业理念与实践结合起来，才会产生结果、绩效和价值。因此。高校在重视创业教育理论教学的同时，也要给学生创造实践的机会。高校可以通过开展各种主题的工作坊，以案例探讨的方式促进学生之间的互动和交流；通过定期组织创业聚会，并邀请社会上的创业者参与，让学生在聚会中与创业者零距离接触，去分享创业者的成败经验，进一步了解创业的历程；通过举办创业大赛，模拟创业情境，使学生将创业理念和课堂所学知识有机结合，锻炼学生个人及参赛团队的创业能力。还可以通过搭建校企合作平台，为志在创业的学生提供实习实践机会，了解企业发展战略。另外，有条件的高校还可通过设立大学

生创业基金，为准备创业的学生提供适当的资金支持；成立创业协会，促进大学生创业群体间的沟通和交流。

3. 加强创业教育师资队伍建设，不断提高创业培训质量

高校应花大力气建立一支专业化、高水平、相对稳定的创业教育教师队伍。鼓励和吸引优秀教师和工作人员从事创业教育工作，定期组织和开展教师培训进修、研讨交流活动，加强师资力量的培养和配备，提高教师创业教育水平，稳定师资水平。同时，要改善目前高校创业教育师资队伍结构单一的问题，注重吸收社会各界既有创业经验又有一定学术背景的成功人士，特别是各行业企业家作为创业兼职教师。不断提高创业教育的质量和水平。

(四)学生自身

内因是变化的根据，外因是变化的条件，外因通过内因而起作用。大学生成功创业，归根到底，主要还得靠自己。因此，大学生只有充分发挥自己的主观能动性，强化自己的创业意识和创业精神，全面提高自己，为创业提前做好各项准备，才能比较顺利地获得将来创业的成功。

1. 自觉培养创业意识和创业精神

大学生在思想上应尽早改变传统的就业观念，改变只有常规就业才有出路的想法，自觉培养创业意识与开拓精神，要有敢于艰苦创业的勇气，这是我国市场经济发展的需要，也是个人价值实现途径多元化的需要。高校毕业生不仅仅是被动的求职者，更应成为主动的职业创造者。要认识到在就业形势严峻的社会环境下，只要创业意识强烈，个人准备充分，学会整合利用社会资源，敢于到市场经济大潮中去拼搏竞争，勇于自主创业、科技创业、艰苦创业，就能获得较好的发展机会，并实现创业的成功。

2. 构建合理的知识结构和能力结构，有意识地组建创业团队

创业者需要具备很强的综合能力，这就要求有创业准备的大学生在平时应注重各种知识、能力的学习和培养，构建并完善合理的知识体系和能力体系。

具体来说，在校大学生应做好以下几个方面的准备。首先，要牢固掌握基础知识和专业知识及相应技能。对专业的学习，是自身知识体系构建的需要，更为重要的是从中可以培养分析问题、解决问题的能力。随着经济的迅猛发展，行业分工越来越细，大学生最好结合本专业有针对性地选择创业方向，这样，可把自身专业知识充分运用于创业活动中，提高创业成功率。其次，还要学习掌握一定的管理、金融、投资、法律、市场营销等创业所需的基本知识，了解商业运作的规律和过程。再次，要注重创业能力的培养。创业能力包括领导能力、决策能力、实践能力、经营管理能力、团队合作能力，以及社会交往、风险承担能力等。最后，对于有创业准备的大学生而言，在学习知识、锻炼能力的同时，还应根据自己的创业理想，积极参加社团活动，有意识地组建创业团队，把创业行动建立在知识的积累、能力的培养及人脉的聚集之上。

第六节　大学生创业的相关政策法规

　　近年来，为支持大学毕业生创业，国家和各级政府出台了许多优惠政策，涉及融资、开业、税收、创业培训、创业指导等诸方面。对打算创业的大学毕业生来说，了解这些政策，才能走好创业的第一步。

一、大学生创业的相关政策措施

(一)大学毕业生创业的基本优惠政策

1. 注册登记优惠

　　一是程序简化。凡申请从事个体经营或申办私营企业的，可通过各级工商部门注册大厅优先登记注册，申请人只需提交登记申请书、验资报告等主要登记材料，可先予颁发营业执照，并在一定期限内按规定补齐相关材料。二是费用减免。除国家限制的行业外，工商部门自批准其经营之日起1年内免收其个体工商户登记费、管理费和各种证书费。对申办高新技术企业的，如资金确有困难，注册资本达不到最低限额的，允许分期到位。高校毕业生从事社区服务等活动的，一定期限内免予办理工商注册登记，免收各项工商管理费用。

2. 员工待遇优惠

　　一是员工聘请和培训享受减免费优惠。在一定时间内，可在有关网站免费查询人才、劳动力供求信息，免费发布招聘广告等。政府人事部门所属的人才中介服务机构免费为创办企业的毕业生、优惠为创办企业的员工提供培训、测评服务。二是人事档案管理免一定年限费用。政府人事行政部门所属的人才中介服务机构免费为其保管人事档案两年。三是社会保险参保有单独渠道。高校毕业生从事自主创业的，可在各级社会保险经办机构设立的个人缴费窗口办理社会保险参保手续。

3. 税费减免优惠

　　对新办的从事咨询业、信息业、技术服务业的企业或经营单位，对新办的独立核算的从事交通运输业、邮电通信业的企业或经营单位，对新办的独立核算的从事公用事业、商业、对外贸易业、旅游业、仓储业、居民服务业、饮食、教育文化事业、卫生事业的企业或经营单位，对到"老、少、边、穷"地区新办的企业，可以免征或减征一定年限、比例的所得税。

4. 金融贷款优惠

　　一是优先贷款支持、适当发放信用贷款。对高校毕业生创业贷款，可由高校毕业生为借款主体，担保方可由其家庭或直系亲属家庭成员的稳定收入或有效资产提供相应的联合担保。对于资信良好、还款有保障的，在风险可控的基础上适当发放信用贷款。二是简化贷款手续。三是利率优惠。对创业贷款给予一定的优惠利率扶持，视贷款风险度不同，在法定贷款利率基础上可适当下浮或上浮。

5. 对自愿到西部地区及县级以下基层创业的高校毕业生

其自筹资金不足时，可以向当地经办银行申请小额担保贷款。对从事微利项目的，贷款利息由财政承担 50％（中央财政和地方财政各承担 25％），展期不贴息。

(二)各地政府的大学生创业优惠政策

各地政府为了扶持当地大学生创业，也出台了相关的政策法规，而且更加细化，更贴近实际。了解这些优惠政策，会让创业者感受到国家和政府的支持力度，更加坚定创业的决心。

1. 上海市的相关政策

上海市 1999 年 12 月 23 日宣布：2000 年高校毕业生中，凡经营科技小企业的非上海生源申请留沪的，对其学历层次的要求可放宽；通过市高新技术成果服务中心认定、由高校毕业生创办的科技小企业，可享受注册、税收等一系列优惠政策。凡上海市普通高校及研究生培养单位的应届毕业生和研究生，作为第一、第二完成人参与有关项目和成果开发者，可申请自主创业。2005 年 3 月，上海市大学生科技创业基金正式启动，上海现已启动总规模为 1.5 亿元的上海市大学生科技创业基金，主要用于资助高校毕业生以其科研成果或专利发明创办的企业，兼顾创意类和科技类咨询企业。拥有科技成果的上海高校应届毕业生可向有关部门提出申请，经审核可获得最高 30 万元人民币的资助金额。该基金同时对高校毕业生的科技成果孵化项目予以资助，基金对每个项目按 30 万元以内额度投资，投资资金将分阶段投入，投资期限一般为 1～2 年。

2. 北京市的相关政策

北京市规定：在高新技术企业初始注册资本金不足时，可以采取注册资本担保的方式进行登记注册。在校研究生及高等院校、科研院所的科技人员可通过专职、兼职形式创办高新技术企业。在校研究生和相关的科技人员可以出任公司的董事、监事、经理等职务。同时允许高新技术企业以居民住宅作为企业住所，开展科研和经营活动。

3. 福建省的相关政策

福建省绿色通道优先注册：凡高校毕业生（毕业后两年内，下同）申请从事个体经营或申办私营企业的，可通过各级工商部门注册大厅"绿色通道"优先登记注册，其经营范围除国家明令禁止的行业和商品外，一律放开核准经营，对限制性、专项性经营项目允许边申请、边补办专项审批手续。除国家限制的行业外，自工商部门批准其经营之日起 1 年内免收个体工商户登记费（包括注册登记、变更登记、补照费）、个体工商户管理费和各种证书费。参加个私协会的，免收 1 年会员费。对高校毕业生申办高新技术企业（含有限责任公司)的，其注册资本最低限额为 10 万元，如确有资金困难的，可分期到位；申请的名称能以"高新技术""新技术""高科技"作为行业名称予以核准。凡申请设立有限责任公司，以高校毕业生的人力资本、智力成果、工业产权、非专利技术等无形资产作为投资的，允许抵充 40% 的注册资本。

4. 河南省的相关政策

河南省工商局专门出台《关于支持我省高校毕业生自主创业灵活就业的意见》，采取多举措帮助高校毕业生创业、就业。

(1)三个"零"降低创业成本。

第一，货币出资"零缴付"。放宽出资方式限制，毕业两年内的高校毕业生投资设立注册资本 50 万元以下的有限责任公司，非货币资产出资额占注册资本的比例最高可达公司注册资本的 100%。创办合伙企业、个人独资企业、农民专业合作社及个体工商户，无最低出资数额限制，出资方式由高校毕业生自主决定。第二，经营场地"零成本"。毕业两年内的高校毕业生从事动漫设计、电子商务、翻译服务、软件设计开发、网络技术开发等不影响周边环境和公共安全的经营项目，以及机动车运输(含货物运输和旅客运输)、个体演出、个体演出经纪等采用流动经营方式的个体工商户，经营场所可登记为经营者的联系地址。第三，服务创业"零收费"。毕业两年以内的高校毕业生、到村任职高校毕业生自主创业从事个体经营或创办各类企业的(国家限制行业除外)，自登记注册之日起，3 年内免收登记类和证照类行政事业性收费。扶持期内，各级工商行政管理机关免费为高校毕业生创业提供企业基础登记信息查询服务，省辖市工商行政管理局网站免费为高校毕业生创办的企业发布设立、变更登记公告。

(2)"两放宽"鼓励创新经营。

第一，放宽登记形式，实行"试营业"。高校毕业生从事个体经营的，除经营事项涉及前置审批的外，可实行试营业制度，免费核发有效期为 12 个月、标注有"临时"字样的营业执照。在试营业期内，免收各种费用。第二，放宽创业领域，鼓励高校毕业生创新经营。凡法律、行政法规"未禁入"行业和项目，都允许高校毕业生经营；部门和地方自行设定的企业登记前置许可项目，各级工商行政管理机关一律停止执行。

(3)建绿色通道首次违规不罚款。

工商部门要求设立高校毕业生创业专用服务窗口，建立"绿色通道"，落实专人担任"创业联系人"，提供事前指导、跟踪辅导、快速办结等"一条龙"服务。材料齐全符合法定形式的，当场登记、发照。

对高校毕业生就业、创业实施实行"首次不罚"，多规范、少处罚，多指导、少指责。高校毕业生创业中的一般性违法违规行为，凡情节轻微、没有对社会和他人造成危害后果的，可给予行政提示、行政告诫，并帮助企业及时纠正，不予行政处罚。此外，定期进行回访，强化"跟踪服务"，及时帮助高校毕业生解决创业及生产经营中遇到的困难和问题。

但是据各地反映，国家、省市出台的创业优惠政策，创业者很少关注，许多创业的学生并不知道他们可以享受多少优惠政策。

二、大学生创业的相关法律法规

(一)新《公司法》中有关创业的规定

新的《公司法》从 2006 年 1 月 1 日起开始实施，其中一个很大的注目点就是降低设立公司的"门槛"，具体包括以下内容。

1. 允许设立"一人公司"

"一人公司"是指只有一个自然人股东或者一个法人股东的有限责任公司，适合手中有一些闲散资金又不愿与他人合作的投资人，尤其适合一些既有经营经验又具备资金的人群，如个体工商户、小型企业和普通投资者等。

2. 注册资本的最低限额下调

注册资本的最低限额为人民币 3 万元。

3. 允许公司按照规定比例分期缴清出资

对于新设立的企业，资金逐步进入，可以降低资金使用成本，提高资金使用效率。

4. 放宽出资形式的限制

原来严格限定的 5 种形式改变成为"货币""实物""知识产权""土地使用权"等"可以用货币估价并可以依法转让的非货币财产"，使出资方式更为灵活。

5. 降低货币出资比例

货币出资不低于注册资本的 30％即可，其余可用非货币财产进行出资，比原《公司法》规定的 20％有所提高。

(二)《个人独资企业法》中有关创业的规定

依据《个人独资企业法》第二条，"个人独资企业，是指依照本法在中国境内设立，由一个自然人投资，财产为投资人个人所有，投资人以其个人财产对企业债务承担无限责任的经营实体。"从以上定义可以看出，个人独资企业具有以下 4 个特征。

1. 个人独资企业是由自然人投资的

自然人应是有完全民事行为能力的人，而且还不能是该法第 16 条规定的"法律、行政法规禁止从事营利性活动的人"；同时，这一点规定也当然地排除了法人作为个人独资企业投资人的资格。

2. 投资人投资于企业的财产是他个人所有的

3. 投资人以其个人财产对企业债务承担无限责任

这是个人独资企业的重要特征，也就是说，当投资人申报登记的出资不足以清偿个人独资企业经营所负的债务时，投资人就必须以其个人财产甚至是家庭财产来清偿债务。这无疑加大了投资人的责任，但也是该法第1条保护债权人合法权益所需的。

4. 个人独资企业不是独立的企业法人，仅是一个经营实体

法人的特征之一即是以法人财产独立对外承担有限责任，而个人独资企业的投资人对外承担的是无限责任，当然不可能是一个独立的企业法人，也不是所谓的"一人公司"。

(三)《合伙企业法》中有关创业的规定

我国修改后的《合伙企业法》也较未修改前更有利于创业。

1. 增加了有限合伙制度

新法第二条规定：有限合伙企业是由普通合伙人和有限合伙人组成，其中普通合伙人对合伙企业债务承担无限连带责任，有限合伙人以其认缴的出资额为限承担有限责任的营利性组织。

"有限合伙"制度主要是为了适应发展风险投资的需要，该制度能很好地将有良好投资意识的专业管理机构或个人的管理才能和富裕的资金结合起来，从而促进风险投资的发展，并且有助于促进我国资本市场发展，从而为国内创业者提供良好的资本环境。

风险投资铸就的硅谷神话人人皆知，其背后一个重要的制度优势便是风险投资机构实行的"有限合作"制度。"有限合作"为能人和富人创造了一个共舞的平台，有限合伙鼓励富人作为有限合伙人，能人作为一般合伙人参与企业创建和经营。

在美国风险投资机构中，实行"有限合伙"制度的占80％，而我国250多家风险投资企业，多为企业制。由于原法没有规定"有限合伙"制度，而且有的条文对设立"有限合伙"形成直接限制，使我国风险投资难以采用这一制度。

深圳、北京等地方政府此前颁布了"有限合伙"的地区性条例，但如果企业经营超出这个地区，会带来很多法律纠纷，所以，采取合伙制的风险投资企业不多，而且并不活跃。发展风险投资迫切需要在法律中规定"有限合伙"制度。它既激励管理者全力创业，降低决策管理成本，提高投资收益，又使资金投入机构在承担与企业制企业同样责任的前提下，又可能获得更高的收益。

2. 增加特殊普通合伙制度

特殊普通合伙人又被称为有限责任合伙，是各合伙人在对合伙债务承担无限责任的基本前提下，对因其他合伙人过错造成的合伙债务不负无限连带责任。由于未修改的《合伙企业法》没有规定特殊普通合伙，只规定了全体合伙人承担无限连带责任的普通合伙，

因此，一些专业机构的发展受到了很大限制。新法在"普通合伙企业"一章中，增加了"特殊的普通合伙企业"一节，就特殊普通合伙的定义、企业名称、责任承担等内容作了规定。

同时，新法严格限定了特殊普通合伙人免除连带责任的范围，将其仅限于其他合伙人本人执业行为中因故意或重大过失引起的合伙企业债务这种情形。具体规定为：一个合伙人或者数个合伙人在执行活动中因故意或者重大过失造成合伙企业债务的，应当承担无限责任或者无限连带责任，其他合伙人以其在合伙企业中的财产份额为限承担责任。合伙人在执行活动中非因故意或者重大过失造成的合伙企业债务及合伙企业其他债务，由全体合伙人承担无限连带责任。

3. 明确法人可以参与合伙

新法在第二条中规定：自然人、法人和其他组织可以成为合伙人。同时，为防止国有企业和上市企业等因参加合伙可能使企业全部财产面临承担无限连带责任的风险，保护国家利益和公共利益，维护股东利益，新法规定："国有独资公司、国有企业、上市公司及公益性的事业单位、社会团体不得成为普通合伙人。"

新法允许法人参与合伙，这意味着有限责任企业、股份有限企业等企业法人均可以通过合伙的方式进行投资。

法人参与合伙可以使企业等企业法人利用合伙企业形式灵活、合作简便、成本较低等优势，实现其特定的目的事业，也有利于大型企业开发新产品、新技术中与创新型中小企业进行合作。

考虑到有限合伙人以其认缴的出资额为限对合伙企业债务承担责任，本法特别规定对有限合伙人的出资包括货币、实物、知识产权、土地使用权或者其他财产权利应作价，并在企业登记事项中予以载明。这样规定的目的是起到公示作用，保护债权人利益。

法人成为合伙人的积极意义主要体现在两个方面：首先，是拓宽并增加了法人的投资渠道和投资对象，这对活跃和扩大投融资市场大有好处；其次，对合伙企业本身也意义巨大，它将改变长期以来对合伙企业"小作坊"的传统认识。如果合伙企业的出资人仅为自然人，因为财力有限，要做大做强并非易事，法人成为合伙人就可以改变这种状况。

4. 合伙企业也可破产

对合伙企业是否可以破产问题一直存在争论。

反对合伙企业可以破产的主要理由是由于合伙人对合伙企业债务要承担无限连带责任，合伙企业财产不足以清偿债务时，债权人可以向合伙人追偿，合伙企业破产并不能免除合伙人的债务责任，因而规定合伙企业破产的意义不大。

支持合伙企业可以破产的主要理由是考虑到合伙企业按照企业破产处理，有一些有利之处：一是可以使所有债权人按比例受偿，有利于兼顾各债权人的利益；二是可以对企业宣告破产前一年内违法转移财产的行为予以撤销，追回所转移的财产，增加破产财产，有利于保护债权人利益。

因此，新法允许合伙企业的债权人根据不同情况做出选择，可以依法向法院提出破产申请，也可以直接向合伙人追债。合伙企业被依法宣告破产的，普通合伙人对合伙企业债务仍应承担无限连带责任。

5. 合伙企业生产经营所得要缴所得税

原法规定：合伙企业的生产经营所得，向合伙人分配后，由合伙人依法缴纳所得税。

新法第六条明确规定：合伙企业的生产经营所得和其他所得，按照国家有关税收规定，由合伙人分别缴纳所得税。

这次修订，根据合伙企业的特点，并结合实践经验，明确了合伙企业不缴纳所得税，这样就解决了双重税收问题，使有钱的人和有本事的人可以更好地合伙开办企业。

同时，为了防止合伙人故意不分配企业利润而逃避纳税义务，合伙企业取得生产经营所得和其他所得，无论是否向合伙人分配，都应对合伙人征收所得税。

6. 防止非法集资活动

为了防止有人利用有限合伙形式进行非法集资活动，应对有限合伙企业合伙人的人数做出必要的限制。规定有限合伙企业合伙人的人数，既要体现有限合伙企业的人合性，又要为今后的实践留有必要的空间。

为此，新法参照《企业法》有关有限责任企业股东人数的规定，并借鉴一些国家的法律规定，规定有限合伙企业由2个以上50个以下合伙人设立；但是，法律另有规定的除外。有限合伙企业至少应当有一个普通合伙人。

链接

案例精选

案例一：在校生开办就业公司

据报载，南京大学三名硕士研究生通过调查发现：现在在校生往往在最后一学年东奔西走忙于找工作，不仅花费了大量时间和钱财，而且效果很差。于是他们利用自己掌握高科技信息手段的优势，创办了"就业公司"，开展为在校生提供就业信息、代理在校生赶人才市场、向用人单位推荐毕业生等业务。由于他们的公司收费低（每位学生只花费2元便可获得人才信息，如代理成功再交20元）、成功率高（20%），因而深受在校生欢迎，自开张以来，生意火爆。

案例二：大学生村长

苏州大学商学院营销专业高材生程鹏飞做出了出人意料的决定，放弃"考研"保送指标和苏州工业园区一企业的高薪聘用，毅然决然地回到家乡——徐州沛县张庄村担任村长。在不到两年的时间里，深入农户田头，走南闯北，调研市场，充分利用微山湖的水资源条件，发挥自己的聪明才智，确定了适合当地实际的水产养殖业。经过三年的运营，该村农民实现户均收入8000元，成为远近闻名的富裕村。

案例三：一个贫困生的企业家之梦

两年前，江利兵带着借来的学费走入大学校门，每天精心计算伙食费。两年后，他自己支付大学的全部学费和生活费。在浙江青年学院行政管理专业念书的同时，他兼任某油脂公司销售主管，同时是"方圆"面包店老板。他每月的面包油销售业绩占杭州市场的40%左右，而他的面包深受市民的欢迎。

"爸妈，我要让你们为我而骄傲！""我是农民的儿子，一切只有靠自己。"23岁的江利兵对自己说。当年，江利兵揣着浸透父母血汗、东拼西凑的2700元钱走进浙江青年学院的校门。从贫困地区走进大学校园，生活变得丰富多彩，可一到就餐时间，食堂的菜价就让江利兵傻了眼：青菜1.2元、土豆1.5元、大排2.5元……饭也得0.3元一两。兜里的200元生活费能维持多久？他不由得暗自发愁。他想了个"好"办法：打个青菜，吃两餐，至于早饭，就免了。但两个月过去，囊中羞涩。这时他收到父母寄来的200元汇款，家中早已一贫如洗，这200元真不知是父母如何省吃俭用积攒下来的。他心中愧疚难耐，他想自己必须做点什么，他想试试当家教。他记得父亲讲过的话：靠山山倒，靠人人倒，一切只有靠自己。江利兵很认真地做好一个家教牌子，站了两个晚上，无人问津。同学劝他：此路难行！家长都爱请浙大、杭大的学生。他又想去食堂找份工作，却早没了位置。11月中旬，班上有个同学告诉他：一家中外合资的食品公司在学校招聘巧克力促销人员。从未做过促销，甚至连促销是什么都不甚清楚的江利兵匆匆赶到学校社会实践部报了名，"有机会做工，什么都该试一试啊！"

"让我试一试！"

江利兵赶去报名，负责招聘的销售经理却遗憾地告诉他：人已经招好了。江利兵失望地转身欲走，一个念头蹦了出来："为什么不再努力一下，或许还有一线希望。"他径直走回销售经理面前说："让我试试好吗？我不要工资。"望着这个一脸诚挚的大学生，经理笑了，"那你星期六来试试，做得好就录取你！"星期六的促销，江利兵格外卖力。其实巧克力促销就是在商场门口摆张桌子，放上巧克力的样品，先给过往的顾客免费品尝，再向他们推荐，同时散发传单——如此简单！江利兵做得得心应手。一天结束后，销售经理满意地告诉他："小伙子，你被正式录取了！"

此后每个双休日，江利兵都风雨无阻地赶到商场做促销。市场上的巧克力品牌数不胜数，江利兵促销的是一种新品牌，想要顾客接受很不容易。当学生干部练就的一套说服技巧有了用武之地，经江利兵热情推荐的顾客十有八九会购买。江利兵发现平面图的消费群体中儿童占了不小的比例，针对儿童的心理特点，他自己购买了100只动物造型的气球，小孩子买巧克力就送只气球，营业额直线上升。顾客稀少的时候，他就主动整理货架，他知道摆放有序的商品首先就给人一种视觉上的美感。江利兵的创意与细心，销售经理欧阳先生都一一看在眼里。两个月后，江利兵就被经理升为公司业务员，负责所辖区域商场的货款结算、缺货登记等事务。

到公司后，江利兵开始了解并发现了公司生产的巧克力的不足：首先是品种单一，在市场上缺乏竞争力；其次是口味不适合浙江市场。根据这两点江利兵写了份详尽的营销建议书，交给公司上层领导。本以为公司领导会予以关注，但他失望了。接着欧阳先生突然跳槽。江利兵继续做了一个月，慢慢认识到公司体制已僵化，制约太多，难有发展，自己的前途也刹那间变得渺茫。恰巧这时欧阳先生找到江利兵，建议他去自己现在任职的公司。在欧阳先生的推荐下，江利兵到凯顿公司任销售主管。

江利兵铺开了一条勤工俭学的道路。"我是农民的儿子，无权无势，一切只有靠自己。所以我想到社会上锻炼，否则即使成了大学生，有学历，有理论知识，依旧什么事都干不了！"

"除了你自己，没有任何人能打败你！"

在江利兵狭小的住处，东面墙壁上贴着两张表格。一张是课程表，列了每日所上课程。另一张是路线图，标出杭州几条主要商业街上的面包房，这是江利兵做销售主管初期，用整整一个星期，实地观察后列的图表。"知彼知己，才能百战百胜。"那段时间江利兵的生活就围着两张表格中的内容转。

江利兵负责销售面包油。接触这行后，他发现市场上面包油竞争激烈，而销售主管仅仅是一个名衔，要打开销路还必须一步步从最低点做起。江利兵早上在学校听课，下午便出去四处拜访客户。一开始也不知去哪里销售面包油。在市中心一家商场，他徘徊了很久，犹豫着要不要去找总经理。几次碰壁后，他鼓起勇气去了总经理办公室，出乎意料，商场总经理和颜悦色地接待了他，并诚恳地告诉他，商场一般由油脂总公司定向供货，建议他去些别的地方。回到住处，江利兵思索了整整一个晚上：该去哪里销售面包油呢？他想起杭州街头随处可见的面包房。他们从何处买面包油？找到这些答案不就找到销售方向了吗？于是他用一个星期时间记下了主要商业街上的面包房，然后逐一拜访。销售是一场精神游戏，是一个艰辛而容易消磨斗志、令人灰心丧气的行当。销售中，遭受了多少白眼，记不得了；得到多少嘲讽，也记不得了。只记得那段时间常常披星戴月地骑着单车在杭州的街道上穿梭，体重比进校时减了11斤；只记得有段时间心都发凉，再也找不到干事的激情与冲劲，这时他就背诵座右铭鼓励自己："在这个世界上，没有任何人能够改变你，只有你能改变自己！没有任何人能打败你，只有你自己能打败你。"江利兵当然不会被自己打败。他说在销售过程中可以忍受拒绝，忍受挫折，但他绝不允许别人侵犯自己的尊严，他说起一件事。

江利兵一直把一个开了好几家连锁面包房的经理当做潜在客户。初次去拜访，经理不耐烦地一挥手："没空！"第二次，经理说："下次再来！"第三次，江利兵主动把一瓶面包油送给他试用。也许是面包油质量确实好，第四次经理态度稍有好转，答应考虑考虑。江利兵抓住一线机会努力争取，终于在第五次时经理答应好好谈谈，双方约定星期三早上见面。星期三江利兵向学校请了假，早早出门。骑车至半路下起了倾盆大雨，当他按时出现在面包房时，经理却不在。江利兵一直等待。下午4点，经理慢悠悠回来了。见到江利兵，不仅没有丝毫歉意，而且还随意一挥手："你明天早上再来吧！"他漫不经心的态度终于使江利兵愤怒了，他一字一顿地说："经理，我很尊重你说出的每句话，我也以为能信守承诺是尊重自己的表现。今天你失约了，还说了这样的话，你叫我怎么相信你这句话是真的。"走出面包房，江利兵想肯定已失去这个客户，但结局出人意料。第二天，这位经理打电话说准备购买20箱面包油。这次经历使江利兵坚信要想获得别人的尊重首先要尊重自己。在不断的业务往来中，这位经理不仅成了他的固定客户，还主动帮他介绍了许多新客户。加入凯顿公司一个月后，江利兵就以他的坚持与诚恳做出了销售58箱的好成绩。

　　人与人之间只有很小的差异，但这种很小的差异往往造成了巨大的差距。有一次，一位在做巧克力促销的同学说：巧克力销售情况不好，正在降价处理。别人无意中的一句话，却在江利兵心中闪现出一道火花，他意识到：这是一个不能放弃的好机会！他打电话到公司，得知存货总价值3万元。3万元不是笔小数目，更何况对家境贫寒的江利兵来说，虽然勤工俭学赚了一点钱，但交了一学期学费后，只剩下3000元。他深知机遇稍纵即逝，当即在同学中四处借钱，凑足6000元。带着这笔钱他与巧克力公司老总协商：存货他全要，但要分批购进，分批付款。公司老总正为滞销的巧克力大伤脑筋，虽然江利兵的要求有些不近人情，但他还是点头同意。事情一商定，江利兵马不停蹄跑城管、工商部门，联系商场搞大型促销。他请了学校里8位伶牙俐齿的同学，在商场里进行了新颖别致的有奖促销活动：巧克力进价是1.5元/包，零售价是5元/包。买两包送五张刮刮卡，现开现奖，当彩电、冰箱、自行车等大奖整齐地摆放在销售现场时，许多顾客怀疑：买巧克力也能中彩电？商业噱头吧！直到一个顾客真的中了一台冰箱时，顾客才抛弃疑虑，抢购如风。5天后，第一批巧克力已售完。江利兵又迅速购进第二批，10天内又售完，最后一批购进后，15天内也全部售完。他如期付清了3万元货款，再算剩余的钱，除了奖品、工资、场地、审批等费用，他净赚4.6万元。

　　当年寒假，江利兵回到家乡。在家期间，除了帮父母干些农活，江利兵一直在思索一个问题：如何支配人生中赚到的第一笔财富。他知道家中的房子早已简陋不堪，应该翻新；他知道为供他上学，欠下的债至今未还；还有日渐苍老的双亲，也该享享清福……但他始终觉得这些都不是最迫切的。正月，几个中学时的同学打工返家，江利兵默默听他们诉说着打工的酸甜苦辣，心中渐渐坚定了一个念头：用赚到的第一桶金子自己创业！元宵节一过，江利兵早早返校，实地考察创业项目。他一遍遍在大街小巷穿梭，经过文二路九莲新村时，他决定，在这里开个面包店。他这样分析：九莲新村是生活小区，人流量大，而这里目前还没有一家面包店。其次是在凯顿公司他结识了不少面包油经销商，这一点无疑对创业有利。租下市场边一间30平方米的店面，略加装修，"方圆"面包店正式开张。问及为何取"方圆"为店名，江利兵意味深长地回答：方圆是面包的基本形状，更重要的是，这两个字蕴含了做人之本、处世之道。"方"指做人要堂堂正正，"圆"指处世要适应社会，而不能让社会来适应你！

　　江利兵把有奖销售的方法沿用到面包销售中：凡购买面包价值达3元即送一张奖票，两个月开一次奖。这一招极大提高了顾客的购买欲望。再加上江利兵在面包制作上花样翻新，口味繁多，质量过硬，营业额直线上升，一个月后结账，不仅没有亏损，反而赢利2000多元。开办自己的面包店后，江利兵并没有放弃销售主管工作，在面包店的生意细水长流、日日都有攀升时，他自己的业绩也有声有色，每个月都销出300箱，占杭州市场的40%左右。问他为何不放弃销售主管的工作而全力干自己的事业时，这位年仅23岁的大二学生说出了引人深思的一段话：我希望通过销售主管的工作拓宽我的交际圈子，更重要的是凯顿是个有发展潜力的公司，在这里可以学到许多先进的工作技能、管理理念，我现在所做的一切都是为了日后再创业打基础。

江利兵说他最大的梦想是成为一个企业家，然后带领家乡人富起来。

案例四：先生存，后发展

江苏省吴江职业高级中学环保专业的毕业生沈利军，出生在一个家境清贫的农民家庭。毕业时，他向往着政府机关或大企业的环保办公室。经四处奔走，各环保办公室都处于饱和状态，自己根本进不去。这时，老父老母需要赡养，自己要吃饭，怎么办？

他调整了自己的求职思路，把第一个求职目标定在能生存的标尺上。不久，家乡附近七星石油公司一个下属工厂招收工人，他毅然应聘，当上了一名普通工人。工厂里的活又脏又累，他一方面坚持着适应脏、适应累，干好本职工作；另一方面，他利用一切可能的机会，全面了解熟悉本单位每一个岗位的业务，并坚持业余大学的学习，把标尺定到了求发展的目标上。他说："如果我不咬紧牙关坚持干，我就会失去工作，我努力向一个目标前进，就有可能成功。"一年后，工厂的产品因不能适应市场需要，销售出现滑坡并濒临倒闭。他根据了解到的情况，毅然站出来要求进行改进原料的试验，单位领导尝试性地将他调进了厂试验室。他应用在学校"宽基础、活模块"课程中学到的公共、环保等基础知识、进行原料技术革新。半年多的时间做了几百次的试验，经历了数不清的困难，面对一次次的挫折和失败，他曾经动摇过："如果试验不成功，工厂仍要倒闭，我试验失败耗掉的资金是否可以多养活这些工人一个时期？"但他又鼓舞自己："如果我试验成功了，避免工厂倒闭，可以使几百个人不失业。"信心与钻研终于使他获得了成功，工厂从濒临倒闭中走向赢利。

此时，他被调到公司的办公室上班，又因为他的勤奋和不凡的工作业绩，不久被提拔为公司业务经理。

案例五：从打工妹到百万资产的老板

在第三届"江苏省杰出（优秀）外来务工青年"评选活动中，射阳县一家制衣公司年轻董事长李元花，从一个不知名的打工妹到拥有百万资产的女老板的经历，引起江苏众多农村青年的兴趣。

李元花出生在贫苦的农村家庭，读到高二回乡。在村里干了两年团支书后，外出当了6年打工妹。有一次，她偶然听说县劳动部门要招收一批赴美的缝纫工，许多人因对出国打工心存疑虑，在不菲的出国费用面前望而却步。但敢冒风险、相信爱拼才会赢的李元花，拿出家里的全部积蓄并向亲戚朋友借款，通过了培训和考试，踏上了出国打工之途。

初到海外，水土不服、语言不通、劳动强度大。李元花凭着勤快的手脚和灵活的头脑，渐渐地在竞争中脱颖而出，赢得了外方的赏识，从缝纫工到仓库保管，从生产总监到车间主任、生产厂长。3年合同期内，她不仅挣得十多万元工资，更重要的是开阔了眼界，并学会了服装制板、打样等技术，掌握了一套先进的生产技术和管理经验。

回国后，是守着积蓄过日子，还是到创业大潮中拼一下？李元花选择了后者。她和丈夫在县城创办了一个经营部，销售布匹和服装。这其中也有过被骗和亏损的教训，但是善于总结的李元花，业务还是在扩大，资本又有新积累，同时还增加了对市场的了解，积累了丰富的经营经验。当年她从服装流通转向服装生产，成立了服装公司；不久，她又在南通与日方代理商合资，建立制衣公司和织布厂；后来，她将公司迁回家乡，主要招收当地的剩余劳动力，并吸纳了镇村机构改革中的部分分流干部。如今，李元花的公司固定资产已从在南通时的 100 万元发展到 240 万元，每年创利 300 万元。目前新的厂房已建好，李元花计划年销售额要达到 5000 万元，为家乡经济建设做出更大的贡献。

第三篇　　就业指导篇

第七章

求职过程的指导

第一节　就业信息的收集

一、就业信息的含义

就业信息是指求职者利用各种渠道获悉在一定的时空和条件限制下招聘单位的人才需求信息及与此相关的情况，是经求职者理解、加工处理后用以作为择业参考的消息、知识、资料与情报。主要包括就业政策与形势、就业法规、就业途径、行业信息、用人信息等。

就业信息作为求职的重要依据，是求职者就业择业的基础和起点，关系到求职择业能否最终实现。所谓知己知彼，百战不殆，在求职过程中，谁收集的信息越及时、越全面、质量越高，谁的视野就越开阔，求职的主动性、把握性就越强。因此，毕业生在开始求职之旅时，首要环节就是关注就业信息，并且逐步培养就业信息的收集、整理加工、储存及运用的能力，为成功求职做好充分的准备。

二、就业信息收集的渠道

信息必须依赖一定的载体才得以传播，让人感知。收集就业信息，关键要掌握并且畅通信息渠道。当前，收集就业信息的渠道主要有以下几方面。

(一)学校主管部门

学校主管部门分为：学校的就业指导机构，为了组织协调毕业生的就业指导工作，会通过各类信息载体如校内就业网站、职业网络教育系统、就业指导刊物等及时发布国家、省、市有关就业政策与形势、就业法规信息、行业信息、用人信息、招聘活动信息、就业讲座等一系列最新动态。到校园招聘的企业也通常会把用人信息发布在校内的就业网或 BBS 上，这类企业发布的招聘信息针对性比较强。为此，随时浏览校内的招聘信息是首要的选择。建议求职者列出一份高校就业指导网的清单，筛选出与自己有同类专业的院校，及时跟踪。校内各院系(专业)学生工作办公室，为了提高就业率，常常通过本院系校友等各种社会关系资源，积极主动提供对口的就业信息给本院系(专业)毕业生。用人单位到学校选录毕业生所依赖的主要就是这两个窗口。通过学校主管部门收集就业信息，特点是及时、准确、可靠、针对性强，是毕业生收集就业信息的主渠道。其不足之处是僧多粥少，竞争比较激烈。

(二)网络

据不完全统计，目前全国各类人才信息网将近 2500 个，许多大中城市已基本实现网上求职、网上招聘。除了学校自建的就业指导网站提供的大量高质量的信息外，利用网络收集就业信息主要有四种方法。一是从专业的求职网站上查找信息。比如南方人才网、前程无忧网、中华英才网等，毕业生注册登录后，即可根据自己的需求，使用职位搜索引擎或订阅免费招聘信息，填写个人资料后就可以直接外发简历。二是从各大搜索引擎上查找就业信息。大家不妨使用百度、谷歌、雅虎等搜索引擎。搜索查询比较简便，仅需输入关键词并敲一下回车键，即可获得相关信息。假如查询结果条目太多，需要缩小搜索范围，简单方法就是添加搜索词，且各搜索词间用空格分开，又或者在结果中输入第二个关键词进一步搜索。此外，利用搜索引擎可以查阅到几乎所有就业指导网站。三是门户网站招聘专区或用人单位网页招聘通告。例如搜狐、21 世纪、新浪网的招聘频道，阿里巴巴网也常提供招聘信息。许多世界 500 强企业或国有大企业如 IBM、通用、微软、松下、宝洁、移动、联通等公司，也是直接在公司网站发布招聘信息，要求求职者必须登录注册填写中英文简历。这本来就是对求职者的一大考验。通过这种方式，求职者也可以进一步了解企业的文化和内部管理。四是各类求职 QQ 群、微信等聊天软件和论坛。这些一般都是求职者群体建立起来的，其目的在于信息资源共享。求职者可以适当挑选加入，不仅可以获得大量就业信息，也可以获得成功就业人士传授的就业经验、面试经验、考试经验等信息。这种方式的最大优点在于就业信息资源的共享，值得推荐。网络是当前大学生收集就业信息的首选渠道，网上求职正以其开放、全面、快捷、节约的特点粗具规模。不足之处是网上常夹杂着虚假或过时的垃圾信息。

(三)人才招聘会

人才招聘会除了有学校自己组织的招聘会，更多的是外面大大小小、形式各异的招聘会，这些招聘会具有时间集中、地点相对固定、信息量大、双方面对面接触的特点，是毕业生获取大量就业信息并且进入直接面试状态的难得机会。求职者通过招聘会收集信息时，应注意主办单位、招聘会类型、规模、服务、费用等。例如，郑州东区的河南省人才交流中心、北京的大型人才交流中心、广州的中国南方人才市场每周都会举办大型招聘会，经常是人山人海，求职者要排队才有机会接近招聘单位，无法一一直接面试。因此，求职者要准备本子，记录用人单位的岗位需求和联系方式，以便于进一步跟踪。

求职者通过这类招聘会不仅可以直接收集许多不同类别的就业信息，而且能和用人单位直接洽谈达成和签订协议，比较简捷有效。其不足之处在于一般都要收 5～20 元的门票，花费较多的时间和金钱。

(四)社会关系

利用各种社会关系获得就业信息是一个非常有效的渠道。每个人都可以通过自己身边的家庭成员、亲友、师长、校友等社会关系，建立一个广泛的就业信息关系网络。毕业生手中的资源有限，社会经验也较肤浅，家长或长辈则社会阅历比较丰富，社会交往广泛，拥有较多的社会资源，获取信息的渠道也很多，容易提供适合毕业生要求的信息，并且在帮助了解就业信息或推荐就业时积极主动、不遗余力，因此毕业生要学会灵活运用。多数教师都拥有良好的社会背景和人脉资源，不少还与校外的研究机构、企业、公司等合作开发科研项目，他们提供的就业信息价值较高，也比较对口，可以说这是一条获取就业信息的捷径。校友会也是获取就业信息的重要渠道之一。许多高校会定期邀请校友举办交流会、讲座等，这些校友多数是比较有成就的人士，毕业生可以向他们咨询就业的相关信息，自我推荐。他们通常都会提供用人单位信息。另外也可以通过组织策划活动，邀请校友参加，一方面加强联系，另一方面可以让他们进一步认识你，了解你的才干。当然，这些都需要靠平时人际关系的不断积累，大学期间要学会做人与处事，处理好与师长、同学、校友之间的关系，真诚待人，善于表现自己，让更多人了解你的才华、性格、特长、爱好等。他们都会看在眼里，一旦有适合你的工作，都会主动推荐。通过社会关系收集到的就业信息一般都比较可靠、及时，针对性强，价值相对也比较高。

(五)社会实践和毕业实习

大学生到用人单位参加社会实践和实习活动，不仅有利于开阔视野，学以致用，有利于了解企事业单位的企业文化、工作情况和工作要求，主要的是可以获取单位的用人需求信息，这种信息具有全面性、准确性的特点。比如《南方都市报》《新快报》、IBM 等大公司都会招大二、大三的实习生，这是大学生推销自我，赢得用人单位好感与信任的最佳场所。表现出色的学生，用人单位都会优先考虑录用。因此，大学生应充分利用寒暑假、业余时间开展社会实践或实习活动，适当做兼职、到各单位挂职锻炼，体现出你的才华、能力、忠诚度与敬业精神，同时要了解就业形势、行业情况、职业发展机会、用人单位需求信息及内部管理等，为日后的择业竞争奠定良好的基础。

(六)各种大众传媒

报纸、广播、电视、杂志等大众媒体是收集就业信息的传统渠道，一般都会定期或不定期发布招聘信息，便捷、传播范围广、速度快、信息量大、可信度强、省钱省时、选择机会多是其特点。毕业生通过这些媒介，可以很容易就掌握大量就业信息。比如河南的《大河报》招聘专栏、《广州日报》的"求职广场"、《南方都市报》的"英雄会"、《广州青年报》的"前程周刊"等媒介。

求职者最好是将感兴趣的、符合自身需求的招聘信息剪切下来，可以省去许多翻阅时间。缺点是广告篇幅有限，无法深入了解招聘公司的背景及相关信息，且多数单位要求你必须先寄送简历，谢绝来访。报纸上的招聘广告也不排除骗人的信息，涉世未深的毕业生要尤其注意。

(七)电话查询

城市"黄页"是发掘潜在就业信息的最佳渠道，一般都可以通过电话查询完成，主要有两种方法。

1. 城市电信部门的求职专线是求职者电话查询招聘信息的主要途径

此类专线，还向使用者提供有关劳动力流动的政策及招聘洽谈会举办的时间、地点、内容等方面的服务。缺点在于电话查询信息费用较高，求职者要先清楚支出。

2. 查清楚意向公司的联系方式，直接电话查询，了解情况

打电话过去咨询或自我推销，通常都会遭到拒绝，所以求职者必须要做好心理准备，要有勇气。但机会总是留给有准备的人的，你的热情和主动也许正是用人单位所需要的。

(八)人才中介代理机构

人才中介代理机构提供的就业信息多数是面向有经验的工作者，但仍不失为毕业生收集就业信息的补充渠道。目前国内、省、市、区相继建立了劳务市场或人才交流中心。主要业务是办理人才交流登记、户籍档案挂靠，为用人单位招聘人才，为求职者做好中介服务，从而赚取服务费。人才中介机构的就业信息量大、复杂多样，毕业生一时难以筛选，往往委托中介机构帮忙就业，提供就业信息，这虽然很便捷，但是求职成本最高、投诉最多、成功率相当低。因此，选择人才中介机构收集就业信息一定要谨慎，要选择实力好、声誉好、效率高、专业性强，得到有关部门许可从事中介服务的机构。当前，有不少中介公司为了赚钱，常不择手段、坑蒙拐骗，设置陷阱坑害毕业生，这需要引起我们的高度警惕，病急乱投医是不可取的。现在网上常公布黑中介、骗子公司的名单，求职者可通过搜索引擎输入关键词进入查询，即可了解情况，对把握不准的公司也可以采取此种办法。

综上所述，就业信息有多种来源，各种来源的信息是互补的。每个信息渠道各有特点，毕业生要熟悉掌握，灵活运用，在收集信息的过程中，要注意投入和产出的关系，不同类型和不同层次的求职者，应当尽量选择适合自己的收集求职信息的渠道，降低求职成本。

三、就业信息收集的原则

(一)目标性原则

目标性原则要求求职者首先必须对自己的职业生涯有一个初步的规划，在此基础上再去收集有关的就业信息，要求小放大，避免打游击战，集中力量向制订的目标前进。

(二)计划性原则

收集就业信息必须制订相应的计划，确定收集范围，分区域、分门类进行收集，广撒网又要兼顾重点，讲究策略，要根据就业信息的反馈渠道及时调整计划。

(三)连续性、系统性原则

求职者要获得最终对自己有价值的信息，就得做个有心人，综合灵活运用各种信息渠道，完整地、连续地收集大量零散的资料，并注意把握整体与部分、部分与部分间互相依存、互为因果的密切联系。

(四)价值性原则

价值性原则要求求职者要根据信息的时间(When)维度(时效性)、信息的内容(What)维度(真实性与准确性)、信息的形式(How)维度(完整性和呈现性)来衡量就业信息的价值。

(五)二八定律

一方面从信息的传递角度看，毕业生收集的就业信息大约80%来自学校渠道或官方渠道；另一方面从信息的传播范围来看，所收集的信息80%是来自公开信息渠道。求职者要综合考虑人力、物力、财力和信息可靠性等要素。

四、就业信息的整理

就业信息的整理就是对收集到就业信息进行分析、综合、归类、过滤，从中筛选出适合自身需求的有用信息，作为求职的重要依据和基本前提，更好地为自己求职择业决策服务。就业信息的整理，是就业信息全部工作的核心。它是对收集到的原始信息在数量上加以浓缩，在质量上加以提高，在形式上加以变化，使之真正有利于自己、符合自己的职业目标和需求。亦即去粗取精、去伪存真、由此及彼、由表及里的改造制作过程。一般有三个步骤。

(一)真伪辨析

利用各种渠道获悉大量的就业信息后，不要急于投递简历或打电话。由于就业信息的来源、信息的传播渠道比较复杂、形式多样，收集到的就业信息有的带有一定的模糊度、多余度、滞后度，有的甚至是虚假信息或骗人的广告。建议求职者首先要判断这些信息的真伪，避免走弯路，对难以把握的就业信息进行认真分析，可通过网络搜索或电话查询甚至现场调查等办法来确认它的真实性和准确性。比如当你觉得用人信息可疑时，利用百度搜索引擎输入用人单位名称或地址，通常有不少提示。虚假或骗人的就业信息一般有以下特征，毕业生要严加防范以下情况。

(1)公交车站、马路、广场等一些公共场合粘贴的招聘小广告。什么月薪过万，都是陷阱，千万别上当受骗。

(2)门槛很低，薪酬很高，设置责任底薪，要求你必须完成公司规定的业务额，当你达不到目标时，不仅拿不到报酬，还白白浪费了时间和金钱，有些公司甚至会找借口炒你鱿鱼。这类公司目前不少，如某些外贸公司或保险公司。

(3)莫名而来的就业机会。一些骗子公司或传销公司在网络上收集毕业生资料，主动约会面试，并以此施以行骗、抢劫。比如一些所谓的星探公司、电子公司。毕业生或异地求职者应该多加提防。

(4)要求毕业生交一定费用作为工作保证金。当前不少公司有这种做法，严重违反《劳动法》有关规定。

(5)不透露公司的名称，如经常使用"某公司""某单位"等字眼。公司的基本资料不完整，也找不到地址等。

(二)筛选

在真伪辨析、删掉无效、内容残缺不全的信息的基础上，毕业生要根据自己的实际情况、专业和特长等设置一套标准，对信息进行进一步筛选，把力量真正用在刀刃上，记住适合自己的才是最好的。因此，首先要对自己进行分析，可以通过以下问题。

(1)我的核心竞争力是什么？

(2)我具备哪些专业理论知识和技术能力？

(3)我的兴趣爱好是什么？

(4)我的性格特征适合从事哪些职业？

(5)这份职业是否可以挖掘和提升我的能力？

(6)什么是别人做不到而我能做到的？

其次，比较排列出质量较高、较完整的就业信息。一般就业信息应该包括以下八个要素。

(1)用人单位的名称及其所有制。用人单位的名称往往包含着所属的行业、业务范围、所在地区、企业级别、所有制形式等，比如"珠海市梅溪牌坊旅游有限公司""广州市新华人寿保险公司天河直属支公司"等。

(2)用人单位的主管部门及其发展趋势。随着改革的发展，某些事业编制单位也可能成为私有企业，其主管部门也会相应变化，一般主管部门不同，劳动人事管理办法可能存在区别，而且工资、福利、医疗、养老、住房等待遇也有区别。

(3)用人单位所属行业及其发展趋势。毕生生供职于不同行业，职业生涯发展也各不相同。

(4)意向的职业岗位在用人单位中的地位和作用。如保险公司的业务员、内训人员、精算师、会计、出纳、保安、司机等多种岗位，都有特定的地位和作用。

(5)用人单位及意向岗位的工作环境和福利待遇。工作环境包括人际关系、工作时间(有无夜班等)、户外还是户内、编制还是合同、流动还是固定及工作场所的温度、湿度、噪声等。福利待遇包括工资、奖金、五险一金、退休等，有无入职培训、进修机会和晋升可能也应包括在内。

(6)用人单位的地理位置和发展前景。地理位置不仅与求职者就业后每天上下班的距离有关，往往还关系到一个单位的发展前景，交通不便、位置偏僻，是发展的不利因素。用人单位的固定资产、流动资金、科技含量、人才构成等因素，与发展前景密切相关。

(7)用人单位对求职者的具体要求。如学历、专业、性别、身高、相貌、体力、户口，以及职业资格、技术等级方面的要求。有些用人单位还对心理素质、能否经常出差等方面有特殊要求。

(8)招聘数量和报名办法。用人单位本次招聘哪些岗位的从业者，每个岗位招聘的数量，报名的时间、地点、方式、应准备哪些证书(如身份证、户口本、学历证书、职业资格证书等)和求职材料(如简历和有关证明等)。

求职者可按照这八个基本要素对收集到的大量就业信息进行甄别，经过初步分析和研究，淘汰过时、用处不大、不符合自身实际情况的信息。

(三)加工分类与编制储存

加工分类与编制储存是就业信息整理的最后阶段，其意义在于理清事实，便于记忆，便于实践。如果没有有效的分类方法，大量的就业信息就会陷入杂乱无章的境地，这项工作可以说既简单又相对烦琐。建议求职者准备一本专用笔记本，根据本人实际情况与择业理想有针对性地分类整理，然后保存下来，以便于查询。网络上的就业信息则可以用 Word、Excel 或写字板保存起来，也可以通过 Office 办公软件的自带功能迅速进行分类和储存。

1. 就业政策信息整理

就此政策信息整理可以分成国家就业政策信息与各地方政府就业政策信息两类。国家就业政策信息较为稳定，对其主要内容要了解掌握，并注意最新的动态。如国家支援西部的有关优惠政策、"基层就业奖励计划""三支一扶"，建议毕业生适当了解。地方政府就业政策是各不相同的，发达地区、欠发达地区、沿海地区或者西部地区所实施的就业政策通常也是因地制宜。因此，求职者一旦确定求职地域后，应关心一下当地的人事政策，如就业优惠政策、晋升待遇、户口迁移、养老保险、社会保障、公积金、应届大中专毕业生准入条件等相关内容。比如《关于 2002 年上海市引进非上海生源高校毕业生进沪就业工作的规定》。此外对于就业法规信息如《中华人民共和国劳动法》《中华人民共和国就业促进法》《劳动合同法》等也要有相当了解，这样在求职就业过程中才知道如何维护自己的权益。

2. 单位分布区域整理

单位分布区域整理方便求职者查阅，省时省力。求职者可以按就近原则和可行性适当安排自己的行程。以广东省为例，广东省有地级市 21 个，市辖区 54 个，县级市 23 个，县 41 个，自治州 3 个。单位分布区域整理一般可以分为珠江三角洲、粤北、粤西、粤东。分布在珠江三角洲地区的单位又可以分为：广州、深圳、珠海、佛山、东莞、中山、江门、惠州。粤东地区的单位可分为：汕头(6 区)、潮州、揭阳、汕尾、河源、梅州。粤西地区的单位可分为：湛江(4 区)、茂名(2 区)、阳江、云浮、肇庆。粤北地区的单位可分为：韶关、清远及偏远山区。求职者可根据自身条件确定就业意向。

3. 企业品牌知名度分类整理

企业品牌知名度分类整理在调查研究的基础上，对企业的所有制、知名度、资产规模、产品的市场占有率、发展潜力等进行综合排序，适度归类整理。如世界 500 强企业、国内 500 强企业。行业分类如国内房地产前 50 强、广州广告行业 100 强等。

4. 职位信息分类整理

职位大概可分为 35 种大类，分别为：市场营销类、技工类、文教法律类、餐饮娱乐类、医学类、地矿冶金类、园林类、服装纺织与皮革制作类、物流类、计算机类、金融保险类、机械与设备维修类、广告与设计类、交通运输类、理科类、测绘技术类、农林渔牧类、旅游类、汽车类、电子信息技术类、财务类、动力电气类、行政与人事类、化学工程类、能源水利类、金属材料类、客户服务类、公关与媒介类、经营管理类、工厂类、外语类、房地产建筑类、轻工类、生物工程类、环境保护类、贸易类、零售类、其他类。求职者不用每个类别都涉及重点突出，找准自己的职位类别。

就业信息分类和储存后要根据信息变动性和时效性的特点，进行及时更新，否则信息变成"档案"还蒙在鼓里。

五、就业信息的运用

就业信息的运用是指对经过求职者理解并加工处理后的信息的一个转换过程，即依据信息进行择业的过程。毕业生要学会合理、充分地利用这些有效信息。就业信息的使用必须做到以下几个方面。

（一）确定职业目标

求职者使用就业信息进行择业时，首先是分析自身条件和实际状况，然后确定职业目标。职业目标的确定是求职者的专长、兴趣、能力、性格、气质、期望值、价值观与社会职业需求之间不断协调的结果。确定职业目标还应把行业目标、收入目标、岗位目标、地区目标等考虑进去。最终确定最合适自己的职业发展目标，然后迅速做出决策，制定最佳实施方案和备选方案，必要时征求专业人士或亲友团的意见。

（二）了解信息背后的启示

招聘信息往往反映了一个用人单位的发展需求和目标，求职者必须要深入分析思考，转换角度，了解招聘信息背后的动机和启示。用人单位最需要的是安全和保障，希望招进来的人能为他们创造业绩，创造利润，节省成本，对他们而言，招聘用人也是一种风险投资。了解信息背后的启示必须站在用人单位的角度上考虑问题，记住不要以自我为中心。

（三）及时准备

就业信息有很强的时效性，又为众多求职者所共有，因此需求信息一旦选定，就要及时主动与用人单位主管人员联系，不要犹豫不决，更不能守株待兔，否则"机不可失，时不再来"。应主动询问面试的方式、时间、地点和要求，并准备好一套自己完整的求职材料，使需求信息尽早变成供需双方深度沟通的重要桥梁。根据筛选出来的需求信息的要求对照检查自己的不足，及时调整自己的期望值以及智能结构。这一做法尽管在毕业前的有限时间内有些仓促，但无动于衷，依然如故的做法却是绝对错误的。记住犹豫不决会使你痛失良机。

(四)共享信息资源

有些信息对自己不一定有用，可是对他人十分有用，遇到这种情况，要及时输出对他人有用的信息，千万不要抓住这些信息不放，你能主动输出对他人有用的信息，不仅对他人是个帮助，同时也增加了与他人交流信息的机会，说不定你也会从别人手中获得对自己十分有益的信息，帮助别人就等于帮助自己。因此和其他的求职者组成一个团体，一起收集信息，发出求职申请，问他们是否需要你们能够胜任的职位。

六、甄别就业信息，慎防求职陷阱

每逢大学毕业生求职的"冲刺阶段"，刚刚大学毕业的学生求职心切的特点被一些不法分子利用。常常设置许多招聘陷阱，面对重重陷阱，大学生该如何规避，从而避免上当受骗呢？下面就目前出现过的一些求职陷阱进行介绍，供大学生参考。

一是名曰培训，实为骗钱。比如一些招聘单位条件诱人，不收任何抵押金、带薪培训等，但一旦上岗后却要求求职者购买本公司产品，提出"象征性"地收取费用。

对此，特别提醒大学生，一旦招聘人员数量极大，入职过程也极为简单，就要提高警惕。因为这样的招聘主要目的很可能是骗取学生的钱财。

二是试用期，往往是打试用期与签约时间的时间差，以榨取廉价劳动力。

案例分析：王小姐出身于非重点院校，本以为以自己的学历，找工作会比较困难，不料，才面试了第一家公司，就彼此"情投意合"了，而且，公司开出的薪水也让王小姐感到满意，于是顺理成章进入了试用期。此时的王小姐还未本科毕业，于是公司称7月后才可正式签约，这段时间提前来工作，但是计为试用期。薪酬是正式员工的一半。王小姐于是决定在该公司上班至本科毕业，期间工作虽然是基础工作，但也十分辛苦。可是，临近毕业了，公司也没有提出所谓签约的事宜。王小姐多次询问，最终没有答复。在还未毕业的前一个月，王小姐过了试用期三个月，公司找了个含糊其词的理由，表示未能正式录用。

特别提醒大学生，要了解招聘公司历年招收员工的情况，通过公司历史招聘的情况，可容易地得知该公司的用人方式。若该公司在试用期后少有留下员工，则尽量避免跳入类似公司的陷阱。而且要密切关注劳动保护法中的保护内容，我国劳动保护法相关条款中有明确的规定试用期期限、薪酬和签约方式，该方面的内容知道得越详细越不易受到"陷阱公司"的左右。

三是跨省招工行骗，再行"打劫"。一些大学生通过网络或其他形式在外地发现适合自己的工作，与对方联络后，前往企业所在地面试。结果前来接站的人常常会以借用电话或其他事由骗取求职者财物，更有甚者将求职者带到偏僻的地方直接行抢。

特别提醒大学生，按照劳动法规，跨省招生必须出具本单位所在地、县级以上政府劳动力市场主管部门的证明。异地求职时，求职者首先应该确认用人单位的真实性，并尽量避免一个人前往。

四是先交押金，后被开除。在第一个月工作结束后，企业只付给求职者工资的一半，并称另一半为抵押金，说离职的时候退还。此后就以没完成工作量或其他借口将求职者开除，并扣下抵押金。

特别提醒，求职者在正式上岗前就应该和用人单位谈好条件，拒绝扣押工资作为抵押金的非法行为。

五是给一份钱，干多份活。一些私人企业在招聘时打出一份职务，上岗工作时一个人要干几份活，而工资只开一份。比如某杂志社在招聘时写着文字总监，用人时文字总监既要采访写稿，又要编辑版面，既要拉广告业务，又要送杂志搞发行，却只有一份工资。

特别提醒，求职者与用人单位是平等的，在面试时应与用人单位谈好自己的工作范围。对于工作范围外的内容，应坚决予以拒绝。

六是签劳动合同，限制自由。用人单位在所签订的劳动合同中规定了不少日后可能发生争议情况的处理办法，这些处理办法对于求职者的权利没有保护，却在惩罚员工方面规定严格。

特别提醒大学生，签订合同时，千万不要抱着大事已成的迫切心理，应注意看合同里的条款是否公正客观。一旦发现不合理的约定一定要在签字以前提出。

七是名为招聘，实则诱人犯罪。如果招聘者夸夸其谈，反复强调招聘职位轻松、能拿高薪，很有可能是在引诱你加入传销、色情及其他非法机构。

特别提醒大学生，对这种骗术，只要动脑稍加思考，尤其是与我国现行法律和社会道德体系相违背的"高薪职位"，就应有所怀疑。大学生应聘时，如果被骗子威胁恐吓，要想办法脱身，然后拨打110报警。

八是"境外就业"，实则被奴役。部分人力资源公司、商务咨询公司等中介机构发布"境外"招聘信息，求职者应向劳动保障部门求证这些招聘信息的真实性。

特别提醒大学生，要小心被一些中介机构利用"境外就业"的美丽谎言蒙蔽双眼，应聘时应格外留心，要确定信息发布机构是否具有"境外就业中介经营"的相关资质，签订劳务合同时也要加强自我保护意识。

九是招聘劳务工，"合同制"作门面。在发布招聘信息时注明工作性质为合同制，不少求职者由此感到合同制较为正规，单位能为其缴纳社会保险费用，欣然前往应聘。但在面试时却被单位告知该岗位只招劳务工（即协保人员等不需单位缴纳社会保险费用的人员）。由此造成了求职者徒劳往返应聘。

特别提醒大学生，在应聘过程中要和单位就某些关键事宜（诸如工作性质、薪资、相关福利待遇等）一一核实，并在签订合同时要求单位一一列明。对于单位在招聘信息中出现不诚信行为的，可拨打劳动保障服务热线12333进行举报。

十是借中介机构招聘之名储备人才。目前有不少企业单位或人才信息公司，短时间内在网上发布招聘信息近千条，均为中介信息，并在每条信息的岗位描述中留下邮箱和公司的网址，要求求职者将个人简历直接发送公司邮箱或登录公司网站应聘。

案例分析：张先生是一名刚毕业的大学生，想到一家职业介绍所想找份工作。一"面容和善"的中年妇人详细地询问了他的经历、特长及对工作的要求后，让他填写了一张招聘表，收取了100元手续费，让他回家等消息，并保证说能让他找到一份满意的工作。张先生在家等了将近一个月，仍无消息，打电话咨询，电话总是占线，当他再次登门找到那家职业介绍所时，发现已是人去楼空。这样的情况并不少见，经常有人也是把希望寄托在这样的职业介绍所，有的甚至白等近1年，花了近千元钱，工作仍没有一点着落。也有刚毕业的大学生，被中介所介绍一些"不十分明确"的工作，结果被介绍去了一些色情场所或从事非法传销等。

特别提醒大学生，一是谨慎选择中介公司。选择一家有资质的中介公司十分关键。正规的中介公司有严格的手续和营业执照。寻找可信度高的知名品牌中介公司，相对地找到工作的可能性也增大。所以宁可稍多花些中介费，也要找有品牌、有信誉的中介公司。二是仔细考察中介程序可信的中介公司，其业务流程不单单是"人性化"，给你些虚无缥缈的承诺，更重要的是一切程序非常明了，收费合理有据。

第二节　求职材料的准备

广义的求职材料应包括就业推荐表、求职信、个人简历和其他相关材料组成的完整的材料。毕业生的求职材料应多侧面、多角度准确全面地反映自己的专业水平、组织能力、领导能力和综合素质。通过准备的书面求职材料，用人单位可从中了解到毕业生的身份、核心竞争力、综合素质等基本情况，以判断和评价毕业生的学习成绩、工作潜力，从而确定能否给毕业生提供面试的机会。

一、求职材料的准备应遵循的原则

(一)真实性原则

求职材料是对自己大学生活的全面总结和反映，在内容上必须真实，切忌为赢得用人单位的好感而弄虚作假。小张是农民的儿子，平时生活俭朴，作风踏实。而用人单位就想选择一位这样的毕业生。但是当用人单位看到小张求职材料中父母一栏中未填写时，问小张是不是父母去世了。但小张未写的原因是他认为填写父母是农民身份，害怕别人歧视他。本来，小张是农民的儿子是该单位招聘职员的优势，但他却理解为劣势，同时，小张也因为材料中的不真实而失去了该单位。

(二)规范性原则

这一原则的确立，是对毕业生所有文字材料的基本要求，求职择业材料，可以说是对自己大学生活的一个全面总结，在材料中既要全面反映自身的基本情况，例如：姓名、性别、出生日期、政治面貌、学习成绩等，又要反映自身优势、特长、爱好；不仅要突出自己的优点、成绩，也要说明自身存在的缺点；不仅说明自己对用人单位职位感兴趣的原因，还要表达自己努力工作的决心。求职材料不仅格式规范，而且填写术语要规范。例如在健康状况一栏，一般应填写"健康"，而不能填写优秀、良好、一般、健壮等。

(三)突出重点原则

求职材料必须讲求简明扼要，突出重点，才能让招聘单位能很快地、明确地看到你的基本情况。有些同学的求职材料做工精巧，设计美观，但就是没有突出重点，前面很多页全是一些无关紧要的东西，如学校简介、院系简介、人生格言等。结果往往会影响你的求职成功率。

(四)设计美观原则

准备求职材料的目的之一是吸引用人单位对求职者的注意力或者让用人单位对求职者感兴趣。因此，求职择业材料的设计就显得尤其重要。一般来讲，求职择业材料，无论是文字的，还是表格的，都应采用A4复印纸，打印或复印，复印件不要放大或缩小。并进行必要的版面设计。学习理工类专业的毕业生，求职材料的版面要讲究自然、朴实、理性、洁净的风格；学习文学、艺术、管理、软件设计等专业的毕业生，求职材料要富有创意。

二、求职信的准备

(一)求职信的含义

求职信又称"自荐信"或"自荐书"，是求职人向用人单位介绍自己情况以求录用的专用性文书。它与普通的信函没有多少区别，但它与朋友的信函又有所不同，当然也不同于"公事公办"的公文函。求职信所给的对象很难明确，也许是人事部一般职员，也许是经理，如果你对老板比较了解的话可以直接给老板。当然，如果你根本就不认识招聘公司的任何人，求职信最好写上"人事部负责人收"较妥。

求职信起到毛遂自荐的作用，好的求职信可以拉近求职者与人事主管(负责人)之间的距离，获得面试机会增多。求职信是自我表白，其目的和作用要是让人事主管看，因人事主管有太多的求职信函要看，因此要简明扼要。在知名企业，特别是外企或500强企业的求职过程当中，一封出色的求职信是必不可少的。而撰写一封得体的求职信可能是你在准备应聘的过程中遇到的最棘手的问题。在求职的过程中，只有能体现个人才智的求职信，才能帮助你顺利地得到面试机会，谋求一份理想的工作。你需要仔细考虑你所写的求职信的目的，及其所可能产生的影响。信件要引起读者的兴趣，既要反映出你的目的，也要符合特定的环境要求。

(二)求职信的内容

当你把一份求职信递交给用人单位时，即表明你已将有关你个人情况的信息传递给了对方，求职信写得是否完整、得体，事关就业的成败，因而不可小看。一般来说，写求职信应包括以下几个方面的内容。

1. 介绍个人基本情况

个人情况应包括姓名、年龄、性别、学历、专业成绩、相关工作经历和社会工作情况及详细的联系方法等。

2. 介绍你能胜任某项工作的核心竞争力

这是求职的核心部分，主要是向对方说明你的知识储备、工作经验、专业技能及有关的特长、性格和能力等。总之，无论从哪个角度都要突出适合于所求职业的特长和个性，让招聘单位认为你是最合适的人选。

3. 介绍自己的潜力

要向对方介绍自己曾经取得的成绩，展示自己有该方面的才能，有发展、培养的前途。

(三)求职信的撰写技巧

成功的求职信应该表明自己乐意同将来的同事合作，并愿意为事业而奉献自己的聪明才智。要写好一封令人满意的求职信，必须注意以下几点技巧。

1. 简明扼要，有条有理

用简练的语言把你的求职想法以及个人特点表达出来，切忌堆砌辞藻。因为求职信的读者大都是单位负责人，他们不会把很多时间浪费在阅读冗长的文章上。求职信不是你显示文学才华的地方，最好用平实、稳重的语气来写。有些大学毕业生，总想卖弄文采，想办法堆砌华丽时髦的辞藻，结果弄巧成拙，使人反感。因此，写作求职信要开门见山，简明扼要，切忌套话连篇，浮词满纸。求职信不在于长，而在于精，精在内容集中、明确、语言凝练明快、篇幅短小精悍上。

2. 要有自信，实事求是

先想好自我推销的计划再写信。不论你是从报纸上看到的招聘广告，还是从亲友那里得来的信息，都要说明自己的立场，以便能让收信者印象深刻。写开场白之前一定要深思熟虑，如果气势不足，一开始自然就没有吸引力。应按写一则新闻导语或是拟广告词的态度来对待。对于中国人来讲，谦虚是一种美德。一个谦虚的人，可以使对方产生好感。但对于求职者来说，过分的谦虚，同样会使人觉得你什么也不行。谦虚不是自我否定，是实事求是、恰如其分地表现自己。所以，写求职信应遵循"适度推销"的原则。但要视具体情况而定。由于文化上的差异，对外资企业可多一些自吹，对国内企业应多一些谦虚。

3. 富有个性，不落俗套

书写一封求职信，正如精心策划一则广告，不拘泥于通俗写法，立意新颖，以独特的语言及多元化的思考方式，给对方造成强烈的印象，引人注意，并挑起兴趣。一封求职信，无论内容多么完备，如果吸引不了对方的注意，则一切枉然；对方如果对你的陈述不感兴趣，则前功尽弃。

4. 确定求职目标实事求是

一个人对求职目标的确定也并不是一件容易的事情，一定要符合人才市场的供求规律和竞争法则。在我国实行社会主义市场经济的今天，人才在某种程度上来讲，也可以被看成是"商品"。市场的供求规律无时无刻不在影响着商品的价格。供不应求时，价格高于价值，也就是说，这是人才的卖方市场；供大于求时，价格就低于价值，是人才的买方市场。了解了这一规律，你进入就业市场的时候，就不会一厢情愿地只凭你的学历，时刻想着应该得到什么样的工作，而只有去适应市场的运行机制和竞争法则。至于你能"卖"到什么样的价格，要凭市场行情而定。在大学生多如牛毛的今天，你要价太高，势必无人问津。最明智的选择是顺应市场，调价处理。同样道理，如果你学的是社会冷门专业，即使是博士生，恐怕也只能是找到一个本科生的职位。同时，市场竞争法则也制约着你对职业的选择。求职的竞争从本质上讲，是人的才能、素质的竞争。参与竞争前，你应先对自己有一个明确的估价，确定一下自己是哪个档次上的，然后再确定向哪个水平的职位挑战。只有这样，你才能在符合市场供求规律和竞争法则的前提下，摆正自己的位置，确定合理的目标，也才能使你的求职信有的放矢，提高成功率。

5. 少用简写词语，慎重使用"我"的字句

平时你与人交谈时，可能习惯简称自己的学校或所学的学科专业，但在求取信上最好不要用简称，因为用人单位的领导不一定都了解你的学校或专业、简写，往往容易使他们因不明白而产生误解。如"科大"，究竟是指中国科技大学还是北京科技大学？专业的简称有时就更让人莫名其妙。另外，多处简写有时还会使人觉得你做事不能脱离学生本色，或认为你态度不够慎重，从而影响录用。此外，在求职信中需要用"我觉得""我看""我想""我认为"等语气来说明自己的观点时，要慎重，否则会给用人单位留下你自高自大，思想不成熟的感觉。

6. 突出重点，层次分明

求职信要突出那些能引起对方兴趣、有助于获得工作的内容，主要包括专业知识、工作经验、自身特长和个性特点等。有一点须特别注意，即在介绍专业知识和学历时，切忌过分强调自己的学习成绩。许多人，特别是刚出校园的大学生容易产生一种错觉，以为社会上也和学校一样，重视学习成绩，认为只要学习成绩优秀就会谋到一份好职业，甚至为自己全优成绩而沾沾自喜。这是不成熟的表现，很容易导致求职失败。因为以自己的学习而夸夸其谈，只能给人以幼稚和书生气十足的感觉。而用人单位要重视的是经验和实际能力，所以应一般地写知识和学历，而重点突出工作经验和能力。

7. 建立联系，争取面试，莫提薪水

在求职信中，不要提薪水的具体数目。求职信所要达到的目标是建立联系，争取面谈的机会。此时谈薪酬为时尚早，以后会有更适当的场合，更何况薪水的数目并不是你选择职业的主要因素。如果同时有两个职位，其中低薪的那个职位更有利于今后发展，那么应当毫不犹豫地选择它。这种例子在应聘者中比比皆是。在求职信的最后，要特别注意提醒招聘单位留意你附加的简历，并请求给你回音，以争取能够建立下一步的联系，获得面试的机会。

8. 注重礼仪，以诚感人

（1）称呼要准确

求职信往往是首次交往，未必对用人单位有关人员的姓名熟悉，所以在求职信件中可以直接称职务头衔等，如"上海煤气总公司负责人""国发公司经理""北京配件厂长"。求职信的目的在于求职，带有"私"事公办的意味，因而称呼要求严肃谨慎，不可过分亲见，以免给人以"套近乎"或者阿谀、唐突之嫌。当然礼貌性的致辞还是可以适当使用的。

（2）问候要真诚

无论是经常通信的还是素昧平生的，信的开头应有问候语。向对方问候一声，是必不可少的礼仪。问候语可长可短，即使短到"您好"两字，也体现出写信人的一片真诚，而不是"应景文章"。问候要切合双方关系，交浅不宜言深，以简捷、自然为宜。

（3）祝颂要热诚

笺文的最后，要署上写信人的名字和写信日期，为表示礼貌，在名字之前加上相应的"弟子""受业"；给用人单位领导写信，可写"求职者"或"您未来的部下"。名字之下，还要选用适当的礼告敬辞，如对尊长，在署名后应加"叩上""敬亲""叩禀""拜上""敬启""肃上"等；对平辈在署名后加"敬白""谨启""敬上""拜启"等。

信皮（封文）的主要内容除要清楚、准确地写明收信人地址及邮政编码、收信人姓名、发信人地址及姓名以外，还要恰当地选用对收信人的礼貌语词。首先要注意收信人的称呼。封皮是写给邮递员看的，因此应根据收信人的职衔、年龄等，写上"经理（或总经理）""厂长""人事资源部长""人事经理"或"先生""同志""女士"等。其次，要讲究"启封辞""缄封辞"选择。"启封辞"是请收信人拆封的礼貌语词，它表示发信人对收信人的感情和态度。一般对高龄者长用"安启""福启"，对其余长辈用"钧启""赐启"；对平辈，可依照受信人的身份、性别，分别用"力启"（对军人）、"文启"（对教师）、"芳启"（对女士）；"缄"字的用法也有讲究。给长辈的信宜用"谨缄"，对平辈用"缄"。明信片、贺年卡等因无封套，因而无所谓"启"和"缄"。求职者须注意，切忌用挂号或快件寄来职资料，以免劳神费时。

（四）如何避免求职信中常见的毛病

不少应届毕业生在写求职信的过程中，容易犯一些技术性或原则性错误。下面几点是在求职信中常常出现的毛病。

1. 过分自信

许多即将从学校毕业的求职者在求职信中流露出盛气凌人、非我莫属、目空一切的口气，常使用一些诸如"完全有能力胜任这份工作""如被录用定能大大地扩展公司业务"等语句。读书期间你也许学习成绩优秀，甚至各方面都很出色，但与做一位好职员的要求仍会有一些差距，后者要求有多方面的经验和才干，没有工作经历是很难取得的。充满自信是应该的，但如果过分自信就会被人看作见识短浅，会引起别人反感，不利于求职。

2. 不够自信

谦虚是一种美德，但应遵循实事求是的原则。如果不能够公正准确地估价自己的实力，不但与现实的潮流不符，而且会让人觉得虚伪、造作。求职者在求职信中强调自己的长处是应该的，要获得所申请的职位也必须这样做，只要没有夸大其词就行，只是把自己拥有的优点和才能展示出来。

3. 废话或者阿谀之辞过多

下面一类的话在求职信中应绝对避免。

"在您百忙之中，冒昧写信打扰，深为抱歉！"

"我十分欣赏贵公司以大面积市场调查为先导，继之以多媒体广告轰炸的营销策略。"

"若贵单位愿意接收我，我将努力工作，也愿意听从您的安排和调动。"

"我恳切希望能有机会与您面商事宜，如您在百忙之中赐予良机，我将不胜感激。"

以下两点必须清楚。

(1)没有实质内容的话一句都不要写。人事经理的职责就是要为公司招到优秀人才，看求职者的求职信是他的工作，何谈"冒昧""打扰"。

(2)公司或企业录用人才只有"才能"一个标准，阿谀奉承不会被看做是才能。

4. 过多使用简写词语

与朋友谈话时人们习惯简称自己的学校或者所修专业，但在求职信中应该避免这样做。用简写词语一是显得不够庄重，可能引起读信人的反感。二是这些简称只有在特定的地方、特定的交往范围才能被准确地理解，超出这一范围人们可能就会不知所云，甚至产生误解。

比如，"中大"在广州人们都会明白指中山大学，但是在其他地方，即使是大学生也很少有人明白它的意思。在香港地区，"中大"是大家对"香港中文大学"的简称。"人大""华师""政经"等简写词语都很容易被误解，最好不要用。

5. 请附上照片

最新的人力资源管理理论及从事招聘方面的专家们的建议，是比较主张求职履历上附上照片的，而且这一点也越来越为一些国际知名企业认可。由此看来，投寄求职履历附上照片已是大势所趋。

附照片的好处是可以让履历审阅者通过照片对求职者的容貌有个大概的了解，以便初步决定取舍，不致发生主考官看了没有照片的求职信大喜过望，而一见其人后却大失所望的尴尬事情。

对求职者而言，如果由于容貌的缘故一而再、再而三地被拒绝也是一件很损自尊心的事。当然，照片的选择是有讲究的，那些"到此一游"的照片、艺术照甚至婚纱照，这类照片在求职信中最好是不要出现的。

求职应当是十分认真和慎重的事，寄上您最满意的报名照，无论黑白或彩色，无论一寸或二寸，拿出您充满自信的微笑！

（五）求职信的格式

标题

求职信的标题通常只有一种名称，即在第一行中间写上"求职信"三个字。

称谓

称谓是对收信人的称呼，写在第一行，要顶格写收信者单位名称或个人姓名。单位名称后可加"负责同志"；个人姓名后可加"先生""女士""同志"等。在称谓后写冒号。

求职信不同于一般私人书信，收信人未曾见过面，所以称谓要恰当，郑重其事。

正文

正文要另起一行，空两格开始写求职信的内容。正文内容较多，要分段写。

第一，写求职的原因。首先简要介绍求职者的自然情况如：姓名、年龄、性别等。接着要直截了当地说明从何渠道得到有关信息以及写此信的目的。如"我叫李民，现年22岁，男。是一名财务管理专业的大学本科毕业生。从报上我看到贵公司招聘一名专职会计人员的消息，不胜喜悦，以本人的水平和能力，我不揣冒昧地毛遂自荐，相信贵公司定会慧眼识人，会使我有幸成为贵公司的一名会计人员。"这段是正文的开端，也是求职的开始，介绍有关情况要简明扼要，对所求的职务，态度要明朗。而且要吸引收信者有兴趣将你的信读下去，因此开头要有吸引力。

第二，写对所谋求的职务的看法以及对自己的能力要作出客观公允的评价，这是求职的关键。要着重介绍自己应聘的有利条件，要特别突出自己的优势和"闪光点"，以使对方信服。如"我于2013年7月毕业于东北财经学院财会专业。毕业成绩优秀，在省级会计大奖赛中，获得'能手'嘉奖（见附件），在海南金融杂志上发表过多篇学术论文（见附件）。我在有关材料上看到过关于贵公司的情况介绍，我喜欢贵公司的工作环境，钦佩贵公司的敬业精神，又很赞赏贵公司在经营、管理上的一整套的切实可行的规章制度。这些均体现了在当前改革开放的经济大潮中，贵公司的超前意识。我十分愿意到这样的环境中去艰苦拼搏；更愿为贵公司贡献我的学识和力量。我相信，经过努力，我会做好我的工作的"。写这段内容，语言要中肯，恰到好处；态度要谦虚诚恳，不卑不亢。达到见字如见其人的效果。要给受信者留下深刻印象，进而相信求职者有能力胜任此项工作。这段文字要有说服力。

第三，提出希望和要求，向收信者提出希望和要求。如"希望您能为我安排一个与您见面的机会"或"盼望您的答复"或"敬候佳音"之类的语言。这段属于信的内容的收尾阶段，要适可而止，不要啰唆，不要苛求对方。

结尾

另起一行，空两格，写表示敬祝的话。如此致之类的词，然后换行顶格写"敬礼"或祝"工作顺利""事业发达"相应词语。这两行均不点标点符号，不必过多寒暄，以免"画蛇添足"。

署名和日期

写信人的姓名和成文日期写在信的右下方。姓名写在上面，成文日期写在姓名下面。

姓名前面不必加任何谦称的限定语，以免有阿谀之感，或让对方轻看你的能力。成文日期要年、月、日俱全。

附件

有说服力的附件是对求职者的鉴定的凭证。所以求职信的附件是不可忽视的组成部分。

附件可在信的结尾处注明。如：附件 1.×××××2.×××××3.×××××……然后将附件的复印件单独订在一起随信寄出。附件不需太多，但必须有分量，足以证明你的才华和能力。

求职信范例

范例一：

求职者身份：大学应届毕业生

应聘职位：品牌助理

应聘年份：2012 年

学历：本科

经验：无

收信单位：服饰制造企业

尊敬的×经理：

我是××大学管理专业的应届毕业生，谨申请贵公司品牌助理一职。虽然我没有实际工作经验，有的仅是一位年轻人大学四年的所擘与所想。但我希望凭借自己的勤劳、敏锐、真诚与执著，能在贵公司市场方面的岗位上有所发挥，并以此弥补我经验不足的短处。

从事消费品市场工作是我梦寐以求的理想，也是我大学四年所努力发展的方向。除了广泛阅读各种书籍，我还抓住一切社会实践机会锻炼自己，为自己未来的职业生涯造就一个真正有准备的头脑和一双对消费品市场敏锐的眼睛。

我热爱运动，长期担任系学生足球队队长。这个队长是大伙儿选的，我也相信自己做得很称职，因为我曾带领球队力克群雄，在学校获得过一次联赛亚军和一次季军。我深深懂得团队精神的重要性。我坚信，一个真正杰出的团队是无往不胜的。我力争在自己从事的市场工作或是企业管理工作的职业生涯中，做一位优秀的"队员"，然后再学着做一位优秀的"队长"。

因为自己酷爱体育，长期以来我一直关注一些跨国消费品公司围绕球类所开展的各种市场活动，像耐克"死绑"乔丹，阿迪达斯"纠缠"中国女足。连日来我总在想：为什么没有人从袜子上去推敲呢？贵公司是世界知名的制袜商，拥有世界知名的袜类品牌，可否能让短袜在中国这片土地上充满运动有活力呢？

现谨将个人简历送上，敬请过目。如蒙面试，深表感谢。

此致敬礼

×××
2012 年 12 月于××大学

点评：这封求职信充分说明了求职者的基本情况，表现出求职者对能够胜任该工作岗位的信心，用语得体，不卑不亢，是一封较理想的求职信。

范例二：

求职者身份：贵州省人士

应聘职位：化学师

应聘年份：2012 年

学位：理学学士

经验：一年相关经验

收信单位：化工制造企业：

尊敬的总经理阁下：

您好！请接受一位南下求职的年轻的中国专业人士的诚挚问候。

我是一位来自贵州省的女孩，一年前毕业于兰州大学化学系。虽然我成绩优异，却被分配至遵义市××皮革厂工作。原因无非是：我是一名女孩。出于种种因素，我决定来粤发展。然而在我负债来粤四处求职的两个多月时间里，发过无数求职信，参加过多次招聘会，跑过很多地方，应试过几十家"专业对口"的企业，结果均被拒绝。问其原因，也大多因为我是一个女孩。虽然我一个来自外地的女孩，但我也能像很多男子汉一样用自己的脊梁撑起一片世界。

我出身于贵州省一个贫苦的家庭，父母咬紧牙关将我送进大学，因为我是村里第一个考上名牌大学的学生，更因为他们深信我是值得国家培养的人。大学四年里，我打两份工，却依然能保持年级前十名的成绩。我深信，仅这一点，95％的男生没法做到。我连续两届担任年级大班副班长，每次权力要求选我的，恰恰是男生。母亲曾病情一度恶化，顽强的自尊心使我没向外人露出一个字。我拼命打工，生活上一省再省，寄钱回家。我最终走了过来，没掉过一滴泪。

我认为任职资格不应该涉及性别。如果公司给我权力与责任，我会让自己工作的成就超出领导对我的期望；如果将我放进一个团队，我会团结每一个人，并为团队的事业投入整个身心；如果给我工作上的风险与挑战，我会证明，良好的意志与心理素质能使我不辱使命；如果给我公平的竞争与表现机会，我将尽力说服每一个人：舍我其谁？久闻贵公司为驰名世界的大企业，异常向往。现将个人简历送上，谨寄希望于贵公司能给予应聘者男女同等机会。如蒙考虑化学师一职，甚谢。

×××

2012 年 6 月

点评：这封求职信给人的感觉是求职者过于自信，而且没有体现出求职者对应聘岗位的理解，只是一味地强调自己能力有多强，给招聘单位的印象大打折扣。

三、简历的准备

(一)简历的含义

简历，顾名思义，就是对个人学历、经历、特长、爱好及其他有关情况所作的简明扼要的书面介绍。简历是个人形象，包括资历与能力的书面表述，对于求职者而言，是必不可少的一种应用文。简历是用于应聘的书面交流材料，它向未来的雇主表明自己拥有能够满足特定工作要求的技能、态度、资质和资信。成功的简历就是一件营销武器，它向未来的雇主证明自己能够解决他的问题或者满足他的特定需要，因此确保能够得到会使自己成功的面试。

写一份好的简历，单独寄出或与求职信配套寄出，可以应聘自己感兴趣的职位。参加求职面试时带上几份，既能为介绍自己提供思路和基本素材，又能供主持面试者详细阅读。面试之后，还可以供对方存入计算机或归档备查。

(二)简历种类

目前在市场上流行的简历大致为四种：中式、港式、英式和美式。以下对这几种类型的简历进行简单介绍。

1. 尚未形成规范的中文简历

中文简历不像英文简历那样有固定的、约定俗成的格式。现在社会上常见的中文简历多从"履历表"演变而来。虽然时代不断变迁，但简历依然惯性地沿袭了履历表的各种特点，比如个人信息丰富得就像"全国人口普查表"一样。而工作经历一栏虽然能容纳大量笔墨和篇幅，但却不如填写个人信息那么细致认真，要么是华而不实的大段描述。有的还把简历写成了入党申请书或者自传，带有强烈的感情成分和主观色彩。

如果你用不很专业的中文简历求职外企，可能会遇到两种尴尬情况。一是虽然招聘公司请你同时提交中英文简历，但筛选简历的招聘人员是中国人，所以你的中文简历将被作为主要的筛选依据。同是中国人的招聘人员可能在感情上能够理解你的"中式风格"，但是理性告诉他你的中文简历不符合专业标准。二是有些外企甚至只要求你提交中文简历，没有了"中英文简历需要保持一致性"的约束。在写作中文简历时，你很可能就会想当然地爱用什么格式就用什么，什么格式顺眼就用什么。可这些你看着顺眼、爱不释手的中文简历在有着专业眼光的外企招聘人员看来就是不顺眼、不喜欢的典型。

2. "征婚启事"式的港式简历

香港出版的简历写作书籍中大都要求写"年龄""婚否"等信息，颇有"征寻贤妻良母"之嫌。香港报纸的招聘广告中还要求求职者写上"工资现状"及"预期工资"等可比信息，恨不得能招到一位"少吃多干的长工做女婿"。其实，这些都属于隐私性问题，美式简历则不要求提供这些信息。如果说目前国内流行的中文简历有参照系，那应该是指港式了。

3. 英式简历

英式简历很接近港式，但个人资料没有港式说得那么多，篇幅长、页数多，却不详细，是港式简历的原创母版，这里不做过多评论。

4. 美式简历

美式简历要求言简意赅，字字珠玑，限一页纸。但若想写好一份美式简历实非易事。你既要知道哪些信息不适合写在简历上，还要了解哪些信息必须在简历上写清楚，而且越细越好。这些知识都建立在你对企业文化认同的基础上。这也正是美式简历的魅力所在，因为它要求最高效地传达信息。国际大公司比较欣赏美式简历。从"成功求职"这一目标出发，一页纸的美式简历，是重点参考的样式。

(三)简历内容

一份简历，一般可以分为四个部分。

第一部分：为个人基本情况，应列出自己的姓名、性别、年龄、籍贯、政治面貌、学校、系别及专业，婚姻状况、健康状况、身高、爱好与兴趣、家庭住址、电话号码等。

第二部分：为学历情况。应写明曾在某某学校、某某专业或学科学习，以及起止期间，并列出所学主要课程及学习成绩，在学校和班级所担任的职务，在校期间所获得的各种奖励和荣誉。

第三部分：为工作资历情况。若有工作经验，最好详细列明，首先列出最近的资料，后详述曾工作单位、日期、职位、工作性质。

第四部分：为求职意向。即求职目标或个人期望的工作职位，表明你通过求职希望得到什么样的工种、职位，以及你的奋斗目标，可以和个人特长等合写在一起。

(四)简历编辑的技巧

个人简历是求职者生活、学习、工作、经历、成绩的概括。写好个人简历非常重要。一份适合职位要求、翔实和打印整齐的简历可以有效地获得与聘用单位面试的机会。个人简历一般很少单独寄出，它总是作为自荐信的附件，呈送用人单位。

格式：一般常用的简历格式有两种。一种是按年月顺序，列出自己的学习工作经历。另一种是根据需要有选择地列出自己的学习、工作经历，充分表现自己的技能、品德。但对于刚从大学毕业的求职者来说，采用第一种格式更好。

编辑简历需要注意以下几点。

(1)要仔细检查已成文的个人简历，绝对不能出现错别字、语法和标点符号方面的低级错误。最好让文笔好的朋友帮你审查一遍，因为别人比你自己更容易检查出错误。

(2)个人简历最好用 A4 标准复印纸打印，字体最好采用常用的宋体或楷体，尽量不要用花哨的艺术字体和彩色字体，排版要简洁明快，切忌标新立异，排的像广告一样。当然，如果你应聘的是排版工作则是例外。

(3)要记住你的个人简历必须突出重点，它不是你的个人自传，与你申请的工作无关的事情要尽量不写，而对你申请的工作有意义的经历和经验绝不能漏掉。

(4)要保证你的简历使招聘者在 30 秒之内即可判断出你的价值，并且决定是否聘用你(简历 200～300 字为可)。

(5)要切记不要仅仅寄你的个人简历给你应聘的公司，附上一封简短的应聘信，会使公司增加对你的好感。否则，你成功的概率将大大降低。

（6）要尽量提供个人简历中提到的业绩和能力的证明资料，并作为附件附在个人简历的后面。一定要记住是复印件，千万不要寄原件给招聘单位，以防丢失。

（7）一定要用积极的语言，切忌用缺乏自信和消极的语言写你的个人简历。最好的方法是在你心情好的时候编写你的个人简历。

（8）个人资料里的联系方式一定要齐全，包括手机号码、宿舍固定电话、暂住或家庭地址、E-mail 等，方便招聘单位第一时间通知你参加面试或发布面试结果。

（9）简历照片不宜五花八门，应以一至两寸的彩色半身职业近照为佳，男士穿白衬衫、单色领带和黑色西装外套；女士可穿带衣领的白色或浅色衬衫加单色小西装或者外套，以便给人力资源经理一个好的第一印象。

（10）不要写上对薪水的要求。很多学生都对简历上该不该写对工资、待遇的要求存在疑惑，一般的人力资源经理都认为简历上写上对工资的要求要冒很大的风险，最好不写。

（五）如何制作一份完美的简历

1. 针对性强

企业对不同岗位的职业技能与素质需求各不一样。因此，建议在写作时最好能先确定求职方向，然后根据招聘企业的特点及职位要求进行量身定制，从而制作出一份具有针对性较强的简历，忌一份简历"行走江湖"。

2. 言简意赅

一个岗位可能会收到数十封甚至上百封简历，HR 查看简历的时间相当有限。因此，建议求职者的简历要简单而又有力度，大多数岗位简历的篇幅最好不超过两页，尽量写成一页（技术相关工作岗位可写成两至三页）。

3. 突出重点，强化优势

一是目标要突出，应聘何岗位，如果简历中没有明确的目标岗位，则有可能直接被淘汰；二是突出与目标岗位相关的个人优势，包括职业技能与素质及经历，尽量量化工作成果，用数字和案例说话。

4. 格式方便阅读

目前网络上面有提供很多简历模板，只能起到参考作用，毕竟每个人的情况各不一样，那些模板未必适合你。因此，建议求职者应该慎用网络上面提供的简历模板及简历封面，而是应该根据自身的情况进行合理设计。正常情况下，一份简历只要包含：个人基本信息、求职意向、职业技能与素质、职业经历四大部分即可，个人可视具体情况添加。

5. 逻辑清晰，层次分明

要注意语言表达技巧、描述要严密，上下内容的衔接要合理，教育及工作经历可采用倒叙的表达方式，重点部分可放在简历最前面。

6. 客观真实

诚信是做人之根本，事业之根基。一个不讲诚信的人，很难在社会上立足。同理，如果你在简历中弄虚作假，将会失去更多的机会。即使你能侥幸获得面试机会，但有经验的 HR 在面试过程中一般都可以看穿，只要被发现有一处作假，就会觉得你处处作假，你将被拒之门外。一个连诚实都做不到的人，企业拿什么信任你？因此，建议求职者在写简历时一定要做到客观、真实，可根据自身的情况结合求职意向进行纵深挖掘，合理优化，而非夸大其词，弄虚作假。

附：个人简历模板

个人概况：

求职意向：＿＿＿＿＿＿＿＿＿＿

姓名：＿＿＿＿＿＿＿＿＿＿　性别：＿＿＿＿＿＿

出生年月：＿＿＿年＿＿＿月＿＿＿日　健康状况：＿＿＿＿＿＿＿＿＿＿

毕业院校：＿＿＿＿＿＿＿＿＿＿　专业：＿＿＿＿＿＿＿＿＿＿

电子邮件：＿＿＿＿＿＿＿＿＿＿　手机：＿＿＿＿＿＿＿＿＿＿

联系电话：＿＿＿＿＿＿＿＿＿＿

通信地址：＿＿＿＿＿＿＿＿＿＿　邮编：＿＿＿＿＿＿＿＿＿＿

教育背景：

＿＿＿年—＿＿＿年＿＿＿＿＿＿大学　＿＿＿＿＿＿＿＿专业（请依个人情况酌情增减）

主修课程：

＿＿＿＿＿＿＿＿＿＿＿＿＿＿＿＿＿＿＿＿（注：如需要详细成绩单，请联系我）

论文情况：

＿＿＿＿＿＿＿＿＿＿＿＿＿＿＿＿＿＿＿＿（注：请注明是否已发表）

英语水平：

＊基本技能：听、说、读、写能力

＊标准测试：国家四、六级；TOEFL；GRE……

计算机水平：

编程、操作应用系统、网络、数据库……（请依个人情况酌情增减）

获奖情况：

＿＿＿＿＿＿＿＿＿＿、＿＿＿＿＿＿＿＿＿＿、＿＿＿＿＿＿＿＿＿＿（请依个人情况酌情增减）

实践与实习：

＿＿＿年＿＿＿月—＿＿＿年＿＿＿月＿＿＿＿＿公司＿＿＿＿＿工作

＿＿＿年＿＿＿月—＿＿＿年＿＿＿月＿＿＿＿＿公司＿＿＿＿＿工作（请依个人情况酌情增减）

工作经历:

____年____月—____年____月_____公司_____工作(请依个人情况酌情增减)

个性特点:

_____(请描述出自己的个性、工作态度、自我评价等)

另:

(如果你还有什么要写上去的,请填写在这里)

*附言:(请写出你的希望或总结此简历的一句精炼的话)

例如:

相信您的信任与我的实力将为我们带来共同的成功!或希望我能为贵公司贡献自己的力量!

简历模板只是一个模板,我们要凸显自己的优势就必须写好"其他"内容。

"其他"通常是在求职简历模板的结束部分,可以填写,也可以空着。不过,如果能够善于利用它,求职成功率将会大大提高。毕竟,作为求职简历的最后部分,它是表现自我的最后机会。

四、就业推荐表的准备

目前,我国毕业生使用的推荐表是由各省、市、自治区负责毕业生就业的部门统一印制的,也有学校自行印制的,其栏目有学校名称、专业、研究方向(研究生)、姓名、学号、性别、出生年月、籍贯、家庭住址、外语水平、特长、奖惩情况、学习期间成绩、院系推荐意见、学校毕业生就业指导部门意见(其中包括"双向选择"的地址范围、时间跨度、行业范围、适宜从事的工作)等栏目。一份完整的推荐表应填写好所有栏目,院系在规定栏内盖上公章,校毕业生就业部门在校毕业生就业意见栏签署"同意推荐"字样并盖上公章。

因推荐表具有代表校方向用人单位推荐毕业生的作用,故而推荐表具有严肃性和权威性。在"双向选择"的过程中,毕业生可以使用推荐表原件或复印件进行"自我推销"。推荐表的填写应注意以下事项。

(一)推荐表的内容应真实可靠

学生在校期间的表现、奖惩情况、外语水平、各门课程的成绩等都应如实填写。现在许多毕业生将教务部门存入微机的各学科成绩直接打印一份附在推荐表上,较有说服力和可信度,可以效仿。

(二)推荐表中的院系评语应实事求是,一分为二

有些学校为了学生能早日落实就业,将学生的评语写得完美无缺,无懈可击,或不提不足,只讲成绩。这样的写法,内行人一眼就可看破。完整的评语,应充分肯定毕业生的优点和成绩,同时也应指出毕业生存在的不足。这既是如实反映情况,也是对毕业生负责任的表现。

（三）推荐表原件不可仿制

仿制推荐表会影响学校和毕业生的声誉，从而造成不良影响，而最终受影响的还是毕业生自己。

（四）充分发挥备注栏的作用

面对备注栏，许多毕业生不知所措，其实这正是补充推荐表栏目不足的地方。如有些毕业生曾在国外留学一年，也有毕业生第二外语达到一定的水平，或计算机等级考试达到一定的等级，或辅修专业达到一定水平，都可以在备注栏中加以说明。

第三节　面试技巧

一、面试的含义与种类

（一）面试含义

面试是用人单位招聘时最重要的一种考核方式，是供需双方相互了解的过程，是一种经过精心设计，以交谈与观察为主要手段，以了解被试者素质等有关信息是否适用应聘岗位为目的的一种测评方式。由于面试与笔试相比较具有更大的灵活性和综合性，它不仅能考核一个人的业务水平，而且可以面对面观察求职者的口才和应变能力等，所以许多用人单位对这种方式更感兴趣。面试在招聘中的作用已越来越重要。

大多数大学生因为面试经历少，常常不知所措，学会面试，是大学毕业生求职择业里面临的新课题。对于面试官而言，面试中最重要也最难的一件事，是需要他们确定眼前这个应试者能力是否胜任单位的招聘岗位。

（二）面试种类

面试的方式很多，概括起来有以下几种。

1. 模式化面试

由主考官根据预先准备好的询问题和有关细节，逐一发问。其目的是为了获得有关应试者全面、真实的材料，观察应试者的仪表、谈吐和行为，以及沟通意见等。

2. 问题式面试

由主考官对应试者提出一个问题或一项计划，请应试者予以完成解决。其目的是为了观察应试者在特殊情况中的表现，以判断其解决问题的能力。

3. 非引导式面试（无目的式面试）

即主考官海阔天空地与应试者交谈，让应试者自由地发表议论，尽量活跃气氛，在闲聊中观察应试者的能力、知识、谈吐和风度。

4. 压力式面试

由主考官有意识地对应试者施加压力，针对某一问题做一连串的发问，不仅详细，而且追根问底，直至无法回答。甚至有意识刺激应试者，看应试者在突如其来的压力下能否做出恰当的反应，以观察其机智程度和应变能力。

5. 综合式面试

由主考官通过多种方式综合考查应试者多方面的才能。如用外语同应试者会话以考查其外语水平，让应试者抄写一段文字以考查其书法，让应试者讲一段课文以考查其演讲能力等，也许还会要求应试者现场操作等。

二、面试前的准备

争取到面试机会是一个关键性的开始，面试前的准备工作成功与否是你面试成功的一个前提条件，但不是决定条件；所以准备充分固然为上策，但因为事情紧急，仓促上阵，靠临场发挥，有时也可能取胜。但是，"不打无准备之仗"，优秀的求职者总是非常重视面试前的准备工作。可以说，充分的面试准备工作已是你面试取得成功的一半。

(一)心理准备

面试关系到你未来的前途问题，每个人都希望在面试时留给主考官一个美好而深刻的印象，以增加录取的可能性。面试就好比是一场考试，在测试每个人的能力，也在测试每个人的心理素质，临场发挥。在接到应聘单位的面试通知后，不同的人会有不同的心理反应，有些人喜形于色，甚至得意忘形，以为已经万事大吉，因此放松自己，刀枪入库、马放南山；有些人却紧张得不得了，整天提心吊胆，忧心忡忡，感觉自己这也不行，那也不行，唯别人看不中；还有些人感觉无所谓，不就是面试吗，随便聊两句就过去了，没必要兴师动众……应试者的心态各种各样，无法用三言两语概括，也没有必要逐一分析讨论。我们所关心的是，到底应该采取一个什么样的心理状态来面试，怎样克服和防止一些不利于成功的心理。

正确的应试心理有这样一些特点：坦然、镇定、热情、积极、自信和谨慎。接到面试通知以后你应该给予积极的响应，充满热情地投入到准备工作中去，并相信经过自己的努力会赢得竞争的胜利；你应感觉一个难得的机会正向你一步步地靠近。你可以有机会充分展现你的才华，用自己的知识能力把握自己的命运。但是，在兴奋激动之余，你应冷静地审视自己，考虑怎样才能发挥出自己的优势，以弥补自己的不足，并为此做一些积极的准备。最后，你应当以一种平静的心态来迎接这次挑战，因为你毕竟还是你自己，你不可能几天时间内超凡入圣或成为一个理想中的人物，只要自己尽了心尽了力，就不要为自己不能把握的事而担忧。

争取到面试机会当然是件好事，这标志着你已经在前面的竞争中击败了很多对手，但这离最后成功还有很长的距离，千万不要为一点点的进展而沾沾自喜，裹足不前，因为你将面临更加激烈的竞争，高手如云，人外有人，天外有天，任何时间你都没有骄傲自大的理由，在此，我奉劝那些恃才傲物的朋友决不能放松警惕，"骄兵必败"实乃千古名训，自以为天下无敌者应时刻引以为戒。不幸的是，在有些人由于眼空四海、目中无人而折戟沉沙之际，另一些人却由于妄自菲薄、自怨自艾而一筹莫展。自负和自卑这两个极端，葬送了无数人的前程，实在令人遗憾。经验表明，适度紧张有利于集中精力、活跃思维，并不是坏事。因此，面试前最好是顺其自然，一方面积极努力，另一方面不要期望过高，因为决定成败的因素并不是全由自己能把握的。

在面试过程中，面试者扮演着一种接受提问与考查，同时又要自我表现的角色，这种角色往往让面试者出现两种极端倾向，或者因过于拘谨而表现不足，或者因卖弄张扬而表现过分，这两种倾向都会影响面试成绩。

(二)形象准备

漂亮的外貌并不一定是最佳形象。一次面试中，一位清丽的女大学生为了刻意打扮自己，以显示自己与众不同的修养与风度，遂倾其所有，备上一套高档黑色套裙，又在美容厅做了一次美容，整个人越发显得高贵美艳。她的形象是赏心悦目的，但在面试场中，她的这一番刻意的装扮势必会给自己带来麻烦。面试官在欣赏她的美丽同时，心中便已经开始对她下不利的断语了，"好高档的衣服，但这是学生的模样吗？""太喜欢打扮了，能安稳地工作吗？""嗯，看来很有经济条件，是不是娇生惯养的大小姐呢？"而老练的面试官一眼便看穿了她刻意打扮的背后的内容"心情很迫切""这个样子不过是装出来的""还不够成熟，不够稳重啊！"在装扮自己时一定要给自我一个清醒的定位，要清醒地意识到"我是谁？""我是在应聘场上，我是在找工作。"

平时，我们可以是只顾及自己的品位，随着心情去追随潮流或自创风格，但在面试中，你必须给自己定一根弦——"我要凭我的个人形象来赢得面试官的首肯"。这时，一定要清楚自己的服饰和装扮所要表达的内容：服饰和装扮与你的气质相协调；服饰和装扮与你的举止相符合；与气质、时间、环境、气氛协调；别有风格而又自然大方；吸引面试官的注意并让他心生好感。

许多用人单位的负责人认为，应聘时起决定作用的因素百分之七十源于"第一印象"，即应聘者的精神面貌与衣着打扮。这一估计是否准确还可以商榷，但至少可以肯定，应聘者的服饰对求职成功与否有重大的影响。因为不论你喜欢与否，你无法改变用人单位有可能以貌取人，凭你的外表判断你、衡量你。一个仪表优雅的人，虽然并不一定能找到工作，但如果衣着不整，举止不雅，必然影响应聘择业。因此，注重自己的衣着仪表，是应聘者不容忽视的问题。

一般社交中的服饰、打扮应遵循"TPO"原则。所谓"TPO"原则，就是服饰应当符合Time(时间)、Place(地点)、Objector(目的)的要求。面试是一种正式场合，衣着应规整得体，修饰自然有度，给人以朴实整洁、合体大方的感觉，穿着应以稳重一点为好，牛仔裤、A字裙最好少穿。男士着一套深色的西服，能给人一种干练、精明的专业化感觉；白衬衣要干净，长裤要整洁，一定不能皱巴巴的；黑色皮鞋要擦亮，鞋带勿松脱，袜子太短或太浅都不适宜。此外，头发要整洁，胡须要剃干净。对于女性而言，剪裁简单的套装是面试首选，装束以朴实、庄重为好，切忌衣着过于华丽，忌太多纽扣或花边的装饰，忌珠光宝气，忌浓妆艳抹，忌太露太透的衣服，鞋跟高度要适中，化妆宜淡雅，佩戴首饰要少且款式简单，尽量不要擦香水，尤其不要用味道浓郁的香水。另外，仪表装束打扮与一个人的特征和应聘职位要相称。如果你作为女性拥有一张"娃娃脸"，应选择颜色深沉的套装，以给人一种稳重的印象；如果你相貌老成，则应选择色调柔和的套装，显得充满活力，以免给考官一种跟不上时代节拍的感觉。装束、打扮还要与所谋求职位相称，一般知识阶层的服饰特点是稳重大方；白领阶层的服饰特点是高雅名贵；企业家的服饰特点是干净利落；工薪阶层的服饰特点是得体整洁；酒吧小姐的打扮则会让你感到艳丽可爱。

1. 服饰的总要求

服饰的种类、样式、色彩千差万别，不同季节、不同地点和不同职业的人着装各不相同，因此，应聘者的服饰不能简单地认为名贵、款式新奇、色彩华丽就是好的。而是要与求职者的年龄、身份、气质和体形等条件相协调，尽量适用"三色原则"，即西服外套、衬衣、领带、鞋袜的颜色不能超过三色，所以要尽量地选取同一色系的衣着打扮。

应聘者要首先明确职业特点对职业者服饰的要求，并按这种要求来打扮自己。不同职业，对该职业的劳动者的服饰有自己的特定要求，只有当求职者的服饰符合职业要求时，才有较好的效果。反之，如果不注意这一点，片面地理解美容、着装，不考虑职业特点，一定不会给招聘单位留下深刻的印象，求职也难以成功。这样的事例在求职实践中是并不少见的。如有一位女大学毕业生应聘教师岗位，面试时她虽未浓妆艳抹，但是其服饰、提包却过于新奇、艳丽，而且一进门就喷射出一股浓烈的香味，再加上言谈浮夸，终于没有被录用，招聘单位的理由是，此人不适宜当教师。

2. 男士形象要注意的问题

（1）西服要笔挺。

深色暗示着权威，但黑色不太适合一般面试者。选择面料要注意，要100%的毛织品。如果是在夏天去面试，要选择适合夏季穿的轻薄滑爽的毛料套装，不要选择淡色的亚麻料或亚麻混纺套服，这些衣料容易缩水。

（2）衬衫要理想。

衬衫必须是长袖的，应当是白色或淡蓝色，不带图案或条纹。跟西服一样，衬衫的最理想布料也是天然织物。要穿那些精心缝制、专业洗涤、中度上浆（挺括）的全棉衬衫。涤纶混纺虽不像全棉织物那么容易缩水，但是穿到最后，其外观就不如棉织物那么好看，吸汗性能也会下降。

（3）领带要选好。

有些专家说，在你跟考官握手时领带首先受到关注。领带的重要性是不言而喻的，它可以使一套昂贵的西服显得很廉价，也可以使普通的穿着显得庄重。

领带的面料不用费神，100%的纯丝即可。不要使用亚麻或毛料，前者容易缩水，后者显得太随便。合成织物显得廉价，而且打出的结也不美观。

领带应当为西服增色，而不能与西服的图案有任何冲突。领带的宽度随衣服款式的不同而不同。穿西服时，安全的着装规则就是领带宽度要接近西服翻领的宽度。

传统的图案如立体形、条纹、印花绸及不太显眼的螺旋纹布等都是可以接受的。行政主管们比较喜欢立体宽条纹，因而这种布料被称为"权力条纹"。不过，应避开带有圆点花纹、图画(如动物、猎狗的头等)、体育形象(如马球棍和高尔夫球棒等)及设计者的徽标，这些图案让人缺乏安全感。

给领带精心打结。这几年又开始流行小而紧的领结。领带不要超过你的腰带。

(4)皮鞋要擦亮。

你与考官见面时对方很可能先注意到你的领带或鞋子。要穿黑色或棕色皮鞋，避免穿其他颜色和质料的鞋子，务必将皮鞋擦得油光发亮。

(5)袜子要够长。

如果你选择的是一双鞋面较低的无带鞋，这些对你尤其重要。无论如何，袜子的颜色应当和西服相配。通常应选蓝、黑、深灰或深棕色。袜子要够长，使你在叠起腿时不至露出有毛的皮肤，而且要有足够的弹性使它们不至于从腿上滑下或缩成一团。当然也不宜过短。

3. 女士形象应注意的问题

一般面试场合，套装就很合适。然而，套装不必模仿男士衣服那样选用浅褐色和灰色。尽管如此，深灰色西服和白色衬衣相配依然是最安全正确的面试组合。立体、细条和不太显眼的格子图案在许多颜色里都可以接受，可以选用天然与人造的混合织物来对付缩水。天气暖和时，棉与涤纶的混纺料就很好。如果对全天然织物情有独钟，那就选用毛织品。

(1)裙子。

裙子的长度因季节的变化而不同。一般来说，面试时裙子的长度要比在社交场合或日常业务往来时穿的裙子略长一点，这会使双方感到自在。裙子的长度可以用指尖作标准，如果你站立时双臂自然下垂，裙子在手指尖以上，说明这件裙子太短，不适合在面试场合穿。

(2)衬衣。

长袖衫最适合。在外套袖口露出1/4或半英寸能显示职业特点和权威。短袖衬衫不太好，无袖衬衫则绝对要避免。

衬衫面料要选用天然织物，最好用棉或丝。跟男士不同，女士不必把衬衫的颜色仅限于白色或浅蓝色。但是即使是对女性而言，这两种颜色也是企业界普遍接受的。珠灰色和各种深蓝色也是上好的颜色。

衬衫的款式应简洁，前面佩戴领结则很适当。你也许觉得一直扣到领口的衬衫太严肃，但在较保守的公司或企业这很起作用。

(3)颈饰重点。

漂亮的丝巾可以使面试服装增色。然而要避免丝巾配衬衫这种做法，这种搭配太机械，而且给人品味不高的感觉。与西服颜色和图案相配的丝巾最理想。避开大的圆点花纹（但小的花纹也可）。

（4）鞋跟要理想。

鞋跟保守为最好，穿浅口轻便鞋，鞋跟为3厘米比较安全。别穿跟太高的鞋，那样走起路来摇摇晃晃，不稳当。在海军蓝、紫红色、黑色或棕色几种颜色中挑选能与你的西服和饰物相配的颜色。

（5）袜子。

袜子应以不引人注目为准，要穿中性或肉色的袜子。墨菲法则认为凡有可能出差错的事终将出错，丝袜有可能在最不该出问题的时候脱针或抽丝，应另外准备一双连裤袜或长筒袜，放在公文包或手提包里备用。

（6）首饰。

首饰尽量少戴。戴着结婚或订婚戒指总没错，但应避免几个手指都戴戒指。拇指戒指不能为人接受。耳环应当小巧且不引人注目。为了使你感到舒适，注意力集中，戴的耳环不要过长，以免发出叮当的声响或者触及脖颈，甚至挂到衣服上。

朴实无华的项链就比较好，但别戴假珍珠或华丽的人造珠宝。令人喜爱的手镯是完全可以接受的，但镯子上的小饰物应当避免，其他刻有个人名字首字母的首饰也应避免。面试时永远不要戴脚镯。

（7）化妆。

原则很简单：越少越好，略施淡妆。如果没涂口红也挺舒服，那就别涂。如果一定要用，不要涂得太浓。即使是心爱的香水也尽量少用。香水（无论多么昂贵）易使考官反感。

（三）面试前的面试前24小时的准备工作

面试前的24小时对求职者来说是至关重要的你知道该在这段时间内做些什么吗？

1. 面试前的一天

（1）为避免到时迷路，先到面试地点去一趟；
（2）准备好现金、车票等一切能使你从容按时到达面试地点的东西。

2. 面试前的晚上

（1）复习你对应聘单位的了解情况和你的个人简历；反复阅读自己的个人简历，使之烂熟于心，面试时你就能向主考官侃侃而谈你的资格和能力，就能非常自信地推销你自己。此外，面试前你可以进行面谈预演，向你的朋友或家人谈你的任职资格，你能干好什么工作，并且最好根据你的简历上的每个要点，谈出一些简历表达得不够充分但有说服力的证据和细节。

（2）大声说出你从曾做过的工作中所学得的相关技能，以及为什么你是应聘职位的最佳人选的理由。将要点记录在一张索引卡片上。

（3）如果准备带上能证明自己的业绩的资料，那么，标出最引人注目的几项；如求职信、获奖证书、荣誉证书、学位、学历证的原件或复印件、发表的论文、著作,专业技术资格证书、专家教授推荐信、单位证明或推荐信、纸、笔等。

(4)将套装、化妆盒、个人简历、纸张和一支笔放好;

(5)不喝酒,睡好觉。

3. 面试当天早晨

(1)吃一顿高蛋白、高碳水化合物的早餐(谷类食物、水果、鸡蛋),精力充沛;

(2)温习索引卡片上所列要点;

(3)翻翻报纸——面试时的闲聊经常围绕当天的新闻。

要注意休息、营养和锻炼,保持充沛的精力。一个容光焕发、神采奕奕的应试者的成功机会要远远大于一个无精打采的应试者。但如果你不幸患了伤风感冒等疾病,最好在临近面试前不要服药,特别是一些有催眠作用的药物,以免考场上发困。考场上一定要提起精神,集中精力,为此你应该做些准备保证做到这一点。

4. 面试前 10 分钟

(1)确保提前到达面试地点,在休息室等候;

(2)在等候中注意观察该单位的办公室气氛。如果大家都穿牛仔服装并用随意的口气打招呼,你就知道自己在面试时不必太刻板。

5. 面试前 5 分钟

(1)你踏进面试主考人办公室的那一刻,先深吸一口气,镇静地有信心地步入,要面带笑容,精神饱满。你留下的最佳印象应该是令人愉快和兴致勃勃的,因为你决不会再有重演一次的机会。你一走进办公室,就应直视面试主考人的眼睛,挺直腰板坐在椅子上。尽量与面试主考人保持面对面、视线相接的姿势。不要显得坐立不安,不要拉拉头发或摆动双腿,或者随意做出任何有损于形象的姿态。

(2)互相察看已告结束,正式会面开始。牢记你来面试的主要目的是要以最佳方式把你的个人特长留给对方。如果主考人问你掌握什么技术的话,你应该把你的技术及如何应用技术的情况告诉对方。虽然这些问题已经写进简历里了,但再提也无妨。

(3)现在你已和主考人建立某种友好关系,你应该能够察觉他(她)是接受你还是拒绝你。要始终如一地对主考人所提的问题作出反应。当主考人在简要介绍工作时你不仅要注意他说的每一个字,还要注意他的态度。

(4)面试主考人可能会请你谈谈你自己。该说些什么应有所选择,并要针对面试主考人的情况而定。最好不要去注意面试主考人在想什么,即使你相信你能猜到他在想什么,你仍然要继续你的面试,把它进行到底。

三、面试过程中的技巧及注意事项

(一)面试过程中的技巧

当你欣赏奥林匹克花样滑冰运动员轻松自如地在冰上表演时，你可能会想，多么简单而不费力气。但你没有看到，是运动员经年累月的艰苦训练才使她达到今日的状态。好的面试也是这样，你必须经过充分的准备和练习，才能使自己在面试中大放异彩。你可以从以下几个方面来磨炼你的面试技巧。

1. 开始面试时即进入一种轻松的注意力集中状态

这种状态是杰出的运动员在开始比赛时所具有的。你可以在开始面试前通过沉思和冥想来去除心中的杂念，把注意力集中在当前的面试上，从而使你不至陷入紧张、自责和自我怀疑的状态。

2. 态度要自然

这种自然来自于你面试前的充分准备。要表现出真实的自我，表现出自己的专业性，与面试者诚实地对话。面试前，应与你的家人或朋友做几次模拟面试，就像期末考试前设想可能出现的试题一样。

3. 三思而后答

面试场上，考官们经常采用的一个基本策略就是尽量让应试者多讲话，目的在于多了解一些应试者在书面材料中没有反映的情况。你在面试时一定要注意"言多必失"的道理，如果认为已经回答完了，就不要再讲。最好不要为了自我推销而试图采用多讲话的策略来谋求在较短的时间内让招聘方多了解自己，事实上这种方式对大多数人来讲并不可取。该讲的讲，不该讲的决不要多讲，更不要采取主动出击的办法，以免画蛇添足、无事生非。

4. 不置可否地应答，模棱而两可

应试场上，考官时常会设置一些无论你作肯定的回答还是作否定的回答都不讨好的问题。如考官问："依你现在的水平，恐怕能找到比我们公司更好的单位吧?"如果你的回答是肯定的，则说明你这个人心高气傲，或者"身在曹营心在汉"；如果你的回答是否定的，不是说明你的能力有问题，就是自信心不足；如果你回答"我不知道"或"我不清楚"，则又有拒绝回答之嫌。遇到这种任何一种答案都不是很理想的问题时，就要善于用模糊语言来应答。可以先用"不可一概而论"作为开头，接着从正反两方面来解释你的观点。

5. 摆平自己的心气，委婉而机敏

应试场上，考官往往会针对求职者的薄弱点提出一些带有挑战性的问题。比如，对年轻的求职者会设问："从你的年龄看，我们认为你担任经理这个职务太年轻了，你怎么看?"对年龄稍大的求职者又会设问:"我们觉得你的年龄稍大了点,恐怕在精力方面不如年轻人,你怎么看?"面对这样的考题,如果回答"不对、不会、不见得吧、我看未必、完全不是这么回事",虽然也能表达出自己的想法,但由于语气过于生硬,否定过于直接往往会引起考官的不悦。

6. 明辨问题背后的问题

事实上,所有的问题最终都归结为这样一个问题,即"为什么我们应该雇用你?"有些问题实际上是想了解你的个人生活,担心你的家庭是否会干扰你未来的工作。这时你应该有意识地避免给面试者造成这样的印象。

7. 站在面试者的立场考虑问题

面试者的责任重大,她所选择的必须是众多候选者中最棒的。"你确实有能力做这份工作吗?""你有什么独特的地方吗?""你能融入我们公司的文化氛围吗?"这些问题时常萦绕在面试者的脑海中。作为候选者,你不仅应该表现得刚好合格,还应该超越工作所要求的最低标准。

8. 对常见问题的回答要充分准备

关于个人的情况,关于应聘者动机,关于专业情况,关于工作能力,关于人际关系,关于工作态度等有关问题,这是每个面试者都可能会被问到的问题。面试前详细准备好这些问题的答案,做到有备而战。

9. 把握好自己的身体语言

据专家分析,口头语言只表达了我们要交流内容的 $30\%\sim35\%$,而其余的是靠面部表情和身体动作来传达的。以一种自信的姿态走进面试者并就座,向面试者稍微倾斜上身以显示自己的兴趣和热情,保持眼睛接触,说话时语调自然而略带兴奋以显示你是多么渴望得到这份工作。

10. 小心有关薪酬的问题

不要过早地提出自己的薪酬要求以免落入陷阱,过高或过低地的薪酬要求都可能使你得不到那份工作。你可以询问这个工作的薪酬范围,尽量推迟讨论有关薪酬的问题,直到你对这份工作的职责范围有了充分的了解。

(二)面试"意外"的事例的处理

挖空心思设计面试"陷阱"是现代企业人才招聘的一个显著特点。不少公司为了招聘到合格有用的人才,会根据招聘职位的要求,设计一些面试"意外",以此测出应聘面试者的真才实学与自然流露的内心世界,并由此作出取舍。因此,面试者遭遇"意外"是情理之中的事,不要感到茫然与惊惶失措。下面列举几个面试者成功应对。

1. 面试突然提前

某公司要招聘一名业务主管，有不少人参加角逐，经过上午的笔试、上机操作考核，毕业生兴华与另外三位应聘者顺利通过了初试，这时已经到了中午，主考官通知他们：下午两点半在会客厅复试。兴华因为带了方便面，就在会客厅将就；另外三人都到外面吃饭去了。大约过了半小时，主考官走进会客厅，见只有兴华一人，便通知兴华：下午的复试提前到一点钟在八楼总裁办公室进行。兴华一看离复试的时间只有二十多分钟，便着急地对主考官说："另外三人都去吃饭了，怎么办？"主考官说："看到他们就通知一声，没看到就算了吧。管好你自己就行了！"

兴华想到自己不能这样自私，就在会客厅干等着，直到最后一刻，三人还没有出现，于是他就在门上留了个便条，告诉另外三人复试提前到中午一点在八楼总裁办公室进行，让他们看到纸条后立即赶来。留言后，兴华在最后时间赶到复试地点，却见他们三人已在总裁办公室等候！原来这就是复试的考题。

主考官已经单独通知到了所有复试者，其余三人利欲熏心，都没有把复试提前的消息告诉其他人；只有兴华这样做了。复试时，总裁问兴华："听说你一直在楼下等其他人，你为什么要这样做？"兴华回答："给别人机会就是给自己机会；靠投机取巧取胜不是一个高素质大学毕业生所为。"总裁当即拍板录用了他。

提示：应聘面试也是为人处世，品德高尚是成功的前提。只有多为他人着想，助人为乐，才能笑到最后。

2. 面试临时取消

某公司在招聘一批业务员的面试前，有意开来几辆满载货物的卡车，请面试者帮忙卸货。主考官一马当先，带头上车卸货；应聘者都想在主考官面前表现一下，留一个好的第一印象，所以干得格外卖力。货卸到一半的时候，主考官突然"扭伤了腰"，就在别人的搀扶下到医院去看病，临走时主考官对应聘者说："很抱歉，今天的面试只得取消；至于什么时候面试，公司会通知你们的。"等主考官的身影一消失，不少应聘者便骂骂咧咧，当即甩手而去，也有一部分应聘者坚持把货卸完才离去。这批做事善始善终者当场被公司录用。原来这就是一场特殊的面试：因为受伤的主考官走了，却还有另一位主考官在现场默不作声，应聘者的一言一行都被他看得一清二楚。

提示：职场最青睐的是那些不讲价钱、不计报酬、乐于奉献、勤恳踏实、善始善终的人；那些斤斤计较讲报酬、虎头蛇尾干事情者，即使一时蒙混过关，终究经受不住实践的检验，摆脱不了被淘汰的命运。

3. 面试中途暂停

刚从大学毕业的小娟去一家公司应聘秘书之职，由总裁亲自面试。总裁从多方面对小娟进行测试后，脸上慢慢地露出满意的微笑。这时，总裁接了一个电话，便对小娟说："我有事出去一下，请你稍等。"总裁这一去就是半个多小时，小娟就有些不耐烦；但她很快稳定了自己的情绪，从口袋里拿出一本事先准备的袖珍杂志，一会儿就进入了故事情节，连总裁进来都不知道。总裁高兴地通知她："你明天来上班吧。"原来这半个多小时，总裁一直在另一间监控室观察她（总裁办公室装了监控器），看到小娟的行为符合一个秘书的要求，故录用了她。

（三）面试决定成败的五个关键

危机往往是一个人在不经意间铸成的，成功也是由许多关键细节酝酿而成的。

1. 亮明身份

考生进入考场要做的第一件事是亮出考生顺序牌，响亮的向考官问好并报出自己的面试牌号，其中最需要注意的是不得透露与本人身份有关的各种信息。"各位老师好，我是38号选手张三。"这种情况下（即说出了自己的真实姓名或毕业院校等）将取消考生的面试资格。每年都有这种情况出现，因此考生一定要记清工作人员在候考室中对你说的每一个字，因为每个字都可能是驱逐你离开考场的理由。

2. 简洁入座

考生入座时，应注意调整椅子与桌子的距离，太远会影响你用笔记录，太近身体会趴在桌子上，给人拖沓的感觉，总之，距离要适合自己，根据自己的高矮胖瘦调整一个最自然的状态。这时考官通常观察你的手、脚及神情有没有多余的动作。双手自然放在桌面，腿不要抖动，眼神不要左顾右盼，更不能有用手摸鼻子或额头之类的动作。

3. 自然应答

考生在听题以及答题过程中要贯穿"自然"二字。也就是说表情要自然，不要由于想表现成熟的自己，而可以掩藏自己活泼或严肃的本性，导致面部表情僵化。

2012年某地面试当天，工作人员在考生的桌子上放了笔和纸及一小瓶雀巢矿泉水，结果直至考完竟然没有一位考生饮用。其实工作人员这样做的初衷就是希望考生以平和心态对待考试，考生在高度集中的答题过程中通常会口干舌燥，考生此时可以喝口水润润嗓子，同时也是给自己一些思考的时间，适时根据情况调整自己答题思路和语言技巧。

4. 坚定答题立场

有的考生答题时，仍把自己摆在学生的位置，这是非常忌讳的。切记，答题时，要时刻把自己当成一名公务员，从公务员的立场去分析问题、解决问题。不仅对"假如你是一名公务员，你该如何处理某件事"等题目从公务员角度回答，即使题目中没有明确提示"假如你是一名公务员"，也要立足于公务员这一身份来答题。

5. 恶评手势——"一阳指"

有的考生回答问题时，由于过于紧张而不自觉地伴有一些手势，但考生要切记，不可伸出食指对着考官指指点点，这是十分不礼貌的动作。

(四)常见的面试问题

面试时，有几个问题是公司面试人员常常会提出的，针对这些问题好好准备，在面试时也就不会哑口无言，无言以对了，下面就面试十大考题做出分析。

1. 为什么想进本公司

这通常是面试官最先问到的问题。此时面试官就开始评断录用与否了，建议大家先判断自己去应聘的工作性质，是专业能力导向呢，或是需要沟通能力，其实现在市场多以服务为方向，所以口才被视为基本能力之一，所以在此时就要好好表现自己的口才，而口才较差者就务必表现出自己的专业能力即诚意，以弥补口才不足的缺憾！

回答这个问题时，一定要积极正面，如想要使自己能有更好的发展空间，希望能在相关领域中有所发展，希望能在公司多多学习等？此时可以稍稍夸一下面试公司，但切记一定要诚恳，否则会画蛇添足，得不偿失！对于刚毕业的大学生的建议则是，由于之前没有工作经验，所以建议你可以坦诚地说出自己的求职动机。

2. 喜欢这份工作的哪一点儿

每个人的价值观不同，自然评断的标准也会不同，但是，在回答面试官这个问题时，不能直接就把自己心理的话说出来，尤其是薪资方面的问题，不过一些无伤大雅的回答是不错的考虑，如交通方便、工作性质及内容颇能符合自己的兴趣等都是不错的答案，不过如果这时自己能仔细思考出这份工作的与众不同之处，相信在面试上会大大加分。

3. 自己的优缺点是什么

有许多面试官都喜欢问这个问题，目的是在于检验人才是否适当，求职者的诚恳度等，在这之前应该好好分析自己，将自己的优点与缺点列张单子，在其中挑选亦是缺点亦是优点的部分，在回答问题时，以优点作为主要诉求，强调可以为公司带来利益的优点，如积极、爱学习是最普遍的回答，而缺点部分则建议选择一些无伤大雅的小缺点，或是上述那些模棱两可的优缺点作为回答，这样才不会使面试官太过针对缺点做发挥，造成面试上的困难。

4. 你对本单位的了解有多少

这时准备的功夫就派上用场，将你之前所吸收的信息发挥出来！至少也要知道公司的产品是哪些，提供哪些服务等，不然面试官一问当场傻了，所以一定要事前准备！

5. 对工作的期望与目标何在

这是面试者用来评断求职者是否对自己有一定程度的期望、对这份工作是否了解的问题。对于工作有明确目标的人通常适应工作环境较快，对于新工作环境自然较容易进入状态，这时建议你，最好针对工作的性质找出一个确实的答案，如业务员的工作可以这样回答："我的目标是能成为一个超级业务员，将公司的产品广泛的推销出去，达到最好的业绩成效；为了达到这个目标，我一定会努力学习，而我相信以我认真负责的态度，一定可以达到这个目标。"其他类的工作也可以比照，只要在目标方面稍微修改一下就可以了。

6. 为什么要离职

回答这个问题时一定要小心，就算在前一个工作受到再大的委屈，对公司有多少的怨言，都千万不要表现出来，尤其要避免对公司本身主管的批评，避免面试官的负面情绪及印象；建议此时最好的回答方式是将问题归咎在自己身上，例如觉得工作没有学习发展的空间，自己想在面试工作的相关产业中多加学习，或是前一份工作与自己的生涯规划不合等，回答的答案最好是积极正面的。

7. 为何选择这份工作

这是面试官用来测试应聘者对工作理解度的问题，在于了解求职者只是基于对工作的憧憬还是确实的兴趣来应征这份工作。此时，建议你的回答应以个人的兴趣配合工作内容特质，表现出高度的诚意，这样才可以为自己铺下迈向成功之路。

8. 你认为相关产业的发展如何

这也是事前准备的工夫，多阅读一些相关的报章杂志，做一些思考，表现出自己对此相关产业的认识，如果是同业转职者，可强调以自己的经验为基础所做的个人见解，但若是初次接触此一行业，建议采取较为保守的方式，以目前资讯所提供的资料为主作答，表现出高度兴趣及诚意为最高指导原则。

9. 你希望的薪资待遇为多少

这是一个非常敏感的问题，其实在目前，一般大型企业在招聘时就会事先说明基本底薪等薪资待遇为何，而一般中小型企业有许多仍以个人能力、面试评价作为议薪的标准，所以建议求职者可以利用现在网络科技查询薪资定位的相关资料，配合个人的价值观、经验、能力等条件，做出最基本的薪资底限，这时建议无工作经验者应采取保守的态度为准，以客观资料作为最主要考量重点，"依公司规定"的回答是不被建议的，这样不但表示出自己对于工作的自信程度不高，在薪资无法符合个人要求时更会造成许多困扰。

10. 在工作中学习到了些什么

这是针对转职者提出的问题，建议此时可以配合面试工作的特点作为主要依据来回答，如业务工作需要与人沟通，便可举出之前工作与人沟通的例子，经历了哪些困难，学习到哪些经验，把握这些要点做陈述，就可以轻易过关了。

四、面试结束时的礼仪

面试的时间，根据面试单位的不同、面试测评要点的多少，差别很大。有时候面试开始时，考官会告诉你面试有多少分钟，但大多数没有。不管实际情况怎样，作为客人的你，必须服从主人的安排，什么时候面试结束，考官会有所表示的，你只要别频频看表就可以了。当然也不要主动提出告辞。

有的考生这时突然想到几个问题。这种情况很多，面试收尾时，考生的思路会由于轻松而变得活跃，并且迫不及待地向考官们提出。这种主动性只能让考官们疲劳与心烦，而让整个面试变得不愉快，而且由于面试不仅仅是你和几位考官的事，你还可能让其他面试工作人员不快。你虽然补充了一些问题，但你失去了与考官的情感上的友好联系。面试结束的时间把握的不准，将使面试越谈越糟、事与愿违。

（一）怎样判断面试结束

出于对应试者的尊重及对自身及本单位形象的考虑，考官们往往使用间接的委婉的方式结束面试：他们可能不再提出新的问题并且不要求考生提问题；他们可能对本次面试做一个小结；也可能说一些虽然迂回的，但意图很明确的结束面试的话，如：

"先生，感谢你参加本单位的面试，希望你对我们的面试工作满意。"

"不管结果如何，我们会尽快通知你，好吧？"

"对于这次面试，你还有什么问题吗？"

"你的表现非常精彩，给我们留下了深刻印象。"

"我们会仔细考虑你的情况的，很高兴认识你。"

听到这些话，考生们就知道了面试已经结束了，应该大方、得体地告别了。

（二）礼貌告别

面试结束时，考生应保持微笑，自然站起，为占用考官的宝贵时间而向对方致谢，并与考官道别，例如："非常感谢各位领导给了我这次宝贵的面试机会，我为有幸参加贵单位的面试而感到自豪，衷心地感谢王局长、李处长……再见！"这时考生仍不要主动与考官们握手，除非考官主动伸手。然后考生整理好物品，从容地向场外走去，走到门前，转身正面朝向考官再次表示感谢和再见，在把刚才坐的椅子扶正到刚进门时的位置，之后开门，退出，并轻轻地关上门。

离去前，记得对引导你进入考场的工作人员及面试考场外（如休息室）的其他管理人员、接待人员表示感谢。他们为面试付出了劳动，为参加面试的所有应试者都提供了服务。你的感谢除了表示对他们工作的尊重外，也显示出了你的良好的个人素养。在面试工作人员心中留下好的印象，还是那句话，面试不仅仅是考场上的事情。另外，你若最终被录用，这些工作人员都将成为你的领导或者同事，你的礼貌就为你将来的工作提供了一个好的开端。

（三）为面试画一个圆满的句号

一个面试的结束，虽然不能完全掩盖你面试中存在的缺陷，但对你的面试的最终结果还是大有益处的。考生走出考场后，考官们可能要相互交流一下对你的印象，并做出初步总结，力求达成共识。这样你的得体告别，就能在很大程度上影响这一共识的形成。巧妙的收尾能巩固考生和考官们在短时间内通过沟通建立起的情感联系，并以画龙点睛之笔，让其在面试结束后的自然地延续。

案例精选

案例一：没参加面试就被录用的刘忠

刘忠性情沉稳，为人宽厚，遇事很有主见。深受师生欢迎。

转眼职高即将毕业，一天，校方通知某汽车厂准备在该校选拔几名优秀学生去厂工作。

在双方洽谈之前，厂方邀请有意去该厂的毕业生到厂参观，刘忠也去了。厂方非常热情，由厂长直接给同学介绍情况。来到了宽敞的生产车间，看到了现代化的汽车装配生产线，许多同学都指指点点，品头论足。而刘忠则默默地观察着、思考着。参观结束后，同学们兴奋地走出车间，在车间门口，刚有一些钢材运到，挡住了同学们的去路。未等厂长说话，许多同学已经从钢材上走了过去了，而且吵吵嚷嚷。而刘忠则带着一些同学绕路而行。接着，厂长叫同学们到会议室休息一下，当同学们到会议室时，会议室的地面上有几张废图纸，一些同学从上面踏了过去，但刘忠却将纸拾起来了，送到了废纸篓中。同学多，座位少，只好有几名同学站着了。此时，刘忠主动将位置让给了一名看上去很累的女同学。厂长宣布其用人计划，并具体介绍了工资及待遇问题。刘忠站立一旁，仔细听着。当参观完毕后，厂长询问了刘忠的姓名。

同学们回到学校，认为这家工厂不错，都想去，纷纷报名。当厂长看到学校报来的名单时，告诉学校，刘忠这小伙子我要了，学校的老师未免有些惊诧，问厂长："你认识刘忠？报名的学生还没经过面试呢。"厂长说："我以前不认识他，就是同学们来厂参观时我发现了刘忠同学的许多优点，有礼貌、举止大方、有头脑、热心助人、爱护公物。这样的同学不用面试，我就要了。"

案例二：面试过程中的反客为主

职业技术学校毕业生小高想到一家著名的大电子公司工作，收集了这个公司的许多信息，并苦苦地动了一番脑筋。他几经周折终于见到了主管人事的部长，部长对小高带来的毕业证书、职业资格证书、奖章等毫无兴趣，像对待其他求职者一样，想搪塞几句就把他打发走了事。但是出人意料的是，小高并不像其他求职者那样拘谨而小心翼翼回答"是"与"否"，而是在听到一个问题后，就马上将这个问题滔滔不绝地引申开了，并不时地向部长提出一些尖锐的问题，反而轮到部长来回答了。部长开始时感到这种反客为主的做法实在令人讨厌，但还是耐着性子听了下去，当小高提出一个事关公司发展的问题时，部长对小高产生了兴趣，觉得他是个人才，但公司规定聘用职员的起点学历是大专，一时难以拍板，就问小高敢不敢和公司总经理谈谈，小高不怯阵，见到总经理后申明录不录用并不是主要的，主要的是想为公司助一臂之力。总经理见到他后，小高更是反客为主，对公司的一些关键问题提出自己的看法。总经理望着眼前这位不同寻常的求职者，觉得他日后一定会成为公司不可缺少的人才，于是当场拍板录用了他，并以较高的薪酬委以重任。

案例三：面对考官——本色求职包装让我成功

正值求职旺季，看到有的毕业生忙着写求职"万言书"、寄写真照、做 VCD、面试穿名牌甚至去美容整形等，我想起自己的一次求职经历。

那是六年前，我正在广东顺德一家企业搞销售工作。一天，我在报纸上看到广东华宝集团招聘营销人才的消息。华宝当时在广东甚至全国都很有名，是我早已心仪的一家大企业。为了不坐失良机，我到郑州后便抽空赶写求职信。可是，学历证书和其他能证明自己才能、资历的资料都没带在身边。我只好就地取材，把随身的身份证、名片和这次出差带的介绍信等全部复印，连同两页求职信传真给华宝。说实话，这跟我平常的求职包装比，材料"缩水"很多，我自己都不满意但又没办法。

因为担心证明材料太少而影响应聘，同时为加深对方对我的印象，第二天我又给华宝打了一个电话。除了尽力说明自己符合条件外，我对他们强调：面试时，我可以提供材料证明简历内容的真实。也许是这个电话起了作用，一星期后，华宝通知我面试。

由于在郑州事情未办完，华宝跟我约定的面试时间实在赶不上，经过电话沟通，华宝对我表示理解并同意延期两天。直到面试那天上午，我才急急忙忙乘飞机从郑州出发，到达广州后又马上转乘汽车直奔顺德。当我到达华宝时，头发乱了，新换过的衬衫皱了，浑身是汗。本来我想先回顺德的住处梳洗一下，带上有关证明材料，可由于时间紧，我不能再误时了，只得带着行李直接去面试。

当我最后被带去见销售老总时，我自感形象不佳，连忙说："对不起！刚出差回来，为赶时间直接来了，也没来得及换换衣服……"谁知老总却说："跑销售都这样东奔西跑。我也经常一下车就赶去见客户。"我的担心一扫而光。

后来，我想，也许我风尘仆仆的样子正符合销售老总心目中挤火车、挤汽车的推销人员形象。也许，他觉得我们营销员在外面跑本来就应该这个样子。事实上，我们平时送货、促销、收款、跑终端、下县乡市场，不可能经常西装领带、时时光鲜。

我被录用了，我自己不满意的求职包装反而赢得对方的好感。第一印象好，接下来就有戏了。面试中老总只字未提"证明材料"的事，我的学历证书也是正式报到时交人事部门登记核审的。

通过这次求职成功，我觉得求职包装不是"浓墨重彩"就好，本色包装最好。

第八章

遵纪守法与权益保护

就业手续的办理

高校毕业生就业制度的改革使毕业生选择职业有了自主权，但高校毕业生的就业需受国家政策、就业法规的指导和制约，必须遵循一定的原则和程序。所谓就业程序是指就业管理部门的工作程序，毕业生的择业程序和用人单位的招聘程序。了解就业程序，有助于毕业生顺利就业。

一、就业管理部门的一般工作程序

(一)分析形势，制定政策

教育部对年度国民经济发展和国家重点建设情况开展调查研究，制定相应的政策，从而确定年度的就业工作指导意见。各省、自治区、直辖市、中央各部委按照有关文件精神制定出本地区、本部门所属高校毕业生就业工作的具体意见，各高等学校根据国家就业方针政策和规定及学校主管部门文件要求，结合本校毕业生实际情况，制定本校毕业生就业工作细则。

(二)资源统计和资格审查

毕业生资源统计工作一般在每年的 9 月开始进行。资源统计内容包括毕业生毕业专业、姓名、性别、政治面貌、家庭所在地、培养类别等。资源统计是一项十分重要和严肃的工作，既不能有丝毫差错又不能弄虚作假，凡是属于国家正式派遣的毕业生都必须是招生时列入国家任务计划内招收的学生。每年 11 月、12 月，省毕业生就业主管部门对毕业生资格进行审查。主要从毕业生德育、智育、体育三方面审查是否符合毕业条件，对于不符合学校学籍管理有关毕业条款的，给予结业处理(结业生落实到就业单位后同样可以派遣，只是派遣证上要注明"结业"字样）。

（三）就业指导工作

省毕业生就业主管部门、各高校对应届毕业生进行就业指导，包括思想教育、政策指导和咨询、形势分析、信息指导、心理辅导、技术指导等，帮助毕业生根据自身特点和社会职业需求，选择最能发挥自己才能的职业，全面、迅速、有效地与工作岗位结合，实现自己的人生价值和社会价值。现在有很多学校将就业指导列为必修课，从一入学开始，形式也是多样，如理论讲授、讲座、编《就业通讯》和个别指导等。

（四）供需见面和双向选择

按教育部和省毕业生就业主管部门规定，每年 11 月末到下一年的 5 月中旬，采取多种形式举办学校和用人单位参加的"供需见面，双向选择"的供需洽谈会或毕业生就业市场，为毕业生求职择业创造条件、提供服务。毕业生在学校的指导下可直接参加这类活动。经供需见面和双向选择后，毕业生、用人单位应签订毕业生就业协议书，作为毕业生派遣报到就业的依据。

（五）《就业协议书》的审查和《报到证》的签发

每年 5～6 月，高校应做出毕业生鉴定和安排毕业生体检，审查《就业协议书》是否合法有效，手续是否齐全。毕业生就业主管部门凭学校、毕业生和用人单位三方签定的《就业协议书》签发《全国普通高等学校本专科毕业生就业报到证》（以下简称《报到证》）。外省生源毕业时未落实就业单位的，由毕业生就业主管部门签发回生源所在省（自治区、直辖市）的就业主管部门报到的《报到证》，同时，以就业计划的形式函告对方就业主管部门，这部分学生在择业期内落实就业单位后，由该省（自治区、直辖市）的就业主管部门转签《报到证》。

（六）派遣、报到接收工作

学校派遣毕业生的时间一般在每年的 6 月底到 7 月初，派遣毕业生统一使用《全国普通高等学校本专科毕业生就业报到证》，公安部门凭《报到证》办理户口迁移手续。毕业生持《报到证》和《户口迁移证》到工作单位报到，用人单位凭《报到证》予以办理接收手续和户口关系。毕业生报到后，用人单位应根据工作需要和毕业生所学专业及时安排工作岗位和岗前培训等。

（七）改派和毕业离校时未落实工作单位的离校毕业生的派遣

在派遣过程中出现特殊情况需要调整改派的按下列原则办理。

（1）在本省、自治区、直辖市辖区内用人单位之间调整的，由地方主管毕业生调配部门审批并办理改派手续。

（2）跨部委、跨省（自治区、直辖市）调整的，由学校审核同意后，统一报国家教育部审批并下达调整计划，学校所在地方主管毕业生调配部门按照调整计划办理调整手续。改派手续一般在每年 9 月以后开始办理，毕业生调整改派须在 1 年内办理，逾期不再办理。毕业离校时未落实工作单位的毕业生，在择业期内落实工作单位的，可将《就业协议书》寄送学校就业工作部门，由学校在规定的时间统一到主管毕业生调配部门办理《报到证》。

二、大学毕业生的择业程序

在求职择业过程中，高校毕业生不仅需要了解就业工作运行的客观流程，同时自身也应当遵循合理的择业程序，以便最终达到顺利就业的目的。高校毕业生自身的择业程序大致包括以下几个主要步骤。

(一)了解就业政策

高校毕业生就业是一项政策性很强的工作。了解国家有关就业政策是高校毕业生求职择业的关键一步。有人曾经形象地比喻求职择业中不熟悉就业政策的高校毕业生"如同不懂比赛规则而上场比赛的运动员"。的确，面临求职择业的高校毕业生们，如果不首先了解国家以及有关部门的就业政策而盲目地去选择职业，那么很可能事与愿违、事倍功半，甚至处处碰壁。

(二)分析形势，准确定位

高校毕业生在求职择业前，一定要分析当年的就业形势，根据所在院校的地位、声誉、影响；所学专业就业情况及供需分析；学历层次的就业需求；特别是根据自身素质，对自己作一个正确的估价，心中明确差距所在。做好充分的心理准备，保持积极、主动的择业心态，这是确保求职成功的一项基础工作。在择业取向上，要遵循有利于发挥素质优势，有利于发展成才，有利于顺利就业的原则。

(三)收集处理就业信息

就业信息是毕业生求职择业的基础和必备条件，谁能及时获取信息，谁就获得了求职的主动权。因此，毕业生应当及时、全面地掌握有关就业方面的种种信息，包括具体用人单位的信息、就业活动安排的信息等，认真地对这些信息进行分析，筛选整理，及时运用。

(四)自荐应聘

毕业生在掌握有效需求信息的同时，要做好自荐材料并准备应聘。自荐材料的内容包括求职信(或称自荐信)、个人简历、学校推荐表或推荐信和附件。应聘主要有两种形式：一种是毕业生本人去用人单位面谈、应试；另一种是毕业生在学校和各级地方就业指导管理部门举办的毕业生就业市场应聘。不少用人单位，会采用笔试、面试或两者兼而有之的方法对毕业生进行考核。

(五)签订就业协议书

通过双向选择，毕业生确定了用人单位，对方也明确表示录用后，毕业生就可以和用人单位签订由教育部统一制定的协议书。该协议书明确规定了学校、用人单位及毕业生本人三方面的责任、权利与义务。协议书一经签订，便视为生效合同，不能随意更改。如果一方提出毁约，须征得另外一方的同意，并要支付对方一定数额的违约金。

（六）离校与报到就业

与用人单位签订好协议，并得到学校、政府教育主管部门审核同意后，大学生要做的事便是完成学业，等待发放《报到证》，办理好离校手续。毕业生办完离校手续后，就持《报到证》和《户口迁移证》在规定期限内（一般为1个月）到用人单位或就业部门报到。同时，学校在此时间范围内将毕业生档案转递到用人单位。毕业生报到后，其工资和福利待遇按国家有关规定执行，工龄从报到之日起算。自《报到证》签发之日起，无正当理由，超过3个月不去指定单位报到的，国家不再负责其就业。

三、用人单位的招聘程序

了解用人单位的招聘程序，并把自己的择业活动调整到与用人单位的招聘活动较为一致的步调，有利于择业活动的有效进行。一般而言，用人单位的招聘活动要经历如下程序。

（一）确定需求和招聘计划

用人单位根据自身的建设和发展状况，确定当年需要招聘毕业生的岗位、人数和条件等，同时将根据要求制订详尽的招聘计划。

（二）发布就业信息

用人单位在确定了需求后会及时向外发布，传递给大学生。其主要渠道有：
(1)向政府教育主管部门所属高校毕业生就业指导中心登记；
(2)向高校毕业生就业工作部门登记；
(3)在自己的网站上发布信息，供学生上网浏览；
(4)通过电视、报纸、网络等媒体发布需求信息。

（三）举行单位说明会

为在大学生中进行广泛宣传，一些用人单位（主要是企业单位）还会到学校举办单位说明会，介绍单位的发展建设情况、人才需求情况及发展机遇、用人制度及企业文化等，并回答大学生们关心的各种问题。单位说明会是大学生全面了解招聘单位的好机会。

（四）收集生源信息

用人单位要招聘到优秀大学生，需要广泛收集学生信息。收集学生信息的主要渠道有：
(1)从政府教育主管部门所属高校毕业生就业指导中心及学校就业工作部门获取学生信息；
(2)参加供需洽谈会（招聘会或就业市场）收集学生信息；
(3)在网站上收集学生信息；
(4)通过学生的自荐获取学生信息；
(5)有的学生通过报纸杂志等媒体所登的"求职广告"，也是用人单位获取学生信息的渠道之一。

(五)分析生源资料，组织笔试、面试

对收集的学生信息进行分析处理，初选出符合自己条件的学生，以便进行下一轮筛选。为了考核学生是否具有在本单位工作所需的基本知识、能力和素质，一些用人单位以笔试和面试的形式选拔学生。

(六)签订就业协议

用人单位和毕业生经过双向选择，明确意向后签订就业协议书。有些用人单位还要与毕业生签订劳动合同，明确双方的责、权、利。

(七)接收毕业生

用人单位 7 月以后接收来报到的毕业生，为其办理户口和档案接受手续。毕业生按用人单位的要求培训上岗，开始工作。

第二节　用人单位、毕业生与学校的权利和义务

在市场经济条件下，竞争不可避免，用人单位与毕业生必须遵循公平竞争，诚实守信的原则；遵守法规，明确自己应该享有的权利和应承担的义务，正确诚实地行使权利和义务，在市场行为下将会有效地维护各方的利益，减少纠纷和争议，这样才有利于就业市场的健康发展。

一、毕业生的权利和义务

(一)毕业生的权利

1. 了解国家就业方针、政策和有关规定的权利

毕业生在择业前有了解国家有关就业政策和学校就业规定的权利。毕业生的这项权利也是学校的义务，学校主管毕业生就业的部门有责任有义务把国家的就业政策和学校的规定向毕业生进行宣传，同时还要为毕业生提供有关就业政策的咨询和服务。任何从事就业工作的人员都应当毫无保留地把就业政策和规定告诉毕业生。

2. 在国家就业政策规定的范围内，自主选择用人单位的权利

"自主选择权"指毕业生在择业过程中选择哪个用人单位完全由毕业生自己决定，不允许其他任何人干涉或强迫毕业生选择某个或某类用人单位，但是，毕业生必须在国家就业政策规定的范围内行使自主选择的权利。

3. 了解用人单位的基本情况的权利

用人单位的基本情况包括生产经营的情况、工作环境、生活条件和工资待遇的情况，以及用人单位的规模、地点和拟安排毕业生工作的岗位等情况。

4. 公平竞争，获取就业机会的权利

凡具有毕业资格的毕业生，只要用人单位采取公开招聘的方式录用毕业生，毕业生都具有参加公开竞争的权利。不允许任何人采取任何方式进行干涉。

5. 通过双向选择自愿签订就业协议书的权利

毕业生签订就业协议书应当是自愿的，不允许采取欺诈和强迫的方式要求毕业生签订就业协议书。

6. 男女毕业生有平等就业的权利

强调男女毕业生有平等的就业权利有着特殊的意义。在我国无论从法律，还是从道德的角度来讲，除了特殊行业以外，男女毕业生都有平等就业的权利，用人单位不得歧视女性。

7. 毕业生对用人单位的违约有要求用人单位承担违约责任和赔偿损失的权利

毕业生与用人单位签订就业协议书后，用人单位因为内部情况的变化，造成不能履行就业协议而提出违约，毕业生有要求用人单位给予赔偿损失的权利。

(二)毕业生的义务

1. 毕业生应当实事求是地介绍自己并有保护学校技术秘密的义务

按照诚实信用的原则，毕业生有义务如实向用人单位介绍自己的情况。

2. 毕业生有自觉履行就业协议的义务

毕业生有自觉履行就业协议的义务，按时间到用人单位报到。

3. 毕业生有服从国家需要的义务

虽然毕业生再就业时有了相当大的自主择业的权利，但是并不能排除服从国家需要的义务。当国家重点建设项目或某些行业急需人才的时候，毕业生有义务服从国家的需要为国家的重点建设工程或项目服务。

二、用人单位的权利与义务

(一)用人单位的权利

1. 在国家法律、法规及就业政策规定的范围内

通过双向选择自主录用毕业生的权利。根据现行的毕业生就业制度，允许用人单位通过双向选择自主录用毕业生，这也是用人单位的一项基本权利，但用人单位在录用毕

业生时不应包含任何形式的歧视，不应设置苛刻的录用条件给毕业生造成不必要的心理伤害。

2. 用人单位有到学校进行招聘活动，举行招聘的权利

用人单位的这项权利也是学校的义务，学校有接待和安排用人单位来学校举办招聘毕业生活动的义务。同时，由于用人单位有这项权利，使建立以学校为基础的"就业市场"成为可能。但是，用人单位应当遵守学校的有关规定，不影响学校正常的教学秩序。

3. 用人单位有了解毕业生生源信息的权利

学校将应届毕业生德智体各方面实际情况的材料准备好，供用人单位查阅，用人单位除了了解毕业生的基本情况外，也可以了解毕业生档案材料中的情况。但是，用人单位在行使这项权利时，应当注意保守毕业生个人情况的秘密。

(二)用人单位的义务

1. 用人单位有在招聘活动中做实事求是宣传的义务

用人单位在招聘活动中应对自己的单位做实事求是的宣传，不应作虚假宣传、夸大宣传和采取欺骗的方法招聘毕业生，或误导毕业生签约。采取此类方法导致毕业生提出违约的，用人单位也应承担相应的责任。

2. 严格履行就业协议，按时接受毕业生工作的义务

当学校上级主管部门审批的就业方案下达后，就业生持《报到证》到用人到位报到时，用人单位应提前做好接受毕业生的各项工作的准备。

3. 违约应承担违约责任，还应给予毕业生适当赔偿的义务

用人单位的违约，会给毕业生重新选择就业单位造成困难。所以，用人单位还应当给予毕业生适当的赔偿，解决毕业生生活上的临时困难。

三、学校的权利与义务

(一)学校的权利

目前在实际工作中，学校作为签约的一方，享有的权利有以下内容。

1. 了解用人单位基本情况的权利

学校负责毕业生的就业指导和服务的工作，必须要了解用人单位的基本情况，以及了解用人单位的招募过程、招募方法、招募条件等情况。用人单位不应以保密为由拒绝学校的了解。

2. 管理和规范毕业生就业工作的权利

由于教育部的授权，学校负有对就业工作的管理权。管理权最重要的方法是规范毕业生的择业和用人的签约行为，制订有关的文件和规定，从而保证毕业生就业工作的顺利进行，使毕业生的就业符合国家的就业政策。

3. 审核就业协议的权利

由于教育部授权学校行使审核权，学校有权审核就业协议是否符合国家的就业政策，是否公正，是否符合签约的程序等。对于符合国家政策规定的应当签字盖章。

4. 维护学校声誉的权利

由于毕业生在择业的过程中利用了学校的声誉，学校有权利要求毕业生或通过管理的方式，约束毕业生的择业行为，维护学校的声誉。

(二)学校的义务

1. 推荐毕业生的义务

向用人单位推荐毕业生是学校的义务。这种推荐是学校的声誉和信誉为基础的。它表明了学校对毕业生的态度，同时要求学校以负责任的态度履行好这项义务。

2. 确保推荐毕业生真实性的义务

学校推荐要确保毕业生符合国家规定的毕业标准、学习成绩的真实性、德智体表现的真实性、各种荣誉的真实性等，不得弄虚作假。

3. 按规定办理就业手续的义务

对于毕业生与用人单位的就业协议书，凡符合规定的，学校应当及时地为毕业生签订就业协议书，并列入毕业生就业建议性计划。不得以任何理由拖延或拒绝办理就业手续，这是学校的义务。

4. 按规定寄送档案材料和办理迁移户籍关系手续的义务

每年度省、市毕业生就业意见下发后，学校应当在规定的时间内，依据国家的档案法和户籍管理规定，为毕业生寄送档案材料和办理迁移户籍关系手续。

5. 学校违约承担责任的义务

学校在就业协议书上签字盖章后，无论是在就业方案批前，还是在就业方案批后，只要是因为学校的原因违约的，学校就应当按照就业协议的约定承担责任。

6. 协助毕业生追究用人单位违约责任的义务

在就业工作实践中，对于用人单位的违约，由于毕业生感到自己的力量有限，所以对学校的依赖比较大。在这种情况下，学校有义务协助毕业生追究用人单位的违约责任，而不能听之任之。这也是学校作为签约的一方应尽的义务。

总之，正确诚实地行使权利和履行义务，在市场行为下将会有效地维护各方的利益，减少纠纷和争议，有利于就业市场的健康发展。

第三节　劳动法基础知识

一、劳动法的概念、调整对象与基本特征

（一）劳动法的概念

劳动法是调整劳动关系及与劳动关系密切联系的其他社会关系的法律规范的总和。制定劳动法的目的是保护劳动者的合法权益，维护和发展和谐稳定的劳动关系，维护社会安定，促进经济发展和社会进步。狭义的劳动法是指 1994 年 7 月 5 日第八届全国人大常委会第八次会议通过，于 1995 年 1 月 1 日起正式生效的《中华人民共和国劳动法》；广义的劳动法还应包括：全国人民代表大会及其常委会制定的劳动法律，国务院制定的劳动行政法规，国务院所属各部委制定的劳动规章，地方性劳动法规和劳动规章，我国批准的国际劳工公约，其他规范性或准规范性文件。

（二）劳动法的调整对象

劳动法的主要调整对象是劳动关系，但并非所有社会劳动关系均由劳动法调整，劳动法调整的劳动关系是狭义的，即是劳动者与用人单位之间在实现劳动过程中发生的社会关系。其特征如下。

（1）劳动关系的当事人是特定的，一方是劳动者，另一方是用人单位。劳动者是劳动力的所有者，可以释放其脑力和体力的劳动能力以从事物质创造和完成其他工作任务；用人单位是生产资料的所有者、经营者、管理者，支配和使用其掌握的生产资料，有偿使用劳动者。

（2）劳动关系的内容是在实现劳动过程中发生的社会关系。所谓实现劳动过程，就是劳动者参加到某一用人单位中去劳动，使劳动者与用人单位提供的生产资料相结合，而不是劳动者同自有的生产资料结合。强调劳动过程，就是强调劳动力和生产资料相结合的生产过程，从而与物物交换的实现过程相区别。一般来说，物物交换的关系属于民法的范畴，与劳动过程没有直接联系，因而不受劳动法调整。

（3）劳动关系具有人身关系、财产关系的属性。劳动者向用人单位提供劳动力，就是将其人身在一定限度内交给用人单位支配，因而劳动关系具有人身属性。这一属性也决定了用人单位对劳动力的使用、管理，直接关系到劳动者的人身，关系到其健康和生命，

因而劳动力使用者应负责提供劳动安全卫生条件；这种人身属性也决定了劳动者必须亲自履行劳动义务，并应遵守用人单位的内部劳动规则，按照劳动力使用者的要求进行劳动。劳动关系具有财产关系的属性，是指劳动者有偿提供劳动力，用人单位向劳动者支付劳动报酬，由此缔结的社会关系具有财产关系的性质。这种财产关系与民法调整的财产关系有一定区别。民法所调整的财产关系主要是主体之间因交换物化了的劳动（劳动成果）而发生的财产流转关系，而劳动法调整的是活劳动和物化劳动相交换的关系。

（4）劳动关系具有平等关系、隶属关系的属性。在市场经济条件下，劳动关系是通过双向选择确立的，双方当事人在建立、变更或终止劳动关系时，是依照平等、自愿、协商原则进行的，因而劳动关系具有平等关系的属性；但劳动关系一经确立，劳动者一方就从属于用人单位一方，成为用人单位的职工，须听从用人单位的指挥和调度，双方形成管理与被管理、支配与被支配的关系，因而具有隶属关系的性质。

（三）劳动法的基本特征

劳动法的基本特征如下。

（1）劳动法的基本价值取向是侧重保护劳动者，使其进行有尊严的劳动，通过法律的强制弥补劳动者的弱势地位。

（2）强制性规范与任意性规范相结合，以强制性规范为主。劳动法大多属于强制性规范，尤其是劳动强制标准，它是国家对用人单位设定的义务，用人单位必须严格遵守，不能降低标准，只能在最低标准之上给予劳动者更好的劳动条件和工资福利待遇。

（3）在政府内部设置专门的部门执行劳动法，贯彻劳动法的实施，并对用人单位实施劳动法的行为进行监督。政府的劳动保障部门对于违反劳动法中工作时间、休息休假、工资、劳动保护等规定的行为，负有监管之责，政府的劳动监察部门义不容辞地要去查处。政府劳动部门的工作方式是采取接受劳动者举报进行查处与定期和不定期到企业进行检查督促相结合，发现企业违法行为及时予以纠正和处罚。

二、劳动法主体

劳动法主体指劳动权利的享有者和劳动义务的承担者，即劳动法律关系的参加者，劳动法主体的范围包括劳动者和用人单位，而广义上还包括工会。

（一）劳动者

1. 劳动者的概念

劳动者有广义、狭义之分。狭义的劳动者即职工，指具有劳动权利能力和劳动行为能力，且参加到劳动关系中的公民。广义的劳动者，是指具有劳动权利能力和劳动行为能力的公民。

2. 劳动者的资格

（1）劳动权利能力。指公民依法能够享有劳动权利和承担劳动义务的资格。公民的劳动权利能力在总体上具有平等性；同时影响劳动权利能力的因素主要有公民的户籍所在地、职数的限制和制裁的限制。

（2）劳动行为能力。指公民依法能够以自己的行为行使劳动权利和履行劳动义务的资格。在我国，凡年龄在16周岁以上的公民的都有劳动行为能力，同时制约因素主要有：年龄、健康状况、智力状况、人身的自由状态。

（二）用人单位

1. 用人单位概念和范围

用人单位，又称用工单位，是指具有用工权利能力和用工行为能力，使用一名以上职工并且向职工支付工资的单位。我国的用人单位主要包括：企业、个体经济组织、国家机关、事业组织和社会团体。

2. 用人单位的资格

（1）用人权利能力，指用人单位依法能够享有用人权利和承担用人义务的资格。制约用人权利能力的主要因素有：职工编制和招工指标、职工录用条件、工资总额和最低工资标准、法定工作时间和劳动安全卫生标准和社会责任。

（2）用人行为能力，指用人单位依法能够以自己的行为行使用人权利和履行用人义务的资格。制约用人行为能力的因素有：财产因素、技术因素、组织因素。

（三）工会

工会是代表和维护劳动者的合法权益，依法独立自主开展活动的社会组织。

1. 工会的性质

职工自愿结合的工人阶级的群众性组织。具有社团法人资格，是党和政府联系广大职工群众的桥梁和纽带，是国家政权的主要社会支持力量。

2. 工会的职权

（1）参与企业民主管理的权利；

（2）与用人单位平等协商的权利；

（3）代表职工与企业签订集体合同的权利；

（4）对不适当解除合同提出意见的权利；

（5）对用人单位裁员提出意见；

（6）对用人单位延长劳动时间进行协商；

（7）调解权与仲裁权；

（8）对用人单位遵守劳动法律法规的情况进行监督。

三、劳动合同

(一)劳动合同的概念与特征

1. 劳动合同的概念

劳动合同是劳动者与用人单位确立劳动关系、明确双方权利和义务的协议。

2. 劳动合同的特征

(1)劳动合同的主体由特定的用人单位和劳动者双方构成：劳动合同当事人的一方必须是国家机关、企业事业单位、社会团体和私人雇主等；另一方是劳动者本人。

(2)劳动合同的标的是劳动者的劳动行为：以劳动行为作为劳动合同标的，要求劳动者按照用人单位的指示提供劳动，劳动者提供劳动本身便是劳动合同的目的。

(3)劳动合同一般有试用期限的规定：我国《劳动法》第二十一条和《劳动合同法》第十七条、第十九条的规定，劳动合同可以约定试用期，但试用期最长不得超过6个月。

(4)劳动合同的内容涉及劳动者完成再生产的过程：劳动力有自然老化的过程，劳动力还有本身再生产的特征。劳动者自身老化的需求和劳动力再生产的需求都需要以劳动者的劳动来满足，因而成为劳动合同不可缺少的内容。

(5)劳动合同的目的在于劳动过程的实现，而不是劳动成果的给付：劳动合同的目的在于确立劳动关系，使劳动过程得以实现。

(6)劳动合同履行中的从属性和非强制性：劳动者实施劳动行为时，必须服从用人单位的时间安排和纪律要求，必须按照用人单位的要求完成其劳动过程，必须接受用人单位的约束。但不能限制劳动者的人身自由。

(7)劳动合同内容的法定性：合同的基本要义在于当事人双方的合意，这在劳动合同中也是一样的。有所不同的是，劳动合同的内容具有更多的法定性。

(二)劳动合同的形式和内容

1. 劳动合同的形式

劳动合同的形式，是劳动合同内容赖以确定和存在的方式。我国劳动法规定，劳动合同应当采用书面形式订立。

2. 劳动合同的内容

根据《中华人民共和国劳动法》第十九条的规定，劳动合同具备以下条款：

(1)劳动合同期限；

(2)工作内容；

(3)劳动保护和劳动条件；

(4)劳动报酬；

(5)劳动纪律;

(6)劳动合同终止的条件;

(7)违反劳动合同的责任。

劳动合同除前款规定的必备条款外,当事人可以协商约定其他内容。

(三)劳动合同的期限

1. 有固定期限的劳动合同

有固定期限劳动合同,是指用人单位与劳动者约定合同终止时间的劳动合同。具体是指劳动合同双方当事人在劳动合同中明确规定了合同效力的起始和终止的时间。劳动合同期限届满,劳动关系即告终止。如果双方协商一致,还可以续订劳动合同,延长期限。固定期限的劳动合同可以是较短时间的,如半年、一年、两年,也可以是较长时间的,如五年、十年,甚至更长时间。不管时间长短,劳动合同的起始和终止日期都是固定的。具体期限由当事人双方根据工作需要和实际情况确定。

2. 无固定期限的劳动合同

(1)无固定期限的劳动合同的概念。

无固定期限的劳动合同是指不约定终止日期的劳动合同。按照平等自愿、协商一致的原则,用人单位和劳动者只要达成一致,无论是初次就业的,还是由固定工转制的,都可以签订无固定期限的劳动合同。

(2)订立无固定期限劳动合同条件。

用人单位与劳动者协商一致,可以订立无固定期限劳动合同。有下列情形之一,劳动者提出或者同意续订、订立劳动合同的,除劳动者提出订立固定期限劳动合同外,应当订立无固定期限劳动合同:

第一,劳动者在该用人单位连续工作满十年的;

第二,用人单位初次实行劳动合同制度或者国有企业改制重新订立劳动合同时,劳动者在该用人单位连续工作满十年且距法定退休年龄不足十年的;

第三,连续订立二次固定期限劳动合同,且劳动者没有本法第三十九条和第四十条第一项、第二项规定的情形,续订劳动合同的。

用人单位自用工之日起满一年不与劳动者订立书面劳动合同的,视为用人单位与劳动者已订立无固定期限劳动合同。

(3)无固定期限劳动合同的解除。

根据《中华人民共和国劳动合同法实施条例》第二十八条规定:有劳动合同法规定的下列情形之一的,用人单位可以与劳动者解除无固定期限劳动合同:(一)用人单位与劳动者协商一致的;(二)劳动者在试用期间被证明不符合录用条件的;(三)劳动者严重违反用人单位的规章制度的;(四)劳动者严重失职,营私舞弊,给用人单位造成重大损害的;(五)劳动者同时与其他用人单位建立劳动关系,对完成本单位的工作任务造成严重影响,或者经用人单位提出,拒不改正的;(六)因《劳动合同法》第二十六条第一款第一项关于劳动者以欺诈、胁迫的手段或者乘人之危，使用人单位在违背真实意思情况下订立或者变更劳动合同，致使劳动合同无效的；（七）劳动者被依法追究刑事责任的；（八）劳动者患病或者非因工负伤，在规定的医疗期满后不能从事原工作，也不能从事由用人单位另行安排的工作的；（九）劳动者不能胜任工作，经过培训或者调整工作岗位，仍不能胜任工作的；（十）劳动合同订立时所依据的客观情况发生重大变化，致使劳动合同无法履行，经用人单位与劳动者协商，未能就变更劳动合同内容达成协议的；（十一）用人单位依照企业破产法规定进行重整的；（十二）用人单位生产经营发生严重困难的；（十三）企业转产、重大技术革新或者经营方式调整，经变更劳动合同后，仍需裁减人员的；（十四）其他因劳动合同订立时所依据的客观经济情况发生重大变化，致使劳动合同无法履行的。

（四）劳动合同的订立

1. 劳动合同订立的概念

劳动合同的订立，是指劳动者和用人单位经过相互选择和平等协商，就劳动合同条款达成协议，从而确立劳动关系和明确权利义务的法律行为。

2. 订立劳动合同的原则

《劳动合同法》规定：订立劳动合同，应当遵循合法、公平、平等自愿、协商一致、诚实信用的原则。劳动合同由用人单位与劳动者遵循上述原则订立，并经用人单位与劳动者在劳动合同文本上签字或者盖章生效。用人单位与劳动者协商一致，可以变更、解除劳动合同。劳动合同对劳动报酬和劳动条件等标准约定不明确，引发争议的，用人单位与劳动者可以重新协商。

（五）劳动合同解除的概念和条件

1. 劳动合同解除的概念

劳动合同的解除，是指劳动合同的当事人依法提前终止劳动合同的法律效力。它是劳动合同的提前终止；它是劳动合同因当事人依法作出提前终止合同的意思表示而终止。

2. 劳动合同解除的条件

（1）用人单位即时辞退的许可性条件：劳动者在试用期内被证明不符合录用条件；严重违反劳动纪律和用人单位规章制度；严重失职、营私舞弊，对用人单位利益造成重大损害；被依法追究刑事责任的；被劳动教养的。

（2）用人单位预告辞退的许可性条件：劳动者患病或非因公负伤，医疗期满后，不能从事原工作，也不能从事用人单位另行安排的工作的；劳动者经过培训或调整工作岗位，仍不能胜任工作的；劳动合同订立时所依据的客观状况发生重大变化，致使原劳动合同无法履行，经当事人协商不能就变更劳动合同达成协议。

（3）用人单位裁员的许可性条件：用人单位濒临破产，被人民法院宣告进入法定整顿期间，确需裁员的；用人单位生产经营发生严重困难，达到当地政府规定严重困难企业标准，确需裁员的。

（4）用人单位预告辞退和裁员的禁止性条件：劳动者患职业病或因工负伤并被确认丧失或部分丧失劳动能力；女职工在孕期、产期和哺乳期内；患病或负伤，在规定的医疗期内；自担任参加集体协商的职工代表之日起五年内；法律、行政法规规定的其他情形。

（5）劳动者即时辞职的许可性条件：在试用期内；用人单位以暴力、威胁或限制人身自由的方式，强迫劳动的；用人单位未按劳动合同的约定支付劳动报酬或提供劳动条件的。

四、工作时间和休息休假时间

（一）工作时间的概念

工作时间，是指劳动者为履行劳动义务，在法定限度内应当从事工作或劳动的时间。

1. 标准工时形式

是指由国家法律规定的，在正常情况下，一般职工从事工作或劳动的时间。我国规定为每日工作 8 小时，每周工作 40 小时，每周工作 5 天。

2. 缩短工作时间

适用于特殊工作条件下的劳动者、从事夜班工作的劳动者、哺乳期内的女职工、未成年工和怀孕 7 个月以上的女职工。

3. 不定时工时制

适用于高级管理人员、外勤人员、推销人员及其他无法按照标准工作时间衡量的人员、从事交通运输的人员和工作需要机动作业人员，以及其他因生产特点、工作特殊需要或职责范围的关系，适合实行不定时工时制的人员。

4. 综合计算工时制

指因生产或工作特点，劳动者的工作时间不宜以日计算，而需以年、季、月或周为周期综合计算的工时形式。

（二）休息休假

根据法律法规的规定，我国目前休息休假分为以下几种。

1. 一个工作日内的休息时间

一个工作日内的休息时间，是指劳动者在一个工作日内进行工作过程中的休息时间和用餐时间。

2. 连续两个工作日之间的休息时间

连续两个工作日之间的休息时间是指劳动者在前一个工作日结束后至后一个工作日开始之间的休息时间。

3. 公休日

公休日即周休息日，是劳动者工作一个工作周后的休息时间。

《劳动法》第三十八条规定："用人单位应当保证劳动者每周至少休息一日。"

4. 法定节假日

法定节假日是国家法律统一规定的用以开展纪念、庆祝活动的休息时间。法定节日一般可以分为三种：(1)政治性节日，如国庆节、独立日等；(2)宗教性节日，如圣诞节等；(3)民族传统习惯的节日，如我国的春节等。

我国对法定节假日的规定：元旦放假 1 天；春节放假 3 天；"五一"国际劳动节 1 天；"十一"国庆节放假 3 天；清明、端午、中秋各放假 1 天（农历节日如遇闰月，以第一个月为休假日），一共 11 天。允许周末上移下错，与法定节假日形成连休。

5. 探亲假

探亲假，是指劳动者的工作地点与父母或配偶的居住地不在一地，不住在一起，在公休假日不能团聚时享受的与父母或配偶团聚的带薪假期。

(1)劳动者享受探亲假的条件。凡在国家机关、人民团体和全民所有制企业、事业单位工作满 1 年的固定职工，与配偶不住在一起，又不能在公休假日团聚的，可以享受本规定探望配偶的待遇，与父亲、母亲都不住在一起，又不能在公休假日团聚的，可以享受本规定探望父母的待遇。但是，职工与父亲或与母亲一方能够在公休假日团聚的，不能享受本规定探望父母的待遇。父母包括自幼抚养职工长大，现在由职工供养的亲属，但不包括岳父母、公婆。"不能在公休假日团聚"是指不能利用公休假日在家居住一夜和休息半个白天。

(2)探亲假的期限。探亲假期是指职工与配偶、父母团聚的时间，另外，根据实际需要给予路程假。第一，职工探望配偶的，每年给予一方探亲假一次，假期为 30 天；第二，未婚职工探望父母，原则上每年给假一次，假期为 20 天，如果因为工作需要，本单位当年不能给予假期，或者职工自愿两年探亲一次的，可以两年给假一次，假期为 45 天；第三，已婚职工探望父母的，每 4 年给假一次，假期为 20 天；上述假期均包括公休假日和法定节日在内。凡实行休假制度的职工（如学校的教职工），应该在休假期间探亲，如果休假期较短，可由本单位适当安排，补足其探亲假的天数。

(3)探亲假的待遇。职工在规定的探亲假期和路程假期内，按照本人的标准工资发给工资。职工探望配偶和未婚职工探望父母的往返路费，由所在单位负担。已婚职工探望父母的往返路费，在本人月标准工资 30% 以内的，由本人自理，超过部分由所在单位负担。

6. 年休假

年休假是指劳动者每年享受的一定期限的带薪休假。2007 年 12 月 14 日，国务院出台《职工带薪年休假条例》并于 2008 年 1 月 1 日起施行，《职工带薪年休假条例》规定职工累计工作已满 1 年不满 10 年的，年休假 5 天；已满 10 年不满 20 年的，年休假 10 天；已满 20 年的，年休假 15 天。但是职工有下列情形之一的，不享受当年的年休假：

(1)职工依法享受寒暑假，其休假天数多于年休假天数的；

(2)职工请事假累计 20 天以上且单位按照规定不扣工资的；

(3)累计工作满 1 年不满 10 年的职工，请病假累计 2 个月以上的；

(4)累计工作满 10 年不满 20 年的职工，请病假累计 3 个月以上的；

(5)累计工作满 20 年以上的职工，请病假累计 4 个月以上的。

7. 婚丧假

可以根据具体情况，由本单位批准，酌情给予 1～3 天的婚丧假；职工结婚时双方不在一地工作的，职工在外地的直系亲属死亡时需要职工本人去外地料理丧事的，都可以根据路程远近，另给予路程假；在批准的婚丧假和路程假期间，职工的工资照发。途中的车船费等，全部由职工自理。

(三)延长工作时间

1. 延长工作时间的概念和形式

延长工作时间，是指工作时间超出法定正常界限在休息时间范围内延伸。有两种表现形式：加班和加点。

2. 延长工作时间的限制

(1)人员范围限制：禁止安排未成年工、怀孕 7 个月以上的女职工、哺乳未满周岁婴儿的女职工从事加班加点。

(2)因生产经营需要而延长工作时间的特殊限制：第一，应当事先与工会和劳动者协商；第二，一般情况下，每日不得超过 1 小时；第三，特殊原因需要，在保障劳动者身体健康的条件下，每日不得超过 3 小时。但每月不得超过 36 小时。

(3)因法定特殊情形延长工作时间不受上述限制：发生自然灾害、事故或因其他原因，使人民安全健康和国家资财遭到严重威胁，需要紧急处理的；生产设备、交通运输路线、公共设施发生故障，影响生产和公众利益，必须及时抢修的；必须利用法定节日或公休日的停产期进行设备检修、保养的；为完成紧急任务的；法律、法规规定的其他情形。

3. 延长工时的补偿

加班加点工资的标准：加点工资不低于正常工时工资的 150%；公休日加班工资不低于正常工时工资的 200%；法定节假日加班工资不低于正常工时工资的 300%。

五、工资制度

(一)工资的概念和特征

1. 工资的概念

广义的工资是指劳动者因履行劳动义务而获得的，由用人单位依法支付的各种形式的劳动报酬。狭义的工资是指职工劳动报酬的中的基础部分，又称标准工资、基本工资。

2. 工资的特征

(1)工资是基于劳动关系而对劳动者付出劳动的物质补偿；

(2)工资标准必须是事先规定的，事先规定的形式可以是工资法规、工资政策或集体合同、劳动合同；

(3)工资须以法定货币形式定期支付给劳动者本人；

(4)工资的支付是以劳动者提供的劳动数量和质量为依据的。

(二)工资构成和工资形式

1. 工资构成

(1)基本工资。

基本工资是指劳动者在法定或约定工作时间内提供正常劳动所得的报酬，它构成劳动者所得工资额的基本组成部分。

(2)辅助工资。

辅助工资。即基本工资以外的、在工资构成中处于辅助地位的工资组成部分。主要包括以下两种。

①奖金：奖金是指用人单位对劳动者的超额劳动或增收节支实绩所支付的奖励性报酬。

②津贴和补贴：津贴是为了补偿职工在特殊劳动条件下所付出的额外劳动消耗和生活费用而支付给职工的劳动报酬。补贴是为了保障职工的工资水平不受特殊因素的影响而支付给职工的劳动报酬。

2. 工资形式，是指计量劳动和支付工资的方式

当前主要有计时工资、计件工资和年薪三种形式。

(1)计时工资是按照单位时间工资率(即计时工资标准)和工作时间支付给职工个人的劳动报酬；

(2)计件工资是在一定技术条件下，根据职工完成的合格产品数量或工作量，按计件单价支付的劳动报酬；

(3)年薪，又称年工资收入，是指以企业财务年度为时间单位所计发的工资收入。

（三）工资保障

1. 最低工资保障

（1）最低工资是指劳动者在法定工作时间或依法签订的劳动合同约定的工作时间内提供了正常劳动的前提下，用人单位依法应支付的最低劳动报酬。

（2）下列各项不作为计算最低工资的部分：加班加点工资；特殊作业津贴；国家法律、法规和政策规定的劳动者保险、福利待遇。

（3）最低工资的具体标准由省、自治区、直辖市人民政府规定。最低工资标准的确定和调整方案，由省、自治区、直辖市人民政府劳动保障行政部门会同同级工会、企业联合会/企业家协会研究拟订。

2. 工资支付保障

（1）工资支付一般规则：货币支付规则；直接支付规则；全额支付规则；定期支付规则；定地支付规则；优先支付规则；紧急支付规则。

（2）禁止非法扣除工资：因劳动者本人原因给用人单位造成经济损失而应当支付赔偿金；每月扣除部分不得超过劳动者当月工资的20%；若扣除后的剩余部分低于当地最低工资标准的，则按最低工资标准支付。

六、劳动保护与劳动争议

（一）劳动保护的概念和特征

1. 劳动保护的概念

劳动保护，又称劳动安全与卫生或职业安全与卫生，是指对劳动者在劳动过程中的安全和健康的保护。

2. 劳动保护的特征

（1）保护者为用人单位，受保护者为劳动者；
（2）保护对象是劳动者的安全和健康；
（3）保护范围仅限于劳动过程。

3. 劳动保护的基本内容

（1）劳动保护的立法和监察。主要包括两大方面的内容，一是属于生产行政管理的制度，如安全生产责任制度、加班加点审批制度、卫生保健制度、劳保用品发放制度及特殊保护制度；二是属于生产技术管理的制度，如设备维修制度、安全操作规程等。

（2）劳动保护的管理与宣传。企业劳动保护工作由安全技术部门负责组织、实施。

（3）安全技术。为了消除生产中引起伤亡事故的潜在因素，保证工人在生产中的安全，在技术上采取的各种措施，主要解决防止和消除突然事故对于职工安全的威胁问题。

（4）工业卫生。为了改善劳动条件，避免有毒有害物质危害职工健康，防止职业中毒和职业病，在生产中所采取的技术组织措施的总和。它主要解决威胁职工健康的问题，实现文明生产。

（5）工作时间与休假制度。

（6）女职工与未成年工的特殊保护。

(二)劳动争议的概念、特征与处理程序

1. 劳动争议的概念

劳动争议有广义和狭义之分。广义是指以劳动关系为中心所发生的一切争议。狭义是指劳动关系当事人之间因劳动权利和劳动义务所发生的争议。

2. 劳动争议的特征

（1）特定的当事人；

（2）特定的内容；

（3）特定的表现形式。

3. 劳动争议的处理程序

《劳动争议调解仲裁法》第五条规定　发生劳动争议，当事人不愿协商、协商不成或者达成和解协议后不履行的，可以向调解组织申请调解；不愿调解、调解不成或者达成调解协议后不履行的，可以向劳动争议仲裁委员会申请仲裁；对仲裁裁决不服的，除本法另有规定的外，可以向人民法院提起诉讼。我国目前的劳动争议处理制度可以用"一调一裁两审"来概括，即发生劳动争议后，当事人除先进行协商外，可以申请劳动调解，调解不成，或者不愿意调解的，当事人可以向劳动争议仲裁委员会申请仲裁；对仲裁裁决不服的，可以向人民法院提起诉讼，其诉讼程序按照民事诉讼法的规定，实行两审终审制。"一调一裁两审"的制度将仲裁作为诉讼的一个前置程序，不经仲裁，当事人不能直接向人民法院提起诉讼。

第九章

融入社会 走向成功

适应社会，转换角色

　　大学阶段是大学生从学生到社会的过渡阶段。大学毕业生从高校走向工作岗位，就表明这个过渡阶段已经结束，个体已全面进入社会化阶段，大学生的角色也由学生变成了职业人。这也就开始了职业适应期。在这个阶段，大学生的素质既存在着适应职业要求的方面和环节，也存在着不适应职业要求的方面和环节。这就要求大学生发挥主导和主体作用，根据环境变化和职业要求，对自己的特征进行再评估，并不断调整自己的认知与行为，最终达到个体内心与外在、个人职业行为与职业要求相对匹配的状况。职业适应除了受到个体因素影响外，还要受到职业环境和职业因素的影响，所以不同的人在职业适应中所面临的困难不一样，职业适应的时间长短也不一样，职业适应的内容和方式也因人而异。但所有的人职业适应的结果无非是两个：一是个体通过不断调整与提高，使个体完全适合职业的要求，愉快地工作下去，并向职业理想而迈进；二是经过一段时间，大学毕业生自身仍无法适应职业的需要，无法满足职业的基本要求，无法实现个体与职业的协调，最终可能会离开了这个岗位。因此，大学生能否尽快适应社会，就成了其事业发展的关键一步。

一、毕业生就业后的社会角色转换

　　社会角色是指人们所处的特定地位和身份所决定的一整套规范系列和行为模式，是人们对具有特定地位的人的行为的一种期望，是社会群体的基础。社会角色随着社会实践的发展而不断更新，尤其是随着知识经济时代的到来，它的内涵将更为丰富。

　　社会角色的本质是社会赋予人的社会权利与社会义务的统一体。它反映了每个人在社会中的地位和在人际关系中的位置，是个人身份的显示。角色对于每个人来说都是相对的。因此，人们总是同时扮演着各种不同的角色。这些角色是由个体的人在不同时间、不同场合、不同环境占据着不同的社会位置，履行着不同的社会义务，遵循着不同的社会规范而确定的。例如一位大学生，在学校里对于教师而言是学生，在家时对父母来讲是子女，在社会上对于商店营业员来说是顾客等。一个人总是集多种角色于一身，与他人产生交往并进行互助活动，由此参与社会生活。但是，由于该客观主体的主要任务是读书学习，因此他在社会中扮演的主要角色是学生。

每个人在社会中所扮演的主要角色并不是固定的，往往会发生多次的角色转换。角色转换，即个体的人在社会关系中的动态描述。人的社会任务或职业生涯不断变化，角色也随之变化，从一个角色进入另一个角色，这个过程称为角色转换。角色转换的根本变化是社会权利和社会义务的变化。毕业生圆满完成学业，走向社会，开始新的工作，承担新的任务。从这一时刻起，他们由原来主要担当的学生角色变为另外一个新的社会职业者角色。

毕业生就业后的社会角色转换不是瞬间发生和完成的，而是一个过程性行为，主要包括取得角色和进入角色两个环节。

(一)取得角色

毕业生毕业前夕，开始总结自己的学校生活，收集社会对人才的需求信息，进行就业准备。从此时起就已孕育着角色转换的发生。通过学校推荐、市场的角逐、学生与用人单位的洽谈和相互选择，最后双方达成协议，再经过一系列的审批，学生持报到证到工作单位报到，这时角色转换正式发生。

毕业生初到单位，对新的工作岗位还比较陌生，还存在着不能完全遵守新单位规范行为的可能，还未形成或未完全形成称职工作人员的行为模式。只有在熟悉了单位工作制度，了解了本职工作的业务程序，建立了新的和谐的人际关系之后，毕业生才能积极主动地开展工作，完成就业后的社会角色转换。一般来说，这个过程在见习期结束时就应基本完成。

(二)进入角色

进入角色的内容包括：获得承担某个角色的认可；表现出扮演这一角色必需的品质和才能；积极主动地从精神上和行动上完全投入这一角色。择业的过程，实际上就是一个选择新角色的过程。新角色的获得使角色转换成为可能，并得到社会的认可，具有了操作的对象。一个好的实际工作者还需要有全方位、多角度地分析问题和解决问题的能力，需要极大的工作热情和耐心，需要克己奉公、勤勉机敏的工作态度，更需要不畏艰苦、勇于开拓的创新精神。毕业生在校时，与书本接触得比较多，认识问题、分析问题的能力相对较强，解决问题的能力则相对较弱；看待社会现象，理想化的成分多，现实化的成分少。因而工作初期不可避免地会遇到一些困难。毕业生要学会利用自己的知识优势去克服这些困难，虚心求教，勤于实践，积极探索，尽快进入新的角色。只有在社会系统中用自己的实际行动去承担这个角色，才能胜任这个角色，顺利度过适应期，完成角色转换。

二、角色转换的认识与实现

（一）正确认识角色转换

社会角色由角色权利、角色义务和角色规范三要素组成。角色权利就是角色依法应享受的权益，或应取得的精神和物质报酬；角色义务就是角色的社会责任；角色规范就是社会提供的行为模式。学生角色与职业角色的根本不同就在于社会权利、社会义务和社会规范的不同。

社会权利的不同在于：学生角色的权利主要是依法接受教育，并取得经济生活的保证或资助；职业角色则是依法行使职权，开展工作，并在履行业务的同时取得报酬。

社会义务即社会责任的不同在于：学生角色的主要责任是努力吸取知识，德、智、体全面发展，掌握在社会主义建设浪潮中奋勇搏击的本领，它是一个接受教育、储备知识、培养能力的过程；而职业角色的责任，是以特定的身份去履行自己的职责，依靠自己的本领或技能去为社会服务，完成某个事项的过程。两种责任的履行产生的后果也是有区别的。学生角色责任履行得如何，主要关系到本人知识掌握的多少和能力培养的强弱程度；而职业角色责任履行得如何，则影响较大，人们在评判职业角色时总是和工作单位密切联系在一起的，总是将其作为身负重任的工作人员来看待的。例如，一名医生，若能认真履行自己的责任，不仅可以有效地救死扶伤，而且会为医院赢得荣誉，为医疗工作者树立风范；反之，既影响个人，也会影响到医院甚至医疗队伍的形象。一个教师能认真履行自己的责任，就可以为国家做出应有的贡献。职业角色要求能够独当一面，并与同事密切合作，充分履行职业责任。

社会规范的不同在于：学生规范多是从培养、教育的角度出发，引导学生德、智、体全面发展，健康顺利地成长为合格人才的行为模式；社会赋予职业角色的规范、提供的行为模式，则因职业的不同而不同。这些模式既具体又严格，违背了就要承担一定的责任，甚至法律责任。比如国家工作人员，玩忽职守、收受贿赂就要受到法律的处罚。

综上所述，可以看出，学生角色与职业角色的不同点：一个是受教育，掌握本领，接受经济供给和资助，逐步完善自己；另一个是用已掌握的本领，通过具体工作为社会付出，独立作业，以自己的行为承担责任。

毕业生对角色转换的认识，有的比较明确，有的还较为模糊。有些毕业生由于受种种思想因素的影响，还不能正确地认识角色转换。这主要表现在以下几个方面。

1. 依恋性

刚走上工作岗位的毕业生，在角色转换中易出现怀旧心理。苦读十余载，对学生角色的体验可以说已是非常熟悉了，学生生活使每个人都养成了一种习惯的学习、生活和思维方式。刚走上工作岗位，毕业生常常会自觉地将自己置于学生角色之中，表现出对学生角色的依恋，以学生角色来要求自己和对待工作，以学生角色的习惯方式观察事物和分析事物。对待周围环境的态度，也是一部分毕业生依恋学生角色的一种反映。

2. 畏缩性

刚步入社会的毕业生，在角色转换中还容易表现出一定的畏缩性。面对新的环境，一些毕业生不知工作应从何人手，缩手缩脚，前怕狼后怕虎，怕担责任，怕造成不良的第一印象，工作中放不开手脚，缺乏年轻人的朝气和锐气。

3. 自傲性

一些毕业生自以为接受了系统教育，已经学到了不少知识，已经是人才了。因此，轻视实践，放不下架子，只想搞高层次的工作，看不起基层工作和基层工作人员。实际上是眼高手低，大事做不了，小事又不做。

4. 浮躁性

一些毕业生在角色转换中表现出不踏实的作风，不稳定的情绪。一阵子想干这项工作，一阵子又想干另一项工作，整日恍惚不定，工作浮于表面，不能深入了解工作性质、工作职责及工作技巧，难以完成本职工作。就职很长时间后，仍然不能稳下心来进入工作角色。

(二)角色转换的实现

角色转换的过程，通常包括角色领悟、角色认知、角色实现三个方面的内容。学生角色向职业角色转换的实现虽然只是两字之差，但却是一个艰苦而长期的过程，需要坚持不懈地努力。在此过程中应注意以下几点。

1. 安心本职，甘于吃苦

安心本职是角色转换的基础。刚走上工作岗位的学生，应尽快从学校的学习生活模式中解脱出来，尽快全身心地投入新的工作，许多学生工作几个月后还静不下心来，"人在曹营心在汉"，三心二意，不安心本职工作，这对角色转换的实现是十分不利的。甘于吃苦是角色转换的重要条件。只有甘于吃苦，才能面对现实，克服在角色转换过程中遇到的种种困难，及时进入角色。有的学生缺乏吃苦耐劳的精神，在工作岗位上拈轻怕重，这必然会影响到角色转换的顺利实现。

2. 放下架子，虚心学习

事实表明，一个人在学校学到的东西毕竟是有限的，大部分知识和能力仍须在工作实践中学习、锻炼、提高。尽管毕业生在校期间已经学到了一定的知识，但在陌生的职业面前，仍是个"小学生"，一切都要从头学起。一切有经验的技术人员、领导、师傅、同事都是很好的老师，他们在工作岗位上工作多年，具有丰富的专业知识和实践经验。毕业生只有放下架子，虚心学习，才能从他们身上学到许多观察问题、分析问题和解决问题的能力，才能逐渐完善自我。反之，放不下架子，自以为是，不但很难学到真本领，连角色转换也是难以完成的。

3. 善于观察，勤于思考

要进入职业角色，还要开动脑，善于观察，勤于思考。只有善于观察，才能发现问题，并运用自己所学得的知识努力去解决问题，才能掌握大量的第一手资料，才能真正掌握职业对象的内部规律。同时，只有勤于思考，在工作中才会有自己的见解，逐步具备独立开展工作的能力，更好地承担角色责任。

4. 勇挑重担，乐于奉献

勇挑重担，乐于奉献，是完成角色转换的重要标志。毕业生奔赴工作岗位后，应当从一开始就严格要求自己，树立主人翁意识，增强社会责任感和培养无私奉献的精神，任劳任怨，不计个人得失，努力承担岗位责任，主动适应工作环境，促使自己更好、更快地完成角色转换。

第二节　树立形象，提高素质

一、新人上岗"三字经"

刚走上工作岗位的毕业生，缺少工作经验和社会历练，如再不肯动脑筋把工作做好，凡事都想请人代劳，要想出成果就难了。因此，作为职场新人，毕业生应做到以下几点。

（一）学勤快

对力所能及、同事与单位有利的事情要主动去做；上级交代的任何工作都要尽力去做。例如，主动接听电话，跑跑腿，打扫卫生，招呼客人等，这不仅能展示自己诚恳、勤快、热情等良好品质，更能拉近和同事的关系，尽快适应新的工作环境。

（二）多请教

遇到不懂的问题要多向别人请教，虚心既是对别人的尊重，也是学习别人成功诀窍的机会。

（三）少请假

不要随便请假，或尽可能不请假，否则会引起反感，给人不好的印象。

（四）肯吃苦

单位一般都会将最基本的工作交给新手做，让其接受锻炼。因此，新人必须能任劳任怨，不管工作多单调，都要努力去做好，不要认为自己大材小用。

（五）善相处

能与同事和睦相处，才会拥有"人和"，才不至于孤立无援，遇到困难时就会有同事乐意施以援手。

（六）忌冲动

新人遇到问题容易感情用事，喜欢单刀直入，态度生硬，处事简单，不计后果。这种做法的效果往往是事与愿违，适得其反。因此，处理任何事都要三思而行。

（七）莫顶撞

要跟上司建立良好的关系，凡事要克制，学会婉转拒绝，切勿随意顶撞。

（八）慎言谈

在新的人际环境中，要少说多做，适时地三缄其口——不该说话的时候保持沉默；对不明就里的事情不要轻易发表意见；对同事之间的恩怨、家长里短更不能随处探听。

（九）勤学习

有机会和时间应多接受各种训练，懂得利用单位资源不断栽培自己、经营自己，争取成为高附加值的人才。

（十）守纪律

不要迟到早退，注意服装仪容整洁，上班时间不聊天，不做私事。

二、初入职场中应注意的事项

尽管每个人从学生到职业人的过渡时间有长有短，不同的人面临的问题也不同，而且这个过程只能是通过自己的努力实现的，别人只能帮助而不能代替。但只要掌握了从学生到职业人过渡的基本原则，就可以较快完成，适应新的职位。过渡期越短，与企业融合得就越快，个人发展也就越快。

（一）熟悉自己的行业、企业部门和岗位

职业新人的第一份工作，第一个职场体验相当重要。因为它会使人对职场产生一种固定印象，形成固定心理状态，也叫思维定式，从而影响到今后的职业心态和职业规划。只有在充分认识自己的基础上，充分了解即将从事的职业、进入的企业行业，了解企业的文化，了解企业的生存法则，以恰当的良好的形象出现在企业，以高效的、从容的方式进行日常工作，友好恰当地处理与上司、与同事的关系，就能尽快适应工作。所以，每个人的第一份职业不仅对个人职业生涯起着重要作用，而且也是一个烦琐的过程，每个人都应理性、慎重对待。

从学生到职业人的正式过渡之前，已经完成了职业生涯规划，也有较明确的职业理想。这个职业理想只是个人就业的大范围。在过渡时还可以将这个职业理想进一步细化，以科学确立自己的职业，这也要求大学生在职业过渡时要熟悉自己的行业、企业。比如汉语言文学专业的学生理想大多是从事与文字有关的工作，这是一个大的职业域。但是与文字有关的工作又很多，可以当记者，可以当报社编辑，也可以当出版社编辑，也可以当秘书，也可以当教师。即使当秘书也有不同的分类，可以在政府部门当秘书，也可以在企业当秘书。至于说，自己应选择哪一个具体职业，应当根据自己的情况和行业状况加以选择。

1. 了解自己的行业发展状况

不同的专业可以选择不同的行业去就业，除了要联系个人的职业理想之外，还要了解行业的发展状况。因为职业生涯是一个长期的过程，谁都不愿意去那些工作了两三年就全行业倒闭的地方工作。可以根据社会经济发展状况和国家政策确认你将要进入的行业是朝阳产业还是夕阳产业。一般来说，朝阳产业又叫新兴产业，是市场需求较大，代表未来发展趋势的产业，如教育产业、老年服务保障产业（因为我国人口众多，而且已进入了老龄化社会）、环境保护产业（人们已经意识到环境污染严重，并采取办法治理）、能源产业中的风能产业等。

夕阳产业指创新枯竭或将来发展空间不大的传统产业。比如数码相机出现后，传统胶卷产业也就成了夕阳产业，煤炭、钢铁、水泥、电解铝等由于污染严重、耗能大等因素也可以看做是夕阳产业。

要认识这个行业的发展状况，还可以在进入这个行业时，在工作中不断关注行业发展的最新态势，也可以听取行业前辈对行业的认识，深化了解该行业及与之相关的行业。只有做到这些，才有可能使自己知道，在行业中工作几年积累的工作经验对长期的职业发展有什么帮助，也可以使自己了解到，在转入相关行业时，自己已具备了哪些经验和素质，还需要补充哪些技能，或可以对哪些领域过行研究，谋求发展。

2. 了解公司在行业内部的位置

通过多种渠道了解公司的规划、赢利、地位，弄清楚公司是属于行业领先、蒸蒸日上的龙头企业还是属于内忧外患、业绩下滑的末路公司，弄清楚公司的定位和发展战略。这样你就可以预计你在公司工作时间的长短，以及未来一段时间的工作计划与工作状态。同时，还要注意，对如一张白纸的职业新人来说，即使企业在赢利、薪酬等方面都不算好，仍然有许多重要的东西可以学习。如企业规章制度、企业管理模式、企业文化、工作技能、职场礼仪、办公室潜规则等，这些都是从学生到职业人过渡的必要条件。

3. 关注职业定位

现在公司大多采用网状管理模式，本部门既要受到上级部门的管理，在一定程度上，还要受到本级其他部门的影响和制约。在学生到职业人的过渡中，了解公司的组织结构也十分重要，要了解公司有哪些部门，各部门职责权限，各部门同事的职别和头衔。公司总的运作方式和本部门的运作方式，以及自己所在部门在公司中的地位和功能、本部门与其他部门的联系、公司的晋升机制等。只有了解这些才能适应公司的整体环境，明确个人在公司中的定位，从而有针对性有目的地开展工作。在做好本职工作，积累职场经验的同时，还可以为自己的晋升做好准备，了解下一个心仪岗位的具体要求和核心竞争力，利用业余时间提升自我。

4. 熟悉工作程序和工作环境

进入工作岗位后，角色的变化要求自己必须在最短时间内熟悉工作程序和工作环境，以最短时间进入工作最佳状态。了解与自己相关的人和事，熟悉自己的工作性质和工作任务及岗位的权利和义务。还要了解公司的工作纪律，坚决做到不迟到、不早退。熟悉公司业务流程和业务范围，了解与自己职责有关的客户信息，与公司有关的机构如税务部门、工商部门的情况，了解你的前任工作状况，以便和你的工作状况相比较，弄清楚哪些是应该做的，哪些是不应该做的。要认同企业文化，使自己价值观同企业的价值观相吻合，使自己进入企业后，能很快融入这个团队中，以企业文化约束自己行为，为企业尽职尽责。

(二)尽快转变角色

大学生活与职业生活截然不同，实现从学生到职业人的过渡必须转换角色。所谓转换角色是指由父母老师爱心呵护的学生转变为理性的现实的社会职业者。不能把学校、家庭、亲友给予的关心、呵护看做是他们应当做的，自己是理所应当享受的。要摆正自己的位置，客观冷静地进入求职状态，认识社会，了解工作环境，以自己的知识和能力去适应社会，进而成为一个合格的职业人。

1. 从理想到现实的转变

职业适应期就是大学生将个人的职业理想付诸实践，以实现自己职业理想的过程。所以，职业适应期的活动重心已经发生了变化，由以前的确定理想，完善自我转化为实现理想。这个阶段需要做的就是制订并执行切实可行的实现自己职业理想的各种具体措施，搭起一座从理想到现实的桥梁，特别是要联系自己所要进入的岗位、工作单位的实际情况，选择一条最优的道路去实现自己的职业理想。这个阶段的一切事情都围绕这个中心任务进行，否则所做的工作不会对职业理想产生支持，所要实现的职业理想就变成了空想。

2. 从系统的理论学习向全方位的实际应用转变

学生在学校主要任务是学习，围绕专业所进行的理论学习和实践学习。成为职业新人后，就是将自己的知识应用于实际，为社会创造财富。在职业过渡期，大学生将自己专业知识再次梳理，使之系统化有针对性地高效地应用于实际。许多同学从事的工作和在大学里所修的专业是一致的，可能会比较快地适应职业，但仍需要学习在学校里没有学到而在实际工作中又需要的知识。在就业形势日益严峻的今天，许多人从事的工作与他们在大学里修的专业是不同的，在工作中更应当学习。

3. 由依赖向自主转变

大学学习期间，受到老师、朋友、家长的呵护和关爱，人际关系简单，生活结构简化，全局性的问题不多。即使有了问题，也可随时向家长、老师请教，他们就像是自己的靠山一样，为自己的发展保驾护航，久而久之，一些同学就形成了依赖心理，一旦出现问题，哪怕是一个小小的问题，就问老师，就给父母打电话，而不是思考这个问题通过个人努力能否自己解决。走向工作岗位后，虽然仍有家长、老师的关心，但必须要明白自己已经成为一个独立的个体。职业适应期也会碰到许多问题，我们不能一有问题就拿起电话问老师，问家长，没有哪一个单位愿意接收这样的学生。同时许多问题涉及不同的专业、背景，家长和老师也没办法帮你解决。这只能靠自己的能力去解决，由依赖转向自立，需要自己判断，自己选择。比如说，在找工作中哪些公司符合自己的要求，哪些不符合自己的要求，都需要理性思考。有的学生仅仅是为了在拿到毕业证之前急于找到工作或是迫于其他同学的签约而草率接受一份自己并不满意的工作，这些都是不可行的。在进入工作岗位后要全力以赴地做好自己的工作，同时也要了解相关法律、法规，警惕一些用人单位钻法律和制度的空子，将自己当做廉价劳动力使用，侵犯自己的权益。所以在独立的同时，也要学会维权，学会保护自己。

4. 从散漫的校园生活向紧张的工作生活转变

在学校学习，既有作息时间，也有课堂纪律、就寝纪律等规范着学生的行为。但是这种约束更多的是通过学生的自我约束来实现的。而且这种约束的惩罚相对较轻。除非特别过分，会因为违反法纪开除学籍等较为严重的处罚。一般都是批评或扣德育分等形式。所以在大学里经常看到迟到、早退甚至旷课等事件，而且大学生也有许多的时间，可以自己安排。总的来说大学生活是散漫的。但是进入工作单位后有严格的工作纪律，而且也有严格的惩罚措施。比如说单位规定早上八点上班，下午五点下班，你就必须按这个工作时间来安排生活，否则就违反纪律，就要受到处罚。相对学校有课间十分钟的休息时间，工作时间就更加紧张。进入工作岗位后要尽快适应紧张的生活节奏，不但要有优秀的工作能力，还要有实干精神，懂得人际沟通，不但要完成好属于自己的每一项工作，还要做好自己不愿做的事，而且要将其做好，学会妥协，向职场妥协，向现实妥协。因为能否做好自己不愿意做的事是一个人成熟的标志，也是一个人能否取得成功的重要因素。

5. 由基本不承担责任向承担责任转变

在学校作为一个学生，在老师的帮助下学习知识，老师可以容忍我们犯错误，甚至是大的过失。一道题做错了，老师会给你指出来帮你分析，使你重新做对。考试不及格，第二个学期开学可以补考，即使补考又不及格，临近毕业时还有一次补考机会。老师可以给你多次重新学习、改正错误和弥补缺陷的机会，并且考试不及格只是你个人的损失，不会影响的其他同学的。但是在工作单位每个人都必须承担相应的职责，单位交给你的任务你不能按时、保质保量地完成，受损失就不仅仅是你一个人，可能还会影响整个单位的收益与全体员工的饭碗。所以你在单位必需是个负责任的员工，如果你不负责就可能被辞退。所以进入工作单位后，要从大局出发，从单位整体利益出发服从、理解和宽容单位的要求，要承担起责任。

(三)理性思考，调整心态，积极应对

我们的心态来源于个体对生活的体验和认识，而不同的心态形成后又会反作用于我们的生活，不同心态就会有不同的生活方式。积极的心态能使人奋发向上，看到工作和生活中美好的一面，提高工作效率。消极的心态则容易看到工作生活中悲观的一面，沮丧、抑郁，从而不能正常工作。唯有心态问题解决了，才会感到自己的价值，才会感到

工作和生活的乐趣所在，才能将自己和谐地融入工作生活中，较好地完成工作。

职业过渡期，许多学生尚未完全从学生到职业人心态的转变，更多地以一个旁观者的态度看待问题，遇到问题是满腹抱怨，似乎出错的都是别人，缺乏积极的心态去面对。职业过渡期大学生不良心态主要表现在以下几个方面。

1. 怀旧的心态

许多大学生走向工作岗位后，极易出现怀旧的心态，对大学生活念念不忘，在工作期间通过网络、电话等经常和大学同学一起怀念大学美好的生活或一个人想念大学生活，没有来到职业生活的环境中。有意无意地以学生的立场、眼光看待自己和对待工作，以学生的习惯思维观察问题和分析问题，特别是面对较为复杂的人际关系和较为紧张的工作环境，会更加留念单纯的学生时代。这种怀旧的心态本就是一种消极的不利于工作的心态。

2. 骄傲的心态

有些大学生进入工作单位后，发现许多人包括一些领导的学历很低，就开始骄傲自满。他们毕业于高校，有一定的学历学位，常常以人才自居。以为自己受了系统的正规的高等教育，满腹经纶、博古通今、学富五车，自己的学识水平很高，看不起基层工作和基层工作人员，甚至看不起单位的某些领导，认为自己的水平高于领导，轻视现实，放不下身架，觉得单位安排他做一些基层工作是大材小用，有失身份，觉得自己的才能被埋没，自己是怀才不遇，一心想做高层工作。这些大学生没有正确认识自己，大事做不了，小事又不做，眼高手低，好高骛远。

3. 自卑心态

职业过渡期要学习许多东西，学习的自然是老员工已经掌握的新员工还没掌握的东西，新老员工之间必然存在差距。许多毕业生刚开始工作时，发现一些老员工工作经验丰富，驾轻就熟，完成工作的效率和效益都要好于自己。同这些老员工相比之后，这些新员工认为自己这也不是那也不是，甚至将自己很容易改进完善的地方看作自己致命的缺陷，对自己丧失了信心，认为自己无论如何努力也不会达到或超过老员工的水平，变得胆小、自卑、懦弱、不思进取、自甘人后，认为自己一无是处、完全失败、听天由命。这种自卑的心态不但不利于处理正常的人际关系，也会影响自己聪明才智的正常发挥。

4. 被动心态

在学校学习，学习任务大多由老师指定，自己在老师安排下进行，这就使一些学生独立意识不强。进入工作单位后，特定的职业角色需要依靠自身的本领和才能，以特定的身份独立履行某些职责。但一些大学生缺乏独立工作的观念，在工作上完全依靠领导的安排，领导要求什么就做什么，领导没有要求的或是没有提到的就不做了，对自己的工作职责、工作范围没有充分认识，不能遵循角色规则，掌握角色范围，被动心态突出，不能独立承担责任。

5. 失落心态

许多大学生在学校里很优秀，多次拿到奖学金，也参加过许多学生活动，组织协调能力都很好，但是进入工作环境后，发现周围的同事都比他优秀，发现人际关系很复杂，现实与理想的差距很大，自己要达到他人的工作熟练程度，要付出更多的努力，发现在工作上取得成绩比在学习上取得理想的考分更难，从以前的鹤立鸡群变成了鸡立鹤群，产生失落的心态，也影响了尽快适应职业的需要。

6. 自闭的心态

许多同学在职业适应期，刚刚踏上一个新的工作岗位就将自己封闭起来，对自己工作上的遇到的困难，不敢向周围的同事请教，害怕这样会丢人，害怕周围的同事会笑话自己，说自己水平低，看不起自己，把自己关起来钻牛角尖。这种孤军奋战的方式，既不利于团结同事，搞好人际关系，又不利提高工作效率，影响完成工作的质量和时间。

有一个大学毕业生到外贸公司工作，他的职位是制单员，即制作各类业务的附属单据。刚开始工作时，一票业务的单子做了一个星期还没做出来。后来才发现，让他做单据时，他没有单据模板，就自己制作，花费了大量时间。其实，公司其他员工那里都有模板，他只要复制过来，更换一下相关数据就可以了，完全没有必要自己做。可见自闭的心态，孤军奋战会造成工作效率降低。

7. 嫉妒的心态

一些同学看到或听到别人找到工作单位效益较好，条件优越，心理就不平衡。认为别人能够找到那么好的单位，他更能找到一个好的工作单位，而不从自身情况、社会需要、企业要求等因素综合考虑。对这些自认为别人找的工作比他好的同学产生了嫉妒心态，从而对别人挖苦、冷嘲热讽或打击别人。当这些人走向工作岗位后，发现一些同事在某些方面比较优秀，就产生了怨恨、烦恼和愤怒的消极情绪，又羞于直言，通过散布谣言、冷嘲热讽等方式对他人进行攻击，没能处理好同事之间竞争与合作的关系。

面对这些冲突和不恰当的心态，要理性调节，积极应对。

1. 立足本职，本向未来

针对职业适应期出现的怀旧心态，必须使自己从虚幻的回忆中解脱出来，必须暗示自己，过去已经过去，更重要的是眼前。过去的生活虽然美好，值得回忆，但一直回忆，就不能实现工作重心的转移，必然会影响当前的工作，可能会丢掉饭碗。当前最重要的是给过去的所在回忆打个结，用过去的知识和经验去做好当前的问题，抓住现在，成就未来。

2. 虚心请教

大学毕业生作为职业新人，必须了解企业制度、企业文化及本职工作的特点和规律，要尊敬公司的同事，要平易近人，主动与企业领导、与同事交流，增进了解和互信，有计划、有步骤地积累本职工作需要的经验和技能。

3. 树立独立意识

必须要摆脱凡事依靠家长和老师的做法，要尽快从单纯、自由、轻松的学习生活中解脱出来，立足于本职工作，进一步增强独立意识，在工作中独当一面，承担一定的社会责任。

4. 搞好人际关系，加强团队合作意识

职业新人普遍的一个缺陷是经验不足，有时候方法不对。他们有一定的知识积累，在他人帮助下很快就能提高。因此，刚刚参加工作的大学生既不要因为自己上过了大学而骄傲自大，也不要因为经验不足而自卑退缩，要摆脱心理压力，敢于请教，在实践中尽快完善自己知识结构，使自己的特长尽可能发挥出来，以高效地完成工作。

新的工作单位是一个团队，人和人之间需要团结协作的精神，所以，就要求职场的每一个人特别是职场新人在踏上工作岗位后，要增强团结协作意识，正确处理好同事之间的关系，否则自己的工作将很难展开。

5. 理性制订职业生涯规划

不同的个体由于具有不同的职业理想，不同的个人内在素质以及家庭等外在因素，必然会有不同的职业生涯规划。职业生涯优劣的标准就是适合性。只要这个职业生涯规划符合你自己的实际情况，经过努力可以获得成功，实现你的职业理想，那么这个职业生涯规划就是好的，否则就是不好的。在制订和实施职业生涯规划时可以参考他人的经验和意见，但总的来说，仍是要以适合性为主。因此，在找工作中，看到水平不如你的同学找到了比你好的工作，你心生嫉妒，这完全没有必要。你要思考一下，你找的工作是否适合你？他找的工作是否适合他？他找的工作是否符合你的职业生涯规划？想清楚了这些问题之后，你就会变得理性起来。进入职场后，在一个工作单位里也存在着这种状况？当你对工作比你做得好的同事产生嫉妒时，你也要想想，他的工作是否适合你，让你去做他的工作，你是否也能像他一样做得十分优秀，他为什么能做到这种程度，而你不能？假如你工作几年后，能否达到他的水平？所以要理性制订职业生涯规划，理性实践职业生涯规划。

6. 树立自信心，以积极态度应对一切困难

自信心是个人对自我价值的表达，是一个人在对自身认识和充分估计的基础上，坚信自己会完成某项任务的积极的心理状态。从学生到职业人的过渡必然会遇到各种困难和挫折。这些困难和挫折也是每个人都会遇到的，是正常的。在遇到困难和挫折时，不应消极退缩，而应以积极态度去面对，面对挫折，解决困难。每个人都应保持较高的自信心，丧失了自信心，也就丧失了生活的勇气。J.F.克拉克说得好，"自信的人力量强

大，怀疑的人力量薄弱，强烈的信念远胜于强大的行为。"美国的马拉布朗在《失业后的阳光》一书中写了一个亨利求职的故事。这位拥有生化博士和企业管理硕士的亨利，在找工作这段时间，总共寄出了 500 多份履历表与信函，打了数百个电话。他说："当我使用正确手法描述自我，并且保持正确态度之时，机会就真的挂在我头上了。我成功地找到工作的关键就在于我开始对自己有信心……在我伸开双臂迎接时，好的事情与好的机会真的就迎面而来了。相反地，在我消沉、烦忧与沮丧时，我就自绝于所有的机会。"因此，大学毕业生在求职中和职业适应期，面对这些困难和挫折，必须树立自信心，以积极的心态去面对困难，迎接挑战。因为自信心又是建立在自我认识和自我评估的基础上的，因此，不仅要通过自我暗示的方法提高自信心，更要通过提高自己的综合素质的办法提高自己的自信心，否则就是盲目自大了。

(四)脚踏实地，从身边小事做起，从基层做起

在职业适应期，企业必然将职业新人安排在最基层的工作岗位。一方面，这几乎是所有的企业用人的一个惯例；另一方面，也是企业为降低用人风险的理智选择。虽然职业新人有知识、有能力、有激情，但他们最致命的缺点就是没有经验，不了解企业文化、企业制度。因此，如果刚刚入职就把他们放在企业的高层位置，可能会做出许多不符合公司实际情况的决策，或由于不了解企业的潜规则而导致人际关系紧张，这都会给企业带来损失。因此，很多企业都愿意选拔在企业工作时间长、在企业有积淀的人充实其管理职位，因为这些人通常对企业知根知底，非常熟悉企业运作流程，接受企业文化熏陶时间长，懂得企业潜规则和人际关系，老板也了解这些人的实际工作能力，愿意给这些人提供职业发展和提升的空间与平台，所以，许多大学生进入工作岗位后并没有被安排在高级和中级管理层。

这种情况下，职业新人要转变思路，要谦虚，将企业的最基层工作看成是一个重要的学习机会。因为哪怕是基层最简单的工作，如接电话、填表格等这样工作对许多新人来说，都有不少可学之处，要本着对自己、对企业负责的态度把这些小事，特别是不愿意做的事做好，不要总以为自己是人才，企业让你做这些事情是屈才。要明白个人同企业的关系这在一定程度上形同一滴水与大海的关系，在企业必须承担一定的责任。每一个都必须去适应企业这个大的团队，而不是让企业去适应你。否则，你就只能离开企业了。

要踏踏实实地从企业基层做起，从点滴学起、做起，立足本职工作，在实践中不断提高自己的综合能力。在基层工作中，做好每一件小事，如打扫办公室卫生、取报纸、装订报纸、打印资料、接电话、帮同事带饭等这些小事，既可以给人留下勤快的印象，又可以很快融入新的工作环境中，搞好同事关系，得到大家的认可与支持。同时做这些事情时要坚持积极的态度，不要消极对待。工作中，不管是不去做，还是推诿，拖拉找借口，敷衍了事，都会给工作带来损失，要小心谨慎，踏踏实实地做工作，自己拿不准的要请示领导和请教同事，做错的话，一定要主动承担责任，想办法弥补。

同时，还应认识到，从基层岗位做起，是企业的普通员工成长为企业领导的最有效的办法。中外许多名人他们职业起点也是基层工作，是小事，是我们身边的普通职业，但是只要坚持下来，仍然可以取得成功。可见，较低的职业起点，较基层的职业经验并不一定能够贬低职业理想的价值。所以，对职业新人来说，在职业适应期要脚踏实地，要从身边小事做起，从基层做起。

（五）坚持学习，不断完善自我

学生阶段的学习为日后的工作打下了基础。在职业适应期，通过个人与职位的匹配，使个体适应了职业的要求，这也是一个学习的过程。随着科学技术的迅猛发展和社会的进步，知识的更新速度日益加快，职业发展中，岗位必然会对个体提出更多更复杂的要求。如果仅用以前的知识和技能，必然不能够适应职业的需要。因此，为了适应职业的发展，个人应坚持学习，不断提高自身素质。

从学习内容来看，既要学习自己工作岗位的基本知识，还要了解本工作岗位未来发展趋势；既要了解本部门知识，还要了解其他部门特别是与本部门有关的相关部门的一些知识。销售人员不仅要了解销售的一般知识，如产品报价、产品性能等，还要学习与销售有关的心理学知识和管理学知识，还要掌握采购部门、设计部门、财务部门的一些知识。比如懂得设计部门的一些知识，使你在与客户谈判过程中，针对客户提出的个性产品设计方案，可以独立自主判断这个方案可行不可行，也可以自己拿着产品的设计图纸向客户解释。也可以明白，假设采用了新的方案后，产品成本上升或下降的情况，以重新确定价格。同样，懂得了财务方面的知识，才可能独立看懂财务报表，了解本部门和本人的销售状况和赢利状况，同时还要不断学习行业发展状况和了解本行业其他企业经营状况。浙江某一民营企业生产和销售吸尘器，他们经过调查发现吸尘器在国内主要市场在城市，农村基本上没有。虽然吸尘器市场处于发展阶段，但国内市场已经被海尔、伊莱克斯、美的等几个知名品牌瓜分。结合企业实力分析，进军国内市场有很大难度。只能将眼光转向国外，希望开发国外市场，从总体上看，国外市场也被几个知名企业占领。又经过调查发现，这些知名品牌占领的只是高端市场，低端市场还有一定的空白，它们便将自己的目标市场定位于中东地区和拉丁美洲地区，很快开发了这些市场，取得了成功。同样，以一个外贸业务员为例，不仅要了解产品的信息，还要学习国家产业政策，明白哪些是扶植的产业，哪些是产能过剩要限制发展的，以采取正确的应对措施。还要了解汇率变动趋势，中国人民银行每天都会公布人民币对外币的汇率，汇率的变化也影响企业的经营。还要了解国际国内政治经济状况，如有的国家和地区正发生战争，或是海盗猖獗，就要考虑是否出货，投保时是否应提高保金，以降低风险。还要了解不同国家外商谈判的风格，以采取恰当的礼仪与方式与之谈判。了解哪些国家客户的信用程度低，要采用不同的方法应对，以防止受骗等知识。因此，外贸业务员从表面上看起来工作很简单，只是和外商谈判、下单、收款等工作，但是其中每一个环节都存在着许多不稳定因素，外贸业务员必须掌握各种技巧和具备多方面的知识才能避免这些风险。所以，外贸业务员工作也是围绕产品所进行的一个系统的复杂的工作，做好外贸业务员就必须掌握这些方面的知识，一个环节出问题，都可能导致工作的失败。又比如一个职场新人，工作一段时间后做成了一票业务，就沾沾自喜，认为自己是一个优秀的合格的外贸业务员了。一次，一个客户询价，问了产品细节方面的问题，他竟然说不知道。客户认为，一个对产品了解程度都不如客户本人的业务员能够与客户进行有效的沟通，能保证满足客户的要求吗？就因为这个细节，这笔业务泡汤了。企业内部的任何一个岗位就像外贸业务员的岗位一样，有许多需要学习的地方，而且要不断学习。这个学习的过程也是个人自身素质积累的过程，积累了几年之后，你就会发现自己的素质有了较大程度的提高，积累的知识和经验越多，也就越有利于开展工作。

除了学习本岗位的知识和技能之外，也要根据职业生涯规划，做好本职工作的情况下，利用业余时间学习职业生涯规划中上一级职业的相关知识，为自己职业提升，发挥个人潜能准备条件。假如你现在是一名普通的会计，你的下一职业目标就是公司的财务总监，那么你就要在做好会计工作的同时，要学习企业的相关法律、财务管理知识等，让企业看到你素质的提升，价值的增大，使你有可能获得晋升机会。学习除了专业知识之外，还有人际交往的知识。

不断学习的状况要求职业发展过程中必须善于经常自我反省，及时发现不足，不断向同事学习，向上司学习，以及通过网络，利用网络资源，更新知识，自我学习。其他诸如在职培训、攻读学位等，也是提高能力，发展自我的主要途径。因此，在职业发展过程中，必须要坚持学习。

（六）发现并不断形成自我的核心竞争力

许多职场新人都好高骛远，喜欢幻想而疲于行动。他们在工作初都制订了宏伟的目标，比如，一年内销售要达到多少多少，但并没有认真地想想自己凭什么，有什么能力能够完成这个目标。这个能力就是核心竞争力。核心竞争力通俗地讲就是一种独特的别人难以模仿获得的能力，核心竞争力能够使个体保持长期的竞争优势，表现为个体所拥有的他人难以模仿的技术或能力。核心竞争力也是个体价值所在。一个单位安排某人从事什么职位也主要是依据他的核心竞争力，而个人在单位中供职凭借的也主要是核心竞争力。如销售部经理与普通销售员相比，他之所以是经理，不在于他懂不懂产品的基本知识，这是普通的销售员都具备的素质，这不是经理的核心竞争力，而在于他比普通销售员更熟悉产品，更熟悉客户，能比普通销售员销售更多的产品，能给企业带来更多的利润，这些都是普通销售员所没有的，恰好是销售部经理的核心竞争力，这也是他之所以是经理的根本所在。

在职业发展中，要能够发现自己已具备的核心竞争力，将此与职业理想所要求的核心竞争力相比较，以发现哪些方面需要坚持，哪些方面需要继续学习，通过几年的努力，最终形成个体较强的核心竞争力，这是个人在单位做好本职工作，获得职业提升机会，发挥个人价值的最重要资本，也是转变工作，实现职业理想的资本。

（七）坚定职业方向，要付出比别人更多的艰苦劳动

职业发展过程是一发展个长期的过程。在职业发展中，主观和客观的消极因素的出现都会使自己在制订个人职业生涯规划时的雄心勃勃，像滴水穿石、蚁穴溃堤般地一点点消耗掉，当这种激情消耗殆尽，职业理想也就成了一个与自己并没有任何关系的词语了，甚至丧失了自我。当初所规划的职业理想早就抛到九霄云外去了。丧失了职业理想的职业发展就不能算作是职业发展，这样的职业生涯是失败的职业生涯。因此在职业发展中，应当在心中牢牢树立职业理想的这座灯塔，特别是在职业停滞和意志消沉期。无数例子证明，职业成功的人就是在职业发展中始终强化职业理想，并为实现职业理想而不懈奋斗的人。

职业发展中，任何一个职业的成功都需要艰苦的努力。世界上从来不缺雄心勃勃的人，缺少的是那些树立了职业理想后，把自己的身心默默地奉献给职业理想的人，为了实现职业理想而辛勤工作、兢兢业业、不畏失败的人。他们知道雄心只是职业成功的一个条件，职业成功最重要的条件就是不懈地坚持和努力的奋斗。迈克尔·乔丹从中学到大学都是勤奋的优秀的球员，最终他成为世界上最伟大的运动员之一。爱迪生只上过两个月的学，还被老师斥为"愚钝糊涂""低能儿"被要求退学，但他热衷于发明，并为之奉献终生，最终成为世界上最伟大的发明家。袁隆平也曾遭到批斗，育出的杂交水稻差点被扔进臭水沟，但他仍然没有放弃他的理想，成功培育了杂交水稻。王宝强从没有上过正规的电影学院，但凭借着执着与努力，仍然实现了当演员的梦想。

每天前进一小步，每年前进一大步是实现职业理想的明智之举。学会了写一种新的文书，学会了处理一种新类型的客户建议，学会了做一个新类型的报告，完成了一个总结，又认识到自我的一个缺点，等等。这些小小的进步会为你在工作中建立良好的信誉，为最终的成功添砖加瓦。就像有的人所说，"老板没有义务原谅你的过失，你唯一能做的就是拼尽全力，将工作做到最好，不管遇到的困难是什么，你都要想办法克服它，做错之后马上改，不断总结经验教训，你会在工作中迅速成长，成为成功的职业人。"

（八）培养宽广的胸怀，虚心向人请教

虚怀若谷是指胸襟像山谷一样广阔，比喻十分谦虚。凡是职业成功的人，大多都有较高的素养，都有能够包容一切的胸怀，有了这种胸怀，在职场中就会得到别人的尊重，就会获得更多的发展机会。

古时候有一个佛学造诣很深的人，听说某个寺庙里有位德高望重的老禅师，便去拜访。老禅师的徒弟接待他时，他态度傲慢，心想：我是佛学造诣很深的人，你算老几？后来老禅师又十分恭敬地接待了他，并为他沏茶。可在倒水时，明明杯子已经满了，老禅师还不停地倒。他不解地问："大师，为什么杯子已经满了，还要往里倒？"大师说："是啊，既然已满了，干吗还要倒呢？"

禅师的意思是，既然你已经很有学问了，干吗还要到我这里求教？这就是"空杯心态"的故事哲理。它最直接的含义就是，一个装满水的杯子很难接纳新东西，要将心里的"杯子"倒空，将自己所重视、在乎的很多东西及曾经辉煌的过去从心态上彻底了结清空，只有将心倒空了，才会有外在的帮助，才能拥有更大的成功。这是每一个想在职场发展的人所必须拥有的最重要的心态。它告诉我们一个道理：做事的前提是先要有谦虚的心态。如果想学到更多的学问，先要把自己想象成"一个空着的杯子"，而不是骄傲自满。

职业发展中，要始终保持一个谦虚、宽容的心态，做到虚怀若谷，大智若愚，大巧若拙等，才能达到事业发展的巅峰。

（九）培养良好的工作习惯和职业道德

1. 工作习惯的含义与重要性

工作习惯就是人们在日常工作行为中逐步形成的，一时难以改变的行为。习惯表现为人们固有的思维方式和行为方式。习惯在人们职业发展中起着重要作用。习惯分为好习惯和坏习惯，好习惯使你感到工作轻松、高效、能够促进职业发展。坏习惯则会使你觉得工作是一种负担，会使你降低工作效率，迷失自我。

习惯的养成是一个长期的过程，特别改掉坏习惯，养成好习惯更是一个长期的艰难的过程。职业发展成功的人大多都有许多好习惯，而职业发展失败的人，失败的原因可能与坏习惯有关。所以，一个好习惯使人终生受益，但一种坏习惯使你终生烦恼。莎士比亚说："不良的习惯会随时阻止你走向成名、获利和享乐的路上去。"托马斯讲道："一个人如果每年根除一种恶习，那么他用不了多久，就会成为十全十美的人。"

海尔的管理体系中有两个"日清工作法"，即"日事日清，日清日高"。每一位员工都要根据"当天的工作当天完成，今天的工作一定要比昨天提高"的思想，不断找出工作中的失误与不足，总结经验教训，以提高自己的工作能力。要求每一个员工完成每天的工作目标，落实自己的工作职责，而不是为没有完成工作找借口，或者是得过且过。随着时间的推移，"日清工作法"就由企业的外在压力变成了员工的内在动力，就形成了员工的一种好习惯，使海尔能够迅速做大做强。成功的人必须具有良好的习惯。不管是工作之内，还是工作之外，都要始终注意养成较好的工作习惯，才能使你的一举一动体现你个人的职业风采。如果没有这个良好的习惯，就会使你与其他人、与环境显得格格不入。

良好的工作习惯和生活习惯会影响人的一生，一个并不起眼的坏习惯就可以断送你的锦绣前程。比如，有的人平时说话喜欢大嗓门，家人朋友都知道他的这个习惯，也都接受了。但是他在工作中还是大嗓门，不管是与同事说话，还是与上司说话都是这样，生怕其他人听不到他们讲话的内容。有的人喜欢在工作期间跷着二郎腿大声打电话，还不时发出爽朗的笑声，特别是一些年轻人给自己的男（女）朋友打电话，在公开场合互相调情，说些肉麻的话，还有的人中午办公室休息时喜欢不戴耳机看电影或听歌，甚至将声音放得很大，影响其他人休息。这些不良习惯自然会引起同事的不满。

这些坏习惯必须改掉，同时也要在平时小事中养成好习惯。比如，个人下班时，要关掉电脑主机和显示器电源，办公桌上的文档要摆放整齐，归档，椅子也要放在桌子下面。最后一个离开办公室要检查一下，关闭所有门窗，关掉电源。每天早上到办公室后要及时整理办公室的卫生工作，或是主动取当天的报纸信件，打开饮水机等。只有长期注意了这些细节，就会慢慢形成好习惯。

一毕业生到一外贸公司去实习并签订了就业协议，毕业后就可以到到公司直接上班，但到了6月，学校要求该同学回校进行论文答辩。他在准备回学校的当天才想起找总经理请假，但总经理当天不在，他就私自回了学校，待他办完毕业手续再次回到外贸公司时，被告知公司已解聘了他，理由就是他不经允许私自离开公司。令他后悔莫及，本来可以在回学校前几天，在总经理在的时候请假，即使当天总经理不在，也可以找副总经理请假，但他并不知道可以这样做。因为这件小事而造成了大损失。

2. 注意发现与纠正以下工作中的不良习惯

（1）经常性迟到。

你上班或开会经常迟到吗？你经常迟于日程的安排吗？迟到是造成老板和同事反感的种子，它传达出你是一个只考虑自己、缺乏合作精神的人。

措施：确定你到达目的地所需的时间，并给出十分钟的空余。如果你讨厌等待，就把你的工作也带上。

（2）拖延。

虽然你完成了工作，但拖后腿使你显得不胜任。为什么产生延误呢？如果因为你缺少兴趣，你就应该考虑一下择业；如果你是追求尽善尽美，这毫无疑问会增多你在工作中的延误。社会心理学家说，很多爱拖延的人都很害怕冒险和出错，对失败的恐惧使他们无从下手。

措施：如果你面临一个大的工程，你可以把它分成若干小时、低风险的部分，然后逐项完成。当然，不要苛求完美，让自己稍感轻松。

（3）注意力分散。

你放下手中正在做的工作，把注意力放到别处，而不是瞄准目标直至完成，忽略工作中的轻重缓急，会使你的工作质量和数量俱损。

措施：每天安排工作2～3小时完成你认为最重要的工作，确保只有在完成这项工作之后再去做其他的事情。最重要的是，集中注意力，不要让你的大脑四处游荡。

（4）抵触情绪。

当有人向你提出建设性批评时，强词夺理或绷着脸反驳都是不成熟的表现，意味着你并不愿意完善自己。狡辩会影响诚信公开的交流原则，从而破坏你和同事间的关系。如果你很好辩，会使他们不愿给你提建议或不愿与你交谈。

措施：学会对自己的行为负责，要有坦诚好学的态度，不要责骂你的同事，特别是上司。如果你受到不公平待遇，要通过解释来解决，带着不满情绪不利于解决任何事情。

（5）紧张。

我们都会遇到令我们紧张的情况，但要试图控制流露出的紧张神情，如连续叩脚、嚼口香糖、拨弄头发都会使你显得缺乏自控力。

措施：下班后再嚼口香糖。如果你坐着，脚平放在地上，手放在大腿上。如果你的头发挡住了眼睛，直接把它别在耳后，不要甩头发。深呼吸放松，告诉自己对方也是普通人，他们也和你一样有家庭、账单，也需要牙医。

（6）健忘。

忘记名字、电话号码和期限都会使你显得不专心，甚至更糟。对老板而言，你显得缺乏条理，不胜任工作。

措施：初次相见时，要仔细听别人介绍，边注视对方边在心里重复。如果允许，要一张名片。随身携带日记式备忘录以记住每日的约会安排和时间期限，做完一个勾掉一个。

(7)打电话时吃东西。

工作是繁忙的，因此你在办公桌前喝杯咖啡或吃快餐都是可以的，但在打电话时吃东西则是非常不礼貌的。

措施：如果你必须在办公室里吃东西，尽量避免接电话。你可以用留言装置、请助手或同事接听和记录留言。

(8)不适当的肢体语言。

人们经常会无意识地对非语言的交流作出反应，而且对方从你的肢体语言获得的信息通常要比在语言中获得的更多。如果你的脚在地上乱晃，显得犹豫或躲躲闪闪，即使你本身极具才能，也会让对方觉得你缺乏果敢和稳重。

措施：交谈时直视对方的眼睛，不要显得没精打采或烦躁不安。注意保持一个好的姿态，说话要温和，慢而清楚。

(9)字迹潦草。

各种文件、档案、备忘录字迹潦草，使你像个缺乏修养、不拘礼节的人。记住，你所做的一切都会反映出你为人处世的态度。

措施：如果你字写得不好，尽量用电脑。

(10)违反职业习惯。

包括在办公室里讲低级笑话以及连声抱怨不舒服，诅咒、说坏话以及随便讲你的私人问题，这些都是办公室大忌。无论你们关系多好，办公室是一个公共场所，礼貌对于彼此的尊重都很重要。

措施：得到尊重的最好方式就是尊重别人。如果你爱讲笑话，等到下班以后再讲。记住，太随便会造成不尊重，特别是对上司和同事；相反，保持适当的工作距离更有利于工作。

(11)斤斤计较。

斤斤计较一开始只是为了争取个人的利益，但久而久之，当它变成一种习惯时，为利益而利益，为计较而计较，就会使人变的心胸狭隘，自私自利。它不仅对老板和公司造成损失，也会扼杀你的创造力和责任心。

措施：如果一个人在工作时能全力以赴，不计较眼前的一点利益，不偷懒混日子，即使现在他的薪水十分微薄，未来也一定会有所收获。注重现实利益本身并没有错，问题在于现在的年轻人过分短视，而忽略了个人能力的培养，他们在现实利益和未来价值之间没有找到一个平衡点。

3. 职业道德的内容（详见本书第二章第二节）

职业道德是人们在职业活动中，通过对人们的职业行为进行善恶评价以提高人们的认识能力和调节职业行为的心理意识、原则规范和行为活动的总和，也是人们在职业行为中必须遵循的基本行为规范和准则。职业生活中，职业道德可以帮助人们认识个体的位置与职责，个人对同事、对上司、对企业的义务和责任，使人们在明辨善恶的基础上，认识哪些职业行为是善的，哪些职业行为是恶的，从而正确选择自己的行为，塑造自身的道德人格。同时，职业道德可以激发人们的主动性和积极性，调节社会个体与群体的关系，使个人与同事、个人与企业的关系逐步完善，所以，树立良好的职业道德也是职业成功的基本要求。我国倡导的职业道德有：(1)爱岗敬业，即要实现职业理想，必须热爱自己的工作岗位，敬重自己从事的职业，辛勤劳动，尽职尽责；(2)诚实守信，诚实守信就是言行一致，表里如一，遵守诺言，不虚伪，不欺诈；(3)办事公道，就是要求职业人在职业活动中做到公平公正，不谋私利，不徇私情，不假公济私，不以权谋私；(4)服务群众，服务群众要求在职业活动中，一切从群众利益出发，了解群众需要，为群众着想，端正服务态度，改进服务措施，提高服务质量；(5)奉献社会，就是要通过兢兢业业地工作，自觉履行对社会、对他人的义务，努力为社会、为他人做贡献。

第三节　个人理想与人际关系

一、如何解决个人理想与现实的冲突

任何人实现职业理想的过程都是一个充满变数的漫长的过程。职业理想不可能轻而易举地实现，也不能马上实现。在这个漫长的过程中，每个人都会面临个人理想与现实的冲突。

由于外界环境和个体自身是一个不断变化的过程，这些变化必然会为职业发展提供许多机遇和挑战。这是一个客观事实，没有人能够躲避。而我们能做的就是在制订职业生涯规划时收集更多的职业信息与外界信息，以及更全面、更充分地认识自己，使自己制订的个人职业生涯规划尽可能符合个人的实际与外界环境的因素，以便在职业发展中，在某一特殊环境下，能够预测到将来要面对的机遇和挑战，并做好充分的心理和实际准备，以减少这些机遇和挑战给职业发展造成的更大的波动和风险。因此，在起点上制订更科学更完善的职业生涯规划是解决个人理想与现实冲突的主要方法。

在人们实现职业理想的过程中，若是出现了小的机遇，便给人们实现职业理想提供了更便利的条件，无疑有助于职业理想的实现。而出现了较小的困难和挑战，可以通过个人的努力及他人的帮助克服。这些小的困难和挑战虽是职业发展中的不和谐因素，但总的来看，不会影响个人职业理想的实现。因此，在职业发展中，较小的机遇和挑战都不会对职业理想的实现造成大的影响。

但是当面对大的机遇和大的挑战，情况可能就不一样了。当大的机遇出现时，你可能根据环境的变化重新思考你的职业理想，经过比较甄别之后，你可能趋于放弃你先前确定的职业理想，而选择与新的机遇相适应的职业理想。同样，当职业发展中出现了大的挑战，可能会使你认为实现以前的职业理想的难度超过了预期，感到绝望沮丧。这种情况下，你可能降低以前的职业理想或放弃以前的职业理想，从而确定新的职业理想或是进入迷茫期。因此，职业发展中，这些大的机遇和挑战会使个人理想与现实发生冲突，从而影响到职业理想的实现。

面对这些情况，不同的人会有不同的做法。但无非有两种：一种是坚持自己理想，充分利用机遇，积极应对挑战，从而实现自己的理想；另一种则是受到利益的诱惑或是挑战的压力而放弃了原来的职业理想，实践新的职业理想。

第一种人在实现职业理想中，面对这些问题会重新评估自己和重新评估职业，认为通过克服困难是可以实现原定的职业理想的。原定的职业理想对自己是有价值的或是有最大的价值，认为这个价值要大于机遇所带来的潜在的职业理想。从而坚定原有的职业理想，不去理会潜在的职业理想，利用有利条件去实现原有的职业理想。而在大的挑战面前，他们认为通过努力是可以克服这些困难的。困难的出现不仅使他们没有放弃原有职业理想，而是增强了实现职业理想的信念，认为通过努力也能实现原有的职业理想。

第二种人善于利用时机，会根据外在环境的变化而改变自身，改变职业理想，确立了新的职业理想。出现大的机遇时，他们将自己原有的职业理想同这种机遇带来的潜在的职业理想相比较，认可和接受了这种潜在的职业理想，将这种潜在的理想变为现实的理想，即成为新的职业理想。认为这种新职业理想较原来职业理想更易实现，有更大的价值。当遇到挑战和困难时，也会重新认识自己的职业理想，认为这些困难和挑战给职业理想的实现带来的阻力要大于预想的阻力，认为这种困难和阻力超出了自己所能承受的范围，放弃了原来的职业理想，确立了新的更易实现的职业理想。

在个人理想与现实冲突时，是成为第一种人，还是成为第二种人，这与每个人的价值观、性格、家庭社会关系、知识结构等因素有关。无论选择哪一种方案，只要通过了自己的努力，实现了职业理想，并能发挥自己的特长，实现人生价值，都是值得赞扬的。所以，我们不能批评第一种人顽固不化，也不能批评第二种人举棋不定，没有主见。不同的人有不同的成功标准，只要他们实现了目标，都是成功的，我们都应该对这些成功喝彩。

二、人际关系的含义

有一则寓言，说的是严寒的冬天里，一群人点燃起一堆火，大火熊熊燃烧，烤得人浑身暖烘烘的，有个人想：天这么冷，我绝不能离开火堆，不然我就会被冻死。其他人也都是这么想，没有一个人愿意离开火堆去寻找新的柴火，于是这堆无人添柴的火不久便熄灭了，这群人全被冻死了。

又有一群人点起了一堆火，一个人想：如果大家都只烤火不添柴，这火迟早会灭的，其他人也都这么想。于是大家都去拾柴，无人烤火，可是这火不久也熄灭了，原因是大家只顾拾柴，没有烤火，均陆续冻死在捡柴的路上，火最终因缺柴而灭。

又有一群人点起了一堆火，这群人没有全部围着火堆取暖，也没有全部去拾柴，而是制定了轮流取暖拾柴的制度，一半人取暖，一半人拾柴，于是人人都参与拾柴，人人都得到温暖，火堆因得到足够的柴源不停地燃烧，大火和生命都延续到了第二年的春天。

这个故事说明的道理是：在任何组织和企业当中，要成为其中最优秀的人必须具有处理与协调人际关系的能力，或者说，就是要摆正自己在组织或团体中的位置，这是做好一份工作最基本的要求。正确处理人际关系，形成相互合作，相互支持的良性互动关系，创造利己利人的双赢局面，也是个人成功的关键。

人际关系是人与人之间的物质交换与信息的沟通等交往活动中形成的直接心理关系和心理距离，是个体在相互交流过程中，通过思想、感情、行为的交流，来实现个人满足与社会需求的状态，因此，人际关系的变化取决于双方在交流过程中，社会需要满足的程度。

三、人际关系在职业发展中的重要作用

有资料统计，良好的人际关系，可使工作成功率与个人幸福达成率达 85％以上；一个人获得成功的因素中，85％决定于人际关系，而知识、技术、经验等因素仅占 15％；被解雇的 4000 人中，人际关系不好者占 90％，不称职者占 10％；大学毕业生中人际关系处理得好的人平均年薪比优等生高出 15％，比普通生高出 33％。

可见，人际关系在职业发展中发挥着重要作用，是否能够恰当地处理工作中的人际关系，以形成良好的人际关系网是一个人能否取得职场成功的关键因素。

（一）良好的人际关系是个体身心健康的需要

人具有社会性，人也只有在相互交往中才能生存和发展，人际交往本身就是人的一种社会需求。人际关系良好的人可以愉快地同他人交往，就会受到他人的尊重和认可，易得到他人的关心和爱护，使人保持积极乐观、理智豁达的心态，从而有益于人的身心健康。反之，不良的人际关系则会阻止个体与他人有效的信息与情感沟通，得不到他人的尊重和认可，无法实现个体的自我需求，还会干扰人的情绪，使个体出现焦虑、不安、抑郁的状况。健康的身心是职业发展的前提，而良好的人际关系又是人身心健康的需要。因此，良好的人际关系也是职业发展的重要前提。

（二）良好的人际关系是实现职业理想的依托

在一个组织内部，不同的人承担不同的职责，全体员工共同完成本组织的任务。任何人只要开展工作，就会与领导、同事发生联系，这种联系中就渗透着人际关系。没有哪一个人不依靠别人就能完成一切，就能实现自己的职业理想。良好的人际关系是实现职业理想的依托。

（三）良好的人际关系是实现职业理想的基本条件

影响职业理想实现的基本因素很多，人际关系在实现职业理想中发挥着重要作用，是人们取得成功的重要条件之一。良好的人际关系将为个人职业理想的实现创造优良的环境，将使个体如顺水行舟，左右逢源，有利于实现职业理想。

四、建立和维护良好的人际关系

几乎所有的人都知道人际关系对实现职业理想的重要性，但事实上，大多数人却不知道怎样才能处理好人际关系，甚至还有的人认为拍马屁、请客送礼、讲奉承话，才能形成良好的人际关系。这些做法是人际交往中的误区，这样做不仅无法形成良好的人际关系，还可能会导致人际关系的恶化。

人际关系的本质是通过物质交换和信息感情的交流，以满足个体的社会需要。因此，形成良好的人际关系就应具备开放的性格，能真正去欣赏他人和尊重他人，以得到他人对自己的尊重和信任。因此，在与人交往中，要坚持以下原则。

(一)互利的原则

"己所不欲，勿施于人。"人际交往本质是一个社会交换的过程，人们在交往中总是交换着某些东西，或是物质，或是信息，或是情感。人际交往的结果是双方的需要都能得到满足。因此，人们在交往中，都希望交换到对自己有价值的东西，希望在交换中得大于失，至少是得等于失。在人际交往中要坚持互利的原则，认可尊重他人的利益，才有可能得到他人的尊重认可，这样才能继续交往下去。

(二)平等的原则

人际关系的基础是人和人之间相互重视，相互支持。这种重视和支持的前提必须是平等的。人际交往是人和人之间相互沟通的关系，人都有友爱和受人尊重的需要，都希望得到别人的平等对待，这就要坚持平等的原则。

(三)真诚的原则

无论是情感定向的交往，还是功利定向的交往，都需要真诚。现代人际关系中越是坦率承认功利至上的交往，越需要真诚。在与人交往中，要做到说话算话，遵守诺言，不欺骗，从而获得他人的信任。马斯洛的需求层次理论讲到人人都有安全的需要，这就要求周围的环境及与之交往的对象是可以把握的。人们之所以不愿做从未涉及过和不了解的事情，就是因为人们对这些事情没有把握。人际交往中也是如此，人们希望交往的对象是真诚的，而不希望交往的对象是捉摸不定的，因为同这些人交往人们总感觉到不放心。

(四)主动的原则

人际交往是双向互动的。在人际交往中，总是期待别人承认自己，接纳自己，喜欢自己，从而满足自我的需要。但我们必须要明白：别人没有理由无缘无故地对我们感兴趣，要与别人建立良好的人际关系，就要主动交往。就要给出别人喜欢我们的理由，要想清楚：人家为什么喜欢你？为什么要做你的好朋友？为什么要别人接纳自己，而不是自己先去接纳别人？为什么要求别人先付出而不是自己先付出？在人际交往中，都应当积极主动，应该先去爱别人，先去尊重别人，才有可能得到他人的爱与尊重。

(五)距离的原则

人际交往中保持适当距离，不要过于亲密。人际关系是人和人之间的心理上的关系，也可称作是心理上的距离，这个心理上的距离能为人际交往中的每个人提供一个独享的心理空间，满足个体心理自由度的需求。不分亲疏地靠近对方，最终难免引起尴尬。因此，人际交往中既要拉近心理距离，又要拉开心理距离。也许你对拉近心理距离有足够的把握，对拉开心理距离缺乏充分的认识，怕距离太远了不利于交往，所以，明智的选择是保持距离。

第四节　就业、发展、创业、成功

一、先就业，再发展

毕业生要破除一选定终身的传统就业观念，在落实和选择工作单位和岗位时，不必苛求一步到位。经过几年的在校学习，学生虽然较为系统地学习和掌握了一定的专业知识和专业技能，但由于社会的迅速发展和科技的不断变革，学校教学与生产实际相脱离的现象还不同程度地存在；学生知识面还较窄，还缺少实践的锻炼，所学知识有待提高、丰富。同时，随着近几年国家经济体制的调整改革，进一步增强了就业的竞争性，因此，广大毕业生要对自己和社会有一个正确的认识和分析，对就业单位、岗位的挑选要适度，适当降低择业期望值，树立"迟就业不如早就业"的观念。工作若干年以后，经过自己的不断进取，知识会有所更新，能力会有所提高，那时便可以根据自己的实际情况和发展方向重新选择新的就业单位和岗位。

有些毕业生就业后认为，自己所在的是生产第一线，地位不高，很难再发展、再提高。目前，企业普遍急需第一线的各类人才，国家鼓励提倡毕业生到生产第一线去，面向基层、面向乡镇企业。毕业生在那里可以大显身手。从年轻人的成长过程来看，从第一线干起，增强实践锻炼的机会，对今后的发展是必要且有利的。毕业生要勇敢地到生产第一线去，经受实际锻炼，在实践中不断提高自己、发展自己。

二、边工作，边学习

对于刚刚走上工作岗位的毕业生来说，首要的任务就是要在工作中边干边学。一个人年轻时的所作所为对他日后有很大的影响，如果青年时代不努力培养自己边干边学的能力，也不着意修身养性，必将被社会所淘汰。然而，常听年轻人不满地说："这件工作不适合我"或"在那位主任手下干活真没劲"。这是以自我为中心的表现，更是没有"在干中学"的意识。事实上，要找到真正适合自己的工作，需要积累各种工作经验，而且最好是在个性、意见与自己不同的领导手下磨炼，所学就会更多。

初到工作岗位，毕业生对自己所要从事的工作的基本情况还不了解，只有不断学习、勤于思考、善于总结，尽快熟悉并掌握有关的业务知识，并及时补充业务知识的不足，才能更好地适应工作。

毕业生走出校门、踏上工作岗位后，将面对比学校更为广阔、更为复杂的社会环境。要适应新的社会环境，必须建立良好的人际关系。而人际交往的品质不是天生的，主要通过学习、教育、锻炼和修养等后天的培养教育获取。

要跟上科学技术的迅猛发展，需要不断学习，科学技术人才必须不断地更新知识、开阔视野、推陈出新、瞄准世界科技的前沿。

学习的途径多种多样，如向内行请教、研读有关书籍、参加有关的培训班等。这种自主性的学习，往往带着问题和困惑，为解决问题、指导实践而开展的主动性学习，它不同于在学校当学生时那样有老师引导，一班人齐头并进，被动性较强的学习。因此，这种学习一定要有高度自觉的、主动的、刻苦进取的精神，要有顽强的意志和过人的毅力。学习是充实人生的重要途径，要学会在学习中享受人生。

三、树立终身学习观念

(一)用人单位都要求员工树立终身学习的观念

1. 哪些人在联想集团发展最快

中国IT企业的翘楚——联想集团，一直是毕业生们心向往之的理想公司。联想集团人力资源部的负责人接受某杂志专访，在谈到新进人员中的哪些人在联想中发展最快的问题时说："各个层面上善于学习和总结，对新知识、新理念敏感如蚊子见血，并不懈为之努力的人，在联想发展最快……"只要肯学习，新手往往会比那些具有丰富经验的人更容易进步，因为他们总是能接触到最新的一些东西，很多有专业背景的人自恃有经验，只知道守着原有的那些老东西，容易故步自封。

2. 不以现状为满足

新闻界的怪杰，伦敦《泰晤士报》的业主诺士列爵士，他不满足赚900元周薪，也不满足任职于《伦敦晚报》，当《每日邮报》已为他所有的时候，他还企图获取《泰晤士报》，最终他实现了自己的目标。

他一直鄙视志小而容易满足的人，他曾对他的一个服务刚满三个月的下级助理编辑说："你满足现在的职位吗？你满足现在每周200元的薪金吗？"当那位职员踌躇满志，答复"已觉得满意"的时候，他马上把他开除了，并很失望地说："你应了解，我是不希望我的手下，以每周200元的薪金即已满足，而终止他前途的发展"。

平凡的人，一无所成，就因为他太容易满足而不求进取，得到可苟安的位置，便故步自封。这样，他一生只会机械地工作，挣取勉强够温饱的薪金。他怕因为不满足而感到痛苦，所以竭力抑制自己的欲望，推卸自己的责任。

至于有成就的人，那就绝不相同了，他们尽力寻求不满足的地方，以发现自己的缺点，作为改进的方针，不文过饰非，不自高自大，不受人无谓的称赞。所以客观的态度是严格要求自己。不满现实，是求进步的先决条件，唯有不自我满足的人才能不故步自封，才能在沙漠中寻到绿洲。

3. 更进一步

人若不能慎思明辨，绝不会发现事业过程中的障碍，如果只单纯责怪自己则会没进步，而不做"百尺竿头，更进一步"的努力，将永无成功的希望。

美国的运输大王柯尔培刚进入社会时非常困苦。他从纽约徒步到克里夫兰，侥幸在湖滨铁路公司中谋得了一个记事员的工作，他虽然境遇很艰难，但他从不贬低自己的志向，他说："我虽然在阶梯的末层，但仍希望爬到最高的地方。"在他工作的过程中经历了

269

一段时期，他已发觉他现在的职位，实在微不足道，除了机械的工作外，没有什么希望，也没有什么发展，他想进入更好更高的境界。

他没有满足于现状，他辞去了现职，又另求发展，几经奋斗，终于脱颖而出。

由于不满足现实而来的理想，你必须把它变成现实，使自己的行为以此理想为目的，并更要求接近理想，而不能把理想作为现实生活失败的慰藉，以为自己已达到理想的境界，而陶醉于虚无缥缈的幻境中，那就难以振作了。

懂得这种道理的人，是由理想而确定目标，而这目标的途径上，又必须设立很多中途站，到达一个小站，就会有小小的成功，而且也会发生强烈的兴趣，并刺激你向下一个小站再迈进，使你欲罢不能。关键是在经历小站之后，千万不能把它作为最后的目标所在。

(二)终身学习是个人成功的保障

1. 终身学习是现代社会的要求

现代社会是一个快速变化的社会，各种新事物不断涌现，我们周围的环境也在不断变化，迅速变化的环境成为终身学习的一个重要原因。

环境的变化要求人们不断地适应它。中国经济快速发展，这种发展不仅引起经济与人民生活上的变化，更为主要的是引起了整个社会生活与社会结构的重大变化，包括人们的就业观念、生活方式、竞争的方法、对世界的认识等。要想在不断变化的世界中取得主动地位，唯一的办法是终身学习。要知道，适应社会的过程是一个学习、适应、继续学习的过程。在平坦的道路上一步步往前走，不需要什么策略，就可以一变成二、二变成三。只要坚持终身学习的观念，稳重地向前迈进，就能最终到达目的地。

2. 知识的不断更新是我们终身学习的原因

人类社会进入一个知识爆炸的时代，人类知识更新所需要的时间越来越短，由过去的几个世纪，到现在的十几年左右，真是非常惊人。与此相对应的是人们的知识老化速度在加快。一个人若其毕业以后不进行知识更新的话，在5～10年以后，他就会感到不能适应工作与社会的需要，在有些行业甚至根本要不了10年，如在计算机行业，若3年不进行知识更新，就有可能跟不上发展的步伐。所以，终身学习也是知识快速增长与知识快速老化对人提出的挑战。

3. 在一个快速变化的环境中唯有学习才能发展

一个在工作后不断取得成功的人，常常是那些在学校毕业后仍然不断学习的人。因为学习，使得他们比别人更能应付不断变化的环境，并能从中寻找到发展的机会。在学校毕业以后是否继续学习，对一个人今后的职业竞争有很大的影响。能力与知识的增长与职业成功具有正相关的关系，尤其是在一个快速变化的社会中。在一个相对稳定的环境中，知识的增长以及终身学习对职业成功的影响可能并不是特别大，但是由于环境的快速发展与变化，使得能力与知识的增长即终身学习对职业成功具有举足轻重的影响。

终身学习明显地影响一个人的职业竞争能力，它是获得成功的一个必要条件，是否终身学习将导致人们收益上的巨大差异。

四、走自主创业之路，实现人生发展的成功

《中国体育报》曾经报道过这样一件事情。有一位马拉松运动员，在比赛中由于极度疲乏，甚至连呼吸都感到困难，但他后来却突然地恢复了正常的呼吸，以一种新的力量，再度冲上前去，直到终点。后来记者采访他，问他是什么力量在推动他，他只说了短短的一句话："成功的推动力。"

后来有些心理学家解释这种现象说，人类能利用自己所不知道的潜力，一种完全由意志所激发的潜力来创造奇迹。因此，你应该相信你在健康、精力及毅力方面所具有的伟大潜在的力量，而且要相信你的意志力也可以发挥并且创造出这种潜力。

所以，你不能满足于眼前已经找到的工作或已取得的成就，并以此引以为自豪。你应该记住这句话："没有人在任何事情上能比他人优越多少。即使世界冠军，总有一天也要被人超过。"因此，你应该利用每一次机会，抓住每一分每一秒时间，努力奋斗，积极进取，使一切够好的成为最好的。

人在顺利时往往得意忘形，失意时则不免悲观、沮丧，这正是人性的弱点。我们要尽量改变这种弱点，坦然行事，有信心，不灰心。

从发展的角度看，凡是成功的事业总是包含着连续不断的努力。总有许多尚未解决的问题等着你去解决，总有许多尚未完成的事情需要你去做。别忘了，人的真正幸福不在于你所追求的目标是否达到，而在于向这个目标努力奋斗的过程。因此，人的奋斗过程是最幸福的，也是最有意义的。达到了一个目标，就应该定下一个目标，并努力向这个新目标奋进。

你在昨天晚上萌发的主意，可能就有成千上万的人同时想到了；你想到的一个"绝对成功"的商业模式，其实已经有好几百家企业在实践了。

创意无极限，能将创意转化为价值的就很少了，而最终真正将之运作成功的可能只有一家。这里，除了各个模式本身在实际操作的过程中会存在大大小小的有可能导致不同结果的差异外，真正起到决定作用的是各个不同公司实际的运作能力。

创业成功的前提是对行业有深度审视，对社会和大众消费市场有深刻了解。下功夫做市场调研是必不可少的。在决定从事某种产品生产或经销之前，必须要对可能购买的顾客有充分的了解。同时，要尽量了解竞争对手的优势、劣势。预测远景既是为了取得决定是否投资和投资规模的依据，也是为了能预先确立应变的思路。了解竞争对手的目的是为了吸取别人的经验教训，制定相应的竞争策略。

无论是处于哪一种层面上的奋斗者，都需要明白一个道理：奋斗者必须在自身和所从事的职业之间找到最好的结合点，找到带有规律性和创新意识的奋斗目标，然后再真正地去投入。

毕业生创业的运作模式大致有以下几种。

(一)专利型

清华大学第二届学生创业计划大赛上，一件性能价格比很好、有良好市场前景的课外科技创新成果——媒体超大屏幕投影电视技术引起了广泛关注并最终获得金奖，其发明人就是时为材料系三年级学生的邱虹云。

邱虹云与该校自动化系王科和经管学院 MBA 徐忠合作，筹资 50 万元，组建了我国第一家由在校学生创建的高科技创业公司。同月，上海一百与该公司签订投资协议，一期投入 250 万元，开发视美乐中式产品；二期意向再投 250 万元进行产业化，成为国内上市公司参与风险投资的第一起案例。

但是，预计的二期投资没能实现。后来，澳柯玛公司接替上海一百入资 3000 万元，注册成立澳柯玛—视美乐公司(奥视乐)；视美乐以拥有的 6 项专利而持有 50% 的股权。当年，视美乐销售额超过 3000 万元。

虽然结果与创业者的初衷发生了偏差，但视美乐仍不失为技术招来资本的可圈可点的创业运作模式。

(二)专业型

和很多学生创业公司一样，北京银蓝广告公司选择的也是这样一种单纯的创业模式：找几位志同道合的朋友，利用自己的专长和对业界的了解，在毕业后成立一家不大的合伙企业，既当老板又当员工。经营上主要以承接项目为主。

像这样的企业，最大的特点就是管理简单、"船小好调头"，并且在初期的经营管理上与传统的"家庭作坊"十分相似。但是，简单归简单，要想把公司办好却不并不是一件容易的事。银蓝之所以能够在同类企业中发展较好，主要是他们始终坚持在"专业"两个字上下功夫，以专业知识做好资源的整合，为客户提供更为卓越的服务。

在广告界里，经常困扰广告制作人的一件事就是：出于各方面的考虑，客户愿意支付的广告投入往往并不足以达到经营者当初的设想。而银蓝所做的，就是为客户提供专业的整合，用较少的资源做出客户满意的作品。

在银蓝，这种整合是随处可见的：办公场所力求简单，不搞铺张；团队精干，每人身兼数职；日常经营只保留核心团队，其他人员只在项目需要时短期聘用；短期聘用人员大多是用在校学生，因为他们既专业又价格低廉……但是，对于客户而言，这种整合可就是实实在在的利益。而且，这种整合对于银蓝也是至关重要的，因为只有这样它才能够建立良好的客户关系。而对于像银蓝一样的以承接项目为主的公司，良好的客户关系就是企业得以生存的基石。

在与 LG 的合作中，银蓝的专业背景和整合能力受到了检验。当时，竞争的公司有好几家，而从公司的实力上看银蓝处于下风。但是，最终银蓝赢得了胜利，因为他们够专业，能够提供给 LG 专业性的技术建议；更因为他们够经济，他们优秀的资源整合能力让 LG 切实感受到花出的每一分钱都物有所值。而通过与 LG 这样的世界知名企业合作，也让银蓝获益良多，其中最重要的就是这次合作让银蓝在业界的地位和知名度大为提升。

(三)素质型

学国际贸易专业的沈宜放弃了家里给安排的稳定工作，与志同道合的几个同学一起在福州开了一间小咖啡馆，尽情地享受着创业的乐趣。

在那些日子里，为了借鉴别人的管理模式，他们几乎跑遍了全福州所有特色的咖啡厅。正是这些付出让他们不但了解了经营之道，而且为他们的咖啡馆找准了定位。准确的消费定位和优质的服务让小咖啡馆很快火了起来。开张仅仅一年半，他们就已经收回了投资，而通常这需要花上两年甚至更长的时间。

沈宜说："开始创业一年多来的经历，让我深深体会到我当初的决定是多么的正确，这种生活真的很适合我。很难想象，如果没有在上大学时学会的怎样用理性的态度对待自己，我今天的生活会怎样的糟糕！同时，学校培养起来的学习、分析能力也让我获益良多，因为它让我敢于不断学习更多的东西，以弥补管理经验的不足。"

(四)"自由人"型

创业未必需要投资一大笔钱，未必需要建立很大的规模，甚至未必需要一间办公室或店铺。创业，可以从自己一个人开始，利用个人的专业知识开展业务，再慢慢建立知名度。对没有相关经验的朋友而言，成为"自由人"是开始创业的不俗选择。

比如，拍一部短片讲述自己的生活，在校园里已成为一种时尚。一些颇有商业头脑的学生发现了其中所蕴含的商机。沈强，这位浙江工业大学机电学院的学生，就是这样一位有商业头脑的人。

"机子租借 100 元一天；借场地要场地费；剪片也要几千元；摄制组成员外出买矿泉水也要钱……"精明的沈强在创业之初就已经打好小算盘，"一个 15 分钟的短片，大概要5 000 多元。其中花费最大的一项开支是剪片费，如果要在校外请人代剪的话，大概要2 000 多元。不过，花相同的价钱我们自己也可以做。"

于是，沈强花了 2 000 多元买了一个剪辑软件。刚开始的时候，只是为自己和朋友的作品作剪辑，但渐渐地，上门求助的人越来越多，于是沈强干脆就开始承揽剪辑业务。如今，他的业务红红火火，收入颇丰。

"自由人"包括兼职、Freelance 或 SOHO(Small Office，Home Office)，意指在家工作或小额创业者。

"自由人"的工作范畴，大致可以分为以下几个类别：(1)创作(音乐、摄影、电影)；(2)信息科技(互联网、软件开发)；(3)写作(新闻稿、商业)；(4)翻译(法律、产品目标)；(5)设计(平面、包装)；(6)市场调查(顾问)；(7)专业服务。

"自由人"是最小的创业单元。做好"自由人"的首要条件是做好一个职业经理人，这正是任何一种创业所必须具备的。

从经济的角度来说，创业不能仅凭一个创意或一个点子，而是要兼顾成本预算各个方面，要盘活手头的各种资源。只有这样，才能充分利用好每一份资源，让他们有看得见、摸得着的增长。

附录 A

中华人民共和国就业促进法

（2007 年 8 月 30 日第十届全国人民代表大会常务委员会第二十九次会议通过）

第一章　总　　则

第一条　为了促进就业，促进经济发展与扩大就业相协调，促进社会和谐稳定，制定本法。

第二条　国家把扩大就业放在经济社会发展的突出位置，实施积极的就业政策，坚持劳动者自主择业、市场调节就业、政府促进就业的方针，多渠道扩大就业。

第三条　劳动者依法享有平等就业和自主择业的权利。劳动者就业，不因民族、种族、性别、宗教信仰等不同而受歧视。

第四条　县级以上人民政府把扩大就业作为经济和社会发展的重要目标，纳入国民经济和社会发展规划，并制定促进就业的中长期规划和年度工作计划。

第五条　县级以上人民政府通过发展经济和调整产业结构、规范人力资源市场、完善就业服务、加强职业教育和培训、提供就业援助等措施，创造就业条件，扩大就业。

第六条　国务院建立全国促进就业工作协调机制，研究就业工作中的重大问题，协调推动全国的促进就业工作。国务院劳动行政部门具体负责全国的促进就业工作。

省、自治区、直辖市人民政府根据促进就业工作的需要，建立促进就业工作协调机制，协调解决本行政区域就业工作中的重大问题。

县级以上人民政府有关部门按照各自的职责分工，共同做好促进就业工作。

第七条　国家倡导劳动者树立正确的择业观念，提高就业能力和创业能力；鼓励劳动者自主创业、自谋职业。

各级人民政府和有关部门应当简化程序，提高效率，为劳动者自主创业、自谋职业提供便利。

第八条　用人单位依法享有自主用人的权利。

用人单位应当依照本法以及其他法律、法规的规定，保障劳动者的合法权益。

第九条　工会、共产主义青年团、妇女联合会、残疾人联合会以及其他社会组织，协助人民政府开展促进就业工作，依法维护劳动者的劳动权利。

第十条　各级人民政府和有关部门对在促进就业工作中作出显著成绩的单位和个人，给予表彰和奖励。

第二章　政策支持

第十一条　县级以上人民政府应当把扩大就业作为重要职责，统筹协调产业政策与就业政策。

第十二条　国家鼓励各类企业在法律、法规规定的范围内，通过兴办产业或者拓展经营，增加就业岗位。

国家鼓励发展劳动密集型产业、服务业，扶持中小企业，多渠道、多方式增加就业岗位。

国家鼓励、支持、引导非公有制经济发展，扩大就业，增加就业岗位。

第十三条　国家发展国内外贸易和国际经济合作，拓宽就业渠道。

第十四条　县级以上人民政府在安排政府投资和确定重大建设项目时，应当发挥投资和重大建设项目带动就业的作用，增加就业岗位。

第十五条　国家实行有利于促进就业的财政政策，加大资金投入，改善就业环境，扩大就业。

县级以上人民政府应当根据就业状况和就业工作目标，在财政预算中安排就业专项资金用于促进就业工作。

就业专项资金用于职业介绍、职业培训、公益性岗位、职业技能鉴定、特定就业政策和社会保险等的补贴，小额贷款担保基金和微利项目的小额担保贷款贴息，以及扶持公共就业服务等。就业专项资金的使用管理办法由国务院财政部门和劳动行政部门规定。

第十六条　国家建立、健全失业保险制度，依法确保失业人员的基本生活，并促进其实现就业。

第十七条　国家鼓励企业增加就业岗位，扶持失业人员和残疾人就业，对下列企业、人员依法给予税收优惠：

（一）吸纳符合国家规定条件的失业人员达到规定要求的企业；

（二）失业人员创办的中小企业；

（三）安置残疾人员达到规定比例或者集中使用残疾人的企业；

（四）从事个体经营的符合国家规定条件的失业人员；

（五）从事个体经营的残疾人；

（六）国务院规定给予税收优惠的其他企业、人员。

第十八条　对本法第十七条第四项、第五项规定的人员，有关部门应当在经营场地等方面给予照顾，免除行政事业性收费。

第十九条　国家实行有利于促进就业的金融政策，增加中小企业的融资渠道；鼓励金融机构改进金融服务，加大对中小企业的信贷支持，并对自主创业人员在一定期限内给予小额信贷等扶持。

第二十条　国家实行城乡统筹的就业政策，建立、健全城乡劳动者平等就业的制度，引导农业富余劳动力有序转移就业。

县级以上地方人民政府推进小城镇建设和加快县域经济发展，引导农业富余劳动力就地就近转移就业；在制定小城镇规划时，将本地区农业富余劳动力转移就业作为重要内容。

县级以上地方人民政府引导农业富余劳动力有序向城市异地转移就业；劳动力输出地和输入地人民政府应当互相配合，改善农村劳动者进城就业的环境和条件。

第二十一条　国家支持区域经济发展，鼓励区域协作，统筹协调不同地区就业的均衡增长。

国家支持民族地区发展经济，扩大就业。

第二十二条　各级人民政府统筹做好城镇新增劳动力就业、农业富余劳动力转移就业和失业人员就业工作。

第二十三条　各级人民政府采取措施，逐步完善和实施与非全日制用工等灵活就业相适应的劳动和社会保险政策，为灵活就业人员提供帮助和服务。

第二十四条　地方各级人民政府和有关部门应当加强对失业人员从事个体经营的指导，提供政策咨询、就业培训和开业指导等服务。

第三章　公平就业

第二十五条　各级人民政府创造公平就业的环境，消除就业歧视，制定政策并采取措施对就业困难人员给予扶持和援助。

第二十六条　用人单位招用人员、职业中介机构从事职业中介活动，应当向劳动者提供平等的就业机会和公平的就业条件，不得实施就业歧视。

第二十七条　国家保障妇女享有与男子平等的劳动权利。

用人单位招用人员，除国家规定的不适合妇女的工种或者岗位外，不得以性别为由拒绝录用妇女或者提高对妇女的录用标准。

用人单位录用女职工，不得在劳动合同中规定限制女职工结婚、生育的内容。

第二十八条　各民族劳动者享有平等的劳动权利。

用人单位招用人员，应当依法对少数民族劳动者给予适当照顾。

第二十九条 国家保障残疾人的劳动权利。

各级人民政府应当对残疾人就业统筹规划，为残疾人创造就业条件。

用人单位招用人员，不得歧视残疾人。

第三十条 用人单位招用人员，不得以是传染病病原携带者为由拒绝录用。但是，经医学鉴定传染病病原携带者在治愈前或者排除传染嫌疑前，不得从事法律、行政法规和国务院卫生行政部门规定禁止从事的易使传染病扩散的工作。

第三十一条 农村劳动者进城就业享有与城镇劳动者平等的劳动权利，不得对农村劳动者进城就业设置歧视性限制。

第四章 就业服务和管理

第三十二条 县级以上人民政府培育和完善统一开放、竞争有序的人力资源市场，为劳动者就业提供服务。

第三十三条 县级以上人民政府鼓励社会各方面依法开展就业服务活动，加强对公共就业服务和职业中介服务的指导和监督，逐步完善覆盖城乡的就业服务体系。

第三十四条 县级以上人民政府加强人力资源市场信息网络及相关设施建设，建立、健全人力资源市场信息服务体系，完善市场信息发布制度。

第三十五条 县级以上人民政府建立健全公共就业服务体系，设立公共就业服务机构，为劳动者免费提供下列服务：

（一）就业政策法规咨询；

（二）职业供求信息、市场工资指导价位信息和职业培训信息发布；

（三）职业指导和职业介绍；

（四）对就业困难人员实施就业援助；

（五）办理就业登记、失业登记等事务；

（六）其他公共就业服务。

公共就业服务机构应当不断提高服务的质量和效率，不得从事经营性活动。

公共就业服务经费纳入同级财政预算。

第三十六条 县级以上地方人民政府对职业中介机构提供公益性就业服务的，按照规定给予补贴。

国家鼓励社会各界为公益性就业服务提供捐赠、资助。

第三十七条 地方各级人民政府和有关部门不得举办或者与他人联合举办经营性的职业中介机构。

地方各级人民政府和有关部门、公共就业服务机构举办的招聘会，不得向劳动者收取费用。

第三十八条 县级以上人民政府和有关部门加强对职业中介机构的管理，鼓励其提高服务质量，发挥其在促进就业中的作用。

第三十九条 从事职业中介活动，应当遵循合法、诚实信用、公平、公开的原则。

用人单位通过职业中介机构招用人员，应当如实向职业中介机构提供岗位需求信息。禁止任何组织或者个人利用职业中介活动侵害劳动者的合法权益。

第四十条　设立职业中介机构应当具备下列条件：

（一）有明确的章程和管理制度；

（二）有开展业务必备的固定场所、办公设施和一定数额的开办资金；

（三）有一定数量具备相应职业资格的专职工作人员；

（四）法律、法规规定的其他条件。

设立职业中介机构，应当依法办理行政许可。经许可的职业中介机构，应当向工商行政部门办理登记。

未经依法许可和登记的机构，不得从事职业中介活动。

国家对外商投资职业中介机构和向劳动者提供境外就业服务的职业中介机构另有规定的，依照其规定。

第四十一条　职业中介机构不得有下列行为：

（一）提供虚假就业信息；

（二）为无合法证照的用人单位提供职业中介服务；

（三）伪造、涂改、转让职业中介许可证；

（四）扣押劳动者的居民身份证和其他证件，或者向劳动者收取押金；

（五）其他违反法律、法规规定的行为。

第四十二条　县级以上人民政府建立失业预警制度，对可能出现的较大规模的失业，实施预防、调节和控制。

第四十三条　国家建立劳动力调查统计制度和就业登记、失业登记制度，开展劳动力资源和就业、失业状况调查统计，并公布调查统计结果。

统计部门和劳动行政部门进行劳动力调查统计和就业、失业登记时，用人单位和个人应当如实提供调查统计和登记所需要的情况。

第五章　职业教育和培训

第四十四条　国家依法发展职业教育，鼓励开展职业培训，促进劳动者提高职业技能，增强就业能力和创业能力。

第四十五条　县级以上人民政府根据经济社会发展和市场需求，制订并实施职业能力开发计划。

第四十六条　县级以上人民政府加强统筹协调，鼓励和支持各类职业院校、职业技能培训机构和用人单位依法开展就业前培训、在职培训、再就业培训和创业培训；鼓励劳动者参加各种形式的培训。

第四十七条　县级以上地方人民政府和有关部门根据市场需求和产业发展方向，鼓励、指导企业加强职业教育和培训。

职业院校、职业技能培训机构与企业应当密切联系，实行产教结合，为经济建设服务，培养实用人才和熟练劳动者。

企业应当按照国家有关规定提取职工教育经费，对劳动者进行职业技能培训和继续教育培训。

第四十八条　国家采取措施建立健全劳动预备制度，县级以上地方人民政府对有就业要求的初高中毕业生实行一定期限的职业教育和培训，使其取得相应的职业资格或者掌握一定的职业技能。

第四十九条　地方各级人民政府鼓励和支持开展就业培训，帮助失业人员提高职业技能，增强其就业能力和创业能力。失业人员参加就业培训的，按照有关规定享受政府培训补贴。

第五十条　地方各级人民政府采取有效措施，组织和引导进城就业的农村劳动者参加技能培训，鼓励各类培训机构为进城就业的农村劳动者提供技能培训，增强其就业能力和创业能力。

第五十一条　国家对从事涉及公共安全、人身健康、生命财产安全等特殊工种的劳动者，实行职业资格证书制度，具体办法由国务院规定。

第六章　就业援助

第五十二条　各级人民政府建立健全就业援助制度，采取税费减免、贷款贴息、社会保险补贴、岗位补贴等办法，通过公益性岗位安置等途径，对就业困难人员实行优先扶持和重点帮助。

就业困难人员是指因身体状况、技能水平、家庭因素、失去土地等原因难以实现就业，以及连续失业一定时间仍未能实现就业的人员。就业困难人员的具体范围，由省、自治区、直辖市人民政府根据本行政区域的实际情况规定。

第五十三条　政府投资开发的公益性岗位，应当优先安排符合岗位要求的就业困难人员。被安排在公益性岗位工作的，按照国家规定给予岗位补贴。

第五十四条　地方各级人民政府加强基层就业援助服务工作，对就业困难人员实施重点帮助，提供有针对性的就业服务和公益性岗位援助。

地方各级人民政府鼓励和支持社会各方面为就业困难人员提供技能培训、岗位信息等服务。

第五十五条　各级人民政府采取特别扶助措施，促进残疾人就业。

用人单位应当按照国家规定安排残疾人就业，具体办法由国务院规定。

第五十六条　县级以上地方人民政府采取多种就业形式，拓宽公益性岗位范围，开发就业岗位，确保城市有就业需求的家庭至少有一人实现就业。

法定劳动年龄内的家庭人员均处于失业状况的城市居民家庭，可以向住所地街道、社区公共就业服务机构申请就业援助。街道、社区公共就业服务机构经确认属实的，应当为该家庭中至少一人提供适当的就业岗位。

第五十七条　国家鼓励资源开采型城市和独立工矿区发展与市场需求相适应的产业，引导劳动者转移就业。

对因资源枯竭或者经济结构调整等原因造成就业困难人员集中的地区，上级人民政府应当给予必要的扶持和帮助。

第七章　监督检查

第五十八条　各级人民政府和有关部门应当建立促进就业的目标责任制度。县级以上人民政府按照促进就业目标责任制的要求，对所属的有关部门和下一级人民政府进行考核和监督。

　　第五十九条　审计机关、财政部门应当依法对就业专项资金的管理和使用情况进行监督检查。

　　第六十条　劳动行政部门应当对本法实施情况进行监督检查，建立举报制度，受理对违反本法行为的举报，并及时予以核实处理。

　　第八章　法律责任

　　第六十一条　违反本法规定，劳动行政等有关部门及其工作人员滥用职权、玩忽职守、徇私舞弊的，对直接负责的主管人员和其他直接责任人员依法给予处分。

　　第六十二条　违反本法规定，实施就业歧视的，劳动者可以向人民法院提起诉讼。

　　第六十三条　违反本法规定，地方各级人民政府和有关部门、公共就业服务机构举办经营性的职业中介机构，从事经营性职业中介活动，向劳动者收取费用的，由上级主管机关责令限期改正，将违法收取的费用退还劳动者，并对直接负责的主管人员和其他直接责任人员依法给予处分。

　　第六十四条　违反本法规定，未经许可和登记，擅自从事职业中介活动的，由劳动行政部门或者其他主管部门依法予以关闭；有违法所得的，没收违法所得，并处一万元以上五万元以下的罚款。

　　第六十五条　违反本法规定，职业中介机构提供虚假就业信息，为无合法证照的用人单位提供职业中介服务，伪造、涂改、转让职业中介许可证的，由劳动行政部门或者其他主管部门责令改正；有违法所得的，没收违法所得，并处一万元以上五万元以下的罚款；情节严重的，吊销职业中介许可证。

　　第六十六条　违反本法规定，职业中介机构扣押劳动者居民身份证等证件的，由劳动行政部门责令限期退还劳动者，并依照有关法律规定给予处罚。

　　违反本法规定，职业中介机构向劳动者收取押金的，由劳动行政部门责令限期退还劳动者，并以每人五百元以上二千元以下的标准处以罚款。

　　第六十七条　违反本法规定，企业未按照国家规定提取职工教育经费，或者挪用职工教育经费的，由劳动行政部门责令改正，并依法给予处罚。

　　第六十八条　违反本法规定，侵害劳动者合法权益，造成财产损失或者其他损害的，依法承担民事责任；构成犯罪的，依法追究刑事责任。

　　第九章　附　　则

　　第六十九条　本法自 2008 年 1 月 1 日起施行。

就业服务与就业管理规定

第一章 总 则

第一条 为了加强就业服务和就业管理，培育和完善统一开放、竞争有序的人力资源市场，为劳动者就业和用人单位招用人员提供服务，根据就业促进法等法律、行政法规，制定本规定。

第二条 劳动者求职与就业，用人单位招用人员，劳动保障行政部门举办的公共就业服务机构和经劳动保障行政部门审批的职业中介机构从事就业服务活动，适用本规定。

本规定所称用人单位，是指在中华人民共和国境内的企业、个体经济组织、民办非企业单位等组织，以及招用与之建立劳动关系的劳动者的国家机关、事业单位、社会团体。

第三条 县级以上劳动保障行政部门依法开展本行政区域内的就业服务和就业管理工作。

第二章 求职与就业

第四条 劳动者依法享有平等就业的权利。劳动者就业，不因民族、种族、性别、宗教信仰等不同而受歧视。

第五条 农村劳动者进城就业享有与城镇劳动者平等的就业权利，不得对农村劳动者进城就业设置歧视性限制。

第六条 劳动者依法享有自主择业的权利。劳动者年满16周岁，有劳动能力且有就业愿望的，可凭本人身份证件，通过公共就业服务机构、职业中介机构介绍或直接联系用人单位等渠道求职。

第七条 劳动者求职时，应当如实向公共就业服务机构或职业中介机构、用人单位提供个人基本情况以及与应聘岗位直接相关的知识技能、工作经历、就业现状等情况，并出示相关证明。

第八条 劳动者应当树立正确的择业观念，提高就业能力和创业能力。

国家鼓励劳动者在就业前接受必要的职业教育或职业培训，鼓励城镇初高中毕业生在就业前参加劳动预备制培训。

国家鼓励劳动者自主创业、自谋职业。各级劳动保障行政部门应当会同有关部门，简化程序，提高效率，为劳动者自主创业、自谋职业提供便利和相应服务。

第三章　招用人员

第九条　用人单位依法享有自主用人的权利。用人单位招用人员，应当向劳动者提供平等的就业机会和公平的就业条件。

第十条　用人单位可以通过下列途径自主招用人员：

（一）委托公共就业服务机构或职业中介机构；

（二）参加职业招聘洽谈会；

（三）委托报纸、广播、电视、互联网站等大众传播媒介发布招聘信息；

（四）利用本企业场所、企业网站等自有途径发布招聘信息；

（五）其他合法途径。

第十一条　用人单位委托公共就业服务机构或职业中介机构招用人员，或者参加招聘洽谈会时，应当提供招用人员简章，并出示营业执照（副本）或者有关部门批准其设立的文件、经办人的身份证件和受用人单位委托的证明。

招用人员简章应当包括用人单位基本情况、招用人数、工作内容、招录条件、劳动报酬、福利待遇、社会保险等内容，以及法律、法规规定的其他内容。

第十二条　用人单位招用人员时，应当依法如实告知劳动者有关工作内容、工作条件、工作地点、职业危害、安全生产状况、劳动报酬以及劳动者要求了解的其他情况。

用人单位应当根据劳动者的要求，及时向其反馈是否录用的情况。

第十三条　用人单位应当对劳动者的个人资料予以保密。公开劳动者的个人资料信息和使用劳动者的技术、智力成果，须经劳动者本人书面同意。

第十四条　用人单位招用人员不得有下列行为：

（一）提供虚假招聘信息，发布虚假招聘广告；

（二）扣押被录用人员的居民身份证和其他证件；

（三）以担保或者其他名义向劳动者收取财物；

（四）招用未满16周岁的未成年人以及国家法律、行政法规规定不得招用的其他人员；

（五）招用无合法身份证件的人员；

（六）以招用人员为名牟取不正当利益或进行其他违法活动。

第十五条　用人单位不得以诋毁其他用人单位信誉、商业贿赂等不正当手段招聘人员。

第十六条　用人单位在招用人员时，除国家规定的不适合妇女从事的工种或者岗位外，不得以性别为由拒绝录用妇女或者提高对妇女的录用标准。

用人单位录用女职工，不得在劳动合同中规定限制女职工结婚、生育的内容。

第十七条　用人单位招用人员，应当依法对少数民族劳动者给予适当照顾。

第十八条　用人单位招用人员，不得歧视残疾人。

第十九条　用人单位招用人员，不得以是传染病病原携带者为由拒绝录用。但是，经医学鉴定传染病病原携带者在治愈前或者排除传染嫌疑前，不得从事法律、行政法规和国务院卫生行政部门规定禁止从事的易使传染病扩散的工作。

用人单位招用人员，除国家法律、行政法规和国务院卫生行政部门规定禁止乙肝病原携带者从事的工作外，不得强行将乙肝病毒血清学指标作为体检标准。

第二十条　用人单位发布的招用人员简章或招聘广告，不得包含歧视性内容。

第二十一条　用人单位招用从事涉及公共安全、人身健康、生命财产安全等特殊工种的劳动者，应当依法招用持相应工种职业资格证书的人员；招用未持相应工种职业资格证书人员的，须组织其在上岗前参加专门培训，使其取得职业资格证书后方可上岗。

第二十二条　用人单位招用台港澳人员后，应当按有关规定到当地劳动保障行政部门备案，并为其办理《台港澳人员就业证》。

第二十三条　用人单位招用外国人，应当在外国人入境前，按有关规定到当地劳动保障行政部门为其申请就业许可，经批准并获得《中华人民共和国外国人就业许可证书》后方可招用。

用人单位招用外国人的岗位必须是有特殊技能要求、国内暂无适当人选的岗位，并且不违反国家有关规定。

第四章　公共就业服务

第二十四条　县级以上劳动保障行政部门统筹管理本行政区域内的公共就业服务工作，根据政府制定的发展计划，建立健全覆盖城乡的公共就业服务体系。

公共就业服务机构根据政府确定的就业工作目标任务，制订就业服务计划，推动落实就业扶持政策，组织实施就业服务项目，为劳动者和用人单位提供就业服务，开展人力资源市场调查分析，并受劳动保障行政部门委托经办促进就业的相关事务。

第二十五条　公共就业服务机构应当免费为劳动者提供以下服务：

(一)就业政策法规咨询；

(二)职业供求信息、市场工资指导价位信息和职业培训信息发布；

(三)职业指导和职业介绍；

(四)对就业困难人员实施就业援助；

(五)办理就业登记、失业登记等事务；

(六)其他公共就业服务。

第二十六条　公共就业服务机构应当积极拓展服务功能，根据用人单位需求提供以下服务：

(一)招聘用人指导服务；

(二)代理招聘服务；

(三)跨地区人员招聘服务；

(四)企业人力资源管理咨询等专业性服务；

(五)劳动保障事务代理服务；

(六)为满足用人单位需求开发的其他就业服务项目。

公共就业服务机构从事劳动保障事务代理业务，须经县级以上劳动保障行政部门批准。

第二十七条 公共就业服务机构应当加强职业指导工作，配备专（兼）职职业指导工作人员，向劳动者和用人单位提供职业指导服务。

职业指导工作人员经过专业资格培训并考核合格，获得相应的国家职业资格证书方可上岗。

公共就业服务机构应当为职业指导工作提供相应的设施和条件，推动职业指导工作的开展，加强对职业指导工作的宣传。

第二十八条 职业指导工作包括以下内容：

（一）向劳动者和用人单位提供国家有关劳动保障的法律法规和政策、人力资源市场状况咨询；

（二）帮助劳动者了解职业状况，掌握求职方法，确定择业方向，增强择业能力；

（三）向劳动者提出培训建议，为其提供职业培训相关信息；

（四）开展对劳动者个人职业素质和特点的测试，并对其职业能力进行评价；

（五）对妇女、残疾人、少数民族人员及退出现役的军人等就业群体提供专门的职业指导服务；

（六）对大中专学校、职业院校、技工学校学生的职业指导工作提供咨询和服务；

（七）对准备从事个体劳动或开办私营企业的劳动者提供创业咨询服务；

（八）为用人单位提供选择招聘方法、确定用人条件和标准等方面的招聘用人指导；

（九）为职业培训机构确立培训方向和专业设置等提供咨询参考。

第二十九条 公共就业服务机构在劳动保障行政部门的指导下，组织实施劳动力资源调查和就业、失业状况统计工作。

第三十条 公共就业服务机构应当针对特定就业群体的不同需求，制订并组织实施专项计划。

公共就业服务机构应当根据服务对象的特点，在一定时期内为不同类型的劳动者、就业困难对象或用人单位集中组织活动，开展专项服务。

公共就业服务机构受劳动保障行政部门委托，可以组织开展促进就业的专项工作。

第三十一条 县级以上公共就业服务机构建立综合性服务场所，集中为劳动者和用人单位提供一站式就业服务，并承担劳动保障行政部门安排的其他工作。

街道、乡镇、社区公共就业服务机构建立基层服务窗口，开展以就业援助为重点的公共就业服务，实施劳动力资源调查统计，并承担上级劳动保障行政部门安排的其他就业服务工作。

公共就业服务机构使用全国统一标识。

第三十二条 公共就业服务机构应当不断提高服务的质量和效率。

公共就业服务机构应当加强内部管理，完善服务功能，统一服务流程，按照国家制定的服务规范和标准，为劳动者和用人单位提供优质高效的就业服务。

公共就业服务机构应当加强工作人员的政策、业务和服务技能培训，组织职业指导人员、职业信息分析人员、劳动保障协理员等专业人员参加相应职业资格培训。

公共就业服务机构应当公开服务制度，主动接受社会监督。

第三十三条 县级以上劳动保障行政部门和公共就业服务机构应当按照劳动保障信息化建设的统一规划、标准和规范，建立完善人力资源市场信息网络及相关设施。

公共就业服务机构应当逐步实行信息化管理与服务，在城市内实现就业服务、失业保险、就业培训信息共享和公共就业服务全程信息化管理，并逐步实现与劳动工资信息、社会保险信息的互联互通和信息共享。

第三十四条 公共就业服务机构应当建立、健全人力资源市场信息服务体系，完善职业供求信息、市场工资指导价位信息、职业培训信息、人力资源市场分析信息的发布制度，为劳动者求职择业、用人单位招用人员以及培训机构开展培训提供支持。

第三十五条 县级以上劳动保障行政部门应当按照信息化建设统一要求，逐步实现全国人力资源市场信息联网。其中，城市应当按照劳动保障数据中心建设的要求，实现网络和数据资源的集中和共享；省、自治区应当建立人力资源市场信息网省级监测中心，对辖区内人力资源市场信息进行监测；劳动保障部设立人力资源市场信息网全国监测中心，对全国人力资源市场信息进行监测和分析。

第三十六条 县级以上劳动保障行政部门应当对公共就业服务机构加强管理，定期对其完成各项任务情况进行绩效考核。

第三十七条 公共就业服务经费纳入同级财政预算。各级劳动保障行政部门和公共就业服务机构应当根据财政预算编制的规定，依法编制公共就业服务年度预算，报经同级财政部门审批后执行。

公共就业服务机构可以按照就业专项资金管理相关规定，依法申请公共就业服务专项扶持经费。

公共就业服务机构接受社会各界提供的捐赠和资助，按照国家有关法律、法规管理和使用。

公共就业服务机构为用人单位提供的服务，应当规范管理，严格控制服务收费。确需收费的，具体项目由省级劳动保障行政部门会同相关部门规定。

第三十八条 公共就业服务机构不得从事经营性活动。

公共就业服务机构举办的招聘会，不得向劳动者收取费用。

第三十九条 各级残疾人联合会所属的残疾人就业服务机构是公共就业服务机构的组成部分，负责为残疾劳动者提供相关就业服务，并经劳动保障行政部门委托，承担残疾劳动者的就业登记、失业登记工作。

第五章 就业援助

第四十条 公共就业服务机构应当制订专门的就业援助计划，对就业援助对象实施优先扶持和重点帮助。

本规定所称就业援助对象包括就业困难人员和零就业家庭。就业困难对象是指因身体状况、技能水平、家庭因素、失去土地等原因难以实现就业，以及连续失业一定时间仍未能实现就业的人员。零就业家庭是指法定劳动年龄内的家庭人员均处于失业状况的城市居民家庭。

对援助对象的认定办法，由省级劳动保障行政部门依据当地人民政府规定的就业援助对象范围制定。

第四十一条 就业困难人员和零就业家庭可以向所在地街道、社区公共就业服务机构申请就业援助。经街道、社区公共就业服务机构确认属实的，纳入就业援助范围。

第四十二条 公共就业服务机构应当建立就业困难人员帮扶制度，通过落实各项就业扶持政策、提供就业岗位信息、组织技能培训等有针对性的就业服务和公益性岗位援助，对就业困难人员实施优先扶持和重点帮助。

在公益性岗位上安置的就业困难人员，按照国家规定给予岗位补贴。

第四十三条 公共就业服务机构应当建立零就业家庭即时岗位援助制度，通过拓宽公益性岗位范围，开发各类就业岗位等措施，及时向零就业家庭中的失业人员提供适当的就业岗位，确保零就业家庭至少有一人实现就业。

第四十四条 街道、社区公共就业服务机构应当对辖区内就业援助对象进行登记，建立专门台账，实行就业援助对象动态管理和援助责任制度，提供及时、有效的就业援助。

第六章 职业中介服务

第四十五条 县级以上劳动保障行政部门应当加强对职业中介机构的管理，鼓励其提高服务质量，发挥其在促进就业中的作用。

本规定所称职业中介机构，是指由法人、其他组织和公民个人举办，为用人单位招用人员和劳动者求职提供中介服务以及其他相关服务的经营性组织。

政府部门不得举办或者与他人联合举办经营性的职业中介机构。

第四十六条 从事职业中介活动，应当遵循合法、诚实信用、公平、公开的原则。

禁止任何组织或者个人利用职业中介活动侵害劳动者和用人单位的合法权益。

第四十七条 职业中介实行行政许可制度。设立职业中介机构或其他机构开展职业中介活动，须经劳动保障行政部门批准，并获得职业中介许可证。

经批准获得职业中介许可证的职业中介机构，应当持许可证向工商行政管理部门办理登记。

未经依法许可和登记的机构，不得从事职业中介活动。

职业中介许可证由劳动和社会保障部统一印制并免费发放。

第四十八条 设立职业中介机构应当具备下列条件：

(一)有明确的机构章程和管理制度；

(二)有开展业务必备的固定场所、办公设施和一定数额的开办资金；

(三)有一定数量具备相应职业资格的专职工作人员；

(四)法律、法规规定的其他条件。

第四十九条 设立职业中介机构，应当向当地县级以上劳动保障行政部门提出申请，提交下列文件：

(一)设立申请书；

（二）机构章程和管理制度草案；

（三）场所使用权证明；

（四）注册资本（金）验资报告；

（五）拟任负责人的基本情况、身份证明；

（六）具备相应职业资格的专职工作人员的相关证明；

（七）法律、法规规定的其他文件。

第五十条　劳动保障行政部门接到设立职业中介机构的申请后，应当自受理申请之日起 20 日内审理完毕。对符合条件的，应当予以批准；不予批准的，应当说明理由。

劳动保障行政部门对经批准设立的职业中介机构实行年度审验。

职业中介机构的具体设立条件、审批和年度审验程序，由省级劳动保障行政部门统一规定。

第五十一条　职业中介机构变更名称、住所、法定代表人等或者终止的，应当按照设立许可程序办理变更或者注销登记手续。

设立分支机构的，应当在征得原审批机关的书面同意后，由拟设立分支机构所在地县级以上劳动保障行政部门审批。

第五十二条　职业中介机构可以从事下列业务：

（一）为劳动者介绍用人单位；

（二）为用人单位和居民家庭推荐劳动者；

（三）开展职业指导、人力资源管理咨询服务；

（四）收集和发布职业供求信息；

（五）根据国家有关规定从事互联网职业信息服务；

（六）组织职业招聘洽谈会；

（七）经劳动保障行政部门核准的其他服务项目。

第五十三条　职业中介机构应当在服务场所明示营业执照、职业中介许可证、服务项目、收费标准、监督机关名称和监督电话等，并接受劳动保障行政部门及其他有关部门的监督检查。

第五十四条　职业中介机构应当建立服务台账，记录服务对象、服务过程、服务结果和收费情况等，并接受劳动保障行政部门的监督检查。

第五十五条　职业中介机构提供职业中介服务不成功的，应当退还向劳动者收取的中介服务费。

第五十六条　职业中介机构租用场地举办大规模职业招聘洽谈会，应当制定相应的组织实施办法和安全保卫工作方案，并向批准其设立的机关报告。

职业中介机构应当对入场招聘用人单位的主体资格真实性和招用人员简章真实性进行核实。

第五十七条　职业中介机构为特定对象提供公益性就业服务的，可以按照规定给予补贴。可以给予补贴的公益性就业服务的范围、对象、服务效果和补贴办法，由省级劳动保障行政部门会同有关部门制定。

第五十八条　禁止职业中介机构有下列行为：

（一）提供虚假就业信息；

（二）发布的就业信息中包含歧视性内容；

（三）伪造、涂改、转让职业中介许可证；

（四）为无合法证照的用人单位提供职业中介服务；

（五）介绍未满 16 周岁的未成年人就业；

（六）为无合法身份证件的劳动者提供职业中介服务；

（七）介绍劳动者从事法律、法规禁止从事的职业；

（八）扣押劳动者的居民身份证和其他证件，或者向劳动者收取押金；

（九）以暴力、胁迫、欺诈等方式进行职业中介活动；

（十）超出核准的业务范围经营；

（十一）其他违反法律、法规规定的行为。

第五十九条　县级以上劳动保障行政部门应当依法对经审批设立的职业中介机构开展职业中介活动进行监督指导，定期组织对其服务信用和服务质量进行评估，并将评估结果向社会公布。

县级以上劳动保障行政部门应当指导职业中介机构开展工作人员培训，提高服务质量。

县级以上劳动保障行政部门对在诚信服务、优质服务和公益性服务等方面表现突出的职业中介机构和个人，报经同级人民政府批准后，给予表彰和奖励。

第六十条　设立外商投资职业中介机构以及职业中介机构从事境外就业中介服务的，按照有关规定执行。

第七章　就业与失业管理

第六十一条　劳动保障行政部门应当建立健全就业登记制度和失业登记制度，完善就业管理和失业管理。

公共就业服务机构负责就业登记与失业登记工作，建立专门台账，及时、准确地记录劳动者就业与失业变动情况，并做好相应统计工作。

就业登记和失业登记在各省、自治区、直辖市范围内实行统一的就业失业登记证（以下简称登记证），向劳动者免费发放，并注明可享受的相应扶持政策。

就业登记、失业登记的具体程序和登记证的样式，由省级劳动保障行政部门规定。

第六十二条　劳动者被用人单位招用的，由用人单位为劳动者办理就业登记。用人单位招用劳动者和与劳动者终止或者解除劳动关系，应当到当地公共就业服务机构备案，为劳动者办理就业登记手续。用人单位招用人员后，应当于录用之日起 30 日内办理登记手续；用人单位与职工终止或者解除劳动关系后，应当于 15 日内办理登记手续。

劳动者从事个体经营或灵活就业的，由本人在街道、乡镇公共就业服务机构办理就业登记。

就业登记的内容主要包括劳动者个人信息、就业类型、就业时间、就业单位以及订立、终止或者解除劳动合同情况等。就业登记的具体内容和所需材料由省级劳动保障行政部门规定。

公共就业服务机构应当对用人单位办理就业登记及相关手续设立专门服务窗口，简化程序，方便用人单位办理。

第六十三条 在法定劳动年龄内，有劳动能力，有就业要求，处于无业状态的城镇常住人员，可以到公共就业服务机构进行失业登记。其中，没有就业经历的城镇户籍人员，在户籍所在地登记；农村进城务工人员和其他非本地户籍人员在常住地稳定就业满 6 个月的，失业后可以在常住地登记。

第六十四条 劳动者进行失业登记时，须持本人身份证件和证明原身份的有关证明；有单位就业经历的，还须持与原单位终止、解除劳动关系或者解聘的证明。

登记失业人员凭登记证享受公共就业服务和就业扶持政策；其中符合条件的，按规定申领失业保险金。

登记失业人员应当定期向公共就业服务机构报告就业失业状况，积极求职，参加公共就业服务机构安排的就业培训。

第六十五条 失业登记的范围包括下列失业人员：

(一)年满 16 周岁，从各类学校毕业、肄业的；

(二)从企业、机关、事业单位等各类用人单位失业的；

(三)个体工商户业主或私营企业业主停业、破产停止经营的；

(四)承包土地被征用，符合当地规定条件的；

(五)军人退出现役、且未纳入国家统一安置的；

(六)刑满释放、假释、监外执行或解除劳动教养的；

(七)各地确定的其他失业人员。

第六十六条 登记失业人员出现下列情形之一的，由公共就业服务机构注销其失业登记：

(一)被用人单位录用的；

(二)从事个体经营或创办企业，并领取工商营业执照的；

(三)已从事有稳定收入的劳动，并且月收入不低于当地最低工资标准的；

(四)已享受基本养老保险待遇的；

(五)完全丧失劳动能力的；

(六)入学、服兵役、移居境外的；

(七)被判刑收监执行或被劳动教养的；

(八)终止就业要求或拒绝接受公共就业服务的；

(九)连续 6 个月未与公共就业服务机构联系的；

(十)已进行就业登记的其他人员或各地规定的其他情形。

第八章 罚 则

第六十七条 用人单位违反本规定第十四条第(二)(三)项规定的，按照劳动合同法第八十四条的规定予以处罚；用人单位违反第十四条第(四)项规定的，按照国家禁止使用童工和其他有关法律、法规的规定予以处罚。用人单位违反第十四条第(一)(五)(六)

项规定的，由劳动保障行政部门责令改正，并可处以一千元以下的罚款；对当事人造成损害的，应当承担赔偿责任。

第六十八条 用人单位违反本规定第十九条第二款规定，在国家法律、行政法规和国务院卫生行政部门规定禁止乙肝病原携带者从事的工作岗位以外招用人员时，将乙肝病毒血清学指标作为体检标准的，由劳动保障行政部门责令改正，并可处以一千元以下的罚款；对当事人造成损害的，应当承担赔偿责任。

第六十九条 违反本规定第三十八条规定，公共就业服务机构从事经营性职业中介活动向劳动者收取费用的，由劳动保障行政部门责令限期改正，将违法收取的费用退还劳动者，并对直接负责的主管人员和其他直接责任人员依法给予处分。

第七十条 违反本规定第四十七条规定，未经许可和登记，擅自从事职业中介活动的，由劳动保障行政部门或者其他主管部门按照就业促进法第六十四条规定予以处罚。

第七十一条 职业中介机构违反本规定第五十三条规定，未明示职业中介许可证、监督电话的，由劳动保障行政部门责令改正，并可处以一千元以下的罚款；未明示收费标准的，提请价格主管部门依据国家有关规定处罚；未明示营业执照的，提请工商行政管理部门依据国家有关规定处罚。

第七十二条 职业中介机构违反本规定第五十四条规定，未建立服务台账，或虽建立服务台账但未记录服务对象、服务过程、服务结果和收费情况的，由劳动保障行政部门责令改正，并可处以一千元以下的罚款。

第七十三条 职业中介机构违反本规定第五十五条规定，在职业中介服务不成功后未向劳动者退还所收取的中介服务费的，由劳动保障行政部门责令改正，并可处以一千元以下的罚款。

第七十四条 职业中介机构违反本规定第五十八条第（一）（三）（四）（八）项规定的，按照就业促进法第六十五条、第六十六条规定予以处罚。违反本规定第五十八条第（五）项规定的，按照国家禁止使用童工的规定予以处罚。违反本规定第五十八条其他各项规定的，由劳动保障行政部门责令改正，没有违法所得的，可处以一万元以下的罚款；有违法所得的，可处以不超过违法所得三倍的罚款，但最高不得超过三万元；情节严重的，提请工商部门依法吊销营业执照；对当事人造成损害的，应当承担赔偿责任。

第七十五条 用人单位违反本规定第六十二条规定，未及时为劳动者办理就业登记手续的，由劳动保障行政部门责令改正，并可处以一千元以下的罚款。

第九章 附 则

第七十六条 省、自治区、直辖市劳动保障行政部门可以根据本规定制定实施细则。

第七十七条 本规定自 2008 年 1 月 1 日起施行。劳动部 1994 年 10 月 27 日颁布的《职业指导办法》、劳动和社会保障部 2000 年 12 月 8 日颁布的《劳动力市场管理规定》同时废止。

中华人民共和国劳动合同法

（2007 年 6 月 29 日第十届全国人民代表大会常务委员会第二十八次会议通过）

目　　录

第一章　总　　则

第一条　为了完善劳动合同制度，明确劳动合同双方当事人的权利和义务，保护劳动者的合法权益，构建和发展和谐稳定的劳动关系，制定本法。

第二条　中华人民共和国境内的企业、个体经济组织、民办非企业单位等组织（以下称用人单位）与劳动者建立劳动关系，订立、履行、变更、解除或者终止劳动合同，适用本法。

国家机关、事业单位、社会团体和与其建立劳动关系的劳动者，订立、履行、变更、解除或者终止劳动合同，依照本法执行。

第三条　订立劳动合同，应当遵循合法、公平、平等自愿、协商一致、诚实信用的原则。

依法订立的劳动合同具有约束力，用人单位与劳动者应当履行劳动合同约定的义务。

第四条 用人单位应当依法建立和完善劳动规章制度，保障劳动者享有劳动权利、履行劳动义务。

用人单位在制定、修改或者决定有关劳动报酬、工作时间、休息休假、劳动安全卫生、保险福利、职工培训、劳动纪律以及劳动定额管理等直接涉及劳动者切身利益的规章制度或者重大事项时，应当经职工代表大会或者全体职工讨论，提出方案和意见，与工会或者职工代表平等协商确定。

在规章制度和重大事项决定实施过程中，工会或者职工认为不适当的，有权向用人单位提出，通过协商予以修改完善。

用人单位应当将直接涉及劳动者切身利益的规章制度和重大事项决定公示，或者告知劳动者。

第五条 县级以上人民政府劳动行政部门会同工会和企业方面代表，建立、健全协调劳动关系三方机制，共同研究解决有关劳动关系的重大问题。

第六条 工会应当帮助、指导劳动者与用人单位依法订立和履行劳动合同，并与用人单位建立集体协商机制，维护劳动者的合法权益。

第二章　劳动合同的订立

第七条 用人单位自用工之日起即与劳动者建立劳动关系。用人单位应当建立职工名册备查。

第八条 用人单位招用劳动者时，应当如实告知劳动者工作内容、工作条件、工作地点、职业危害、安全生产状况、劳动报酬，以及劳动者要求了解的其他情况；用人单位有权了解劳动者与劳动合同直接相关的基本情况，劳动者应当如实说明。

第九条 用人单位招用劳动者，不得扣押劳动者的居民身份证和其他证件，不得要求劳动者提供担保或者以其他名义向劳动者收取财物。

第十条 建立劳动关系，应当订立书面劳动合同。

已建立劳动关系，未同时订立书面劳动合同的，应当自用工之日起一个月内订立书面劳动合同。

用人单位与劳动者在用工前订立劳动合同的，劳动关系自用工之日起建立。

第十一条 用人单位未在用工的同时订立书面劳动合同，与劳动者约定的劳动报酬不明确的，新招用的劳动者的劳动报酬按照集体合同规定的标准执行；没有集体合同或者集体合同未规定的，实行同工同酬。

第十二条 劳动合同分为固定期限劳动合同、无固定期限劳动合同和以完成一定工作任务为期限的劳动合同。

第十三条 固定期限劳动合同，是指用人单位与劳动者约定合同终止时间的劳动合同。

用人单位与劳动者协商一致，可以订立固定期限劳动合同。

第十四条 无固定期限劳动合同，是指用人单位与劳动者约定无确定终止时间的劳动合同。

　　用人单位与劳动者协商一致，可以订立无固定期限劳动合同。有下列情形之一，劳动者提出或者同意续订、订立劳动合同的，除劳动者提出订立固定期限劳动合同外，应当订立无固定期限劳动合同：

　　（一）劳动者在该用人单位连续工作满十年的；

　　（二）用人单位初次实行劳动合同制度或者国有企业改制重新订立劳动合同时，劳动者在该用人单位连续工作满十年且距法定退休年龄不足十年的；

　　（三）连续订立二次固定期限劳动合同，且劳动者没有本法第三十九条和第四十条第一项、第二项规定的情形，续订劳动合同的。

　　用人单位自用工之日起满一年不与劳动者订立书面劳动合同的，视为用人单位与劳动者已订立无固定期限劳动合同。

　　第十五条　以完成一定工作任务为期限的劳动合同，是指用人单位与劳动者约定以某项工作的完成为合同期限的劳动合同。

　　用人单位与劳动者协商一致，可以订立以完成一定工作任务为期限的劳动合同。

　　第十六条　劳动合同由用人单位与劳动者协商一致，并经用人单位与劳动者在劳动合同文本上签字或者盖章生效。

　　劳动合同文本由用人单位和劳动者各执一份。

　　第十七条　劳动合同应当具备以下条款：

　　（一）用人单位的名称、住所和法定代表人或者主要负责人；

　　（二）劳动者的姓名、住址和居民身份证或者其他有效身份证件号码；

　　（三）劳动合同期限；

　　（四）工作内容和工作地点；

　　（五）工作时间和休息休假；

　　（六）劳动报酬；

　　（七）社会保险；

　　（八）劳动保护、劳动条件和职业危害防护；

　　（九）法律、法规规定应当纳入劳动合同的其他事项。

　　劳动合同除前款规定的必备条款外，用人单位与劳动者可以约定试用期、培训、保守秘密、补充保险和福利待遇等其他事项。

　　第十八条　劳动合同对劳动报酬和劳动条件等标准约定不明确，引发争议的，用人单位与劳动者可以重新协商；协商不成的，适用集体合同规定；没有集体合同或者集体合同未规定劳动报酬的，实行同工同酬；没有集体合同或者集体合同未规定劳动条件等标准的，适用国家有关规定。

　　第十九条　劳动合同期限三个月以上不满一年的，试用期不得超过一个月；劳动合同期限一年以上不满三年的，试用期不得超过二个月；三年以上固定期限和无固定期限的劳动合同，试用期不得超过六个月。

　　同一用人单位与同一劳动者只能约定一次试用期。

　　以完成一定工作任务为期限的劳动合同或者劳动合同期限不满三个月的，不得约定试用期。

试用期包含在劳动合同期限内。劳动合同仅约定试用期的，试用期不成立，该期限为劳动合同期限。

第二十条 劳动者在试用期的工资不得低于本单位相同岗位最低档工资或者劳动合同约定工资的百分之八十，并不得低于用人单位所在地的最低工资标准。

第二十一条 在试用期中，除劳动者有本法第三十九条和第四十条第一项、第二项规定的情形外，用人单位不得解除劳动合同。用人单位在试用期解除劳动合同的，应当向劳动者说明理由。

第二十二条 用人单位为劳动者提供专项培训费用，对其进行专业技术培训的，可以与该劳动者订立协议，约定服务期。

劳动者违反服务期约定的，应当按照约定向用人单位支付违约金。违约金的数额不得超过用人单位提供的培训费用。用人单位要求劳动者支付的违约金不得超过服务期尚未履行部分所应分摊的培训费用。

用人单位与劳动者约定服务期的，不影响按照正常的工资调整机制提高劳动者在服务期期间的劳动报酬。

第二十三条 用人单位与劳动者可以在劳动合同中约定保守用人单位的商业秘密和与知识产权相关的保密事项。

对负有保密义务的劳动者，用人单位可以在劳动合同或者保密协议中与劳动者约定竞业限制条款，并约定在解除或者终止劳动合同后，在竞业限制期限内按月给予劳动者经济补偿。劳动者违反竞业限制约定的，应当按照约定向用人单位支付违约金。

第二十四条 竞业限制的人员限于用人单位的高级管理人员、高级技术人员和其他负有保密义务的人员。竞业限制的范围、地域、期限由用人单位与劳动者约定，竞业限制的约定不得违反法律、法规的规定。

在解除或者终止劳动合同后，前款规定的人员到与本单位生产或者经营同类产品、从事同类业务的有竞争关系的其他用人单位，或者自己开业生产或者经营同类产品、从事同类业务的竞业限制期限，不得超过二年。

第二十五条 除本法第二十二条和第二十三条规定的情形外，用人单位不得与劳动者约定由劳动者承担违约金。

第二十六条 下列劳动合同无效或者部分无效：

（一）以欺诈、胁迫的手段或者乘人之危，使对方在违背真实意思的情况下订立或者变更劳动合同的；

（二）用人单位免除自己的法定责任、排除劳动者权利的；

（三）违反法律、行政法规强制性规定的。

对劳动合同的无效或者部分无效有争议的，由劳动争议仲裁机构或者人民法院确认。

第二十七条 劳动合同部分无效，不影响其他部分效力的，其他部分仍然有效。

第二十八条 劳动合同被确认无效，劳动者已付出劳动的，用人单位应当向劳动者支付劳动报酬。劳动报酬的数额，参照本单位相同或者相近岗位劳动者的劳动报酬确定。

第三章　劳动合同的履行和变更

第二十九条　用人单位与劳动者应当按照劳动合同的约定，全面履行各自的义务。

第三十条　用人单位应当按照劳动合同约定和国家规定，向劳动者及时足额支付劳动报酬。

用人单位拖欠或者未足额支付劳动报酬的，劳动者可以依法向当地人民法院申请支付令，人民法院应当依法发出支付令。

第三十一条　用人单位应当严格执行劳动定额标准，不得强迫或者变相强迫劳动者加班。用人单位安排加班的，应当按照国家有关规定向劳动者支付加班费。

第三十二条　劳动者拒绝用人单位管理人员违章指挥、强令冒险作业的，不视为违反劳动合同。

劳动者对危害生命安全和身体健康的劳动条件，有权对用人单位提出批评、检举和控告。

第三十三条　用人单位变更名称、法定代表人、主要负责人或者投资人等事项，不影响劳动合同的履行。

第三十四条　用人单位发生合并或者分立等情况，原劳动合同继续有效，劳动合同由承继其权利和义务的用人单位继续履行。

第三十五条　用人单位与劳动者协商一致，可以变更劳动合同约定的内容。变更劳动合同，应当采用书面形式。

变更后的劳动合同文本由用人单位和劳动者各执一份。

第四章　劳动合同的解除和终止

第三十六条　用人单位与劳动者协商一致，可以解除劳动合同。

第三十七条　劳动者提前三十日以书面形式通知用人单位，可以解除劳动合同。劳动者在试用期内提前三日通知用人单位，可以解除劳动合同。

第三十八条　用人单位有下列情形之一的，劳动者可以解除劳动合同：

（一）未按照劳动合同约定提供劳动保护或者劳动条件的；

（二）未及时足额支付劳动报酬的；

（三）未依法为劳动者缴纳社会保险费的；

（四）用人单位的规章制度违反法律、法规的规定，损害劳动者权益的；

（五）因本法第二十六条第一款规定的情形致使劳动合同无效的；

（六）法律、行政法规规定劳动者可以解除劳动合同的其他情形。

用人单位以暴力、威胁或者非法限制人身自由的手段强迫劳动者劳动的，或者用人单位违章指挥、强令冒险作业危及劳动者人身安全的，劳动者可以立即解除劳动合同，不须事先告知用人单位。

第三十九条　劳动者有下列情形之一的，用人单位可以解除劳动合同：

（一）在试用期间被证明不符合录用条件的；

（二）严重违反用人单位的规章制度的；

（三）严重失职，营私舞弊，给用人单位造成重大损害的；

（四）劳动者同时与其他用人单位建立劳动关系，对完成本单位的工作任务造成严重影响，或者经用人单位提出，拒不改正的；

（五）因本法第二十六条第一款第一项规定的情形致使劳动合同无效的；

（六）被依法追究刑事责任的。

第四十条 有下列情形之一的，用人单位提前三十日以书面形式通知劳动者本人或者额外支付劳动者一个月工资后，可以解除劳动合同：

（一）劳动者患病或者非因工负伤，在规定的医疗期满后不能从事原工作，也不能从事由用人单位另行安排的工作的；

（二）劳动者不能胜任工作，经过培训或者调整工作岗位，仍不能胜任工作的；

（三）劳动合同订立时所依据的客观情况发生重大变化，致使劳动合同无法履行，经用人单位与劳动者协商，未能就变更劳动合同内容达成协议的。

第四十一条 有下列情形之一，需要裁减人员二十人以上或者裁减不足二十人但占企业职工总数百分之十以上的，用人单位提前三十日向工会或者全体职工说明情况，听取工会或者职工的意见后，裁减人员方案经向劳动行政部门报告，可以裁减人员：

（一）依照企业破产法规定进行重整的；

（二）生产经营发生严重困难的；

（三）企业转产、重大技术革新或者经营方式调整，经变更劳动合同后，仍须裁减人员的；

（四）其他因劳动合同订立时所依据的客观经济情况发生重大变化，致使劳动合同无法履行的。

裁减人员时，应当优先留用下列人员：

（一）与本单位订立较长期限的固定期限劳动合同的；

（二）与本单位订立无固定期限劳动合同的；

（三）家庭无其他就业人员，有需要扶养的老人或者未成年人的。

用人单位依照本条第一款规定裁减人员，在六个月内重新招用人员的，应当通知被裁减的人员，并在同等条件下优先招用被裁减的人员。

第四十二条 劳动者有下列情形之一的，用人单位不得依照本法第四十条、第四十一条的规定解除劳动合同：

（一）从事接触职业病危害作业的劳动者未进行离岗前职业健康检查，或者疑似职业病病人在诊断或者医学观察期间的；

（二）在本单位患职业病或者因工负伤并被确认丧失或者部分丧失劳动能力的；

（三）患病或者非因工负伤，在规定的医疗期内的；

（四）女职工在孕期、产期、哺乳期的；

（五）在本单位连续工作满十五年，且距法定退休年龄不足五年的；

（六）法律、行政法规规定的其他情形。

第四十三条 用人单位单方解除劳动合同，应当事先将理由通知工会。用人单位违反法律、行政法规规定或者劳动合同约定的，工会有权要求用人单位纠正。用人单位应当研究工会的意见，并将处理结果书面通知工会。

第四十四条　有下列情形之一的，劳动合同终止：

（一）劳动合同期满的；

（二）劳动者开始依法享受基本养老保险待遇的；

（三）劳动者死亡，或者被人民法院宣告死亡或者宣告失踪的；

（四）用人单位被依法宣告破产的；

（五）用人单位被吊销营业执照、责令关闭、撤销或者用人单位决定提前解散的；

（六）法律、行政法规规定的其他情形。

第四十五条　劳动合同期满，有本法第四十二条规定情形之一的，劳动合同应当续延至相应的情形消失时终止。但是，本法第四十二条第二项规定丧失或者部分丧失劳动能力劳动者的劳动合同的终止，按照国家有关工伤保险的规定执行。

第四十六条　有下列情形之一的，用人单位应当向劳动者支付经济补偿：

（一）劳动者依照本法第三十八条规定解除劳动合同的；

（二）用人单位依照本法第三十六条规定向劳动者提出解除劳动合同并与劳动者协商一致解除劳动合同的；

（三）用人单位依照本法第四十条规定解除劳动合同的；

（四）用人单位依照本法第四十一条第一款规定解除劳动合同的；

（五）除用人单位维持或者提高劳动合同约定条件续订劳动合同，劳动者不同意续订的情形外，依照本法第四十四条第一项规定终止固定期限劳动合同的；

（六）依照本法第四十四条第四项、第五项规定终止劳动合同的；

（七）法律、行政法规规定的其他情形。

第四十七条　经济补偿按劳动者在本单位工作的年限，每满一年支付一个月工资的标准向劳动者支付。六个月以上不满一年的，按一年计算；不满六个月的，向劳动者支付半个月工资的经济补偿。

劳动者月工资高于用人单位所在直辖市、设区的市级人民政府公布的本地区上年度职工月平均工资三倍的，向其支付经济补偿的标准按职工月平均工资三倍的数额支付，向其支付经济补偿的年限最高不超过十二年。

本条所称月工资是指劳动者在劳动合同解除或者终止前十二个月的平均工资。

第四十八条　用人单位违反本法规定解除或者终止劳动合同，劳动者要求继续履行劳动合同的，用人单位应当继续履行；劳动者不要求继续履行劳动合同或者劳动合同已经不能继续履行的，用人单位应当依照本法第八十七条规定支付赔偿金。

第四十九条　国家采取措施，建立、健全劳动者社会保险关系跨地区转移接续制度。

第五十条　用人单位应当在解除或者终止劳动合同时出具解除或者终止劳动合同的证明，并在十五日内为劳动者办理档案和社会保险关系转移手续。

劳动者应当按照双方约定，办理工作交接。用人单位依照本法有关规定应当向劳动者支付经济补偿的，在办结工作交接时支付。

用人单位对已经解除或者终止的劳动合同的文本，至少保存二年备查。

第五章　特别规定

第一节　集体合同

第五十一条　企业职工一方与用人单位通过平等协商，可以就劳动报酬、工作时间、休息休假、劳动安全卫生、保险福利等事项订立集体合同。集体合同草案应当提交职工代表大会或者全体职工讨论通过。

集体合同由工会代表企业职工一方与用人单位订立；尚未建立工会的用人单位，由上级工会指导劳动者推举的代表与用人单位订立。

第五十二条　企业职工一方与用人单位可以订立劳动安全卫生、女职工权益保护、工资调整机制等专项集体合同。

第五十三条　在县级以下区域内，建筑业、采矿业、餐饮服务业等行业可以由工会与企业方面代表订立行业性集体合同，或者订立区域性集体合同。

第五十四条　集体合同订立后，应当报送劳动行政部门；劳动行政部门自收到集体合同文本之日起十五日内未提出异议的，集体合同即行生效。

依法订立的集体合同对用人单位和劳动者具有约束力。行业性、区域性集体合同对当地本行业、本区域的用人单位和劳动者具有约束力。

第五十五条　集体合同中劳动报酬和劳动条件等标准不得低于当地人民政府规定的最低标准；用人单位与劳动者订立的劳动合同中劳动报酬和劳动条件等标准不得低于集体合同规定的标准。

第五十六条　用人单位违反集体合同，侵犯职工劳动权益的，工会可以依法要求用人单位承担责任；因履行集体合同发生争议，经协商解决不成的，工会可以依法申请仲裁、提起诉讼。

第二节　劳务派遣

第五十七条　劳务派遣单位应当依照公司法的有关规定设立，注册资本不得少于五十万元。

第五十八条　劳务派遣单位是本法所称用人单位，应当履行用人单位对劳动者的义务。劳务派遣单位与被派遣劳动者订立的劳动合同，除应当载明本法第十七条规定的事项外，还应当载明被派遣劳动者的用工单位以及派遣期限、工作岗位等情况。

劳务派遣单位应当与被派遣劳动者订立二年以上的固定期限劳动合同，按月支付劳动报酬；被派遣劳动者在无工作期间，劳务派遣单位应当按照所在地人民政府规定的最低工资标准，向其按月支付报酬。

第五十九条　劳务派遣单位派遣劳动者应当与接受以劳务派遣形式用工的单位（以下称用工单位）订立劳务派遣协议。劳务派遣协议应当约定派遣岗位和人员数量、派遣期限、劳动报酬和社会保险费的数额与支付方式以及违反协议的责任。

用工单位应当根据工作岗位的实际需要与劳务派遣单位确定派遣期限，不得将连续用工期限分割订立数个短期劳务派遣协议。

第六十条　劳务派遣单位应当将劳务派遣协议的内容告知被派遣劳动者。

劳务派遣单位不得克扣用工单位按照劳务派遣协议支付给被派遣劳动者的劳动报酬。

劳务派遣单位和用工单位不得向被派遣劳动者收取费用。

第六十一条　劳务派遣单位跨地区派遣劳动者的，被派遣劳动者享有的劳动报酬和劳动条件，按照用工单位所在地的标准执行。

第六十二条　用工单位应当履行下列义务：

（一）执行国家劳动标准，提供相应的劳动条件和劳动保护；

（二）告知被派遣劳动者的工作要求和劳动报酬；

（三）支付加班费、绩效奖金，提供与工作岗位相关的福利待遇；

（四）对在岗被派遣劳动者进行工作岗位所必需的培训；

（五）连续用工的，实行正常的工资调整机制。

用工单位不得将被派遣劳动者再派遣到其他用人单位。

第六十三条　被派遣劳动者享有与用工单位的劳动者同工同酬的权利。用工单位无同类岗位劳动者的，参照用工单位所在地相同或者相近岗位劳动者的劳动报酬确定。

第六十四条　被派遣劳动者有权在劳务派遣单位或者用工单位依法参加或者组织工会，维护自身的合法权益。

第六十五条　被派遣劳动者可以依照本法第三十六条、第三十八条的规定与劳务派遣单位解除劳动合同。

被派遣劳动者有本法第三十九条和第四十条第一项、第二项规定情形的，用工单位可以将劳动者退回劳务派遣单位，劳务派遣单位依照本法有关规定，可以与劳动者解除劳动合同。

第六十六条　劳务派遣一般在临时性、辅助性或者替代性的工作岗位上实施。

第六十七条　用人单位不得设立劳务派遣单位向本单位或者所属单位派遣劳动者。

第三节　非全日制用工

第六十八条　非全日制用工，是指以小时计酬为主，劳动者在同一用人单位一般平均每日工作时间不超过四小时，每周工作时间累计不超过二十四小时的用工形式。

第六十九条　非全日制用工双方当事人可以订立口头协议。

从事非全日制用工的劳动者可以与一个或者一个以上用人单位订立劳动合同；但是，后订立的劳动合同不得影响先订立的劳动合同的履行。

第七十条　非全日制用工双方当事人不得约定试用期。

第七十一条　非全日制用工双方当事人任何一方都可以随时通知对方终止用工。终止用工，用人单位不向劳动者支付经济补偿。

第七十二条　非全日制用工小时计酬标准不得低于用人单位所在地人民政府规定的最低小时工资标准。

非全日制用工劳动报酬结算支付周期最长不得超过十五日。

第六章　监督检查

第七十三条　国务院劳动行政部门负责全国劳动合同制度实施的监督管理。

县级以上地方人民政府劳动行政部门负责本行政区域内劳动合同制度实施的监督管理。

县级以上各级人民政府劳动行政部门在劳动合同制度实施的监督管理工作中，应当听取工会、企业方面代表以及有关行业主管部门的意见。

第七十四条 县级以上地方人民政府劳动行政部门依法对下列实施劳动合同制度的情况进行监督检查：

（一）用人单位制定直接涉及劳动者切身利益的规章制度及其执行的情况；

（二）用人单位与劳动者订立和解除劳动合同的情况；

（三）劳务派遣单位和用工单位遵守劳务派遣有关规定的情况；

（四）用人单位遵守国家关于劳动者工作时间和休息休假规定的情况；

（五）用人单位支付劳动合同约定的劳动报酬和执行最低工资标准的情况；

（六）用人单位参加各项社会保险和缴纳社会保险费的情况；

（七）法律、法规规定的其他劳动监察事项。

第七十五条 县级以上地方人民政府劳动行政部门实施监督检查时，有权查阅与劳动合同、集体合同有关的材料，有权对劳动场所进行实地检查，用人单位和劳动者都应当如实提供有关情况和材料。

劳动行政部门的工作人员进行监督检查，应当出示证件，依法行使职权，文明执法。

第七十六条 县级以上人民政府建设、卫生、安全生产监督管理等有关主管部门在各自职责范围内，对用人单位执行劳动合同制度的情况进行监督管理。

第七十七条 劳动者合法权益受到侵害的，有权要求有关部门依法处理，或者依法申请仲裁、提起诉讼。

第七十八条 工会依法维护劳动者的合法权益，对用人单位履行劳动合同、集体合同的情况进行监督。用人单位违反劳动法律、法规和劳动合同、集体合同的，工会有权提出意见或者要求纠正；劳动者申请仲裁、提起诉讼的，工会依法给予支持和帮助。

第七十九条 任何组织或者个人对违反本法的行为都有权举报，县级以上人民政府劳动行政部门应当及时核实、处理，并对举报有功人员给予奖励。

第七章 法律责任

第八十条 用人单位直接涉及劳动者切身利益的规章制度违反法律、法规规定的，由劳动行政部门责令改正，给予警告；给劳动者造成损害的，应当承担赔偿责任。

第八十一条 用人单位提供的劳动合同文本未载明本法规定的劳动合同必备条款或者用人单位未将劳动合同文本交付劳动者的，由劳动行政部门责令改正；给劳动者造成损害的，应当承担赔偿责任。

第八十二条 用人单位自用工之日起超过一个月不满一年未与劳动者订立书面劳动合同的，应当向劳动者每月支付二倍的工资。

用人单位违反本法规定不与劳动者订立无固定期限劳动合同的，自应当订立无固定期限劳动合同之日起向劳动者每月支付二倍的工资。

第八十三条 用人单位违反本法规定与劳动者约定试用期的，由劳动行政部门责令改正；违法约定的试用期已经履行的，由用人单位以劳动者试用期满月工资为标准，按已经履行的超过法定试用期的期间向劳动者支付赔偿金。

第八十四条　用人单位违反本法规定，扣押劳动者居民身份证等证件的，由劳动行政部门责令限期退还劳动者本人，并依照有关法律规定给予处罚。

用人单位违反本法规定，以担保或者其他名义向劳动者收取财物的，由劳动行政部门责令限期退还劳动者本人，并以每人五百元以上二千元以下的标准处以罚款；给劳动者造成损害的，应当承担赔偿责任。

劳动者依法解除或者终止劳动合同，用人单位扣押劳动者档案或者其他物品的，依照前款规定处罚。

第八十五条　用人单位有下列情形之一的，由劳动行政部门责令限期支付劳动报酬、加班费或者经济补偿；劳动报酬低于当地最低工资标准的，应当支付其差额部分；逾期不支付的，责令用人单位按应付金额百分之五十以上百分之一百以下的标准向劳动者加付赔偿金：

（一）未按照劳动合同的约定或者国家规定及时足额支付劳动者劳动报酬的；

（二）低于当地最低工资标准支付劳动者工资的；

（三）安排加班不支付加班费的；

（四）解除或者终止劳动合同，未依照本法规定向劳动者支付经济补偿的。

第八十六条　劳动合同依照本法第二十六条规定被确认无效，给对方造成损害的，有过错的一方应当承担赔偿责任。

第八十七条　用人单位违反本法规定解除或者终止劳动合同的，应当依照本法第四十七条规定的经济补偿标准的二倍向劳动者支付赔偿金。

第八十八条　用人单位有下列情形之一的，依法给予行政处罚；构成犯罪的，依法追究刑事责任；给劳动者造成损害的，应当承担赔偿责任：

（一）以暴力、威胁或者非法限制人身自由的手段强迫劳动的；

（二）违章指挥或者强令冒险作业危及劳动者人身安全的；

（三）侮辱、体罚、殴打、非法搜查或者拘禁劳动者的；

（四）劳动条件恶劣、环境污染严重，给劳动者身心健康造成严重损害的。

第八十九条　用人单位违反本法规定未向劳动者出具解除或者终止劳动合同的书面证明，由劳动行政部门责令改正；给劳动者造成损害的，应当承担赔偿责任。

第九十条　劳动者违反本法规定解除劳动合同，或者违反劳动合同中约定的保密义务或者竞业限制，给用人单位造成损失的，应当承担赔偿责任。

第九十一条　用人单位招用与其他用人单位尚未解除或者终止劳动合同的劳动者，给其他用人单位造成损失的，应当承担连带赔偿责任。

第九十二条　劳务派遣单位违反本法规定的，由劳动行政部门和其他有关主管部门责令改正；情节严重的，以每人一千元以上五千元以下的标准处以罚款，并由工商行政管理部门吊销营业执照；给被派遣劳动者造成损害的，劳务派遣单位与用工单位承担连带赔偿责任。

第九十三条　对不具备合法经营资格的用人单位的违法犯罪行为，依法追究法律责任；劳动者已经付出劳动的，该单位或者其出资人应当依照本法有关规定向劳动者支付劳动报酬、经济补偿、赔偿金；给劳动者造成损害的，应当承担赔偿责任。

第九十四条 个人承包经营违反本法规定招用劳动者，给劳动者造成损害的，发包的组织与个人承包经营者承担连带赔偿责任。

第九十五条 劳动行政部门和其他有关主管部门及其工作人员玩忽职守、不履行法定职责，或者违法行使职权，给劳动者或者用人单位造成损害的，应当承担赔偿责任；对直接负责的主管人员和其他直接责任人员，依法给予行政处分；构成犯罪的，依法追究刑事责任。

第八章 附　则

第九十六条 事业单位与实行聘用制的工作人员订立、履行、变更、解除或者终止劳动合同，法律、行政法规或者国务院另有规定的，依照其规定；未作规定的，依照本法有关规定执行。

第九十七条 本法施行前已依法订立且在本法施行之日存续的劳动合同，继续履行；本法第十四条第二款第三项规定连续订立固定期限劳动合同的次数，自本法施行后续订固定期限劳动合同时开始计算。

本法施行前已建立劳动关系，尚未订立书面劳动合同的，应当自本法施行之日起一个月内订立。

本法施行之日存续的劳动合同在本法施行后解除或者终止，依照本法第四十六条规定应当支付经济补偿的，经济补偿年限自本法施行之日起计算；本法施行前按照当时有关规定，用人单位应当向劳动者支付经济补偿的，按照当时有关规定执行。

第九十八条 本法自 2008 年 1 月 1 日起施行。

附录 D

中华人民共和国劳动争议调解仲裁法

（2007 年 12 月 29 日第十届全国人民代表大会常务委员会第三十一次会议通过）

目　　录

第一章　总　　则

第一条　为了公正及时解决劳动争议，保护当事人合法权益，促进劳动关系和谐稳定，制定本法。

第二条　中华人民共和国境内的用人单位与劳动者发生的下列劳动争议，适用本法：

（一）因确认劳动关系发生的争议；

（二）因订立、履行、变更、解除和终止劳动合同发生的争议；

（三）因除名、辞退和辞职、离职发生的争议；

（四）因工作时间、休息休假、社会保险、福利、培训以及劳动保护发生的争议；

（五）因劳动报酬、工伤医疗费、经济补偿或者赔偿金等发生的争议；

（六）法律、法规规定的其他劳动争议。

第三条　解决劳动争议，应当根据事实，遵循合法、公正、及时、着重调解的原则，依法保护当事人的合法权益。

第四条　发生劳动争议，劳动者可以与用人单位协商，也可以请工会或者第三方共同与用人单位协商，达成和解协议。

第五条　发生劳动争议，当事人不愿协商、协商不成或者达成和解协议后不履行的，可以向调解组织申请调解；不愿调解、调解不成或者达成调解协议后不履行的，可以向劳动争议仲裁委员会申请仲裁；对仲裁裁决不服的，除本法另有规定的外，可以向人民法院提起诉讼。

第六条　发生劳动争议，当事人对自己提出的主张，有责任提供证据。与争议事项有关的证据属于用人单位掌握管理的，用人单位应当提供；用人单位不提供的，应当承担不利后果。

第七条　发生劳动争议的劳动者一方在十人以上，并有共同请求的，可以推举代表参加调解、仲裁或者诉讼活动。

第八条　县级以上人民政府劳动行政部门会同工会和企业方面代表建立协调劳动关系三方机制，共同研究解决劳动争议的重大问题。

第九条　用人单位违反国家规定，拖欠或者未足额支付劳动报酬，或者拖欠工伤医疗费、经济补偿或者赔偿金的，劳动者可以向劳动行政部门投诉，劳动行政部门应当依法处理。

第二章　调　解

第十条　发生劳动争议，当事人可以到下列调解组织申请调解：

（一）企业劳动争议调解委员会；

（二）依法设立的基层人民调解组织；

（三）在乡镇、街道设立的具有劳动争议调解职能的组织。

企业劳动争议调解委员会由职工代表和企业代表组成。职工代表由工会成员担任或者由全体职工推举产生，企业代表由企业负责人指定。企业劳动争议调解委员会主任由工会成员或者双方推举的人员担任。

第十一条　劳动争议调解组织的调解员应当由公道正派、联系群众、热心调解工作，并具有一定法律知识、政策水平和文化水平的成年公民担任。

第十二条　当事人申请劳动争议调解可以书面申请，也可以口头申请。口头申请的，调解组织应当当场记录申请人基本情况、申请调解的争议事项、理由和时间。

第十三条　调解劳动争议，应当充分听取双方当事人对事实和理由的陈述，耐心疏导，帮助其达成协议。

第十四条　经调解达成协议的，应当制作调解协议书。

调解协议书由双方当事人签名或者盖章，经调解员签名并加盖调解组织印章后生效，对双方当事人具有约束力，当事人应当履行。

自劳动争议调解组织收到调解申请之日起十五日内未达成调解协议的，当事人可以依法申请仲裁。

第十五条　达成调解协议后，一方当事人在协议约定期限内不履行调解协议的，另一方当事人可以依法申请仲裁。

第十六条　因支付拖欠劳动报酬、工伤医疗费、经济补偿或者赔偿金事项达成调解协议，用人单位在协议约定期限内不履行的，劳动者可以持调解协议书依法向人民法院申请支付令。人民法院应当依法发出支付令。

第三章 仲 裁

第一节 一般规定

第十七条 劳动争议仲裁委员会按照统筹规划、合理布局和适应实际需要的原则设立。省、自治区人民政府可以决定在市、县设立;直辖市人民政府可以决定在区、县设立。直辖市、设区的市也可以设立一个或者若干个劳动争议仲裁委员会。劳动争议仲裁委员会不按行政区划层层设立。

第十八条 国务院劳动行政部门依照本法有关规定制定仲裁规则。省、自治区、直辖市人民政府劳动行政部门对本行政区域的劳动争议仲裁工作进行指导。

第十九条 劳动争议仲裁委员会由劳动行政部门代表、工会代表和企业方面代表组成。劳动争议仲裁委员会组成人员应当是单数。

劳动争议仲裁委员会依法履行下列职责:

(一)聘任、解聘专职或者兼职仲裁员;

(二)受理劳动争议案件;

(三)讨论重大或者疑难的劳动争议案件;

(四)对仲裁活动进行监督。

劳动争议仲裁委员会下设办事机构,负责办理劳动争议仲裁委员会的日常工作。

第二十条 劳动争议仲裁委员会应当设仲裁员名册。

仲裁员应当公道正派并符合下列条件之一:

(一)曾任审判员的;

(二)从事法律研究、教学工作并具有中级以上职称的;

(三)具有法律知识、从事人力资源管理或者工会等专业工作满五年的;

(四)律师执业满三年的。

第二十一条 劳动争议仲裁委员会负责管辖本区域内发生的劳动争议。

劳动争议由劳动合同履行地或者用人单位所在地的劳动争议仲裁委员会管辖。双方当事人分别向劳动合同履行地和用人单位所在地的劳动争议仲裁委员会申请仲裁的,由劳动合同履行地的劳动争议仲裁委员会管辖。

第二十二条 发生劳动争议的劳动者和用人单位为劳动争议仲裁案件的双方当事人。

劳务派遣单位或者用工单位与劳动者发生劳动争议的,劳务派遣单位和用工单位为共同当事人。

第二十三条 与劳动争议案件的处理结果有利害关系的第三人,可以申请参加仲裁活动或者由劳动争议仲裁委员会通知其参加仲裁活动。

第二十四条 当事人可以委托代理人参加仲裁活动。委托他人参加仲裁活动,应当向劳动争议仲裁委员会提交有委托人签名或者盖章的委托书,委托书应当载明委托事项和权限。

第二十五条 丧失或者部分丧失民事行为能力的劳动者,由其法定代理人代为参加仲裁活动;无法定代理人的,由劳动争议仲裁委员会为其指定代理人。劳动者死亡的,由其近亲属或者代理人参加仲裁活动。

第二十六条　劳动争议仲裁公开进行，但当事人协议不公开进行或者涉及国家秘密、商业秘密和个人隐私的除外。

第二节　申请和受理

第二十七条　劳动争议申请仲裁的时效期间为一年。仲裁时效期间从当事人知道或者应当知道其权利被侵害之日起计算。

前款规定的仲裁时效，因当事人一方向对方当事人主张权利，或者向有关部门请求权利救济，或者对方当事人同意履行义务而中断。从中断时起，仲裁时效期间重新计算。

因不可抗力或者有其他正当理由，当事人不能在本条第一款规定的仲裁时效期间申请仲裁的，仲裁时效中止。从中止时效的原因消除之日起，仲裁时效期间继续计算。

劳动关系存续期间因拖欠劳动报酬发生争议的，劳动者申请仲裁不受本条第一款规定的仲裁时效期间的限制；但是，劳动关系终止的，应当自劳动关系终止之日起一年内提出。

第二十八条　申请人申请仲裁应当提交书面仲裁申请，并按照被申请人人数提交副本。

仲裁申请书应当载明下列事项：

（一）劳动者的姓名、性别、年龄、职业、工作单位和住所，用人单位的名称、住所和法定代表人或者主要负责人的姓名、职务；

（二）仲裁请求和所根据的事实、理由；

（三）证据和证据来源、证人姓名和住所。

书写仲裁申请确有困难的，可以口头申请，由劳动争议仲裁委员会记入笔录，并告知对方当事人。

第二十九条　劳动争议仲裁委员会收到仲裁申请之日起五日内，认为符合受理条件的，应当受理，并通知申请人；认为不符合受理条件的，应当书面通知申请人不予受理，并说明理由。对劳动争议仲裁委员会不予受理或者逾期未作出决定的，申请人可以就该劳动争议事项向人民法院提起诉讼。

第三十条　劳动争议仲裁委员会受理仲裁申请后，应当在五日内将仲裁申请书副本送达被申请人。

被申请人收到仲裁申请书副本后，应当在十日内向劳动争议仲裁委员会提交答辩书。劳动争议仲裁委员会收到答辩书后，应当在五日内将答辩书副本送达申请人。被申请人未提交答辩书的，不影响仲裁程序的进行。

第三节　开庭和裁决

第三十一条　劳动争议仲裁委员会裁决劳动争议案件实行仲裁庭制。仲裁庭由三名仲裁员组成，设首席仲裁员。简单劳动争议案件可以由一名仲裁员独任仲裁。

第三十二条　劳动争议仲裁委员会应当在受理仲裁申请之日起五日内将仲裁庭的组成情况书面通知当事人。

第三十三条　仲裁员有下列情形之一，应当回避，当事人也有权以口头或者书面方式提出回避申请：

（一）是本案当事人或者当事人、代理人的近亲属的；

（二）与本案有利害关系的；

（三）与本案当事人、代理人有其他关系，可能影响公正裁决的；

（四）私自会见当事人、代理人，或者接受当事人、代理人的请客送礼的。

劳动争议仲裁委员会对回避申请应当及时作出决定，并以口头或者书面方式通知当事人。

第三十四条　仲裁员有本法第三十三条第四项规定情形，或者有索贿受贿、徇私舞弊、枉法裁决行为的，应当依法承担法律责任。劳动争议仲裁委员会应当将其解聘。

第三十五条　仲裁庭应当在开庭五日前，将开庭日期、地点书面通知双方当事人。当事人有正当理由的，可以在开庭三日前请求延期开庭。是否延期，由劳动争议仲裁委员会决定。

第三十六条　申请人收到书面通知，无正当理由拒不到庭或者未经仲裁庭同意中途退庭的，可以视为撤回仲裁申请。

被申请人收到书面通知，无正当理由拒不到庭或者未经仲裁庭同意中途退庭的，可以缺席裁决。

第三十七条　仲裁庭对专门性问题认为需要鉴定的，可以交由当事人约定的鉴定机构鉴定；当事人没有约定或者无法达成约定的，由仲裁庭指定的鉴定机构鉴定。

根据当事人的请求或者仲裁庭的要求，鉴定机构应当派鉴定人参加开庭。当事人经仲裁庭许可，可以向鉴定人提问。

第三十八条　当事人在仲裁过程中有权进行质证和辩论。质证和辩论终结时，首席仲裁员或者独任仲裁员应当征询当事人的最后意见。

第三十九条　当事人提供的证据经查证属实的，仲裁庭应当将其作为认定事实的根据。

劳动者无法提供由用人单位掌握管理的与仲裁请求有关的证据，仲裁庭可以要求用人单位在指定期限内提供。用人单位在指定期限内不提供的，应当承担不利后果。

第四十条　仲裁庭应当将开庭情况记入笔录。当事人和其他仲裁参加人认为对自己陈述的记录有遗漏或者差错的，有权申请补正。如果不予补正，应当记录该申请。

笔录由仲裁员、记录人员、当事人和其他仲裁参加人签名或者盖章。

第四十一条　当事人申请劳动争议仲裁后，可以自行和解。达成和解协议的，可以撤回仲裁申请。

第四十二条　仲裁庭在作出裁决前，应当先行调解。

调解达成协议的，仲裁庭应当制作调解书。

调解书应当写明仲裁请求和当事人协议的结果。调解书由仲裁员签名，加盖劳动争议仲裁委员会印章，送达双方当事人。调解书经双方当事人签收后，发生法律效力。

调解不成或者调解书送达前，一方当事人反悔的，仲裁庭应当及时作出裁决。

第四十三条　仲裁庭裁决劳动争议案件，应当自劳动争议仲裁委员会受理仲裁申请之日起四十五日内结束。案情复杂需要延期的，经劳动争议仲裁委员会主任批准，可以延期并书面通知当事人，但是延长期限不得超过十五日。逾期未作出仲裁裁决的，当事人可以就该劳动争议事项向人民法院提起诉讼。

仲裁庭裁决劳动争议案件时，其中一部分事实已经清楚，可以就该部分先行裁决。

第四十四条 仲裁庭对追索劳动报酬、工伤医疗费、经济补偿或者赔偿金的案件，根据当事人的申请，可以裁决先予执行，移送人民法院执行。

仲裁庭裁决先予执行的，应当符合下列条件：

（一）当事人之间权利义务关系明确；

（二）不先予执行将严重影响申请人的生活。

劳动者申请先予执行的，可以不提供担保。

第四十五条 裁决应当按照多数仲裁员的意见作出，少数仲裁员的不同意见应当记入笔录。仲裁庭不能形成多数意见时，裁决应当按照首席仲裁员的意见作出。

第四十六条 裁决书应当载明仲裁请求、争议事实、裁决理由、裁决结果和裁决日期。裁决书由仲裁员签名，加盖劳动争议仲裁委员会印章。对裁决持不同意见的仲裁员，可以签名，也可以不签名。

第四十七条 下列劳动争议，除本法另有规定的外，仲裁裁决为终局裁决，裁决书自作出之日起发生法律效力：

（一）追索劳动报酬、工伤医疗费、经济补偿或者赔偿金，不超过当地月最低工资标准十二个月金额的争议；

（二）因执行国家的劳动标准在工作时间、休息休假、社会保险等方面发生的争议。

第四十八条 劳动者对本法第四十七条规定的仲裁裁决不服的，可以自收到仲裁裁决书之日起十五日内向人民法院提起诉讼。

第四十九条 用人单位有证据证明本法第四十七条规定的仲裁裁决有下列情形之一，可以自收到仲裁裁决书之日起三十日内向劳动争议仲裁委员会所在地的中级人民法院申请撤销裁决：

（一）适用法律、法规确有错误的；

（二）劳动争议仲裁委员会无管辖权的；

（三）违反法定程序的；

（四）裁决所根据的证据是伪造的；

（五）对方当事人隐瞒了足以影响公正裁决的证据的；

（六）仲裁员在仲裁该案时有索贿受贿、徇私舞弊、枉法裁决行为的。

人民法院经组成合议庭审查核实裁决有前款规定情形之一的，应当裁定撤销。

仲裁裁决被人民法院裁定撤销的，当事人可以自收到裁定书之日起十五日内就该劳动争议事项向人民法院提起诉讼。

第五十条 当事人对本法第四十七条规定以外的其他劳动争议案件的仲裁裁决不服的，可以自收到仲裁裁决书之日起十五日内向人民法院提起诉讼；期满不起诉的，裁决书发生法律效力。

第五十一条 当事人对发生法律效力的调解书、裁决书，应当依照规定的期限履行。一方当事人逾期不履行的，另一方当事人可以依照民事诉讼法的有关规定向人民法院申请执行。受理申请的人民法院应当依法执行。

第四章 附 则

第五十二条 事业单位实行聘用制的工作人员与本单位发生劳动争议的，依照本法执行；法律、行政法规或者国务院另有规定的，依照其规定。

第五十三条 劳动争议仲裁不收费。劳动争议仲裁委员会的经费由财政予以保障。

第五十四条 本法自 2008 年 5 月 1 日起施行。

中华人民共和国社会保险法

（2010 年 10 月 28 日第十一届全国人民代表大会常务委员会第十七次会议通过）

目　　录

第一章　总　　则

第一条　为了规范社会保险关系，维护公民参加社会保险和享受社会保险待遇的合法权益，使公民共享发展成果，促进社会和谐稳定，根据宪法，制定本法。

第二条　国家建立基本养老保险、基本医疗保险、工伤保险、失业保险、生育保险等社会保险制度，保障公民在年老、疾病、工伤、失业、生育等情况下依法从国家和社会获得物质帮助的权利。

第三条　社会保险制度坚持广覆盖、保基本、多层次、可持续的方针，社会保险水平应当与经济社会发展水平相适应。

第四条　中华人民共和国境内的用人单位和个人依法缴纳社会保险费，有权查询缴费记录、个人权益记录，要求社会保险经办机构提供社会保险咨询等相关服务。

个人依法享受社会保险待遇，有权监督本单位为其缴费情况。

第五条　县级以上人民政府将社会保险事业纳入国民经济和社会发展规划。

国家多渠道筹集社会保险资金。县级以上人民政府对社会保险事业给予必要的经费支持。

国家通过税收优惠政策支持社会保险事业。

第六条　国家对社会保险基金实行严格监管。

国务院和省、自治区、直辖市人民政府建立、健全社会保险基金监督管理制度，保障社会保险基金安全、有效运行。

县级以上人民政府采取措施，鼓励和支持社会各方面参与社会保险基金的监督。

第七条　国务院社会保险行政部门负责全国的社会保险管理工作，国务院其他有关部门在各自的职责范围内负责有关的社会保险工作。

县级以上地方人民政府社会保险行政部门负责本行政区域的社会保险管理工作，县级以上地方人民政府其他有关部门在各自的职责范围内负责有关的社会保险工作。

第八条　社会保险经办机构提供社会保险服务，负责社会保险登记、个人权益记录、社会保险待遇支付等工作。

第九条　工会依法维护职工的合法权益，有权参与社会保险重大事项的研究，参加社会保险监督委员会，对与职工社会保险权益有关的事项进行监督。

第二章　基本养老保险

第十条　职工应当参加基本养老保险，由用人单位和职工共同缴纳基本养老保险费。

无雇工的个体工商户、未在用人单位参加基本养老保险的非全日制从业人员以及其他灵活就业人员可以参加基本养老保险，由个人缴纳基本养老保险费。

公务员和参照公务员法管理的工作人员养老保险的办法由国务院规定。

第十一条　基本养老保险实行社会统筹与个人账户相结合。

基本养老保险基金由用人单位和个人缴费以及政府补贴等组成。

第十二条　用人单位应当按照国家规定的本单位职工工资总额的比例缴纳基本养老保险费，记入基本养老保险统筹基金。

职工应当按照国家规定的本人工资的比例缴纳基本养老保险费，记入个人账户。

无雇工的个体工商户、未在用人单位参加基本养老保险的非全日制从业人员以及其他灵活就业人员参加基本养老保险的，应当按照国家规定缴纳基本养老保险费，分别记入基本养老保险统筹基金和个人账户。

第十三条　国有企业、事业单位职工参加基本养老保险前，视同缴费年限期间应当缴纳的基本养老保险费由政府承担。

基本养老保险基金出现支付不足时，政府给予补贴。

第十四条　个人账户不得提前支取，记账利率不得低于银行定期存款利率，免征利息税。个人死亡的，个人账户余额可以继承。

第十五条　基本养老金由统筹养老金和个人账户养老金组成。

基本养老金根据个人累计缴费年限、缴费工资、当地职工平均工资、个人账户金额、城镇人口平均预期寿命等因素确定。

第十六条 参加基本养老保险的个人，达到法定退休年龄时累计缴费满十五年的，按月领取基本养老金。

参加基本养老保险的个人，达到法定退休年龄时累计缴费不足十五年的，可以缴费至满十五年，按月领取基本养老金；也可以转入新型农村社会养老保险或者城镇居民社会养老保险，按照国务院规定享受相应的养老保险待遇。

第十七条 参加基本养老保险的个人，因病或者非因工死亡的，其遗属可以领取丧葬补助金和抚恤金；在未达到法定退休年龄时因病或者非因工致残完全丧失劳动能力的，可以领取病残津贴。所需资金从基本养老保险基金中支付。

第十八条 国家建立基本养老金正常调整机制。根据职工平均工资增长、物价上涨情况，适时提高基本养老保险待遇水平。

第十九条 个人跨统筹地区就业的，其基本养老保险关系随本人转移，缴费年限累计计算。个人达到法定退休年龄时，基本养老金分段计算、统一支付。具体办法由国务院规定。

第二十条 国家建立和完善新型农村社会养老保险制度。

新型农村社会养老保险实行个人缴费、集体补助和政府补贴相结合。

第二十一条 新型农村社会养老保险待遇由基础养老金和个人账户养老金组成。

参加新型农村社会养老保险的农村居民，符合国家规定条件的，按月领取新型农村社会养老保险待遇。

第二十二条 国家建立和完善城镇居民社会养老保险制度。

省、自治区、直辖市人民政府根据实际情况，可以将城镇居民社会养老保险和新型农村社会养老保险合并实施。

第三章 基本医疗保险

第二十三条 职工应当参加职工基本医疗保险，由用人单位和职工按照国家规定共同缴纳基本医疗保险费。

无雇工的个体工商户、未在用人单位参加职工基本医疗保险的非全日制从业人员以及其他灵活就业人员可以参加职工基本医疗保险，由个人按照国家规定缴纳基本医疗保险费。

第二十四条 国家建立和完善新型农村合作医疗制度。

新型农村合作医疗的管理办法，由国务院规定。

第二十五条 国家建立和完善城镇居民基本医疗保险制度。

城镇居民基本医疗保险实行个人缴费和政府补贴相结合。

享受最低生活保障的人、丧失劳动能力的残疾人、低收入家庭六十周岁以上的老年人和未成年人等所需个人缴费部分，由政府给予补贴。

第二十六条 职工基本医疗保险、新型农村合作医疗和城镇居民基本医疗保险的待遇标准按照国家规定执行。

第二十七条　参加职工基本医疗保险的个人，达到法定退休年龄时累计缴费达到国家规定年限的，退休后不再缴纳基本医疗保险费，按照国家规定享受基本医疗保险待遇；未达到国家规定年限的，可以缴费至国家规定年限。

第二十八条　符合基本医疗保险药品目录、诊疗项目、医疗服务设施标准以及急诊、抢救的医疗费用，按照国家规定从基本医疗保险基金中支付。

第二十九条　参保人员医疗费用中应当由基本医疗保险基金支付的部分，由社会保险经办机构与医疗机构、药品经营单位直接结算。

社会保险行政部门和卫生行政部门应当建立异地就医医疗费用结算制度，方便参保人员享受基本医疗保险待遇。

第三十条　下列医疗费用不纳入基本医疗保险基金支付范围：

（一）应当从工伤保险基金中支付的；

（二）应当由第三人负担的；

（三）应当由公共卫生负担的；

（四）在境外就医的。

医疗费用依法应当由第三人负担，第三人不支付或者无法确定第三人的，由基本医疗保险基金先行支付。基本医疗保险基金先行支付后，有权向第三人追偿。

第三十一条　社会保险经办机构根据管理服务的需要，可以与医疗机构、药品经营单位签订服务协议，规范医疗服务行为。

医疗机构应当为参保人员提供合理、必要的医疗服务。

第三十二条　个人跨统筹地区就业的，其基本医疗保险关系随本人转移，缴费年限累计计算。

第四章　工伤保险

第三十三条　职工应当参加工伤保险，由用人单位缴纳工伤保险费，职工不缴纳工伤保险费。

第三十四条　国家根据不同行业的工伤风险程度确定行业的差别费率，并根据使用工伤保险基金、工伤发生率等情况在每个行业内确定费率档次。行业差别费率和行业内费率档次由国务院社会保险行政部门制定，报国务院批准后公布施行。

社会保险经办机构根据用人单位使用工伤保险基金、工伤发生率和所属行业费率档次等情况，确定用人单位缴费费率。

第三十五条　用人单位应当按照本单位职工工资总额，根据社会保险经办机构确定的费率缴纳工伤保险费。

第三十六条　职工因工作原因受到事故伤害或者患职业病，且经工伤认定的，享受工伤保险待遇；其中，经劳动能力鉴定丧失劳动能力的，享受伤残待遇。

工伤认定和劳动能力鉴定应当简捷、方便。

第三十七条　职工因下列情形之一导致本人在工作中伤亡的，不认定为工伤：

（一）故意犯罪；

（二）醉酒或者吸毒；

（三）自残或者自杀；

（四）法律、行政法规规定的其他情形。

第三十八条 因工伤发生的下列费用，按照国家规定从工伤保险基金中支付：

（一）治疗工伤的医疗费用和康复费用；

（二）住院伙食补助费；

（三）到统筹地区以外就医的交通食宿费；

（四）安装配置伤残辅助器具所需费用；

（五）生活不能自理的，经劳动能力鉴定委员会确认的生活护理费；

（六）一次性伤残补助金和一级至四级伤残职工按月领取的伤残津贴；

（七）终止或者解除劳动合同时，应当享受的一次性医疗补助金；

（八）因工死亡的，其遗属领取的丧葬补助金、供养亲属抚恤金和因工死亡补助金；

（九）劳动能力鉴定费。

第三十九条 因工伤发生的下列费用，按照国家规定由用人单位支付：

（一）治疗工伤期间的工资福利；

（二）五级、六级伤残职工按月领取的伤残津贴；

（三）终止或者解除劳动合同时，应当享受的一次性伤残就业补助金。

第四十条 工伤职工符合领取基本养老金条件的，停发伤残津贴，享受基本养老保险待遇。基本养老保险待遇低于伤残津贴的，从工伤保险基金中补足差额。

第四十一条 职工所在用人单位未依法缴纳工伤保险费，发生工伤事故的，由用人单位支付工伤保险待遇。用人单位不支付的，从工伤保险基金中先行支付。

从工伤保险基金中先行支付的工伤保险待遇应当由用人单位偿还。用人单位不偿还的，社会保险经办机构可以依照本法第六十三条的规定追偿。

第四十二条 由于第三人的原因造成工伤，第三人不支付工伤医疗费用或者无法确定第三人的，由工伤保险基金先行支付。工伤保险基金先行支付后，有权向第三人追偿。

第四十三条 工伤职工有下列情形之一的，停止享受工伤保险待遇：

（一）丧失享受待遇条件的；

（二）拒不接受劳动能力鉴定的；

（三）拒绝治疗的。

第五章 失业保险

第四十四条 职工应当参加失业保险，由用人单位和职工按照国家规定共同缴纳失业保险费。

第四十五条 失业人员符合下列条件的，从失业保险基金中领取失业保险金：

（一）失业前用人单位和本人已经缴纳失业保险费满一年的；

（二）非因本人意愿中断就业的；

（三）已经进行失业登记，并有求职要求的。

第四十六条 失业人员失业前用人单位和本人累计缴费满一年不足五年的，领取失业保险金的期限最长为十二个月；累计缴费满五年不足十年的，领取失业保险金的期限最长为十八个月；累计缴费十年以上的，领取失业保险金的期限最长为二十四个月。重新就业后，再次失业的，缴费时间重新计算，领取失业保险金的期限与前次失业应当领取而尚未领取的失业保险金的期限合并计算，最长不超过二十四个月。

第四十七条 失业保险金的标准，由省、自治区、直辖市人民政府确定，不得低于城市居民最低生活保障标准。

第四十八条 失业人员在领取失业保险金期间，参加职工基本医疗保险，享受基本医疗保险待遇。

失业人员应当缴纳的基本医疗保险费从失业保险基金中支付，个人不缴纳基本医疗保险费。

第四十九条 失业人员在领取失业保险金期间死亡的，参照当地对在职职工死亡的规定，向其遗属发给一次性丧葬补助金和抚恤金。所需资金从失业保险基金中支付。

个人死亡同时符合领取基本养老保险丧葬补助金、工伤保险丧葬补助金和失业保险丧葬补助金条件的，其遗属只能选择领取其中的一项。

第五十条 用人单位应当及时为失业人员出具终止或者解除劳动关系的证明，并将失业人员的名单自终止或者解除劳动关系之日起十五日内告知社会保险经办机构。

失业人员应当持本单位为其出具的终止或者解除劳动关系的证明，及时到指定的公共就业服务机构办理失业登记。

失业人员凭失业登记证明和个人身份证明，到社会保险经办机构办理领取失业保险金的手续。失业保险金领取期限自办理失业登记之日起计算。

第五十一条 失业人员在领取失业保险金期间有下列情形之一的，停止领取失业保险金，并同时停止享受其他失业保险待遇：

（一）重新就业的；

（二）应征服兵役的；

（三）移居境外的；

（四）享受基本养老保险待遇的；

（五）无正当理由，拒不接受当地人民政府指定部门或者机构介绍的适当工作或者提供的培训的。

第五十二条 职工跨统筹地区就业的，其失业保险关系随本人转移，缴费年限累计计算。

第六章　生育保险

第五十三条 职工应当参加生育保险，由用人单位按照国家规定缴纳生育保险费，职工不缴纳生育保险费。

第五十四条 用人单位已经缴纳生育保险费的，其职工享受生育保险待遇；职工未就业配偶按照国家规定享受生育医疗费用待遇。所需资金从生育保险基金中支付。

生育保险待遇包括生育医疗费用和生育津贴。

第五十五条 生育医疗费用包括下列各项：

（一）生育的医疗费用；

（二）计划生育的医疗费用；

（三）法律、法规规定的其他项目费用。

第五十六条　职工有下列情形之一的，可以按照国家规定享受生育津贴：

（一）女职工生育享受产假；

（二）享受计划生育手术休假；

（三）法律、法规规定的其他情形。

生育津贴按照职工所在用人单位上年度职工月平均工资计发。

第七章　社会保险费征缴

第五十七条　用人单位应当自成立之日起三十日内凭营业执照、登记证书或者单位印章，向当地社会保险经办机构申请办理社会保险登记。社会保险经办机构应当自收到申请之日起十五日内予以审核，发给社会保险登记证件。

用人单位的社会保险登记事项发生变更或者用人单位依法终止的，应当自变更或者终止之日起三十日内，到社会保险经办机构办理变更或者注销社会保险登记。

工商行政管理部门、民政部门和机构编制管理机关应当及时向社会保险经办机构通报用人单位的成立、终止情况，公安机关应当及时向社会保险经办机构通报个人的出生、死亡以及户口登记、迁移、注销等情况。

第五十八条　用人单位应当自用工之日起三十日内为其职工向社会保险经办机构申请办理社会保险登记。未办理社会保险登记的，由社会保险经办机构核定其应当缴纳的社会保险费。

自愿参加社会保险的无雇工的个体工商户、未在用人单位参加社会保险的非全日制从业人员以及其他灵活就业人员，应当向社会保险经办机构申请办理社会保险登记。

国家建立全国统一的个人社会保障号码。个人社会保障号码为公民身份号码。

第五十九条　县级以上人民政府加强社会保险费的征收工作。

社会保险费实行统一征收，实施步骤和具体办法由国务院规定。

第六十条　用人单位应当自行申报、按时足额缴纳社会保险费，非因不可抗力等法定事由不得缓缴、减免。职工应当缴纳的社会保险费由用人单位代扣代缴，用人单位应当按月将缴纳社会保险费的明细情况告知本人。

无雇工的个体工商户、未在用人单位参加社会保险的非全日制从业人员以及其他灵活就业人员，可以直接向社会保险费征收机构缴纳社会保险费。

第六十一条　社会保险费征收机构应当依法按时足额征收社会保险费，并将缴费情况定期告知用人单位和个人。

第六十二条　用人单位未按规定申报应当缴纳的社会保险费数额的，按照该单位上月缴费额的百分之一百一十确定应当缴纳数额；缴费单位补办申报手续后，由社会保险费征收机构按照规定结算。

第六十三条　用人单位未按时足额缴纳社会保险费的，由社会保险费征收机构责令其限期缴纳或者补足。

用人单位逾期仍未缴纳或者补足社会保险费的，社会保险费征收机构可以向银行和其他金融机构查询其存款账户；并可以申请县级以上有关行政部门作出划拨社会保险费的决定，书面通知其开户银行或者其他金融机构划拨社会保险费。用人单位账户余额少于应当缴纳的社会保险费的，社会保险费征收机构可以要求该用人单位提供担保，签订延期缴费协议。

用人单位未足额缴纳社会保险费且未提供担保的，社会保险费征收机构可以申请人民法院扣押、查封、拍卖其价值相当于应当缴纳社会保险费的财产，以拍卖所得抵缴社会保险费。

第八章　社会保险基金

第六十四条　社会保险基金包括基本养老保险基金、基本医疗保险基金、工伤保险基金、失业保险基金和生育保险基金。各项社会保险基金按照社会保险险种分别建账，分账核算，执行国家统一的会计制度。

社会保险基金专款专用，任何组织和个人不得侵占或者挪用。

基本养老保险基金逐步实行全国统筹，其他社会保险基金逐步实行省级统筹，具体时间、步骤由国务院规定。

第六十五条　社会保险基金通过预算实现收支平衡。

县级以上人民政府在社会保险基金出现支付不足时，给予补贴。

第六十六条　社会保险基金按照统筹层次设立预算。社会保险基金预算按照社会保险项目分别编制。

第六十七条　社会保险基金预算、决算草案的编制、审核和批准，依照法律和国务院规定执行。

第六十八条　社会保险基金存入财政专户，具体管理办法由国务院规定。

第六十九条　社会保险基金在保证安全的前提下，按照国务院规定投资运营实现保值增值。

社会保险基金不得违规投资运营，不得用于平衡其他政府预算，不得用于兴建、改建办公场所和支付人员经费、运行费用、管理费用，或者违反法律、行政法规规定挪作其他用途。

第七十条　社会保险经办机构应当定期向社会公布参加社会保险情况以及社会保险基金的收入、支出、结余和收益情况。

第七十一条　国家设立全国社会保障基金，由中央财政预算拨款以及国务院批准的其他方式筹集的资金构成，用于社会保障支出的补充、调剂。全国社会保障基金由全国社会保障基金管理运营机构负责管理运营，在保证安全的前提下实现保值增值。

全国社会保障基金应当定期向社会公布收支、管理和投资运营的情况。国务院财政部门、社会保险行政部门、审计机关对全国社会保障基金的收支、管理和投资运营情况实施监督。

第九章　社会保险经办

第七十二条　统筹地区设立社会保险经办机构。社会保险经办机构根据工作需要，经所在地的社会保险行政部门和机构编制管理机关批准，可以在本统筹地区设立分支机构和服务网点。

社会保险经办机构的人员经费和经办社会保险发生的基本运行费用、管理费用，由同级财政按照国家规定予以保障。

第七十三条 社会保险经办机构应当建立、健全业务、财务、安全和风险管理制度。

社会保险经办机构应当按时足额支付社会保险待遇。

第七十四条 社会保险经办机构通过业务经办、统计、调查获取社会保险工作所需的数据，有关单位和个人应当及时、如实提供。

社会保险经办机构应当及时为用人单位建立档案，完整、准确地记录参加社会保险的人员、缴费等社会保险数据，妥善保管登记、申报的原始凭证和支付结算的会计凭证。

社会保险经办机构应当及时、完整、准确地记录参加社会保险的个人缴费和用人单位为其缴费，以及享受社会保险待遇等个人权益记录，定期将个人权益记录单免费寄送本人。

用人单位和个人可以免费向社会保险经办机构查询、核对其缴费和享受社会保险待遇记录，要求社会保险经办机构提供社会保险咨询等相关服务。

第七十五条 全国社会保险信息系统按照国家统一规划，由县级以上人民政府按照分级负责的原则共同建设。

第十章 社会保险监督

第七十六条 各级人民代表大会常务委员会听取和审议本级人民政府对社会保险基金的收支、管理、投资运营以及监督检查情况的专项工作报告，组织对本法实施情况的执法检查等，依法行使监督职权。

第七十七条 县级以上人民政府社会保险行政部门应当加强对用人单位和个人遵守社会保险法律、法规情况的监督检查。

社会保险行政部门实施监督检查时，被检查的用人单位和个人应当如实提供与社会保险有关的资料，不得拒绝检查或者谎报、瞒报。

第七十八条 财政部门、审计机关按照各自职责，对社会保险基金的收支、管理和投资运营情况实施监督。

第七十九条 社会保险行政部门对社会保险基金的收支、管理和投资运营情况进行监督检查，发现存在问题的，应当提出整改建议，依法作出处理决定或者向有关行政部门提出处理建议。社会保险基金检查结果应当定期向社会公布。

社会保险行政部门对社会保险基金实施监督检查，有权采取下列措施：

（一）查阅、记录、复制与社会保险基金收支、管理和投资运营相关的资料，对可能被转移、隐匿或者灭失的资料予以封存；

（二）询问与调查事项有关的单位和个人，要求其对与调查事项有关的问题作出说明、提供有关证明材料；

（三）对隐匿、转移、侵占、挪用社会保险基金的行为予以制止并责令改正。

第八十条 统筹地区人民政府成立由用人单位代表、参保人员代表，以及工会代表、专家等组成的社会保险监督委员会，掌握、分析社会保险基金的收支、管理和投资运营情况，对社会保险工作提出咨询意见和建议，实施社会监督。

社会保险经办机构应当定期向社会保险监督委员会汇报社会保险基金的收支、管理和投资运营情况。社会保险监督委员会可以聘请会计师事务所对社会保险基金的收支、管理和投资运营情况进行年度审计和专项审计。审计结果应当向社会公开。

社会保险监督委员会发现社会保险基金收支、管理和投资运营中存在问题的，有权提出改正建议；对社会保险经办机构及其工作人员的违法行为，有权向有关部门提出依法处理建议。

第八十一条　社会保险行政部门和其他有关行政部门、社会保险经办机构、社会保险费征收机构及其工作人员，应当依法为用人单位和个人的信息保密，不得以任何形式泄露。

第八十二条　任何组织或者个人有权对违反社会保险法律、法规的行为进行举报、投诉。

社会保险行政部门、卫生行政部门、社会保险经办机构、社会保险费征收机构和财政部门、审计机关对属于本部门、本机构职责范围的举报、投诉，应当依法处理；对不属于本部门、本机构职责范围的，应当书面通知并移交有权处理的部门、机构处理。有权处理的部门、机构应当及时处理，不得推诿。

第八十三条　用人单位或者个人认为社会保险费征收机构的行为侵害自己合法权益的，可以依法申请行政复议或者提起行政诉讼。

用人单位或者个人对社会保险经办机构不依法办理社会保险登记、核定社会保险费、支付社会保险待遇、办理社会保险转移接续手续或者侵害其他社会保险权益的行为，可以依法申请行政复议或者提起行政诉讼。

个人与所在用人单位发生社会保险争议的，可以依法申请调解、仲裁，提起诉讼。用人单位侵害个人社会保险权益的，个人也可以要求社会保险行政部门或者社会保险费征收机构依法处理。

第十一章　法律责任

第八十四条　用人单位不办理社会保险登记的，由社会保险行政部门责令限期改正；逾期不改正的，对用人单位处应缴社会保险费数额一倍以上三倍以下的罚款，对其直接负责的主管人员和其他直接责任人员处五百元以上三千元以下的罚款。

第八十五条　用人单位拒不出具终止或者解除劳动关系证明的，依照《中华人民共和国劳动合同法》的规定处理。

第八十六条　用人单位未按时足额缴纳社会保险费的，由社会保险费征收机构责令限期缴纳或者补足，并自欠缴之日起，按日加收万分之五的滞纳金；逾期仍不缴纳的，由有关行政部门处欠缴数额一倍以上三倍以下的罚款。

第八十七条　社会保险经办机构以及医疗机构、药品经营单位等社会保险服务机构以欺诈、伪造证明材料或者其他手段骗取社会保险基金支出的，由社会保险行政部门责令退回骗取的社会保险金，处骗取金额二倍以上五倍以下的罚款；属于社会保险服务机构的，解除服务协议；直接负责的主管人员和其他直接责任人员有执业资格的，依法吊销其执业资格。

第八十八条 以欺诈、伪造证明材料或者其他手段骗取社会保险待遇的，由社会保险行政部门责令退回骗取的社会保险金，处骗取金额二倍以上五倍以下的罚款。

第八十九条 社会保险经办机构及其工作人员有下列行为之一的，由社会保险行政部门责令改正；给社会保险基金、用人单位或者个人造成损失的，依法承担赔偿责任；对直接负责的主管人员和其他直接责任人员依法给予处分：

（一）未履行社会保险法定职责的；

（二）未将社会保险基金存入财政专户的；

（三）克扣或者拒不按时支付社会保险待遇的；

（四）丢失或者篡改缴费记录、享受社会保险待遇记录等社会保险数据、个人权益记录的；

（五）有违反社会保险法律、法规的其他行为的。

第九十条 社会保险费征收机构擅自更改社会保险费缴费基数、费率，导致少收或者多收社会保险费的，由有关行政部门责令其追缴应当缴纳的社会保险费或者退还不应当缴纳的社会保险费；对直接负责的主管人员和其他直接责任人员依法给予处分。

第九十一条 违反本法规定，隐匿、转移、侵占、挪用社会保险基金或者违规投资运营的，由社会保险行政部门、财政部门、审计机关责令追回；有违法所得的，没收违法所得；对直接负责的主管人员和其他直接责任人员依法给予处分。

第九十二条 社会保险行政部门和其他有关行政部门、社会保险经办机构、社会保险费征收机构及其工作人员泄露用人单位和个人信息的，对直接负责的主管人员和其他直接责任人员依法给予处分；给用人单位或者个人造成损失的，应当承担赔偿责任。

第九十三条 国家工作人员在社会保险管理、监督工作中滥用职权、玩忽职守、徇私舞弊的，依法给予处分。

第九十四条 违反本法规定，构成犯罪的，依法追究刑事责任。

第十二章 附 则

第九十五条 进城务工的农村居民依照本法规定参加社会保险。

第九十六条 征收农村集体所有的土地，应当足额安排被征地农民的社会保险费，按照国务院规定将被征地农民纳入相应的社会保险制度。

第九十七条 外国人在中国境内就业的，参照本法规定参加社会保险。

第九十八条 本法自 2011 年 7 月 1 日起施行。

国家促进高校毕业生就业政策

一、鼓励和引导高校毕业生到城乡基层就业

1. 什么是基层就业？

基层就业就是到城乡基层工作。国家近几年出台了一系列优惠政策鼓励高校毕业生积极参加社会主义新农村建设、城市社区建设和应征入伍。一般来讲，"基层"既包括广大农村，也包括城市街道社区；既涵盖县级以下党政机关、企事业单位，也包括社会团体、非公有制组织和中小企业；既包含自主创业、自谋职业，也包括艰苦行业和艰苦岗位。

2. 国家鼓励毕业生到基层就业的主要优惠政策包括哪些？

(1) 对到农村基层和城市社区从事社会管理和公共服务工作的高校毕业生，符合公益性岗位就业条件并在公益性岗位就业的，按照国家现行促进就业政策的规定，给予社会保险补贴和公益性岗位补贴；

(2) 对到农村基层和城市社区其他社会管理和公共服务岗位就业的，给予薪酬或生活补贴，同时按规定参加有关社会保险；

(3) 对到中西部地区和艰苦边远地区县以下农村基层单位就业，并履行一定服务期限的高校毕业生，以及应征入伍服义务兵役的高校毕业生，按规定实施相应的学费补偿和国家助学贷款代偿；

(4) 对具有基层工作经历的高校毕业生，在研究生招录和事业单位选聘时实行优先，在地市级以上党政机关考录公务员时也要进一步扩大招考录用的比例。

3. 什么是基层社会管理和公共服务岗位？

所谓基层社会管理和公共服务岗位，包括村官、支教、支农、支医、乡村扶贫，以及城市社区的法律援助、就业援助、社会保障协理、文化科技服务、养老服务、残疾人居家服务、廉租房配套服务等岗位。

2009 年 5 月 5 日，人力资源和社会保障部下发《关于公布第一批基层社会管理和公共服务岗位目录的通知》（人社部函〔2009〕135 号），向社会公布第一批基层社会管理和公共服务岗位目录，以指导各地做好鼓励和引导高校毕业生到基层就业的工作。这批发布的岗位目录共分为基层人力资源和社会保障管理、基层农业服务、基层医疗卫生、基层文化科技服务、基层法律服务、基层民政（托老托幼）助残服务、基层市政管理、基层公共环境与设施管理维护以及其他 9 大类领域，包括在街道（乡镇）、社区（村）等基层单位从事公共就业服务、社会保障、劳动关系协调、劳动监察、农业、扶贫开发、医疗、卫生、保健、防疫、文化、科技、体育、普法宣传、民事调解、托老、养老、托幼、助残、公共设施设备管理养护等相关事务管理服务工作的 50 种岗位。根据国家现行促进高校毕业生就业政策的有关规定，到上述岗位就业的高校毕业生可以享受相应补贴政策。（欲了解详细情况可登录中国劳动力市场网查询：http://www.lm.gov.cn/gb/employment/2009-05/06/content299986.htm)

4. 什么是其他基层社会管理和公共服务岗位？

由街道社区、乡镇等基层开发或设立的相应的社会管理和公共服务岗位。部分由政府出资，或由相关组织和单位出资。所安排使用的人员按规定享受相关补贴。

5. 什么是公益性岗位？

由政府出资开发，以满足社区及居民公共利益为目的的管理和服务岗位。公益性岗位优先安排困难人员或特殊群体，并从就业专项资金中给予社会保险补贴和岗位补贴。

6. 什么是公益性岗位社会保险补贴？

符合公益性岗位条件的用人单位招用就业困难和零就业家庭的高校毕业生并按规定为其缴纳社会保险费后，政府从当地财政再就业资金中给予用人单位的资金补助。

7. 什么是公益性岗位补贴？

街道（社区）或其他经批准的劳务派遣组织安排就业困难和零就业家庭的高校毕业生从事公益性岗位工作，并对聘用人员实行统一管理、统一发放工资、统一缴纳社会保险费、签订半年以上劳动合同，由当地财政对用人单位给予补贴。

8. 学费补偿和助学贷款代偿的政策内容主要是什么？

中央部门所属普通高校应届毕业生（全日制本专科生、高职生、研究生、第二学士学位毕业生）到中西部地区和艰苦边远地区基层单位就业、服务期在 3 年以上（含 3 年）的，其学费由国家实行补偿。在校学习期间获得国家助学贷款（含高校国家助学贷款和生源地信用助学贷款，下同）的，补偿的学费优先用于偿还国家助学贷款本金及其全部偿还之前产生的利息。定向、委培以及在校期间已享受免除全部学费政策的学生除外。

9. 国家实施补偿学费和代偿助学贷款的就业地域范围包括哪些？

国家对到中西部地区和艰苦边远地区基层单位就业，并履行一定服务期限的中央部门所属高校毕业生，按规定实施相应的学费补偿和助学贷款代偿。这里涉及的地域范围主要包括：

（1）西部地区：西藏、内蒙古、广西、重庆、四川、贵州、云南、陕西、甘肃、青海、宁夏、新疆 12 个省（自治区、直辖市）；

（2）中部地区：河北、山西、吉林、黑龙江、安徽、江西、河南、湖北、湖南、海南

10 个省；

（3）艰苦边远地区：由国务院确定的经济水平、条件较差的一些州、县和少数民族地区。（详情可登录中国政府网查询：http://www.gov.cn；或登录北大法律信息网查询：http://www.chinalawinfo.com）

（4）基层单位：

①中西部地区和艰苦边远地区县以下机关、企事业单位，包括乡（镇）政府机关、农村中小学、国有农（牧、林）场、农业技术推广站、畜牧兽医站、乡镇卫生院、计划生育服务站、乡镇文化站、乡镇劳动就业服务站等；

②工作现场地处以上地区县以下的气象、地震、地质、水电施工、煤炭、石油、航海、核工业等中央单位艰苦行业生产第一线。

10. 学费补偿和助学贷款代偿的标准和年限是多少？

每生每学年补偿学费和代偿国家助学贷款的金额最高不超过 6000 元。在校学习期间每年实际缴纳的学费或获得的国家助学贷款低于 6000 元的，按照实际缴纳的学费或获得的国家助学贷款金额实行补偿或代偿。每年实际缴纳的学费高于 6000 元的，按照每年 6000 元的金额实行补偿或者代偿。

本科、专科（高职）、研究生和第二学士学位毕业生补偿学费或代偿国家助学贷款的年限，分别按照国家规定的相应学制计算。在校学习的时间低于相应学制规定年限的，按照实际学习时间计算补偿学费或代偿助学贷款年限。在校学习时间高于相应学制年限的，按照学制规定年限计算。

每年代偿学费或国家助学贷款总额的三分之一，三年代偿完毕。

11. 中央部门所属高校毕业生如何申请学费补偿和助学贷款代偿？

（1）在办理离校手续时向学校递交《学费和国家助学贷款代偿申请表》和毕业生本人、就业单位与学校三方签署的到中西部地区和艰苦边远地区基层单位服务 3 年以上的就业协议；

（2）在校学习期间获得国家助学贷款的，在与国家助学贷款经办银行签订毕业后还款计划时，注明已申请国家助学贷款代偿，如获得国家助学贷款代偿资格，不须自行向银行还款；

（3）高校负责审查申请资格并上报全国学生资助管理中心。

12. 地方所属高校毕业生到基层就业如何获得学费补偿和助学贷款代偿？

财政部、教育部印发的《高等学校毕业生学费和国家助学贷款代偿暂行办法》要求，各地要抓紧研究制订本地所属高校毕业生面向本辖区艰苦边远地区基层单位就业的学费补偿和助学贷款代偿办法。地方所属高校毕业生到基层就业是否可以获得学费补偿或国家助学贷款代偿，以及如何申请办理补偿或代偿等，请向学校所在地政府有关部门查询。

13. 到基层就业如何办理户口、档案、党团关系等手续？

对到西部县以下基层单位和艰苦边远地区就业的高校毕业生，实行来去自由的政策，户口可留在原籍或根据本人意愿迁往就业地区；人事档案原则上统一转至服务单位所在地的县级政府人事部门，由政府主管部门所属的人才交流机构提供免费人事代理服务；

党团组织关系转至服务单位，对服务期间积极要求入党的，由乡镇一级党组织按规定程序办理。

14. 中央有关部门实施了哪些基层就业项目？

近年来，中央各有关部门主要组织实施了4个引导高校毕业生到基层就业的专门项目，包括：团中央、教育部等四部门从2003年起组织实施的"大学生志愿服务西部计划"；中组部、原人事部、教育部等八部门从2006年开始组织实施的"三支一扶"（支教、支农、支医和扶贫）计划；教育部等四部门从2006年开始组织实施的"农村义务教育阶段学校教师特设岗位计划"；中组部、教育部等四部门从2008年起组织实施的"选聘高校毕业生到村任职工作"（见附件一）。

15. 什么是农村义务教育阶段学校教师特设岗位计划？

2006年，教育部、财政部、原人事部、中央编办下发《关于实施农村义务教育阶段学校教师特设岗位计划的通知》，联合启动实施"特岗计划"，公开招聘高校毕业生到"两基"攻坚县农村义务教育阶段学校任教。特岗教师聘期3年。

16. 农村教师特岗计划实施的地区范围包括哪些？

2006—2008年"特岗计划"的实施范围以国家西部地区"两基"攻坚县为主（含新疆生产建设兵团的部分团场），包括纳入国家西部开发计划的部分中部省份的少数民族自治州，适当兼顾西部地区一些有特殊困难的边境县、少数民族自治县和少小民族县。2009年，实施范围扩大到中西部地区国家扶贫开发工作重点县。

17. 农村教师特岗计划招聘对象和条件是什么？

（1）以高等师范院校和其他全日制普通高校应届本科毕业生为主，可招少量应届师范类专业专科毕业生。

（2）取得教师资格，具有一定教育教学实践经验，年龄在30岁以下的全日制普通高校往届本科毕业生。

（3）参加过"大学生志愿服务西部计划"、有从教经历的志愿者和参加过半年以上实习支教的师范院校毕业生同等条件下优先。

（4）报名者应同时符合教师资格条件要求和招聘岗位要求。

18. 农村教师特岗计划的招聘程序有哪些？

特岗教师实行公开招聘，合同管理。合同规定用人单位和应聘人员双方的权利和义务。

招聘工作由省级教育、人力资源社会保障、财政、编办等相关部门共同负责，遵循"公开、公平、自愿、择优"和"三定"（定县、定校、定岗）原则，按下列程序进行：①公布需求；②自愿报名；③资格审查；④考试考核；⑤集中培训；⑥资格认定；⑦签订合同；⑧上岗任教。

19. 什么是选聘高校毕业生到村任职？

2008年，中组部、教育部、财政部、人力资源和社会保障部出台了《关于印发〈关于选聘高校毕业生到村任职工作的意见（试行）〉的通知》，用五年时间选聘10万名高校毕业生到农村担任村委会主任助理、村党支部书记助理或团支部书记、副书记等职务。选聘的高校毕业生在村工作期限一般为 2～3 年。

20. 选聘到村任职的对象是什么？要满足哪些条件？

选聘对象为 30 岁以下应届和往届毕业的全日制普通高校专科以上学历的毕业生，重点是应届毕业和毕业 1～2 年的本科生、研究生，原则上为中共党员（含预备党员），非中共党员的优秀团干部、优秀学生干部也可以选聘。参加人力资源和社会保障部、团中央等部门组织的到农村基层服务的"三支一扶"、"志愿服务西部计划"等活动期满的高校毕业生，本人自愿且具备选聘条件的，经组织推荐可作为选聘对象。对于各省（区、市）此前已经选聘到村任职的高校毕业生，本人自愿，通过组织考察推荐，可转为选聘对象。

基本条件是：①思想政治素质好，作风踏实，吃苦耐劳，组织纪律观念强；②学习成绩良好，具备一定的组织协调能力；③自愿到农村基层工作；④身体健康。

21. 选聘到村任职的程序是什么？

选聘工作一般通过个人报名、资格审查、组织考察、体检、公示、决定聘用、培训上岗等程序进行。

22. 什么是"三支一扶"计划？

三支一扶是支教、支医、支农、扶贫的简称。2006 年，中组部、原人事部、教育部等八部门下发《关于组织开展高校毕业生到农村基层从事支教、支农、支医和扶贫工作的通知》，以公开招募、自愿报名、组织选拔、统一派遣的方式，从 2006 年开始连续 5 年，每年招募 2 万名高校毕业生，主要安排到乡镇从事支教、支农、支医和扶贫工作。服务期限一般为 2～3 年。招募对象主要为全国普通高校应届毕业生。

23. 什么是大学生志愿服务西部计划？

大学生志愿服务西部计划由共青团中央牵头，教育部、财政部、人力资源和社会保障部共同组织实施。从 2003 年开始，每年招募一定数量的普通高等学校应届毕业生，到西部贫困县的乡镇从事为期 1～3 年的教育、卫生、农技、扶贫以及青年中心建设和管理等方面的志愿服务工作。

24. 参加中央部门组织实施的基层就业项目，服务期满后享受哪些优惠政策？

"选聘高校毕业生到村任职""三支一扶"计划、"大学生志愿服务西部计划""农村义务教育阶段学校教师特设岗位计划"项目服务期满的毕业生，享受以下优惠政策：

（1）公务员招录优惠：地（市）级以上党政机关录用公务员，要明确录用具有 2 年以上基层工作经历的人员比例；县及乡镇机关要拿出一定职位，专门招考到村任职等基层就业项目的大学生。

（2）事业单位招聘优惠：鼓励在项目结束后留在当地就业，参加各基层就业项目相对应的自然减员空岗，全部聘用服务期满的高校毕业生。从 2009 年起，到乡镇事业单位服务的高校毕业生服务满 1 年后，在现岗位空缺情况下，经考核合格，即可与所在单位签订不少于 3 年的聘用合同。同时，各省（区、市）县及县以上相关的事业单位公开招聘工作人员，应拿出不低于 40％的比例，聘用各基层就业项目服务期满考核合格的毕业生。

（3）考学升学优惠：服务期满后三年内报考硕士研究生初试总分加 10 分；同等条件下优先录取；高职（高专）学生可免试入读成人本科。

（4）国家补偿学费和代偿助学贷款政策：参加各基层就业项目的毕业生，符合规定条件的，可享受相应的学费补偿和助学贷款代偿政策。

（5）服务期满自主创业的，可享受行政事业性收费减免、小额贷款担保和贴息等有关政策。

（6）其他：各基层就业项目服务年限计算工龄。服务期满到企业就业的，按照规定转接社会保险关系。

二、鼓励高校毕业生应征入伍，报效祖国

25. 国家鼓励高校毕业生入伍，这里的"高校毕业生"如何界定？

指中央部门和地方所属全日制公办普通高等学校、民办普通高等学校和独立学院的全日制普通本专科（含高职）、研究生、第二学士学位应届毕业生。不包括往届毕业生及成人高等教育、高等教育自学考试类学生、各类非学历教育的学生。

26. 征兵工作由哪个部门负责？

《兵役法》规定：全国的兵役工作，在国务院、中央军委领导下，由国防部负责。

各军区按照国防部赋予的任务，负责办理本区域的兵役工作。

省军区（卫戍区、警备区）、军分区（警备区）和县、自治县、市、市辖区的人民武装部，兼各该级人民政府的兵役机关，在上级军事机关和同级人民政府领导下，负责办理本区域的兵役工作。

27. 公民应征入伍需要满足哪些政治条件？

征兵政治审查的内容包括：应征公民的年龄、户籍、职业、政治面貌、宗教信仰、文化程度、现实表现以及家庭主要成员和主要社会关系成员的政治情况等。征集服现役的公民必须热爱中国共产党，热爱社会主义祖国，热爱人民军队，遵纪守法，品德优良，决心为抵抗侵略、保卫祖国、保卫人民的和平劳动而英勇奋斗，等等。

28. 公民应征入伍要满足哪些基本身体条件？

应征入伍的公民要身心健康、体魄强健。其中，有几项基本条件：

身高：男性 162cm 以上，女性 160cm 以上；

体重：男性不超过标准体重的 +20%，−10%；女性不超过标准体重的 ±15%；标准体重 =（身高−110）kg；

个别体格条件较为优秀的应征男青年，体重可放宽至不超过标准体重的 25%，不低于标准体重的 15%；

视力：路勤岗位视力标准，大学专科以上文化程度的青年入伍，右眼裸眼视力放宽至 4.6，左眼裸眼视力放宽至 4.5；

内科：乙型肝炎表面抗原呈阴性，等等。

29. 应征入伍高校毕业生的年龄条件是多少？

高职（专科）毕业生当年为 18～23 岁，本科以上学历的可以放宽到当年 24 岁。

30. 面向 2009 届高校毕业生的征兵预征工作何时开始？

全国征兵工作在每年冬季进行。从 2009 年起，对普通高等学校应届高校毕业生实行预征制度，5 月至 6 月，高校所在地兵役机关会同有关部门进入高校，开展预征工作。

31. 高校毕业生应征入伍要经过哪些程序？

(1)参加兵役登记和预征报名：高校所在地县级兵役机关会同有关部门到学校开展兵役登记，进行征兵普查工作，高校毕业生本人可向所在高校有关部门报名。

(2)在高校参加预征：5月至6月，高校所在地县级兵役机关会同教育、公安、卫生等部门，到高校组织身体初检和政治初审，符合基本征集条件的确定为预征对象，并填写《应届高校毕业生预征对象登记表》。身体初检时对视力、肝功等项目进行重点检查。

(3)到户籍所在地报名应征：11月至12月，确定为预征对象的高校毕业生，冬季征兵开始前持《应届高校毕业生预征对象登记表》到入学前户籍所在地县(市、区)征兵办公室报名应征。通过体格检查、政治审查并符合其他征集条件的，由县(市、区)人民政府征兵办公室优先批准入伍。

32. 毕业生预征工作在高校由哪个部门负责？

高校设有武装部的由武装部牵头负责，没有设立武装部的由学生管理部门负责。有意向参军入伍的毕业生可向所在学校武装部或学生处咨询。

33. 毕业生应征入伍服义务兵役享受哪些优惠政策？

高校毕业生应征入伍服义务兵役，除享有优先报名应征、优先体检政审、优先审批定兵及其他优待安置政策外，还享受优先选拔使用、考学升学优惠、补偿学费或代偿国家助学贷款等优惠政策。

34. 如何理解毕业生"优先报名应征"？

征兵报名前，县级兵役机关通知预征对象报名时间、地点、注意事项等。高校毕业生本人持《应届高校毕业生预征对象登记表》到户籍所在地县级兵役机关报名应征。

35. 如何理解毕业生预征对象"优先体检、政审"？

高校毕业生预征对象体检由县级兵役机关直接办理。征兵前，县级兵役机关要通知预征对象体检时间、地点、注意事项，并全部安排其上站体检。除器质性或传染性疾病外，一般不得单科淘汰。

组织高校毕业生政审时，严格按照《征兵政治审查工作规定》进行。《应征公民政治审查表》中的"就读学校鉴定意见"栏的鉴定意见以《应届高校毕业生预征对象登记表》意见为准，不再填写鉴定意见。入伍前，《应届高校毕业生预征对象登记表》作为政审表的附件装入新兵档案。

36. 如何理解对高校毕业生预征对象"优先审批定兵"？

县级兵役机关召开定兵会议审批定兵时，优先批准体检、政审合格的应届高校毕业生入伍。

37. 如何理解对应征入伍的高校毕业生"优先选拔使用"？

同等条件下，高校毕业生士兵在选取士官、考军校、安排到技术岗位等方面优先；具有普通高等学校本科以上学历并取得相应学位的士兵，表现优秀、符合总政治部有关规定的可以直接选拔为军官。

38. 什么是士官？与义务兵有什么区别？

我军现役士兵按兵役性质分为义务兵役制士兵和志愿兵役制士兵。义务兵役制士兵称为义务兵，志愿兵役制士兵称为士官。士官属于士兵军衔序列，但不同于义务兵役制士兵，是士兵中的骨干。义务兵实行供给制，发给津贴，士官实行工资制和定期增资制度。

39. 具有高等教育学历的士兵退役后，享受哪些升学考学优惠政策？

(1)参加政法院校为基层公检法定向岗位招生时，优先录取；

(2)退役后三年内参加硕士研究生考试初试总分加10分；

(3)立二等功及以上的，退役后免试推荐入读硕士研究生；

(4)具有高职(高专)学历的，退役后免试入读成人本科或经过一定考核入读普通本科。

40. 什么是政法院校为基层公检法定向岗位招生？

2008年，政法院校开展招录培养体制改革试点工作，重点从军队退役士兵和普通高校毕业生中选拔人才，为西部和经济欠发达地区的基层公、检、法、司机关定向招录培养专科以上层次的各类人才。

41. 应征入伍给予学费补偿和助学贷款代偿的内容是什么？

从2009年起，国家对应征入伍服义务兵役的高校毕业生在校期间缴纳的学费实行补偿。在校期间获得国家助学贷款的，学费补偿款首先用于偿还助学贷款本金及其全部偿还之前产生的利息。

42. 高校毕业生应征入伍都可以享受学费补偿或助学贷款代偿政策吗？

在校期间已享受免除全部学费政策的学生、定向生、委培生、国防生、按部队生长干部条件招收的大学毕业生，以及从高校毕业生中直招的士官，均不享受学费补偿和助学贷款代偿政策。

43. 学费补偿和助学贷款代偿的标准是多少？

国家对服义务兵役的毕业生每学年补偿学费或代偿国家助学贷款本息的金额，最高不超过6000元；毕业生在校期间每学年实际缴纳的学费或获得的国家助学贷款本息高于6000元的，按照每年6000元的金额实行补偿或者代偿；高校毕业生在校学习期间每年实际缴纳的学费或获得的国家助学贷款本息低于6000元的，按照学费和国家助学贷款本息两者就高的原则，实行补偿或代偿。

44. 实行学费补偿和助学贷款代偿的年限如何计算？

对本科、专科(高职)、研究生和第二学士学位毕业生补偿学费或代偿国家助学贷款本息的年限，不论服役时间长短，分别按照国家规定的相应学制计算一次性给予补偿。在校学习时间低于相应学制规定年限的，按照实际学习时间计算。在校学习时间高于相应学制规定年限的，按照学制规定年限计算。专升本、本硕连读、中职高职连读、第二学士学位毕业生补偿学费或代偿国家助学贷款本息的年限，分别按照完成本科、硕士、高职和第二学士学位阶段学习任务的实际时间计算(即按完成最终学历阶段学习任务的实际时间计算)。

45. 申请学费补偿或助学贷款代偿的程序是什么？

(1)填写有关表格：预征工作开始后至6月15日前，被确定为预征对象的高校毕业生填写并向就读高校递交《应届毕业生预征对象登记表》、《应征入伍高校毕业生补偿学费代偿国家助学贷款申请表》。在校学习期间获得国家助学贷款的，还需提供与经办银行签订的还款计划书复印件。其中，应注明已申请国家助学贷款代偿。

(2)高校初审盖章：6月30日前，高校对被确定为预征对象的毕业生补偿学费和代偿国家助学贷款本息的条件资格、具体金额及相关信息资料进行初审，确认无误后，在《补偿学费代偿国家助学贷款申请表》上加盖公章，连同《预征对象登记表》一起交给学生本人。

(3)表格递交县征兵办：10月31日前，高校毕业生到入学前户籍所在地报名应征时将《预征对象登记表》及《补偿学费代偿国家助学贷款登记表》交县(市、区)人民政府征兵办公室。

(4)县征兵办审批入伍、复核材料并盖章：12月31日前，县(市、区)人民政府征兵办公室批准高校毕业生应征入伍后，向其发放《应征入伍通知书》，并会同同级教育行政部门对应征入伍的高校毕业生申请补偿学费和代偿国家助学贷款本息等情况进行复核。确认无误后，分别在《补偿学费代偿国家助学贷款申请表》上加盖公章。

(5)学生资助中心审核并确定最终名单：次年1月15日前，县(市、区)教育行政部门将户籍为本县(市、区)的应征高校毕业生的《应征入伍通知书》复印件及《补偿学费代偿国家助学贷款申请表》原件，寄送至应征入伍毕业生原就读高校学生资助管理机构。各高校按隶属关系，分别报各省(区、市)学生资助管理中心和全国学生资助管理中心审核。最终，汇总至全国学生资助管理中心复核、备案后，确定当年享受补偿学费和代偿国家助学贷款本息政策的最终名单及具体金额。

46. 补偿、代偿的经费如何发放到符合条件的毕业生手中？

各中央部门所属高校和地方所属高校在收到国家拨付的补偿学费和代偿国家助学贷款本息资金的15个工作日内，向毕业生补偿学费，汇至毕业生指定的地址或账户；对于申请助学贷款代偿的毕业生，由学校代替毕业生按照还款协议，向银行偿还其在本校办理的国家助学贷款本息，并将银行开具的偿还国家助学贷款本息的凭据交寄毕业生本人或家长，将余下的资金汇至毕业生指定的地址或账户。

入学前在户籍所在县(市、区)办理了生源地信用助学贷款的毕业生，到户籍所在县(市、区)学生资助中心领取代偿资金，并于领取代偿资金1个月内，根据与银行签订的还款协议，由学生本人或家长(或其他法定监护人)一次性向银行偿还贷款本息。

47. 因个人原因被部队退回，毕业生已获补偿、代偿的经费要被收回吗？

高校毕业生因本人思想原因、故意隐瞒病史或违法犯罪等行为被部队退回的，取消其补偿学费和代偿国家助学贷款的资格。已获补偿或代偿资金由毕业生户籍所在地县(市、区)教育行政部门会同同级征兵办公室收回，并逐级汇总上缴至全国学生资助管理中心。

48. 高校毕业生应征入伍服义务兵役，其户口档案存放在哪里，如何迁转？

高校毕业生在5～6月参加预征，身体初检和政治初审合格，填写《应届毕业生预征对象登记表》，将户口迁回入学前户籍所在地，档案可转到入学前户籍所在地人才交流中心存放。

49. 没有参加预征的高校毕业生是否还可以应征入伍并享受有关优惠政策？

应届毕业生所在高校没有开展预征工作或没有参加预征、仍有参军意愿的，可在离校后户籍所在地县（市、区）级兵役机关报名应征，并与毕业学校联系，补办《预征对象登记表》《补偿学费代偿国家助学贷款申请表》及相关手续后，按第45条程序办理，仍可享受第33条所列之优惠政策。

三、鼓励和支持高校毕业生到中小企业、服务外包企业就业和自主创业

50. 鼓励高校毕业生到中小企业就业有哪些政策措施？

各级政府要进一步清理影响高校毕业生就业的制度性障碍和限制，为到中小企业就业的高校毕业生提供户籍与档案管理、人事代理、社会保险办理和接续、职称评定以及权益保障等方面的服务。

51. 到中小企业就业可否在当地落户？

对各类企业招用非本地户籍的普通高校专科以上毕业生，各地城市应取消落户限制（直辖市按各自有关规定执行）。

52. 到中小企业就业档案如何管理？

目前我国对档案的管理主要有单位管理和社会管理两类：有档案管理权限的企事业单位可直接接收、管理档案；无档案管理权限的企事业单位，主要包括公有制和非公有制（个体、私营、外资）在内的中小企业，可以由各地的人才交流中心、政府批准的人才服务机构为高校毕业生提供档案管理、人事代理、社会保险办理和接续等方面的服务。档案不允许个人保存。

53. 什么是人事代理？

人事代理是指由政府批准的人事档案管理机构（各类人才服务机构），按照国家有关人事、劳动等政策法规要求，接受单位或个人委托，为多种所有制经济尤其是非公有制经济单位及各类人才办理：①人事档案管理；②因私出国政审；③在规定的范围内申报或组织评审专业技术职务任职资格；④转正定级和工龄核定；⑤大中专毕业生接收手续；⑥其他需经授权的人事代理事项。

54. 高校毕业生怎样办理人事代理？

人事代理方式可由单位集体委托代理，也可由个人委托代理；可多项委托代理，也可单项委托代理；可单位全员委托代理，也可部分人员委托代理。

对于离校时已落实工作单位的高校毕业生，其人事代理由毕业生的接收单位统一负责委托管理；对于离校时未就业、自主创业和灵活就业的高校毕业生，可以个人委托政府批准的人事代理机构办理委托管理。

55. 什么是社会保险？包括哪些险种？

社会保险是指国家通过立法强制实行的，对劳动者因年老、工伤、疾病、生育、残疾、失业、死亡等原因丧失劳动能力或暂时失去工作时，给予劳动者本人或供养直系亲属物质帮助的一种社会保障制度。

社会保险包括：养老保险、失业保险、医疗保险、工伤保险和生育保险。

56. 高校毕业生怎样办理社会保险？

高校毕业生一定要关心自己社会保险关系的建立、转移和接续。大学生毕业后就业，有用人单位的，其所在用人单位应按规定为其办理参保缴费手续，建立社会保险关系；灵活就业的，本人应到当地社会保险经办机构办理参保缴费手续。用人单位和个人应按规定按时足额缴纳社会保险费。与单位解除劳动合同关系后，要按当地政府的规定，到社会保险经办机构办理社会保险关系的中断或转出等事宜。毕业生在与新单位重新确立劳动合同关系后，社会保险经办机构应为毕业生办理社会保险关系的转移和接续手续。

57.什么是服务外包和服务外包企业？

服务外包是指企业将其非核心的业务外包出去，利用外部最优秀的专业化团队来承接该业务，从而使其专注核心业务，达到降低成本、提高效率、增强企业核心竞争力和对环境应变能力的一种管理模式。

服务外包企业系指其与服务外包发包商签订中长期服务合同，承接服务外包业务的企业。

58.目前服务外包产业主要涉及哪些领域及地区？

服务外包产业主要涉及软件研发、产品技术研发、工业设计、信息技术研发、信息技术外包服务、技术性业务流程外包等领域。

我国目前有服务外包示范城市 20 个，分别是北京、天津、上海、重庆、大连、深圳、广州、武汉、哈尔滨、成都、南京、西安、济南、杭州、合肥、南昌、长沙、大庆、苏州、无锡。

59.服务外包企业吸纳高校毕业生有哪些财政支持？

为了鼓励服务外包企业吸纳高校毕业生，对符合条件的技术先进型服务外包企业，每新录用 1 名大专以上毕业生从事服务外包工作并签订 1 年以上劳动合同的，中央财政给予企业每人 4500 元的经费支持。

60.高校毕业生怎样提升自主创业的能力？

有意愿自主创业的大学生，可以参加创业培训和实践，接受普遍的创业教育，以系统学习创办企业的知识、完善创业计划、提高企业赢利能力、降低风险、促进创业成功。

目前，许多高校已经开设了创业培训方面的课程和创业实践活动，在校大学生可以选择参加；另外，各地人力资源社会保障部门也开办了创业培训班，离校未就业的高校毕业生可向当地人力资源社会保障部门申请，参加有补贴的培训，如"GYB"（产生你的企业想法）、"SYB"（创办你的企业）、"IYB"（改善你的企业）。

61.高校毕业生自主创业，可以享受哪些优惠政策？

(1)小额担保贷款和贴息支持。

①登记失业的高校毕业生自主创业，自筹资金不足的，可向当地指定银行申请一定额度的小额担保贷款(一般不超过 5 万元)；对从事微利项目的，还可获得贴息支持；

②自愿到西部地区及县以下的基层创业的高校毕业生，自筹资金不足时，也可向当地经办银行申请小额担保贷款；对从事微利项目的，可获得 50% 的贴息支持。

(2)免收有关行政事业性收费。

高校毕业生从事个体经营，且在工商部门注册登记日期在其毕业后 2 年内的，自其在工商部门首次注册登记之日起 3 年内免收管理类、登记类和证照类行政事业性收费。

（3）享受培训补贴。

离校后登记失业的毕业生，参加人力资源和社会保障部门举办的创业培训，可享受职业培训补贴。

（4）免费创业服务。

有创业意愿的高校毕业生，可免费获得公共就业服务部门提供的创业指导服务，包括项目开发、方案设计、风险评估、开业指导、融资服务、跟踪扶持等内容。

62. 什么是小额担保贷款？小额担保贷款的用途是什么？

小额担保贷款是指通过政府出资设立担保基金，委托担保机构提供贷款担保，由经办商业银行发放，以解决符合一定条件的待就业人员从事个体经营自筹资金不足的一项贷款业务。

小额担保贷款主要用做自谋职业、自主创业或合伙经营和组织起来创业的开办经费和流动资金。

63. 申请小额担保贷款额度是多少？贷款期限有多长？

国家规定个人申请额度最高不超过5万元，各地区对申请小额担保贷款额度有不同规定，许多地区额度还高于5万元。合伙经营贷款额度更大。

小额担保贷款的期限一般不超过2年，可展期1年。

64. 怎样申请小额担保贷款？在哪些银行可以申请小额担保贷款？

小额担保贷款按照自愿申请、社区推荐、人力资源社会保障部门审查、贷款担保机构审核并承诺担保、商业银行核贷的程序，办理贷款手续。

各国有商业银行、股份制商业银行、城市商业银行和城乡信用社都可以开办小额担保贷款业务，各地区根据实际情况确定具体经办银行。在指定的具体经办银行可以办理小额担保贷款。

65. 哪些项目属于微利项目？

中国人民银行、财政部、原劳动和社会保障部等联合下发了《关于改进和完善小额担保贷款政策的通知》（银发〔2006〕5号），明确由各省、自治区、直辖市、计划单列市人民政府结合实际确定微利项目的范围。主要包括：家庭手工业、修理修配、图书借阅、旅店服务、餐饮服务、洗染缝补、复印打字、理发、小饭桌、小卖部、搬家、钟点服务、家庭清洁卫生服务、初级卫生保健服务、婴幼儿看护和教育服务、残疾儿童教育训练和寄托服务、养老服务、病人看护、幼儿和学生接送服务等。

对于从事微利项目的，贷款利息由财政承担50％（中央财政和地方财政各承担25％，展期不贴息）。

四、就业指导服务与就业援助

66. 在校期间高校毕业生可以获得哪些就业指导和服务？

高校毕业生在校期间，可以到学校就业指导中心等部门获得就业咨询、用人单位招聘及实习实训信息、求职技巧及实用技能培训、职业生涯辅导、毕业生推荐、实习实践能力培训和就业手续办理等多项就业指导和服务。目前，高校已普遍建立了毕业生就业指导机构。

67. 从哪些机构可获取就业信息？

(1)学校就业主管部门。

作为学校毕业生就业工作的核心部门，是毕业生获取就业信息、顺利实现就业的主渠道。

(2)公共就业服务机构。

包括省(区、市)毕业生就业指导中心、市(区、县、镇、街道)人才交流服务中心、职业介绍服务中心或人力资源市场、街道社区劳动服务站所等。

(3)市场经营性服务机构。

主要包括从事人力资源服务的经营性企业或机构，如国有企业、民营企业、中外合资企业和原人事、劳动系统所属服务机构自办或以股份形式合办的企业等。

68. 获取就业信息的主要渠道有哪些？

(1)浏览各类就业信息网站，包括中央有关部门主办的全国性就业信息网站、地方主管部门主办的就业信息网站、各高校就业信息网站及校内 bbs 求职版面、其他专业性就业网站等(主要网址见附件二)；

(2)参加各类招聘和双向选择活动，包括国家有关部门、各地、学校、用人单位等相关机构组织的各类现场或网络招聘活动；

(3)参与校企合作实习，包括社会实践、毕业实习等活动；

(4)查阅媒体广告，如报纸、刊物、电台、电视台、视频媒体等；

(5)他人推荐，如导师、校友、亲友等；

(6)主动到单位求职自荐等。

69. 在校期间高校毕业生可以通过哪些途径提升就业能力？

在学好专业知识技能的同时，根据学校要求或安排，毕业生可以通过选修或必修就业指导课程、参与学校组织的就业实习、技巧辅导、模拟招聘等活动，学习和了解职业资料及信息，充分借助社会实践平台，全面提升就业能力。

高职院校毕业生还可通过学校实施的毕业证与职业资格证书"双证书"制度、组织到企业顶岗实习等工作，切实增强自身的岗位适应能力与就业竞争力，促进职业素养的养成。

70. 困难家庭高校毕业生包括哪些毕业生？

困难家庭高校毕业生是指：来自城镇低保家庭、低保边缘户家庭、农村贫困家庭和残疾人家庭的普通高校毕业生。

71. 就业困难高校毕业生包括哪些毕业生？

一般认为，就业困难高校毕业生是指在心理、身体、学业、经济、综合素质等方面处于弱势的毕业生。

72. 机关、事业单位对招录(聘)困难家庭毕业生有何优惠？

各级机关考录公务员、事业单位招聘工作人员时，免收困难家庭高校毕业生的报名费和体检费。

73. 困难家庭高校毕业生如何向学校申请求职补贴？

为帮助困难家庭的高校毕业生求职就业，高校一般都会安排经费作为困难家庭毕业生的求职补助，或对已成功就业的困难家庭毕业生给予奖励。困难家庭的毕业生可向所在院系书面申请。学校也应根据平时掌握的情况，对困难家庭的毕业生给予主动帮助。

74. 面对求职困难，毕业生该如何应对？

(1)主动了解国家促进就业的相关政策，努力争取各方支持；

(2)主动联系学校就业指导老师和专业教师，并保持经常沟通；

(3)通过网络等各种渠道，广泛收集社会需求信息；

(4)积极参加校园招聘会和各类人才洽谈会；

(5)充分利用亲友、校友、学校社团等资源，积极获取就业信息；

(6)了解社会发展动态，合理调整求职预期。

75. 离校后未就业高校毕业生如何获得相应的就业指导和服务？

回到原户籍所在地报到的未就业高校毕业生，能够享受当地政府部门所属的公共就业服务机构、人才交流服务机构和高校毕业生就业指导服务机构提供的就业指导和服务。

就业指导与服务内容包括：就业政策法规咨询、职业岗位供求信息、市场工资指导价位信息、职业培训信息、职业指导和职业介绍、办理求职登记、失业登记等。

76. 离校未就业高校毕业生在哪里可以办理求职登记和失业登记？

未就业的高校毕业生可以在户籍所在地县及县以上公共就业服务机构办理求职登记和失业登记，具体办理办法可咨询当地公共就业服务机构。

77. 离校未就业高校毕业生登记失业后，可以享受哪些服务和政策？

在就业服务方面，可免费享受职业介绍、职业指导、就业政策法规咨询；参加职业培训的，可以按规定申请职业培训补贴；通过职业技能鉴定的还可以按规定申请职业鉴定补贴。

在创业扶持方面，可以享受小额担保贷款和贴息支持、免收有关行政事业性收费、培训补贴和免费的创业服务(具体见第72问)。符合条件的还可以享受社会保险补贴和公益性岗位补贴政策。

78. 什么是社会保险补贴政策？

社会保险补贴政策是指，为鼓励就业困难人员灵活就业，减轻其以个人身份缴纳社会保险费用的压力，或为降低企业的用人成本，鼓励其吸纳就业困难人员就业，对上述个人或单位在缴纳社会保险费用后实行先缴后补，给予一定费用补贴。属于就业困难人员的高校毕业生，在灵活就业后申报就业并以个人身份缴纳社会保险费的，可以享受一定数额的社会保险补贴，补贴数额原则上不超过其实际缴费的2/3。具体补贴标准由省级财政、人力资源社会保障部门确定。

就业困难人员实现灵活就业后，要向街道(社区)申报就业。灵活就业人员应按规定按时足额缴纳社会保险费。每季度终了后，按规定向当地人力资源社会保障部门申请对上季度已缴纳的社会保险费给予补贴。

社会保险补贴资金申请材料应附：由本人签字、人力资源社会保障部门盖章确认的、注明具体从事灵活就业的单位、岗位、地址等内容的相关证明材料，本人《居民身份证》复印件、登记证复印件、社会保险征缴机构出具的上季度社会保险费缴费单据等凭证材料，经人力资源社会保障部门审核、财政部门复核后，按规定将资金支付给申请者本人。

79. 什么是公益性岗位补贴政策？

公益性岗位补贴政策，是指由政府或其他用人单位开发的符合社会公共利益需要的服务性岗位或协助管理岗位，安置就业困难人员和属于就业困难人员的高校毕业生就业的，给予一定期限、一定额度的工资性补贴。该补贴拨付给在公益性岗位安排就业困难人员就业的单位，目的在于降低用人单位的成本，帮助就业困难人员尽快实现就业和稳定就业。

80. 什么是职业技能鉴定补贴政策？

职业技能鉴定补贴政策是指，对就业困难人员、务工劳动者通过初次技能鉴定（限国家规定实行就业准入制度的指定工种）、取得职业资格证书的，给予一定费用补贴。属于就业困难人员的高校毕业生参加职业技能鉴定可按此规定向职业技能鉴定所在地人力资源社会保障部门申请一次性补贴。

职业技能鉴定补贴资金申请材料应附：本人《居民身份证》复印件、登记证复印件、职业资格证书复印件、职业技能鉴定机构开具的行政事业性收费票据（或税务发票）等凭证材料，经人力资源社会保障部门审核、财政部门复核后，按规定将资金支付给申请者本人。

职业技能鉴定补贴的具体标准由省级财政、人力资源社会保障部门确定。

81. 什么是职业培训补贴政策？如何申请职业培训补贴？

职业培训补贴政策是指，对登记失业人员参加职业培训的，根据其参加培训情况给予一定费用的补贴。登记失业的高校毕业生按此规定，可凭借职业培训补贴申请材料，向职业培训所在地人力资源社会保障部门申请补贴。

职业培训补贴资金申请材料应附：本人《居民身份证》、登记证等复印件、职业培训合格证书（职业技能资格证书）或劳动合同复印件等培训或就业证明等材料、职业培训机构开具的行政事业性收费票据（或税务发票）等。

对登记失业人员参加职业培训后，取得职业培训合格证书（职业技能资格证书），6个月内没有实现就业的，按最高不超过职业培训补贴标准的60%给予补贴；对6个月内实现就业的，按职业培训补贴标准的100%给予补贴。职业培训补贴具体办法和标准由省级财政、人力资源社会保障部门确定。

82. 离校后未就业高校毕业生如何申请参加职业培训？

职业培训由各地政府公共就业服务机构组织。离校后未就业回原籍的高校毕业生可到当地人力资源社会保障或相关部门咨询了解职业培训开展情况，选择适宜的培训项目参加。

培训工作主要由各类职业培训机构承担（职业培训由就业训练中心、技工学校、职业中等专业学校、职业技术学院、企业职工培训中心实施）。

83. 离校后未就业高校毕业生如何获取职业资格证书？

高校毕业生个人可向职业技能鉴定所（站）自主申请职业技能鉴定。职业技能鉴定要参加知识考试和操作技能考核。经鉴定合格者，由人力资源社会保障部门核发相应的职业资格证书。

84. 什么是就业见习?

就业见习是指由各级政府有关部门组织对离校后未就业毕业生到企事业单位实践训练的就业扶持措施。

为促进高校毕业生就业,人力资源社会保障部、教育部、工业和信息化部、国资委、工商总局、全国工商联和共青团中央联合下发《关于印发三年百万高校毕业生就业见习计划的通知》(人社部发〔2009〕38 号),决定自 2009 年至 2012 年,拓展和规范一批用人单位作为高校毕业生见习基地,用 3 年时间组织 100 万离校未就业高校毕业生参加就业见习。2009 年,全国将组织 30 万离校未就业高校毕业生参加就业见习(详情见附件三)。

未就业高校毕业生如有意愿参加就业见习的,可向当地人力资源和社会保障部门咨询,当地人力资源和社会保障部门是就业见习的组织单位。

85. 离校后未就业高校毕业生如何参加就业见习?

人力资源社会保障部门通过公共就业服务机构、人才服务机构以及电视、网络、报纸等多种渠道,发布就业见习信息,公布见习单位名单、岗位数量、期限、人员要求等有关内容,或者组织开展见习单位和高校毕业生的双向选择活动,帮助离校未就业高校毕业生和见习单位实现对接。离校后未就业回到原籍的高校毕业生可与原籍所在地人力资源社会保障部门联系,主动参加就业见习。

86. 就业见习期限有多长?

高校毕业生就业见习期限一般为 6 个月,最长不超过 1 年。

高校毕业生就业见习活动结束后,见习单位对高校毕业生进行考核鉴定,出具见习证明,作为用人单位招聘和选用见习高校毕业生的依据之一。在见习期间被见习单位正式录(聘)用的,在该单位的见习期可以作为工龄计算。

87. 就业见习单位给毕业生上保险吗?

见习期间所在见习单位为毕业生办理人身意外伤害保险。

88. 离校未就业高校毕业生参加就业见习享受哪些政策和服务?

(1)获得基本生活补助;

(2)免费办理人事代理;

(3)办理人身意外伤害保险;

(4)见习期满未被录用可继续享受就业指导与服务。

89. 公共就业服务免费提供哪些服务内容?

公共就业服务机构为离校后未就业回到原籍的毕业生免费提供下列服务:

(1)就业政策法规咨询;

(2)职业岗位供求信息;

(3)市场工资指导价位信息;

(4)职业培训信息;

(5)职业指导和职业介绍;

(6)对就业困难人员实施就业援助;

(7)办理就业登记、失业登记;

(8)其他公共就业服务。

参考文献

[1][美]彼得·德鲁克. 创业精神与创新[M]. 北京：工人出版社，1989.

[2]韩国文. 创业学[M]. 武汉：武汉大学出版社，2006.

[3]郁义鸿等. 创业学[M]. 上海：复旦大学出版社，2000.

[4]王德炎等. 大学生职业生涯规划与就业指导[M]. 武汉：武汉理工大学出版社，2009.

[5]胡志强等. 大学生职业生涯规划与就业指导[M]. 北京：中国传媒大学出版社，2009.

[7]何祥林等. 大学生职业生涯规划与就业指导[M]. 武汉：华中师范大学出版社，2009.

[8]王华丽等. 大学生职业生涯发展与就业指导[M]. 北京：中国农业出版社，2008.

[9]黄晓阳. 大学生创业的现状与发展趋势[J]. 岳阳职业技术学院学报，2008(3).

[10]贾文化. 试论大学生创业精神与创业能力的培养[J]. 商丘师范学院学报，2006(3).

[11]周君国. 谈大学生应具备的创业素质与创业能力[J]. 襄樊职业技术学院学报，2008(11).

[12]常建坤，李时椿. 中外成功创业者素质研究[J]. 山西财经大学学报，2004(4).

[13]司宇. 国外专家对创业成功因素的分析[J]. 科技创业，2006(8).

[14]王东生. 论成功创业的条件[J]. 承德民主师专学报，2009(3).

[15]伍秋林. 新形势下大学生创业存在的问题及对策[J]. 中国大学生就业，2008(14).

[16]宋克勤. 关于创业团队问题的思考[J]. 经济与管理研究，2004(2).

[17]袁先海. 大学生创业政策探析[J]. 科技创业月刊，2006(2).

[18]罗良忠. 中国大学生创业环境与政策问题研究[J]. 未来与发展，2007(7).

[19]李季鹏. 新《合伙企业法》的六大突破[J]. 未来与发展，2007(3).

[20]陈剑军. 论创业投资的组织形式与合伙企业法的修改[J]. 井冈山医专学报，2007(2).

[21]丁波. 论大学生创业的法律保障[J]. 大众商务, 2009(11).

[22]宣仲良, 杨永娟. 职业生涯规划中个体自我评估的原则、方法和意义[J]. 职业, 2008(28).

[23]卢清华等. 高校大学生情商教育浅议[J]. 南华大学学报, 2004(3).

[24]王晓均. 情绪智力理论结构的实证研究[J]. 心理科学, 2000(1).

[25]张晓燕. 张进辅. 情绪智力理论的发展综述[J]. 西南师范大学学报, 2002(6).

[26][美]丹尼尔·戈尔曼. 情感智商[M]. 上海：上海科学技术出版社, 1997.

[27]王道俊, 王汉澜. 教育学[M]. 北京：人民教育出版社, 1987.

[28]王淑华等. 大学生就业中情商因素的作用及其提高途径[J]. 高等农业教育, 2002(9).

[29]陈峥嵘. 当代大学生素质拓展途径探索[J]. 辽宁行政学院学报, 2008(4).

[30]嵇小怡等. 新时期大学生素质拓展的新途径[J]. 航海教育研究, 2004(2).

[31]陈思维. 新时期大学生素质拓展训练简论[J]. 学校党建与思想教育, 2006(4).

[32]肖潇, 张光旭. 拓展训练在大学生素质提升中的作用[J]. 青年探索, 2008(2).

[33]宣仲良. 专业学习与职业生涯[M]. 北京：中国林业出版社. 北京大学出版社, 2006.

[34]王伯庆. 决战大学生就业[M]. 北京：清华大学出版社, 2009.

[35]李学强. 民办高校学生职业生涯规划现状调查分析[J]. 中国民营科技与经济, 2007(10).

[36]刘咏宝. 大学生职业生涯规划存在的问题及对策研究[D](硕士论文). 武汉：华中师范大学, 2007.

[37]王煜. 高职生生涯规划观的调查研究[J]. 武汉船舶职业技术学院学报, 2006(6).

[38]马林. 大学生职业规划主要测评内容与量表研究[J]. 教育与职业, 2005(36).

[39]朱新力. 大学生职业生涯规划探析[J]. 郑州航空工业管理学报, 2009(4).

[40]刘海玲, 王利山. 霍兰德职业兴趣理论及价值分析[J]. 职业时空, 2005(11).

[41]许敏. 舒伯的发展理论在职业生涯辅导中的应用[J]. 职业技术, 2009(4).

[42]于秀芝. 高职学生职业生涯规划现状调查及对策[J]. 大连干部学刊, 2006(1).

[43]袁惠英. SWOT分析法在高职学生职业生涯规划中的运用[J]. 世界华南经济年鉴·科学教育家, 2008(9).

[44]李俊琦. 职业素质与就业能力训练[M]. 北京：清华大学出版社, 2009.

[45]魏卫. 职业规划与素质培养教程[M]. 北京：清华大学出版社, 2008.

[46]张凤. 大学生就业与发展实务[M]. 北京：电子工业出版社, 2010.

[47]徐敏. 大学生职业生涯规划务[M]. 北京：冶金出版社, 2009.

[48]张小建. 创新职业指导——新理念[M]. 北京：中国劳动与社会保障部, 2011.